EUROPA-FACHBUCHREIHE
für wirtschaftliche Bildung

Computerpraxis – Schritt für Schritt

Office XP

VERLAG EUROPA-LEHRMITTEL – Nourney, Vollmer GmbH & Co.
Düsselberger Straße 23 · 42781 Haan-Gruiten

Europa-Nr.: 82251

Autor:

Dipl. Hdl. Ernst Tiemeyer, Hamminkeln

Das vorliegende Buch wurde auf der **Grundlage der neuen amtlichen Rechtschreibregeln** erstellt.

1. Auflage 2003

Druck   5   4   3   2   1

Alle Drucke derselben Auflage sind parallel einsetzbar, da bis auf die Behebung von Druckfehlern untereinander unverändert.

ISBN 3-8085-8225-1

Alle Rechte vorbehalten. Das Werk ist urheberrechtlich geschützt. Jede Verwertung außerhalb der gesetzlich geregelten Fälle muss vom Verlag schriftlich genehmigt werden.

© 2003 by Verlag Europa-Lehrmittel, Nourney GmbH & Co., 42781 Haan-Gruiten
http://www.europa-lehrmittel.de

Satz: reemers publishing services gmbh, Krefeld (www.reemers.de)
Druck: Triltsch Print u. digitale Medien, 97199 Ochsenfurt-Hohestadt

Vorwort

Wollen auch Sie das Produkt *MS-Office* noch effizienter nutzen? MS-Office – die marktführende Bürolösung von Microsoft - bietet mit den wesentlichen Teilpaketen *Word, Outlook, Excel, Power-Point* und *Access* zahlreiche Möglichkeiten.

Egal, ob es um das Erstellen von Dokumenten (Korrespondenz, Berichte, Protokolle u.ä.), um die Auswertung von Daten (Statistiken, Personal-, Kundendaten u.a.), um das Managen von Terminen und Kontakten, um das Aussenden und Verwalten von E-Mails oder um Präsentationen geht, überall hilft MS-Office zu einer schnellen und komfortablen Lösung. Gleiches gilt für das Verwalten von Daten und Dokumenten sowie für das Überwachen von Aktionen und Vorgängen verschiedener Art. Als Beispiele seien das Adressmanagement, das Veranstaltungsmanagement, das Projektcontrolling sowie das Dokumentenmanagement genannt. Eine Erweiterung der Möglichkeiten stellt die aktuelle Version XP (Office 10) dar.

Mit diesem Buch gelingt Ihnen in kurzer Zeit ein systematischer Einstieg in alle Möglichkeiten, die **MS Office XP** bietet. Das Buch gibt Ihnen die wesentlichen Hilfen für die optimale Nutzung der Module von MS-Office XP sowie deren Integration. Sie erschließen anhand von Fallbeispielen anschaulich, praxisnah und Schritt für Schritt das für Sie interessante Leistungspotential der einzelnen Programme WORD, EXCEL, OUTLOOK, ACCESS und POWERPOINT. Besonderes Gewicht kommt am Ende des Buches natürlich der Verknüpfung der Teilmodule im MS-OFFICE zu. Auch dazu erhalten Sie zahlreiche Anregungen, Hilfen, Tipps und Tricks für Ihre Praxis.

Das Buch eignet sich sowohl zum Selbststudium als auch als begleitende Unterlage für Schulungen. Wenn notwendig, werden die Anwendungen durch Bildschirm-Hardcopies illustriert, wichtige Abläufe sind in leicht nachvollziehbaren Checklisten zusammengefasst. Zahlreiche Übersichten machen das Buch außerdem zu einem nützlichen Nachschlagewerk.

Für Rückmeldungen zu Lehr- und Lernerfahrungen mit diesem Buch, insbesondere für Verbesserungsvorschläge und Kritik (gerne auch per E-Mail), wären wir Ihnen dankbar.

Ernst Tiemeyer   November 2002

Aufbau des Buches und mögliche Arbeitsweisen

Die Zielsetzung dieses Buches der Lehr- und Lernbuchreihe „Computerpraxis – Schritt für Schritt" ist **handlungsorientiertes Lernen und Erfahren**. Das Buch ist so konzipiert, dass die Funktionen des Programms *Office XP* und die Anwendungsbeispiele direkt am Computer nachvollzogen werden können.

Wie können Sie mit dem Buch arbeiten?

Wesentliches Merkmal der Buchkonzeption ist die klare Trennung in **einen Aufgaben- und einen Informationsteil**. Dadurch wird ein natürliches und systematisches Herantasten an die vielfältigen Möglichkeiten und Funktionen von **Office XP** durch „learning by doing" in direkter Aktion am PC möglich.

- ▶ Wollen Sie den pädagogischen Ansatz dieses Buches ausschöpfen, dann beginnen Sie Ihre Arbeit am besten direkt mit dem **Aufgabenteil** des Buches. Lesen Sie sich zunächst die jeweilige Aufgabenstellung durch, und bearbeiten Sie diese anschließend unmittelbar am Computer.
- ▶ Alle zur Lösung benötigten Informationen zu den im Aufgabenteil geschilderten Problemstellungen finden Sie im **Informationsteil** oder durch Nutzung des ausführlichen Sachregisters. Ergänzend unterstützt Sie die umfangreiche Online-Hilfe des Programms *Office XP*.
- ▶ Bearbeiten Sie anschließend zur Vertiefung die Übungen am Computer. So können Sie sicher sein, dass Sie tatsächlich den Transfer auf andere Problemstellungen schaffen.
- ▶ Um zu prüfen, ob Sie sich die wichtigsten Sachverhalte eingeprägt haben, bietet sich schließlich die Beantwortung der Fragen an, die sich am Ende des jeweiligen Aufgabenteils befinden.

Für wen eignet sich das Buch?

Das Buch wendet sich an alle, die sich mit dem Programm **Office XP** vertraut machten wollen. Es kann sowohl in berufsbildenden Schulen, in der betrieblichen Aus- und Weiterbildung als auch in der Erwachsenenbildung zum Einsatz gelangen. Aber auch Autodidakten können das Buch gut nutzen.

Und nun viel Erfolg beim Arbeiten mit **Office XP** und der Nutzung dieses Buches.

Ernst Tiemeyer   Hamminkeln, im November 2002

Inhaltsverzeichnis

A Aufgabenteil

Aufgabe 1:	Einarbeitung – Überblick über das Leistungsspektrum und die Nutzung von Microsoft Office XP	11
Aufgabe 2:	Texte mit Word XP erfassen und bearbeiten – Protokoll verfassen	14
Aufgabe 3:	Umfangreiche Texte mit Word XP formatieren – Berichte unter Nutzung von Gliederungsfunktion erstellen und Inhaltsverzeichnis anlegen	17
Aufgabe 4:	Tabellen in Word XP erstellen und gestalten – Literaturliste und Auswertungstabellen	23
Aufgabe 5:	Serienbriefe und Adressetiketten erstellen	26
Aufgabe 6:	Dokumente mit Dokumentvorlagen formatieren – Vorlagen erzeugen und nutzen (Beispiel „Besprechungsnotiz")	31
Aufgabe 7:	Arbeitsorganisation mit Outlook XP – Kontakte, Aufgaben und Termine „in den Griff" bekommen	36
Aufgabe 8:	Mailing mit Outlook – so geht's	49
Aufgabe 9:	Firmenpräsentation – Eine erste PowerPoint-Präsentation mit einer speziellen Inhaltsvorlage erstellen	54
Aufgabe 10:	Produktpräsentation – Schriften, Diagramme, Illustrationen und Bilder in einer PowerPoint-Präsentation verwenden	59
Aufgabe 11:	Projektpräsentation – Bildschirmpräsentation mit Animationseffekten erstellen	65
Aufgabe 12:	Umsatzplan 1 – eine einfache Excel-Tabelle mit Texten, Werten und Formeln erstellen	68
Aufgabe 13:	Umsatzplan 2 – Excel-Tabellen durch Kopieren effizient erstellen, Arbeitsmappe mit mehreren Tabellen erstellen	74
Aufgabe 14:	Umsatzplan 3 – Excel-Tabellen durch Formatieren übersichtlich und anschaulich gestalten, Tabellen verbinden, Druckausgabe	81
Aufgabe 15:	Provisionsermittlung 1 – Logische Funktionen in Excel-Tabellen anwenden (Wenn-Funktion)	84
Aufgabe 16:	Provisionsermittlung 2 – Suchfunktionen in Excel-Tabellen (SVerweis-Funktion)	90
Aufgabe 17:	Mahnliste – Datums- und Zeitfunktionen in Excel nutzen	93
Aufgabe 18:	Umsatzdiagramm – einfache Diagramme und Soll-Ist-Vergleiche	95
Aufgabe 19:	Datentabelle mit Excel – Listen sortieren und Daten selektieren	100
Aufgabe 20:	Excel-Tabellen im Web publizieren	103
Aufgabe 21:	Access-Datenbank nutzen – so geht's	106
Aufgabe 22:	Einkaufsdatenbank einrichten – Tabellen anlegen und verknüpfen	112
Aufgabe 23:	Access-Datenbank auswerten – Abfragemöglichkeiten nutzen	119
Aufgabe 24:	Formulare und Berichte in Access-Datenbanken anwenden	124
Aufgabe 25:	Mischdokument mit Office XP erstellen – Tabellen, Diagramme und Folien in ein Word-Dokument einsetzen	129
Aufgabe 26:	Serienbriefe unter Nutzung von Access und Outlook erstellen	135
Aufgabe 27:	Daten aus Excel und Access verbinden	138

Inhaltsverzeichnis

B Informationsteil

1 Grundlagen und Rahmenbedingungen zur Arbeit mit Office XP 147
1.1 Office-Nutzung in der Praxis – grundlegende Bedienungsfunktionen 148
1.2 Office XP – Integration von Anwendungen 151
1.3 Hilfe verwenden 151

2 WordXP 153
2.1 Grundlagen des Arbeitens mit Word – Texte erfassen und bearbeiten 153
2.1.1 Ausgangssituation und Bildschirmansichten 153
2.1.2 Texteingabe und Sofortkorrektur 154
2.1.3 Word-Dokumente formatieren und Besonderheiten in Berichtstexten 155
2.2 Tabellen erzeugen und gestalten 158
2.3 Serienbriefe mit Word erstellen 161
2.4 Format- und Dokumentvorlagen 162

3 Outlook XP 165
3.1 Die Funktionsbereiche von Outlook XP – Leistungen im Überblick 165
3.2 Kontaktmanagement 168
3.2.1 Neue Kontakte erfassen 170
3.2.2 Kontaktinformationen anzeigen und auswerten 175
3.2.3 Kontakte nutzen 176
3.2.4 Druckoptionen 178
3.3 Aufgabenmanagement 178
3.3.1 Aufgaben erfassen 179
3.3.2 Aufgabenpflege und Aufgabenanzeige 182
3.3.3 Aufgaben delegieren 184
3.4 Terminmanagement 185
3.4.1 Terminanzeige und Terminauswahl 186
3.4.2 Feiertage und Ereignisse zuordnen 188
3.4.3 Termine eintragen 190
3.4.4 Druckausgaben 191
3.5 Elektronische Kommunikation 191
3.5.1 Grundeinstellungen für das E-Mailing vornehmen 193
3.5.2 E-Mails schreiben und versenden 195
3.5.3 E-Mails mit Autosignatur 196
3.6 E-Mails mit besonderen Einstellungen und Einfügungen 197
3.6.1 Mit E-Mail-Verteilern arbeiten 199
3.6.2 Posteingang bei Outlook – Nachrichten öffnen, lesen und beantworten 199

4 PowerPoint XP 201
4.1 Grundlagen der Arbeit mit PowerPoint 201
4.1.1 Einsatzgebiete und Leistungsspektrum 201
4.1.2 Bildschirmaufbau in PowerPoint 202
4.1.3 Vorgehensweisen zur Präsentationserstellung 203
4.2 Eine neue PowerPoint-Präsentation erstellen 204
4.2.1 Eine neue Präsentation mit dem AutoInhalt-Assistenten anlegen 204
4.2.2 Eine neue Präsentation mit einer bestimmten Vorlage erstellen 207
4.3 Bildschirmpräsentation und Animationseffekte 212
4.4 Mit PowerPoint im Web arbeiten 216

5	**Excel XP**	219
5.1	Grundidee der Tabellenkalkulation	219
5.2	Eine neue Excel-Anwendung erstellen	222
5.2.1	Vorgehensweise	222
5.2.2	Der Excel-Arbeitsbildschirm und seine Elemente	223
5.2.3	Arbeitsmappe – der Excel-Arbeitsbereich	225
5.2.4	Zellen und Bereiche aktivieren	225
5.3	Daten und Formeln in Tabellen eingeben und ändern	227
5.3.1	Texte eingeben	228
5.3.2	Numerische Werte eingeben (Werteingabe)	228
5.3.3	Formeln für Berechnungen eingeben	229
5.3.4	Formeln mit Funktionen aufbauen	232
5.4	Informationen aus Tabellen kopieren	233
5.4.1	Feststehende Zellinhalte kopieren	234
5.4.2	Formeln kopieren (unter Beachtung korrekter Feldadressierung)	234
5.4.3	Arbeitsblätter zu umfassenden Mappen erweitern	235
5.5	Tabellen gestalten	236
5.5.1	Zelleinträge ausrichten	238
5.5.2	Darstellungsformate für Zahlen festlegen	239
5.5.3	Schriftarten und Schriftgrößen ändern	240
5.5.4	Rahmen ergänzen	241
5.5.5	Farben und Muster für Zellen zuordnen	242
5.5.6	Zeilen und Spalten einfügen	242
5.6	Tabellen mit Selektionen und Suchfunktionen erzeugen	243
5.6.1	Logische Funktionen	243
5.6.2	Tabelle mit Suchfunktionen erzeugen	246
5.7	Arbeiten mit Datum und Zeit	247
5.8	Diagramm erstellen	248
5.8.1	Einordnung der Diagramm-Möglichkeiten	248
5.8.2	Vorgehensweise	249
5.9	Datenverwaltung	250
5.10	Mit Excel im Web arbeiten	250
6	**Access XP**	253
6.1	Einsatzanlässe und Möglichkeiten von Access	253
6.2	Eine vorhandene Access-Anwendung nutzen	255
6.2.1	Mit Objekten im Datenbankfenster arbeiten	258
6.3	Eine neue Access-Anwendung entwerfen – Datenbankentwurf	259
6.3.1	Vorgehensweise	259
6.3.2	Grundlegende Tabellen entwerfen	260
6.3.3	Beziehungen herstellen	261
6.4	Access-Datenbank und Tabellen einrichten	263
6.4.1	Neue Datenbank einrichten	263
6.4.2	Tabellen anlegen	265
6.4.3	Daten in Tabellen erfassen und pflegen	269
6.4.4	Beziehungen zwischen Tabellen herstellen	269
6.5	Abfragen	271
6.5.1	Grundlegende Möglichkeiten	271
6.5.2	Vorgehensweise für Auswahlabfragen	272
6.5.3	Felderlisten tabellenübergreifend erzeugen	275
6.5.4	Kriterien in Abfragen festlegen	275

Inhaltsverzeichnis

6.5.5	Abfragen mit kombinierten Bedingungen	277
6.6	Formulare einrichten und nutzen	277
6.6.1	Wege und Werkzeuge zur Formularerstellung	278
6.6.2	Formulare verwenden	281
6.7	Berichte erzeugen	283
6.7.1	Möglichkeiten der Berichtserstellung	283
6.7.2	Vorgehensweisen zur Berichtserstellung	284
6.7.3	Berichte in der Entwurfsansicht erstellen	285
7	**Integration von Office XP-Anwendungen**	**287**
7.1	Mischdokument mit Word erstellen	287
7.1.1	Excel-Tabellen in Word-Dokumente einsetzen	288
7.1.2	Grafiken, Bilder und PowerPoint-Folien in Word einsetzen	291
7.2	Serienbriefe unter Nutzung von Access und Outlook	293
7.2.1	Nutzung von Access-Daten zur Serienbrieferstellung	293
7.2.2	Möglichkeiten der Outlook-Integration	295
7.3	Integration von Excel und Access	296
7.3.1	Excel-Daten nach Access importieren	296
7.3.2	Daten von Excel in Access einbinden	296

Aufgabenteil

Aufgabe 1:	Einarbeitung – Überblick über das Leistungsspektrum und die Nutzung von Microsoft Office XP	11
Aufgabe 2:	Texte mit Word XP erfassen und bearbeiten – Protokoll verfassen	14
Aufgabe 3:	Umfangreiche Texte mit Word XP formatieren – Berichte unter Nutzung von Gliederungsfunktion erstellen und Inhaltsverzeichnis anlegen	17
Aufgabe 4:	Tabellen in Word XP erstellen und gestalten – Literaturliste und Auswertungstabellen	23
Aufgabe 5:	Serienbriefe und Adressetiketten erstellen	26
Aufgabe 6:	Dokumente mit Dokumentvorlagen formatieren – Vorlagen erzeugen und nutzen (Beispiel „Besprechungsnotiz")	31
Aufgabe 7:	Arbeitsorganisation mit Outlook XP – Kontakte, Aufgaben und Termine „in den Griff" bekommen	36
Aufgabe 8:	Mailing mit Outlook – so geht's	49
Aufgabe 9:	Firmenpräsentation – Eine erste PowerPoint-Präsentation mit einer speziellen Inhaltsvorlage erstellen	54
Aufgabe 10:	Produktpräsentation – Schriften, Diagramme, Illustrationen und Bilder in einer PowerPoint-Präsentation verwenden	59
Aufgabe 11:	Projektpräsentation – Bildschirmpräsentation mit Animationseffekten erstellen	65
Aufgabe 12:	Umsatzplan 1 – eine einfache Excel-Tabelle mit Texten, Werten und Formeln erstellen	68
Aufgabe 13:	Umsatzplan 2 – Excel-Tabellen durch Kopieren effizient erstellen, Arbeits-mappe mit mehreren Tabellen erstellen	74
Aufgabe 14:	Umsatzplan 3 – Excel-Tabellen durch Formatieren übersichtlich und anschaulich gestalten, Tabellen verbinden, Druckausgabe	81
Aufgabe 15:	Provisionsermittlung 1 – Logische Funktionen in Excel-Tabellen anwenden (Wenn-Funktion)	84
Aufgabe 16:	Provisionsermittlung 2 – Suchfunktionen in Excel-Tabellen (SVerweis-Funktion)	90
Aufgabe 17:	Mahnliste – Datums- und Zeitfunktionen in Excel nutzen	93
Aufgabe 18:	Umsatzdiagramm – einfache Diagramme und Soll-Ist-Vergleiche	95
Aufgabe 19:	Datentabelle mit Excel – Listen sortieren und Daten selektieren	100
Aufgabe 20:	Excel-Tabellen im Web publizieren	103

Aufgabenteil A

Aufgabe 21: Access-Datenbank nutzen – so geht's 106

Aufgabe 22: Einkaufsdatenbank einrichten – Tabellen anlegen und verknüpfen 112

Aufgabe 23: Access-Datenbank auswerten – Abfragemöglichkeiten nutzen 119

Aufgabe 24: Formulare und Berichte in Access-Datenbanken anwenden 124

Aufgabe 25: Mischdokument mit Office XP erstellen – Tabellen, Diagramme und Folien in ein Word-Dokument einsetzen 129

Aufgabe 26: Serienbriefe unter Nutzung von Access und Outlook erstellen 135

Aufgabe 27: Daten aus Excel und Access verbinden 138

Aufgabe 1: Einarbeitung – Überblick über das Leistungsspektrum und die Nutzung von Microsoft Office XP

Lernziele

- Einsatzmöglichkeiten der Office XP-Programme kennen lernen und beurteilen
- *Programme* starten und beenden
- Arbeitsplatz für das Arbeiten mit *Office XP* einrichten
- Neues Office-Dokument anlegen
- Office-Dokumente speichern
- Office-Dokumente öffnen
- Office-Dokumente drucken
- Hilfesystem nutzen

Informationsquellen

- Kapitel 1 (Grundlagen und Rahmenbedingungen zur Arbeit mit *Office XP*)
- Hilfesystem von *Office XP* (Suchoptionen, Office-Assistent)

Aufgabenbeschreibung

Bevor Sie Ihre konkrete Arbeit mit Office XP beginnen, haben Sie noch Zeit, sich einen Überblick über das Leistungsspektrum des Programmpakets zu verschaffen und die Bedienungskonzeption des Programmpakets genauer kennen zu lernen.

Arbeitsschritte

1. Informieren Sie sich zunächst in diesem Buch über die Möglichkeiten, die *Office XP* für das Arbeiten in der beruflichen Praxis bietet.

2. Schalten Sie Ihren PC ein, und prüfen Sie, ob das Programm *Office XP* auf dem Rechner installiert ist. Rufen Sie dazu das Startmenü auf, und schauen Sie im Menüpunkt **Programme** nach, ob sich hier entsprechende Einträge finden.

3. Nun sollen Sie ein erstes Office-Dokument anlegen. Ein gemeinsamer Ausgangspunkt, der sinnvoll ist, wenn man von einem bestimmten Anwendungszweck ausgeht, ist die Wahl der Option **Neues Office-Dokument**, die sich im Startmenü von Windows befindet.

Ergebnis:

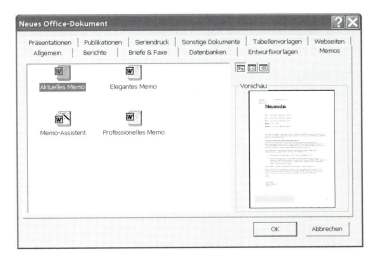

Abb. 1–01

Angezeigt wird also ein Dialogfeld, das Links zu allen verfügbaren Vorlagen aus dem Lieferumfang von *Office* enthält:

- Im Register *Allgemein* finden Sie beispielsweise alle leeren Muster; beispielsweise ein leeres Dokumentmuster für den Start von *Word*.

Aufgabenteil

- In den anderen Registern finden Sie verschiedene themenbezogene Vorschläge; etwa zum Erstellen von Memos, Berichten oder Briefen.
- Zugeordnete Programme sind an den Symbolen erkennbar; angedeutete Zauberstäbe in Symbolen kennzeichnen die Assistenten.

Nach einem Klick auf die gewünschte Anwendung (beispielsweise „Professionelles Memo") startet das Programm mit der Vorlage. Führen Sie dies entsprechend aus.

Ergebnis:

Abb. 1–02

4. Nehmen Sie beliebige Eingaben vor, und speichern Sie danach das Dokument durch Aufruf der Befehlsfolge **Datei/Speichern unter** durch Eingabe des Dateinamens *Memotest1*. Schließen Sie danach das Dokument, und beenden Sie die Arbeit mit dem Programm.

5. Um zu einem späteren Zeitpunkt an gespeicherte Dokumente zu gelangen, können Sie aus dem Startmenü den Befehl **Office-Dokument öffnen** wählen. Sie erhalten dann ein Dialogfeld, das sich in gleicher Weise bei allen Office-Anwendungen (Ausnahme *Outlook*) findet. Sie haben so bequem Zugriff auf Systemordner und Arbeitsergebnisse:

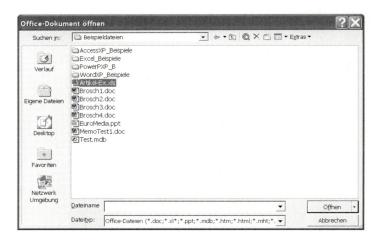

Abb. 1–03

Aktivieren Sie so beispielsweise das zuletzt gespeicherte Dokument.

Kontroll- und Vertiefungsfragen

1. Nennen und erläutern Sie für die fünf Hauptanwendungsbereiche des Programmpaketes *Office XP*, indem Sie auf die folgenden Programme Bezug nehmen:
   a) Word
   b) Outlook
   c) PowerPoint
   d) Excel
   e) Access.

2. Eine Besonderheit von *Office XP* ist der *Aufgabenbereich* bei jeder Anwendung. Was ist damit gemeint, und welche Funktion hat dieser für den Office-Anwender?

3. SmartTags sind eine weitere „Errungenschaft" von *Office XP*. Geben Sie Beispiele, was darunter verstanden wird!

4. Erläutern Sie verschiedene Möglichkeiten, um eine Office-Anwendung zu starten!

5. Welche besonderen Möglichkeiten ergeben sich, wenn Sie ein neues Dokument anlegen, indem Sie den entsprechenden Befehl aus dem Startmenü heraus wählen?

6. Welche Möglichkeiten bestehen, um wieder an gespeicherte Office-Dokumente zu gelangen?

Aufgabe 2: Texte mit Word XP erfassen und bearbeiten – Protokoll verfassen

Lernziele
- Neue Word-Dokumente anlegen
- Texte mit Word erfassen
- Sofortkorrekturen vornehmen
- Direkt-Formatierungen in Texten vornehmen

Informationsquellen
- Kapitel 2.1 (Grundlagen des Arbeitens mit *Word*)
- Kapitel 2.2 (Word-Dokumente formatieren und Besonderheiten in Berichtstexten)

Aufgabenbeschreibung

Sie sind in der Firma **Eurotrade GmbH** beschäftigt, einem Warenhaus-Unternehmen, das überregional tätig ist und in Düsseldorf die Zentrale hat. In den letzten Jahren hat sich das Geschäft bei fast allen Produktgruppen sehr positiv entwickelt. So konnten teilweise enorme Umsatzzuwächse erzielt werden.

Im Rahmen einer Projektsitzung soll ein Protokoll verfasst werden. Erfassen Sie den nachfolgenden Protokolltext:

Besprechungsnotiz (Memo)

Thema	**Neue Strategien für den Einkauf**
Ort:	Eurotrade, Verwaltungsgebäude, Raum 412
Datum:	Donnerstag, 29. August 2002 Dauer: 10.00 Uhr bis 14.00 Uhr
Teilnehmer:	▶ Herr Nimmesgnau, Einkaufsleiter ▶ Frau Kirsten, Chefassistenz ▶ Frau Seggewiss, Einkaufssachbearbeitung ▶ Herr Mickelbach, Controller ▶ Herr Dipl.-Kfm. Winkelmann, Geschäftsführer

Tagesordnungspunkte:

In einer Kurzpräsentation durch die Einkaufsleitung wurde deutlich gemacht, dass eine umfassende strategische Ausrichtung im Einkauf für den künftigen Unternehmenserfolg von entscheidender Bedeutung ist. Wichtig ist eine Diskussion und Entscheidung über folgende Bereiche:

- *Ausgestaltung der Unternehmens- und Einkaufsziele*
- *Ausrichtung der Einkaufsorganisation (durch eine stärkere „Prozeßorientierung im Einkauf" und eine „Optimierung der logistischen Wertschöpfungskette")*
- *Prüfung und Entwicklung von Leistungs- und Kostenmodellen (etwa über sogenannte Wertanalysen)*
- *Entwickeln von erfolgsträchtigen Einkaufsstrategien für einzelne Produktgruppen*

Vereinbarungen zum weiteren Vorgehen:

Zur Umsetzung der angesprochenen Ziele wurde die Einberufung einer Projektgruppe beschlossen. Mitglieder sind zunächst sämtliche Teilnehmer der Besprechung. Die Einkaufsleitung wird beauftragt, bis spätestens zum 1. Oktober Vorschläge zu folgenden Punkten zu unterbreiten:

- *Festlegung des endgültigen Projektteams (einschließlich der Budgetierung)*
- *Präzisierung des Projektauftrages*
- *Teilschritte für die Projektdurchführung*

Nächster Besprechungstermin:

15. Oktober 2002, 10.00 Uhr in Raum 412

*gez.
Rolf Nimmesgnau*

- Einkaufsleiter -   *Düsseldorf, den 30. August 2002*

Verteiler
*Frau Kirsten
Frau Seggewiss
Herr Mickelbach
Geschäftsleitung
Vertriebsleitung*

Speichern Sie das Ergebnis unter dem Namen Notiz1.

Arbeitsschritte

1. Starten Sie das Programm *Word XP* oder wählen Sie im Aufgabenbereich aus dem Bereich **Neu** die Option *Leeres Dokument*. Sie können nun unmittelbar mit dem Erfassen der Überschrift für das Protokoll beginnen.

2. Um die Rahmendaten zur Besprechung zu erfassen, verwenden Sie am besten die Tabellenfunktion und 2 Spalten (Sie können natürlich auch mit Tabulatoren arbeiten). Die Nutzung wird Ihnen ausführlich in Kapitel 2.3 sowie am Beispiel der Aufgabe 4 erläutert.

3. Erfassen Sie danach den Folgetext, ohne sich um die Formatierungen zu kümmern. Dies erledigen Sie, nachdem Sie den gesamten Text erfasst haben.

4. Nun kann es an die Formatierung gehen. Markieren Sie zunächst die Überschriftszeile. Um die Umrahmung zu erzeugen, wählen Sie aus dem Menü **Format** den Befehl **Rahmen und Schattierung** und nehmen folgende Einstellungen im Dialogfeld vor:

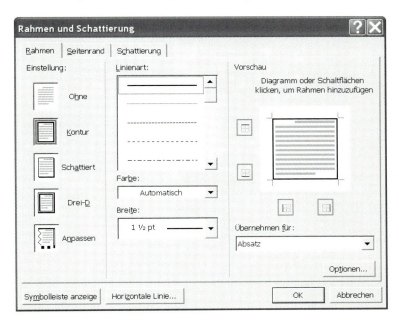

Abb. 2–01

5. Um die Zwischenüberschriften (beispielsweise *Tagesordnungspunkte:*) auszuzeichnen, wählen Sie nach der Markierung aus dem Menü **Format** den Befehl **Zeichen** und nehmen folgende Einstellungen vor:

Aufgabenteil

Abb. 2–02

6. Um die Aufzählungspunkte etwa bei den Tagesordnungspunkten einzufügen, wählen Sie nach der Markierung der Zeilen aus dem Menü **Format** den Befehl **Nummerierung und Aufzählungszeichen** und nehmen folgende Einstellungen vor:

Abb. 2–03

7. Nach einer vollständigen Formatierung des Textes nehmen Sie die Speicherung des Dokuments vor.

Kontroll- und Vertiefungsfragen

1. Erläutern Sie, welche Ansichten *Word XP* für das Arbeiten bietet, und wann diese sinnvollerweise genutzt werden!
2. Wozu ist eine Markierung nötig? Finden Sie darüber hinaus über die Hilfefunktion von *Word* die wesentlichen Markierungsoptionen heraus!
3. Geben Sie verschiedene Tasten an, die eine Textkorrektur ermöglichen!
4. Wie verändern Sie die Standardschriftart in einer Vorlage?
5. Welche Optionen gibt es für das Einfügen von Aufzählungszeichen?

Aufgabe 3: Umfangreiche Texte mit Word XP formatieren – Berichte unter Nutzung von Gliederungsfunktion erstellen und Inhaltsverzeichnis anlegen

Lernziele

- Gliederungsfunktion nutzen
- Inhaltsverzeichnis erstellen

Informationsquellen

- Kapitel 2.2 (Word-Dokumente formatieren und Besonderheiten in Berichtstexten)

Aufgabenbeschreibung

Auch in unserer Beispielfirma Eurotrade müssen regelmäßige Berichte sowie ad hoc Berichte erstellt werden. Nachfolgendes Beispiel zeigt das Erstellen eines Berichtes, der vom Einkauf zu strategischen Fragestellungen erstellt wurde. Dabei ist zu beachten:

- *Am Anfang des Berichtes ist ein Titelblatt zu erzeugen, das vor allem das Thema des Berichtes enthält.*
- *Die zweite Seite beinhaltet die Gliederung des Berichtes. Die nachfolgend wiedergegebene Gliederung soll über die Gliederungsfunktion von Word erzeugt werden.*
- *Am Beginn des Berichtes ist ein Inhaltsverzeichnis anzulegen.*

Nachfolgend ein Vorschlag für ein Titelblatt:

> **Strategisches Einkaufscontrolling und Kostensenkungsaktivitäten –
> Möglichkeiten und Instrumente**

Auf der zweiten Seite soll das folgende Inhaltsverzeichnis wiedergegeben werden, dem dann noch Seitenzahlen zugeordnet sind:

> **Inhaltsverzeichnis:**
>
> **1 Kostenverantwortung und Gewinnreserven im Einkauf**
>
> **2 Kostensenkungsaktivitäten durch Einsatz spezieller Analysetechniken**
>
> 2.1 ABC-Analyse und XYZ-Analyse zur Materialstrukturanalyse
>
> 2.2 Lieferantenstrukturanalyse
>
> 2.3 Make or Buy Analysen
>
> **3 Instrumente des strategischen Einkaufscontrolling**
>
> 3.1 Grundidee und Praxis der Portfolio-Methode
>
> 3.1.1 Ist-Situation (Versorgungsrisikofaktoren und Einkaufsvolumen)
>
> 3.1.2 Positionierung der strategischen Beschaffungseinheiten
>
> 3.2 Handlungsempfehlungen
>
> 3.3 Szenario-Technik im Einkauf
>
> **4 Strategische Allianzen für den Einkauf nutzen**

Arbeitsschritte

1. Aktivieren Sie zunächst ein neues Word-Dokument und stellen Sie die Seitenränder nach Ihren Ansprüchen ein.
2. Erzeugen Sie anschließend das erste Titelblatt, und erzeugen Sie dann noch einen manuellen Seitenumbruch.

Gewünschtes Ergebnis:

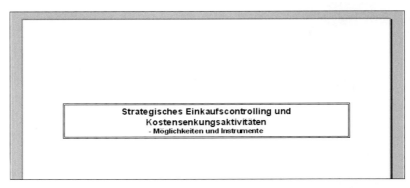

Abb. 3–01

3. Um den eigentlichen Berichtstext zu erstellen, soll als erstes eine Stichwortsammlung erstellt und erfasst werden. Das Ergebnis ist die nachfolgende Stichwortliste, die zunächst in dieser noch nicht strukturierten Form im so genannten Gliederungsbildschirm zu erfassen ist:

Kostenverantwortung und Gewinnreserven im Einkauf
Kostensenkungsaktivitäten durch Einsatz spezieller Analysetechniken
ABC-Analyse und XYZ-Analyse zur Materialstrukturanalyse
Lieferantenstrukturanalyse
Make or Buy Analysen
Instrumente des strategischen Einkaufscontrolling
Grundidee und Praxis der Portfolio-Methode
Handlungsempfehlungen
Szenario-Technik im Einkauf
Strategische Allianzen für den Einkauf nutzen

Die auf der Grundlage der Stichwortliste zu erstellende Gliederung dient als Grundlage für einen umfangreichen Text. Um eine Gliederung anlegen zu können, müssen Sie die bisher bekannte Textansicht verlassen und die so genannte Gliederungsansicht aufrufen. Schalten Sie also auf die Gliederungsansicht um, indem Sie aus dem Menü **Ansicht** den Befehl **Gliederung** wählen. Nun können Sie der Reihe nach die Überschriften untereinander erfassen. Alle erfassten Überschriften der Gliederung befinden sich damit zunächst auf derselben Wichtigkeitsebene.

Sorgen Sie unter Umständen durch Nutzung der Symbolleiste dafür, dass sich die eingegebenen Texte zunächst immer auf die Ebene 1 beziehen (vgl. Anzeige *Überschrift 1* in der Formatierungsleiste).

Beispiel:

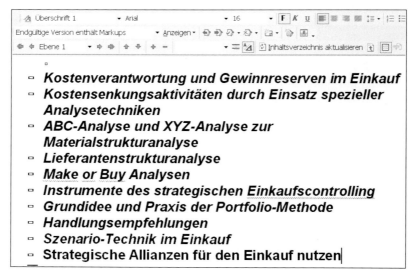

Abb. 3–02

4. Strukturieren Sie die Gliederung anschließend in der Form, dass Sie die Formulierungen der Liste jeweils als Unterpunkte zu den beiden Hauptpunkten „Kostensenkungsaktivitäten..." und „Instrumente..." zuordnen.

   Gewünschtes Ergebnis:

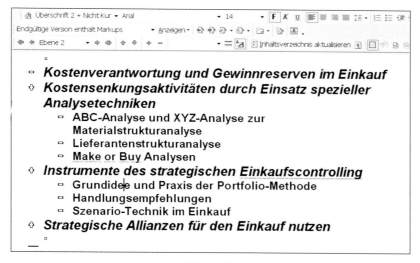

Abb. 3–03

5. Unter *Grundidee und Praxis der Portfolio-Methode* ist nun noch eine weitere Gliederungsebene einzufügen. Platzieren Sie die Zeilen „Ist-Situation (Versorgungsrisikofaktoren und Einkaufsvolumen)" und „Positionierung der strategischen Beschaffungseinheiten" auf der dritten Ebene.

   Nehmen Sie danach die automatische Nummerierung der Gliederung vor! Markieren Sie zunächst die gesamte Gliederung. Wählen Sie aus dem Menü **Format** den Befehl **Nummerierung und Aufzählungszeichen**. Ergebnis ist bei Wahl des Registers *Gliederung* die Anzeige eines Dialogfeldes, in dem Sie eine Auswahl treffen.

   Mögliches Ergebnis:

Abb. 3–04

6. Nach Auswahl der zweiten Variante im unteren Bereich des Dialogfeldes und durch Klicken auf [OK] ergibt sich die gewünschte Nummerierung.

> - 1 **Kostenverantwortung und Gewinnreserven im Einkauf**
> - 2 **Kostensenkungsaktivitäten durch Einsatz spezieller Analysetechniken**
>   - 2.1 *ABC-Analyse und XYZ-Analyse zur Materialstrukturanalyse*
>   - 2.2 *Lieferantenstrukturanalyse*
>   - 2.3 *Make or Buy Analysen*
> - 3 **Instrumente des strategischen Einkaufscontrolling**
>   - 3.1 *Grundidee und Praxis der Portfolio-Methode*
>   - 3.1.1 Ist-Situation
>   - 3.1.2 Positionierung der strategischen Beschaffungseinheiten
>   - 3.2 *Handlungsempfehlungen*
>   - 3.3 *Szenario-Technik im Einkauf*
> - 4 **Strategische Allianzen für den Einkauf nutzen**

Abb. 3–05

7. Fügen Sie den Gliederungspunkten aus vorhandenen Textdateien nunmehr beispielhaft „Textkörper" hinzu. Wechseln Sie dazu in den Textbildschirm durch Aufruf des Normalmodus. Um die Wirkungen zu sehen, sollten Sie noch einmal in den Gliederungsmodus wechseln.

Die Textkörper werden durch eine dünne Linie unter dem Gliederungspunkt gekennzeichnet, so dass deutlich wird, dass sich darunter ein zugeordneter Text befindet.

Beispiele:

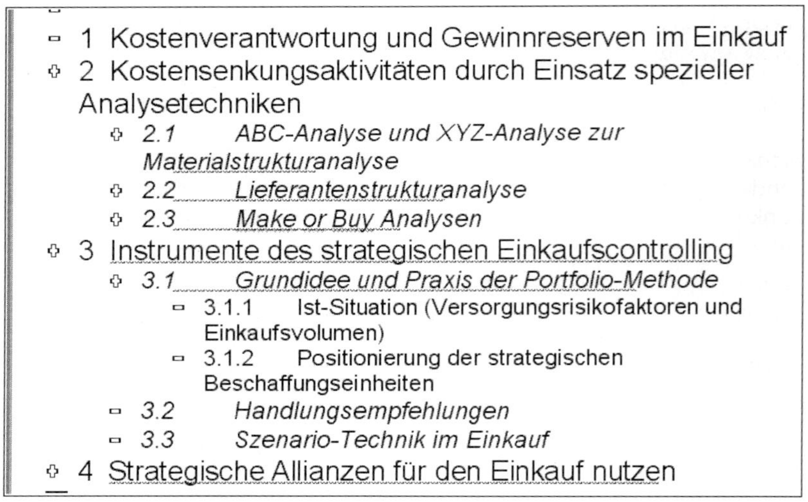

> - 1 Kostenverantwortung und Gewinnreserven im Einkauf
> - 2 Kostensenkungsaktivitäten durch Einsatz spezieller Analysetechniken
>   - 2.1 *ABC-Analyse und XYZ-Analyse zur Materialstrukturanalyse*
>   - 2.2 *Lieferantenstrukturanalyse*
>   - 2.3 *Make or Buy Analysen*
> - 3 Instrumente des strategischen Einkaufscontrolling
>   - 3.1 *Grundidee und Praxis der Portfolio-Methode*
>   - 3.1.1 Ist-Situation (Versorgungsrisikofaktoren und Einkaufsvolumen)
>   - 3.1.2 Positionierung der strategischen Beschaffungseinheiten
>   - 3.2 *Handlungsempfehlungen*
>   - 3.3 *Szenario-Technik im Einkauf*
> - 4 Strategische Allianzen für den Einkauf nutzen

Abb. 3–06

8. Speichern Sie das Ergebnis abschließend unter dem Dateinamen *Bericht1.DOC*.

9. Um auf der Basis der Gliederungsüberschriften ein Inhaltsverzeichnis zu erstellen, müssen Sie den Cursor zunächst an die Stelle setzen, an der das Inhaltsverzeichnis wiedergegeben werden soll. Dies ist im Beispielfall die zweite Seite des Dokuments (Hinweis: Erzeugen Sie zunächst die 1. Seite als Titelblatt). Danach ist aus dem Menü **Einfügen** der Befehl **Referenz** und dann die Option **Index und Verzeichnisse** zu wählen.

Abb. 3–07

Die Art der Formatierung des Verzeichnisses kann durch entsprechende Angaben im Dialogfeld beeinflusst werden, das nach Wahl des Registers *Inhaltsverzeichnis* erscheint. So kann hier unter anderem festgelegt werden,

▶ ob automatisch Seitenzahlen zuzuordnen sind;
▶ wie die Einträge von der Seitenzahl getrennt werden sollen;
▶ welche Maße für den Einzug pro Ebene gelten sollen sowie
▶ ob eine Dokumentvorlage verwendet werden kann.

In den Feldern *Seitenansicht* bzw. *Webvorschau* wird angezeigt, welches Layout sich hinter den einzelnen Formaten verbirgt. Entscheiden Sie sich hier für das Format *Klassisch*. Wenn Sie beide Optionen *Seitenzahlen anzeigen* und *Seitenzahlen rechtsbündig* aktiviert lassen, werden die Seitenzahlen am rechten Seitenrand ausgerichtet ausgegeben. Unter *Ebenen anzeigen* können Sie wählen, bis zu welcher Ebene Überschriften ausgegeben werden sollen. Möchten Sie Füllzeichen zwischen dem Ende des Eintrags und den Seitenzahlen haben, können Sie im Feld *Füllzeichen* aus einer Liste vorgegebener Füllzeichen auswählen. Wollen Sie die Gliederung aus anderen Optionen als den Überschriften erstellen, müssen Sie die Schaltfläche `Optionen` anklicken. Hier können Sie aus den Formatvorlagen diejenigen auswählen, die Sie in das Inhaltsverzeichnis übernehmen wollen.

10. Nach Einstellung der Optionen wird automatisch das Inhaltsverzeichnis mit den zugehörigen Seitennummern erzeugt. Im Beispielfall kann sich folgendes Ergebnis einstellen:

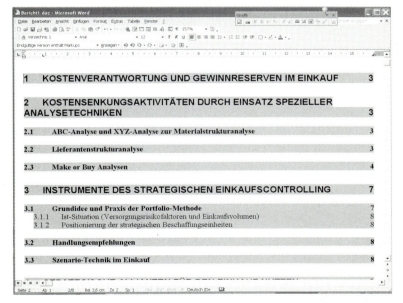

Abb. 3–08

Aufgabenteil

Kontroll- und Vertiefungsfragen

1. Erläutern Sie mögliche Anwendungsgebiete für die Gliederungsfunktion in *Word*!
2. Geben Sie die Besonderheiten bei der Anwendung der Gliederungsfunktion an!
3. Das Erstellen eines Inhaltsverzeichnisses bietet erweiterte Möglichkeiten. Beschreiben Sie die Vorteile und die Anwendung dieser Funktion!

Aufgabe 4: Tabellen in Word XP erstellen und gestalten – Literaturliste und Auswertungstabellen

Lernziele

▶ Tabellenaufbau generieren
▶ Daten, Texte und Bilder in Tabellenfelder einfügen
▶ Tabellen in *Word* bearbeiten
▶ Tabellen in *Word* gestalten

Informationsquellen

▶ Kapitel 2.3 (Tabellen mit *Word* erzeugen)

Aufgabenbeschreibung

Trotz moderner Computertechnik gibt es auch in der Firma Eurotrade GmbH noch zahlreiche Anwendungsfälle, Informationen in Listenform zu erstellen bzw. die Notwendigkeit, Auswertungstabellen in Dokumente zu integrieren. Sie sind damit betraut, diese Fälle mit Word zu lösen.

Fall 1:

Der Verkaufsleiter ist aktuell mit einem wichtigen Projekt betraut, in dem es unter anderem um die genaue Analyse von Verkaufsdaten geht. Da er sich zunächst mit Fragen des Projektmanagement vertraut machen möchte, ist die dafür vorhandene Literatur in einer Liste zusammen zu stellen, in die spaltenweise der Buchtitel, der Autor sowie eine Abbildung des Buchcovers angegeben wird. Erstellen Sie exemplarisch die folgende Tabelle mit Word. Der Chef ist begeistert.

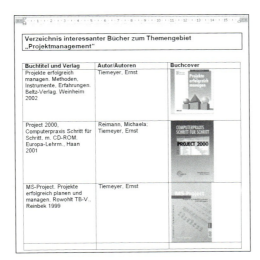

Abb. 4–01

Fall 2:

Erzeugen Sie anschließend die folgende Tabelle mit Word:

Regionen	1. Halbjahr	2. Halbjahr	Summen
Nord	4335,33	345,56	4680,89
Süd	456,90	1004,90	1461,80
Ost	3454,05	677,66	4131,71
West	5665,77	5453,99	11119,76
Summen	13912,05	7482,11	21394,16

Abb. 4–02

Speichern Sie die Datei unter dem Namen Auswerttabelle1.doc.

Aufgabenteil

Arbeitsschritte:

1. Zur Lösung der ersten Teilaufgabe erzeugen Sie zunächst ein neues Word-Dokument und schreiben dann die Überschrift.

2. Steuern Sie dann die 3. Zeile an, in der die Tabelle im Text eingefügt werden soll. Wählen Sie das Menü **Tabelle**, und aktivieren Sie hier den Befehl **Einfügen** und dann die Option **Tabelle**. Es erscheint ein Dialogfeld *Tabelle einfügen*, in dem die Spalten- und Zeilenanzahl für die zu erstellende Tabelle einzutragen ist. Im Beispielfall hat die gewünschte Tabelle 3 Spalten und zunächst 4 Zeilen; nehmen Sie deshalb die entsprechenden Eintragungen vor.

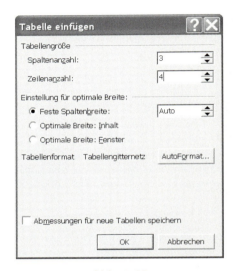

Abb. 4–03

Für die Einstellung der optimalen Breite erscheint die Standardvorgabe „Auto". Dies bedeutet, dass bei der Erzeugung der Tabelle die Breite des Textes vom linken Seitenrand bis zum rechten Seitenrand zwischen den Spalten aufgeteilt wird. Da dies so geplant ist, brauchen Sie hier jetzt keine Veränderung vorzunehmen. Würden Sie bei „Auto" ein Maß eingeben, werden alle Spalten auf dieses Maß gesetzt.

3. Nun können Sie mit OK den Befehl bestätigen. Ergebnis ist die Darstellung eines Gitternetzes auf dem Bildschirm, das die Aufteilung der Tabelle im Dokument verdeutlicht:

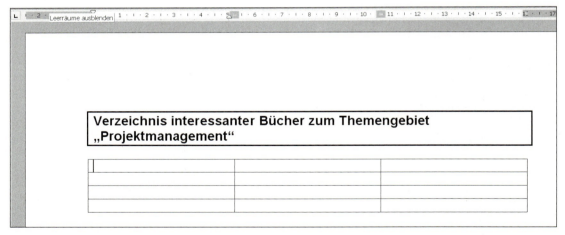

Abb. 4–04

4. Nun können Sie mit der Erfassung der Daten für die Tabelle beginnen. Notwendig dazu ist eine korrekte Ansteuerung des jeweiligen Tabellenfeldes. Durch Betätigen der Taste TAB können die Felder einer Tabelle der Reihe nach angesteuert werden, um den gewünschten Inhalt (Text, Zahlen oder Bilder) einzugeben. Grundsätzlich kann die Eingabe in einer Zelle als Fließtext erfolgen. Dies bedeutet, dass ein eingegebener Text automatisch innerhalb einer jeden Zelle umbrochen wird (genauso wie zwischen den Seitenrändern eines Dokuments). Um ein Bild einzufügen, wählen Sie aus dem Menü **Einfügen** den Befehl **Grafik** und wählen dann die gewünschte Variante. Speichern Sie das Ergebnis unter dem Dateinamen *Buchliste.DOC*.

5. Zur Lösung der 2. Teilaufgabe ist zunächst wieder über die Befehlsfolge **Tabelle/Einfügen/Tabelle** das Dialogfeld *Tabelle einfügen* zu aktivieren, in dem die Spalten- und Zeilenanzahl für die zu erstellende Tabelle einzutragen ist. Im Beispielfall hat die gewünschte Tabelle nun 4 Spalten und 6 Zeilen; nehmen Sie deshalb die entsprechenden Eintragungen vor. Nach Eintragung sämtlicher gewünschter Angaben in den Tabellenfeldern (Texte und Daten) ist das folgende Ergebnis gewünscht:

Regionen	1. Halbjahr	2. Haljahr	Summen
Nord	4335,33	345,56	4680,89
Süd	456,90	1004,90	1461,80
Ost	3454,05	677,66	4131,71
West	5665,77	5453,99	11119,76
Summen	13912,05	7482,11	21394,16

Abb. 4–05

6. Standardmäßig erfolgt die Eingabe – wie aus der Abbildung ersichtlich – linksbündig. Sie können jedoch auch innerhalb einer Tabelle noch gesonderte Tabulatoren setzen und so die Wiedergabe der Einträge beeinflussen. Alternativ kann auch später noch durch entsprechende Formatierungsbefehle eine Variation der Ausrichtung von Einträgen erfolgen (beispielsweise linksbündig oder rechtsbündig). Hinweis: Ein Text, der durch Absatzmarken, Semikola oder Tabulatoren voneinander getrennt ist, kann relativ einfach in Tabellenzellen umgewandelt werden. Dazu müssen Sie nach Markierung des umzuwandelnden Textes aus dem Menü **Tabelle** den Befehl **Umwandeln** und dann die Option **Text in Tabelle** wählen.

7. Sorgen Sie nun dafür, dass in der zuletzt erstellten Tabelle die Spalten, in denen Zahlen enthalten sind (Spalten 2 – 4), rechtsbündig ausgerichtet werden. Nehmen Sie außerdem eine Gestaltung der Tabelle vor. Um die Tabelleninhalte auszurichten, markieren Sie den Tabellenbereich. Wählen Sie im Menü **Format** den Befehl **Absatz** und stellen Sie die Ausrichtungsart ein oder – noch einfacher – klicken das Symbol für rechtsbündige Ausrichtung in der Format-Symbolleiste an.

Ergebnis:

Regionen	1. Halbjahr	2. Haljahr	Summen
Nord	4335,33	345,56	4680,89
Süd	456,90	1004,90	1461,80
Ost	3454,05	677,66	4131,71
West	5665,77	5453,99	11119,76
Summen	13912,05	7482,11	21394,16

Abb. 4–06

8. Zur Formatierung der Tabelle wählen Sie am besten das Autoformat. Dazu müssen Sie zunächst die Einfügemarke an eine beliebige Stelle innerhalb der Tabelle positionieren und dann aus dem Menü **Tabelle** den Befehl **AutoFormat für Tabellen** wählen. Optieren Sie jetzt bei den Formatangeboten die gewünschte Variante.

Kontroll- und Vertiefungsfragen

1. Nennen und beschreiben Sie unterschiedliche Anwendungsbeispiele aus der beruflichen Praxis, in denen die Anwendung der Tabellenfunktion bei der Texterstellung sinnvoll und erforderlich ist.
2. Nennen Sie mögliche Anlässe für die Änderung von Spaltenbreiten in Tabellen und erläutern Sie das Vorgehen in *Word XP*.
3. Welche Formatierungsoptionen können für das Gestalten von Tabellen gewünscht sein, und welche Möglichkeiten bietet *Word XP* dazu?

Aufgabe 5: Serienbriefe und Adressetiketten erstellen

Lernziele

▶ Datenquelle für Serienbriefe in Word erfassen
▶ Hauptdokument für Serienbriefe erstellen
▶ Serienbrief realisieren

Informationsquellen

▶ Kapitel 2.4 (Serienbriefe mit Word erstellen)

Aufgabenbeschreibung

Eine Schriftgutanalyse für den Bereich Einkauf der Firma Eurotrade GmbH zeigt, dass zahlreiche Anwendungen für Serienbriefe gegeben sind. Beispiele sind das regelmäßige Aktualisieren von Bewertungsdaten zu den Lieferanten, das Einholen von Angeboten sowie das Versenden von Ausschreibungsunterlagen an ausgewählte Lieferanten. In allen Fällen wird von einem Standardschreiben ausgegangen, in das die für den Einzelfall geltenden Bedingungen (wie Lieferantennamen, Name des Ansprechpartners, Adressdaten) eingefügt werden sollen.

Den Mitarbeiterinnen und Mitarbeitern des Einkauf wird deshalb empfohlen, dafür vermehrt die Serienbrieffunktion von Word XP zu nutzen. So sollen die Beschäftigten zunächst damit beginnen, die jeweiligen Lieferantendaten zu erfassen. In einem nächsten Schritt soll integriert der Serienbrief erstellt werden.

Teilaufgabe a) Datenquelle erstellen

Um künftig die Lieferanten von Eurotrade GmbH per Serienbrief gezielt anschreiben zu können, soll zunächst die Serienbrieffunktion aktiviert und darüber die Steuerdatei mit den Lieferantendaten angelegt werden.

Teilaufgabe b) Hauptdokument erstellen

Erstellen Sie das Hauptdokument, das an die Lieferanten versandt werden soll.

Teilaufgabe c) Serienbriefschreibung durchführen

Aktivieren Sie ausgehend vom Hauptdokument den Seriendruckassistenten und führen Sie die Serienbriefschreibung testhalber durch.

Arbeitsschritte:

1. Erfassen Sie die nachfolgend abgebildeten Daten, und speichern Sie die Datenquelle unter dem Dateinamen *Lieferer.DOC*:

Firma	Vorname	Nachname	Geschlecht	Strasse	Postleitzahl	Ort
Sauer & Esser	Karl	Käfer	Herrn	Danziger Str. 3	48683	Ahaus
VISCO Computerversand	Silke	Popscheck	Frau	Maternusstr. 77	35390	Gießen
Nova-Computer	Peter	Robi	Herrn	Gubenheimer Str. 62	69502	Hennsbach
X-public	Fritz	Muliar	Herrn	Steinstr. 127	53229	Bonn
Computerland	Uschi	Polster	Frau	Fürstenwall 44	65760	Eschborn
Müller & Söhne	Sarah	van Kerkhoff	Frau	Eulenstr. 12 – 18	46499	Hamminkeln
MaxLine GmbH	Peter	Garden	Herrn	Leipziger Str. 35	01127	Dresden
Computer-Spezi	Fritz	Morena	Herrn	Aachener Str. 127	40223	Düsseldorf
Z-COM GmbH	Klemens	Kono	Herrn	Gropiusweg 4	80807	München
Metz & Co	Margret	Heinz	Frau	Kantstr. 5	99425	Weimar
EXTRA Data GmbH	Bernd	Nickel	Herrn	Schorner Str. 34	22117	Hamburg
QMC-Computec	Harald	Sturm	Herrn	Lützowstr. 67	09116	Chemnitz
Media Technik AG	Karl	Osten	Herrn	Riemer Str. 129	81337	München
ITL GmbH	Bernd	Sawatzky	Herrn	Porsche Str. 45	41239	Mönchengladbach

Abb. 5–01

2. Erstellen Sie nun zunächst das folgende Hauptdokument und speichern Sie dieses unter dem Dateinamen *Serie1.DOC*. Im Grundaufbau ist der nachfolgend wiedergegebene Text einzugeben:

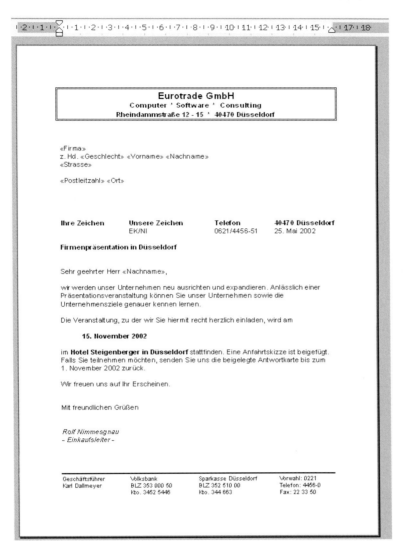

Abb. 5–02

3. Aktivieren Sie dann den Seriendruckassistenten im Aufgabenbereich, so dass sich folgende Anzeige ergibt:

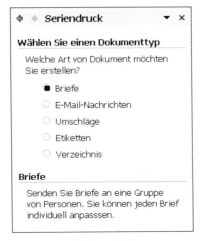

Abb. 5–03

28 Aufgabenteil

4. Klicken Sie danach auf *Weiter* im unteren Teil des Aufgabenbereichs.

   Ergebnis:

   Abb. 5–04

5. Sie können im Beispielfall die Option *Aktuelles Dokument verwenden* beibehalten, da ja als Ausgangspunkt der Arbeit das Hauptdokument verwendet wird. Nach Klicken auf *Weiter* ist der Empfänger zu wählen. Aktivieren Sie hier über *Durchsuchen* die zuvor erstellte Datei *Lieferer .doc*.

   Ergebnis:

   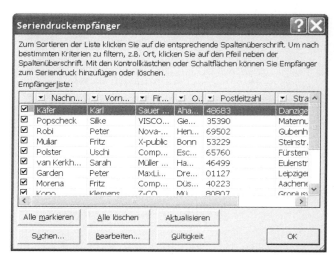

   Abb. 5–05

6. Sie können jetzt noch eine Auswahl bei den Adressen treffen. Nach Bestätigen auf OK stellt sich der Aufgabenbereich in folgender Weise dar:

   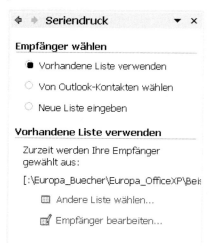

   Abb. 5–06

7. Nach dem Klicken auf *Weiter* werden Sie aufgefordert, den Brief zu vervollständigen und die Einfügungen vorzunehmen.

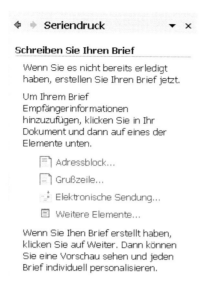

Abb. 5–07

8. Um die Platzhalter einzufügen, klicken Sie auf Weitere Elemente.

   Ergebnis:

Abb. 5–08

9. Nach Klicken auf *Weiter* kann eine Vorschau auf die Briefe erfolgen und damit die Arbeit mit dem Assistenten beendet werden.

Abb. 5–09

10. Für die weitere Arbeit ist die Anzeige der Symbolleiste für den Seriendruck hilfreich:

Abb. 5–10

Die Bedeutung der Schaltflächen wird deutlich, wenn Sie den Mauszeiger darauf positionieren. Unter anderem lässt sich darüber auch der Test und der eigentliche Ausdruck realisieren.

Kontroll- und Vertiefungsfragen

1. Erläutern Sie das Besondere eines Serienbriefes.
2. Welche Bedeutung und Aufgabe kommt der Datenquelle im Zusammenhang mit dem Erstellen eines Serienbriefes zu?
3. Welche Unterstützung bietet der Seriendruck-Assistent von *Word XP*?
4. Gibt es eine Möglichkeit, aus dem Hauptdokument eines Serienbriefes einzelne Dokumente gezielt zu drucken?

Aufgabe 6: Dokumente mit Dokumentvorlagen formatieren – Vorlagen erzeugen und nutzen (Beispiel „Besprechungsnotiz")

Lernziele

▶ Formatvorlagen anlegen
▶ Formatvorlagen zu Dokumentvorlagen zusammenfassen
▶ Formatvorlagen nutzen

Informationsquellen

▶ Kapitel 2.5 (Format- und Dokumentvorlagen)

Aufgabenbeschreibung

Dokument- und Formatvorlagen mit einem Beispieltext erzeugen

Die Geschäftsführung von Eurotrade wünscht, dass sämtliche Besprechungsnotizen sowie Verhandlungsprotokolle nach einem einheitlichen Schema erstellt werden. Grundlage ist die in der Beispielaufgabe 2 erzeugte Besprechungsnotiz mit dem Namen Notiz1.doc.

▶ *Erstellen Sie auf der Basis der Notiz eine Dokumentvorlage mit dem Namen Memo.DOT. Diese soll zunächst drei Formatvorlagen enthalten:*
  – *Formatvorlage mit dem Namen Tops für die Auszeichnung der Zwischenüberschriften (hier ARIAL 14 Pt, kursiv und fett).*
  – *Formatvorlage mit dem Namen Aufzählung1 für Aufzählungen mit Aufzählungszeichen.*
  – *Formatvorlage mit dem Namen Unterzeichnung für den Abschluss der Notiz.*

▶ *Der Kopf der Besprechungsnotiz soll als fixer Text in die Vorlage übernommen werden, wobei die rechte Spalte der Tabelle leer bleibt.*

Arbeitsschritte:

1. Im Beispielfall ergeben sich die Formatvarianten aus dem Mustertext. Sie können nun – wenn Sie den Beispieltext erstellt und gespeichert haben – unmittelbar damit beginnen, entsprechende Formatvorlagen anzulegen. Nach Aktivierung des Beispieltextes haben Sie zwei prinzipielle Möglichkeiten, um die Formatvorlagen anzulegen: über das erste Listenfeld in der Formatierungsleiste oder über eine Befehlswahl im Menü **Format**.

2. Einmal kann das in der Symbolleiste *Formatierung* vorhandene Listenfeld „Standard" zur direkten Erstellung, Änderung und Zuordnung von Formatvorlagen verwendet werden. Legen Sie beispielsweise die Formatvorlage für die Zwischenüberschriften auf diese Weise an. So gehen Sie vor: Markieren Sie in dem geöffneten Dokument zuerst die bereits wunschgemäß formatierte Zwischenüberschrift; beispielsweise den Text „Tagesordnungspunkte". Klicken Sie dann bei dem Feld „Standard" in der Formatierungsleiste, und geben Sie den Formatnamen ein; im Beispielfall: *Tops*. Bestätigen Sie nun die Angabe durch Betätigen von ⏎ . Damit ist die erste eigene Formatvorlage angelegt.

3. Alternativ zum Vorgehen über die Formatierungsleiste ist ein befehlsorientiertes Vorgehen möglich. Der Vorteil dieser Variante: Sie können ergänzend beispielsweise auch einen Short-Cut definieren, um so den Aufruf über einen Tastenschlüssel zu ermöglichen. Dies können Sie für das Anlegen der zweiten Formatvorlage für die Aufzählungszeichen ausprobieren.

Markieren Sie im noch geöffneten Dokument *Notiz1.DOC* den Absatz, der die Aufzählungen bei den Tagesordnungspunkten beinhaltet. Wählen Sie dann das Menü **Format** und hier den Befehl **Formatvorlagen und Formatierung**, so dass der Aufgabenbereich die vorhandenen anzeigt. Wählen Sie jetzt *Neue Formatvorlage*.

Ergebnis:

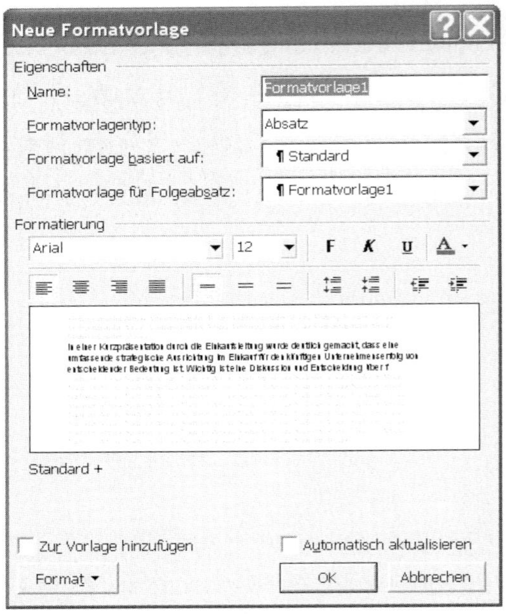

Abb. 6–01

Geben Sie den Namen der Formatvorlage ein; hier *Aufzählung1*. Zusätzlich können Sie jetzt auch eine **Tastenkombination/Shortcut definieren**. Dazu klicken Sie auf die Schaltfläche `Format` und dann auf *Tastenkombination*. In dem angezeigten Dialogfeld können Sie einen Tastenschlüssel vergeben, beispielsweise `Alt`+`Strg`+`A`. Betätigen Sie diese Tastenkombination einfach bei dem Feld *Neue Tastenkombination* drücken.

Abb. 6–02

Danach klicken Sie auf `Zuordnen` und dann auf `Schließen`. Damit kann später auch ein Aufruf der Formatvorlage mit der Tastenkombination `Alt`+`Strg`+`A` erfolgen. Beim Zuordnen von Tastenschlüsseln müssen Sie allerdings aufpassen, dass nicht bereits für andere Befehle bestehende Tastenschlüssel durch den Abruf Ihrer Formatvorlage überschrieben werden. Deshalb können Sie sich in dem Dialogfeld unter dem Stichwort „Derzeit zugeordnet zu" die gegenwärtige Aufgabe eines Tastenschlüssels abrufen.

4. Nun sollen Sie kennen lernen, wie Sie die neuen Formatvorlagen in einer gemeinsamen Dokumentvorlage speichern. Legen Sie dazu zunächst noch die dritte gewünschte Formatvorlage mit dem Namen *Unterzeichnung* an, indem Sie eine der beiden zuvor beschriebenen Vorgehensweisen wählen.

Folgendes **Vorgehen** ist danach notwendig: Aktivieren Sie das Menü **Datei** und hier den Befehl **Speichern unter**. Wählen Sie zunächst den Dateityp *Dokumentvorlage*. Dieser Dateityp ist beim Speichern eines als Dokumentvorlage erstellten Dokuments automatisch ausgewählt. Dann können Sie den Dateinamen *Memo* angeben. Das Dialogfeld soll das folgende Aussehen haben:

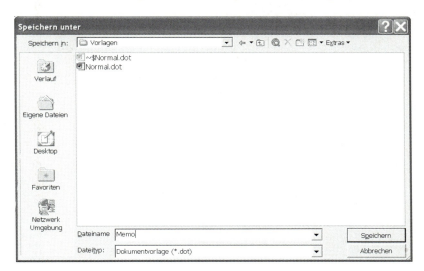

Abb. 6–03

Klicken Sie nach Eingabe des Namens der neuen Dokumentvorlage auf `Speichern`. Löschen Sie danach den gesamten Text, der variabel ist. Dazu ist dieser zu markieren und dann die Löschtaste zu betätigen. Dies ist notwendig, da beim Speichern als Vorlage auch konstante Texte gespeichert werden. Das gewünschte Aussehen ist nachfolgend wiedergegeben:

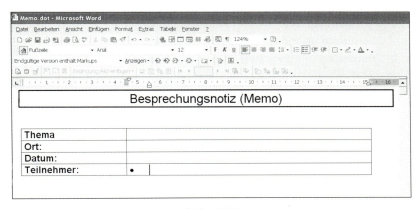

Abb. 6–04

Nehmen Sie an den Seitenrandeinstellungen, dem Seitenformat, der Seitenausrichtung, den Formatvorlagen und anderen Formaten die gewünschten Änderungen vor. Klicken Sie erneut auf `Speichern`, und wählen Sie dann im Menü **Datei** den Befehl **Schließen**. Nach Ausführung des Befehls ist nun eine neue Vorlage angelegt.

Beachten Sie noch folgende **Hinweise** für das Anlegen von Vorlagen:

▶ Es können maximal 220 Formatvorlagen zu einer Dokumentvorlage zusammengefasst werden.

▶ Vorlage-Dateien werden mit der Erweiterung .DOT gespeichert.

▶ Die Speicherung der Dokumentvorlage erfolgt automatisch im Ordner VORLAGEN. Wenn Sie ein anderes Verzeichnis bei der Speicherung wählen, kann die so gespeicherte Vorlage nicht so ohne weiteres bei der Neuanfertigung eines Dokumentes aktiviert werden.

▶ Um die Dokumentvorlage so zu speichern, dass sie in einer anderen als der Registerkarte **Allgemein** angezeigt wird, wechseln Sie zum entsprechenden Unterordner des Ordners **Vorlagen**. Legen Sie gegebenenfalls einen eigenen Unterordner an, so dass nach erstmaligem Speichern einer Dokumentvorlage in diesem Verzeichnis der Name automatisch in dem Dialogfeld zur Auswahl von Dokumentvorlagen als Register angezeigt wird.

Aufgabenteil

5. Wir wollen die im vorherigen Abschnitt erstellten Formatvorlagen, die in der Dokumentvorlage *Memo.DOT* gespeichert sind, nun einem Text zuordnen. Sie wollen die Zuweisung von Formatvorlagen mit einem neu zu erstellenden Text testen. Erstellen Sie dazu im Aufgabenbereich eine neue Datei ein, indem Sie im Bereich *Neu* die Option *Mit Vorlage beginnen* wählen. Nun können Sie das Register *Allgemein* aktivieren und anschließend die soeben erstellte Vorlage *Memo.DOT* aktivieren, damit die dort definierten Formatvorlagen verwendet werden können.

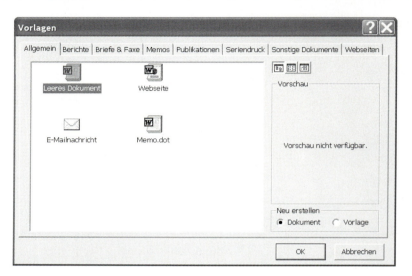

Abb. 6–05

Wenn Sie dann bei OK geklickt oder ↵ bestätigt haben, können Sie die Erfassung des Textes vornehmen (bzw. die Datei öffnen). Ergebnis ist im Beispielfall die Anzeige des Memokopfes. Um die in der Vorlage festgehaltenen Formate einem Text zuzuweisen, bestehen nach Markierung des zu gestaltenden Textteils mehrere Varianten:

▶ **Variante 1: Zuordnung über die Symbolleiste** *Formatierung*

▶ **Variante 2: Zuordnung mit dem Befehl „Formatvorlage und Formatierung"**. Danach steht dann der Aufgabenbereich in folgender Weise zur Wahl:

Abb. 6–06

▶ **Variante 3: Zuordnung per Tastenschlüssel**

Die Zuordnung von Tastenkombinationen funktioniert im Beispielfall nur bei der Aufzählung (der Formatvorlage *Aufzählung1*), da nur hier ein Tastenschlüssel vergeben wurde. Markieren Sie die Zeile des erfassten Textes, und drücken Sie dann die Tastenkombination Alt + Strg + A.

Kontroll- und Vertiefungsfragen

1. Erläutern Sie den Unterschied zwischen Format- und Dokumentvorlagen!
2. Nennen Sie verschiedene Möglichkeiten zum Anlegen einer Formatvorlage!
3. Wie können Formatvorlagen zu einer Dokumentvorlage zusammengefasst werden?
4. Was müssen Sie tun, um eine vorhandene Dokumentvorlage zu verändern?
5. Wie können Sie eine Formatvorlage einer Textmarkierung zuweisen?

Aufgabe 7: Arbeitsorganisation mit Outlook XP – Kontakte, Aufgaben und Termine „in den Griff" bekommen

Lernziele

- Kontakte neu erfassen und vorhandene Kontaktdaten pflegen
- Kontaktdaten für verschiedene Auswertungen und Druckausgaben nutzen
- Kontakte suchen, ordnen und sortieren
- Aufgaben mit *Outlook* verwalten
- Termine planen und Terminkalender anzeigen
- Termine in Gruppen koordinieren

Informationsquellen

- Kapitel 3 (*Outlook XP*); insbesondere die Kapitel 3.2, 3.3 und 3.4

Aufgabenbeschreibung

Aufgrund einer Analyse der Arbeitsorganisation bei ausgewählten Beschäftigten kommt die Unternehmensführung von Eurotrade GmbH zu dem Schluss, dass hier erhebliche Verbesserungspotenziale liegen. Den Mitarbeiterinnen und Mitarbeitern wird deshalb empfohlen, für die Schreibtischorganisation vermehrt das Programm Outlook XP mit all seinen Funktionen für das persönliche Informationsmanagement (Kontaktverwaltung, Aufgabenliste, Kalender, Terminplanung und Notizblock) zu nutzen.

So sollten die Beschäftigten zunächst damit beginnen, die jeweiligen Kontaktdaten (zu Kunden und sonstige Personen) zu verwalten. Anschließend sind kontinuierlich die anfallenden Aufgaben zu erfassen. In einem nächsten Schritt soll integriert das Terminmanagement mit Outlook erfolgen.

Teilaufgabe a) Kontaktmanagement

a1) Erfassen Sie zunächst die folgenden zwei Datensätze:

Dipl.-Ing.
Markus Müller
Position: Geschäftsführer
Organisation/Firma: Dago GmbH
Erpelallee 6
42320 Entenhausen
Tel. 02102/2454235
E-Mail-Adresse: Markus.Mueller@dago.de
Webseite: dago.de

Dipl.-Kfm.
Michael Meier
Position: Einkaufsleiter
Teststr. 4
80000 München
Tel. 02102/2454235

Notiz: Erstkontakt anlässlich des Seminars „Einkaufscontrolling."

Wichtig: Hat Entscheidungsbefugnis zur Initiierung neuer Projekte im Einkauf.

Geben Sie danach weitere Datensätze ein, so dass sich zumindest 10 Adressen in dem Kontakte-Ordner befinden.

a2) Sie möchten ein bestimmtes Memo drucken, so dass Sie die Daten eines Kontaktes (beispielsweise zu Markus Müller) auf einem Blick sehen. Testen Sie anschließend das Kartenformat.

a3) Suchen Sie gezielt nach Kontaktdaten; beispielsweise nach Markus Müller oder unter der Position „Einkaufsleiter."

Arbeitsschritte:

1. Aktivieren Sie das Programm *Outlook XP* und klicken Sie in der Outlook-Leiste „Outlook-Verknüpfungen" auf das Kontakte-Symbol:

2. Um einen Kontakt mit neuen Informationen zu erstellen, wählen Sie beispielsweise aus dem Menü **Datei** den Befehl **Neu**. Klicken Sie dann auf **Kontakt**, so dass sich das neue Kontaktformular öffnet (oder [Strg]+[N] drücken), in welchem Sie die Daten zu der Person erfassen können. Nun können die Informationen eingegeben werden, die für den Kontakt aufgenommen werden sollen. Sind alle Informationen eingegeben, klicken Sie auf [Speichern und Schließen].

3. Zur Eingabe des Namens tragen Sie im ersten Beispielfall im Feld *Name* Markus Müller ein. Sie sehen dann: Sie müssen sich bei *Outlook* nicht um die Trennung von Vor- und Zunamen kümmern, das übernimmt das Programm nach Betätigen der Taste [↹] automatisch.

Beispiel:

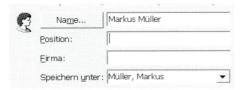

Abb. 7–01

Outlook analysiert also den eingegebenen Namen und trägt diesen in der üblichen Sortierreihenfolge Nachname, Vorname ein.

Tragen Sie anschließend noch die Position der Person (hier *Geschäftsführer*) sowie den Namen der Firma (zum Beispiel *Dago GmbH*) ein. Beachten Sie: Im Ausgangsdialogfeld können Sie im Feld *Speichern unter* die Adresse nach Ihren persönlichen Ordnungsmerkmalen speichern.

4. Zur Erfassung der Adresse klicken Sie zweckmäßigerweise auf die Schaltfläche [Adresse]. Vorteil: Die Adressdaten lassen sich so einfach richtig zusammenstellen.

Beispieleintrag:

Abb. 7–02

Bestätigen Sie den Eintrag durch Klicken auf [OK].

5. Die Telekommunikationsverbindungen werden im rechten Bereich des Dialogfeldes erfasst. Tragen Sie hier typische Telefonverbindungen (Geschäftlich, Privat, Fax geschäftl., Mobiltelefon) ein.

Abb. 7–03

6. Testen Sie schließlich noch Eingaben in den Feldern *E-Mail* und *Webseite*. Unterhalb dieser Angaben ist Platz für die Eintragung von Notizen. Nehmen Sie dazu einmal einen Beispieleintrag vor!

Mögliches Gesamtergebnis:

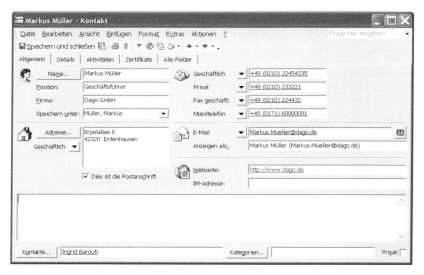

Abb. 7–04

7. Beenden Sie die Eingabe durch Klicken auf `Speichern und schließen`. Danach können Sie die weiteren Kontakte eingeben.

8. Ändern Sie nach Erfassung der gewünschten Adresse die Ansicht „Adresskarte" zur Ansicht „Telefonliste". Klicken Sie dazu auf das Symbol für Organisieren und wählen Sie bei den Organisieroptionen `Ansichten verwenden`. Hier ist die Option *Telefonliste* zu aktivieren.

Mögliches Ergebnis:

Abb. 7–05

9. Um das gewünschte Memo zur Kontaktperson *Markus Müller* zu drucken, müssen Sie im Kontakte-Ordner zunächst diesen Kontakt aktivieren. Wählen Sie dann aus dem Menü **Datei** den Befehl **Drucken**. In dem angezeigten Dialogfeld aktivieren Sie bei *Druckformat* die Option *Memoformat*, um eine Übersicht über die Daten für einen Kontakt zu erhalten. Drucken Sie aus, oder kontrollieren Sie in der Seitenansicht. Aktivieren Sie die Option *Seitenansicht*.

Mögliches Ergebnis:

Name:	Markus Müller
Nachname:	Müller
Vorname:	Markus
Position:	Geschäftsführer
Abteilung:	Unternehmensleitung
Firma:	Dago GmbH
Adresse geschäftlich:	Erpelallee 6
	42320 Entenhausen
Geschäftlich:	+49 (0210) 22454235
Privat:	+49 (0210) 233221
Mobiltelefon:	+49 (0171) 60900091
Fax geschäftl.:	+49 (0210) 224432
E-Mail:	Markus.Mueller@dago.de
E-Mail-Anzeigename:	Markus Müller (Markus.Mueller@dago.de)
Geburtstag:	11. November 1954
Assistent:	Frau Schöneich
Webseite:	http://www.dago.de
Kontakte:	Ingrid Barouti

Geburtstag von
Markus Müller

Abb. 7–06

Beispiel für Variante *Kartenformat*:

A

Adam, Hans-Joachim
REFA Verband
Wittichstr. 2
64295 Darmstadt
Gesch. 1: +49 (06151) 8801183
Privat: +49 (06151) 421083
Fax geschäftl.: +49 (06151) 8801260
E-Mail: refa.medien@t-online.de

Albrecht, X.
Gesch. 1: +49 (0203) 928890

Arera, X.
Gesch. 1: +49 (02852) 2244

Armbruster, Clemens
Storchengasse 1
1150 Wien
Österreich
Gesch. 1: +43 (1) 72655820
E-Mail: clemens.armbruster@promatis.at

B

Baboi, Karin
Gesch. 1: +43 (0676) 842665560
E-Mail: karin.baboi@dataplexx.com

Babylonie, Andrea
Privat: +43 (0664) 5256110
Mobiltelefon: +43 (0664) 5879088

Ballmann, Wolfgang
Schorlemer Str. 13
Neuss
Privat: +49 (02101) 45182

Barouti, Ingrid
Fasanenweg 17
70771 Leinfelden-Echterdingen
Gesch. 1: +49 (0221) 2589244
Mobiltelefon: +49 (0170) 8690726
E-Mail: ingrid.barouti@t-systems.de

Bergsmann, Stefan
Landstr. Hauptstr. 71/2/A10
1030 Wien
Österreich
Gesch. 1: +43 (1) 71728210
E-Mail: s.bergsmann@ids-scheer.at

Besser, Georg
Bundesallee 222
42103 Wuppertal
Gesch. 1: +49 (0202) 5636166
Privat: +49 (02137) 8465

Binder, Andrea
Theodor-Körner-Str. 182
8010 Graz
Österreich
Gesch. 1: +43 (0316) 675675
Mobiltelefon: +43 (0664) 3856569
E-Mail: andrea_binder@ebq.co.at

Bitters, A.
Nordbrocker Str. 30
46499 Hamminkeln
Gesch. 1: +49 (02852) 72618

Böhme, Christian

Botthof, Heinz-Josef
Erfurter Str. 24
35274 Kirchhain
Privat: +49 (06422) 7129

Bredow, Antje
E-Mail: bredow@uni-duisburg.de

Brinkhoff, Heinz
Gesch. 1: +49 (05744) 897

Brudermanns, Benno
Morjansbusch
Mönchengladbach
Privat: +49 (02166) 934310
Fax priv.: +49 (02166) 934312
E-Mail: Benno.Brudermanns@t-online.de

Abb. 7–07

10. Um nach dem Kontakt mit dem Namen Müller zu suchen, wählen Sie im Kontakte-Ordner aus dem Menü **Extras** den Befehl **Erweiterte Suche**. Nach Eingabe des Suchbegriffs und Klicken auf die Schaltfläche `Suche starten` kann sich das folgende Ergebnis einstellen:

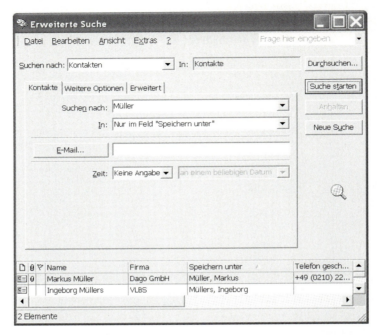

Abb. 7–08

Alternativ können Sie auf der Symbolleiste im Feld *Kontakt suchen* den Namen des gesuchten Kontakts eingeben. Nach Betätigen der Bestätigungstaste wird sofort das Dialogfeld mit den Kontaktdaten angezeigt. Es reicht auch, nur einen Teil des Namens einzugeben, z.B. „Markus M", den Vor- oder Nachnamen, einen E-Mail-Aliasnamen, Anzeigenamen oder Firmennamen. Um rasch einen Kontakt zu öffnen, den Sie vor kurzem gesucht haben, klicken Sie auf den Pfeil nach unten neben dem Feld *Kontakt suchen* und wählen einen Namen aus.

Teilaufgabe b) Aufgabenmanagement

Nachdem mit dem Kontaktmanagement von *Outlook XP* gute Erfahrungen vorliegen, soll bei der *Eurotrade GmbH* auch die Option „Aufgabenmanagement" konsequent genutzt werden. Sie erhalten den Auftrag, die Möglichkeiten dieses Outlook-Bereiches genauer zu erkunden.

b1) Für den aktuellen Tag sollen unter anderem folgende Aufgaben festgehalten werden:
   – Beschwerdebrief an Firma Sauer & Esser verfassen
   – E-Mails beantworten
   – Verhandlungsprotokoll erstellen
   – Abschlussbericht zum Projekt „Knowledgement-Feasibility" schreiben

b2) Bei den folgenden Aktivitäten sollen ergänzend die nachstehenden Merkmale erfasst werden:
   – Flug nach Salzburg buchen (bis 13. November 2002)
   – Abteilungsleiterkonferenz vorbereiten (Starttermin: 15.10.02, Endtermin bis 1.11.02, Priorität 1).
   – Katalog für Messe ORGATEC besorgen (bis 13. November 2002; Priorität 2).
   – Zimmer im Hotel Penta/Salzburg buchen (bis 10.11.02; Priorität 1).
   – Michael anrufen (bis 10.11.02, Priorität 3).

b3) Sie wollen ab Donnerstag, den 7.11.2002 bestimmte Eintragungen für wiederholende Aufgaben vornehmen. Hier soll in wöchentlichem Abstand ein Plattenbackup erfolgen. Zunächst soll dies für die nächsten 20 Wochen gelten.

b4) Sie wollen die eingetragene Aktivität „Abteilungskonferenz vorbereiten" als erledigt kennzeichnen.

> b5) Sie wollen eine vorgenommene Eintragung (hier *Flug nach Salzburg buchen*) wieder löschen, da der Termin wegen einer dringenden Verpflichtung der Geschäftsleitung abgesagt werden musste.
>
> b6) Es soll ein veränderter bzw. ergänzender Text für einen Termin eingetragen werden. Nehmen Sie beispielsweise einen Zusatzeintrag für die Aufgabe *Plattenbackup des PC* vor.
>
> b7) Lassen Sie sich unterschiedliche Ansichten anzeigen, und nehmen Sie einen beispielhaften Ausdruck des aktuellen Aufgabenkataloges vor!

1. Um eine neue Aufgabe zu erfassen (beispielsweise das Verfassen des Beschwerdebriefes), aktivieren Sie zunächst über die Outlook-Leiste den Bereich für Aufgaben. Klicken Sie in das leere Textfeld zu Beginn der Aufgabenliste, und geben Sie im Feld *Betreff* den Namen der Aufgabe ein; hier: Beschwerdebrief an Firma Sauer & Esser verfassen. Beispiel:

Abb. 7–09

Drücken Sie die Enter-Taste (oder wählen Sie unter Umständen die gewünschten Optionen aus), so dass *Outlook* die Aufgabe der Aufgabenliste hinzufügt. Nehmen Sie in ähnlicher Weise die Eintragung der anderen drei Aufgaben vor! Es müsste deutlich werden, dass nunmehr eine Aufgabenliste entstanden ist.

2. Das Zuweisen eines Fälligkeitstermins geht bereits in der bekannten Aufgabenliste. Geben Sie zunächst den Text in der üblichen Weise ein. Klicken Sie danach auf den kleinen Pfeil beim *Fällig am* – Feld und wählen Sie den Termin im Kalenderblatt aus.

   Ergebnis:

Abb. 7–10

3. Um spezifischere Angaben zu einer Aufgabe zu machen, wählen Sie aus dem Menü **Aktionen** den Befehl **Neue Aufgabe** (oder klicken Sie doppelt in der Eingabezeile der Aufgabenliste). Sie können jetzt die Eintragungen in einem Dialogfeld festlegen, die im Beispielfall gewünscht sind:
   - Legen Sie zuerst den Betreff fest: hier *Abteilungsleiterkonferenz vorbereiten*.
   - Tragen Sie danach das Fälligkeitsdatum ein: hier 1. November 02
   - Tragen Sie nun den Beginn ein: hier 15.10.02
   - Wählen Sie noch die Priorität *hoch*. Im darunter liegenden Fenster können Sie zusätzlich zur Aufgabe Notizen eintragen.

Abb. 7–11

42 Aufgabenteil

Bestätigen Sie den Eintrag durch einen Klick auf `Speichern und Schließen`. Danach können Sie die übrigen Aufgaben erfassen.

4. Um eine sich in regelmäßigen Abständen zu wiederholende Aktivität zu erfassen, erstellen Sie die Aufgabeneintragungen zum Plattenbackup in der üblichen Weise. Wählen Sie danach aus dem Menü **Aktionen** den Befehl **Serientyp**. Ergebnis kann nach Vornahme von Änderungen die folgende Dialogfeldanzeige sein:

Abb. 7–12

Das eigentliche Dialogfeld zur Aufgabenverwaltung hat dann das folgende Aussehen:

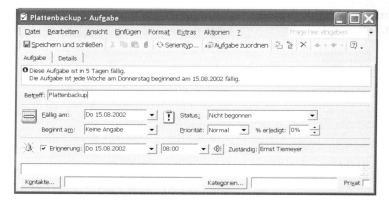

Abb. 7–13

Die Übernahme wird in der Aufgabenliste durch ein Symbol für die Aufgabenserie deutlich gemacht. Die Aufgaben einer Aufgabenserie werden in bestimmten Abständen oder ab dem Datum wiederholt angezeigt, an dem die Aufgabe als erledigt markiert wird.

5. Um eine Aufgabe als erledigt zu kennzeichnen, markieren Sie die eingetragene Aktivität im Aufgabenkatalog. Dazu ist der Mauszeiger auf die Aufgabe zu bewegen. Klicken Sie auf das zweite kleine Kästchen in der Liste, so dass sich die folgende Bildschirmanzeige ergibt:

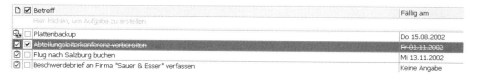

Abb. 7–14

Die Aufgabe wird also als erledigt abgehakt und der Aufgabentext durchgestrichen dargestellt. Erledigte Aufgaben bleiben aber weiterhin in der Aufgabenliste angezeigt. Um sie zu entfernen, müssen Sie diese löschen.

6. Markieren Sie für das Löschen die eingetragene Aktivität im Aufgabenkatalog, indem Sie den Mauszeiger auf die Aufgabe bewegen; im Beispielfall auf die Aufgabe *Flug nach Salzburg buchen*. Halten Sie die Maustaste gedrückt. Ziehen Sie den Eintrag in den Papierkorb (= gelöschte Objekte), und legen Sie ihn dort ab (Drag and Drop).

7. Klicken Sie doppelt auf den Eintrag, zu dem ein ergänzender Text eingegeben werden soll. Nehmen Sie die gewünschten Änderungen/Ergänzungen im angezeigten Dialogfeld vor. Speichern Sie die Änderungen, indem Sie auf die Schaltfläche [Speichern und schließen] klicken.

8. Um unterschiedliche Ansichten für Aufgaben zu erreichen, aktivieren Sie die Schaltfläche für Organisieren aus der Symbolleiste. Danach ist Variante *Ansichten verwenden* anzuklicken. Danach können Sie die Möglichkeiten testen:

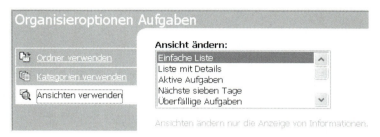

Abb. 7–15

Teilaufgabe c) Terminmanagement

Terminmanagement mit *Outlook* ist ein weiterer nützlicher Anwendungsbereich im persönlichen Informationsmanagement sowie zur Terminkoordination in Gruppen.

c1) Sie möchten zunächst sicher stellen, dass die entsprechenden Feiertage für Deutschland im Kalender für das Jahr 2003 angezeigt werden.

c2) Sie möchten den 10. November 1978 als Gründungstermin von *Eurotrade GmbH* berücksichtigen, um das 25-jährige Betriebsjubiläum festzuhalten. Dazu ist der 10. November 2003 als ganztägiges Ereignis im Terminkalender einzutragen.

c3) Als weitere Terminoption wünschen Sie die Verwaltung von Geburtstagen. Dabei möchten Sie eine Ereignisserie für jeweils 10 Termine anlegen. Testen Sie dies für einen Geburtstag am 1. Dezember 2002.

c4) Sie wollen für Montag, den 27. Oktober 2003, folgende Eintragungen im Terminkalender vornehmen

9.00 Uhr: Abstimmungsgespräch mit IT-Leiter

10.00 Uhr – 12.30 Uhr: Monday Morning Meeting

14.00 Uhr: Besprechung mit Betriebsrat

c5) Parallel zum Monday-Morning-Meeting haben Sie keine andere Wahl. Zwischen 11.00 und 11.30 Uhr wird erwartet, dass Sie dem Geschäftsführer kurz Bericht über das letzte Meeting mit einem Key-Account-Kunden geben. Auch dieser Eintrag sollte im Outlook-Terminkalender erscheinen.

c6) Ein weiterer Termin: 15.15 Uhr – 17.00 Uhr: Meeting der Projektgruppe „PC-Beschaffung". Sie möchten für diesen Eintrag detaillierte Ergänzungen vornehmen; beispielsweise eine Angabe des Ortes und eine Eintragung der eingeladenen Teilnehmer.

c7) Sie möchten eine bestimmte Kalenderwoche drucken, so dass Sie Ihre Aktivitäten auf einem Blick sehen.

---

1. Mit der Befehlsfolge **Extras/Optionen** wird zunächst ein Dialogfeld eingeblendet, das deutlich macht, dass hier verschiedene Einstellungen für das E-Mailing, die Kalender-, Aufgaben- und Kontaktanzeige möglich sind. Nach Aktivieren der Schaltfläche [Kalenderoptionen] erhalten Sie die Bildschirmanzeige, die diverse Einstellmöglichkeiten für die Kalenderanzeige bietet. Wenn Sie danach auf die Schaltfläche [Feiertage hinzufügen] klicken, können die entsprechenden Einstellungen für ein Land (beispielsweise Deutschland) vorgenommen werden, indem das jeweilige Optionsfeld angeklickt wird:

Aufgabenteil

Abb. 7–16

Die Eintragungen werden dann automatisch vorgenommen, sobald die Schaltfläche OK geklickt wird. Die erfolgreiche Realisierung wird in einem Dialogfeld angezeigt.

2. Um das ganztägige Ereignis einzutragen, steuern Sie den Termin für die Festlegung des Ereignisses an. Aktivieren Sie das Menü **Aktionen**, und wählen Sie den Befehl **Neues ganztägiges Ereignis**. Sie können nun einen Betreff und einen Ort eintragen. Nehmen Sie folgenden Eintrag vor:

Abb. 7–17

3. Beenden Sie die Eingabe durch Klicken auf Speichern und schließen.

   Mögliches Ergebnis nach Aufruf des Termins:

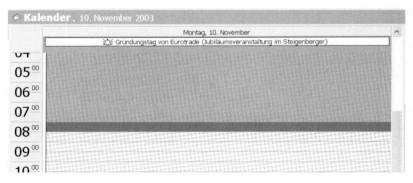

Abb. 7–18

4. Um das ganzjährige Ereignis für die regelmäßige Anzeige eines Geburtstagtermins zu erzeugen, können Sie zunächst im Kalender den Termin auswählen (hier den 1. Dezember 2002). Aktivieren Sie dann per rechter Maustaste das Kontextmenü und wählen Sie hier **Neue Ereignisserie**. Ergebnis sind zwei übereinanderliegende Dialogfelder:

   Tragen Sie im 1. Dialogfeld die Ereignisserie (jährlich) ein. Nach Bestätigen auf OK können Sie den Betreff eintragen; z. B. „Geburtstag Margret".

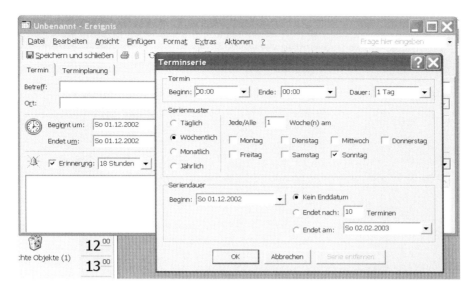

Abb. 7–19

5. Um Termineinträge für einen bestimmten Tag vorzunehmen (hier für den 27. Oktober 2003), wählen Sie den Tag in der Monatsansicht aus. Klicken Sie in die Zeile neben der Uhrzeit, und wählen Sie die Uhrzeit für den Startzeitpunkt des Termins. Nehmen Sie den gewünschten Eintrag vor, so dass sich das folgende Ergebnis einstellt:

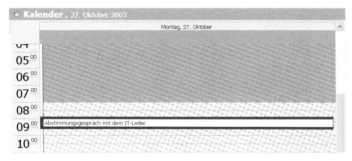

Abb. 7–20

6. Um im zweiten Fall den Terminbereich (von 10.00 Uhr bis 12.30 Uhr) anzugeben, ziehen Sie einfach das Terminende per Mausklick auf. Dazu müssen Sie mit der Maus die oberen und unteren Ränder des Termineintrags markieren. Bestätigen Sie den Eintrag durch Drücken der Taste ⏎. Hinweis: Sie können für das Eintragen eines Termins auch aus dem Menü **Aktionen** den Befehl **Neuer Termin** wählen oder die Tastenkombination Strg+N drücken. Mögliches Ergebnis bei konkreter Festlegung des Terminendes:

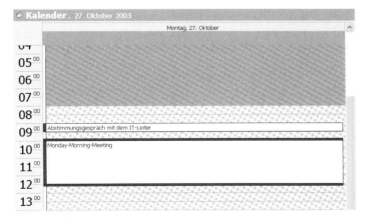

Abb. 7–21

7. Um einen parallelen Termineintrag vorzunehmen, klicken Sie in der Zeitleiste auf den Startzeitpunkt des 2. Termins, so dass die entsprechende Zeile am rechten Rand blau markiert wird. Nehmen Sie den gewünschten Eintrag vor, zeigt *Outlook* automatisch zwei parallele Termineinträge an:

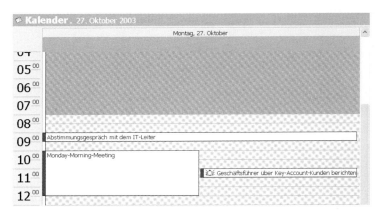

Abb. 7–22

8. Um einen detaillierten Termineintrag vorzunehmen, wählen Sie das Menü **Aktionen** und aktivieren Sie hier den Befehl **Neuer Termin**. Nehmen Sie zunächst die Eintragungen im oberen Bereich vor. Geben Sie beispielsweise einen Ort ein, an dem der Termin stattfindet (ausgewählt werden können eventuell bereits vorgenommene Eintragungen bei anderen Terminen). Mit Hilfe des Listenfeldes „Anzeigen als" legen Sie fest, wie der Termin im Kalender gekennzeichnet werden soll (frei, mit Vorbehalt, gebucht, abwesend). Versehen Sie den Termineintrag mit beliebig umfangreichen Notizen.

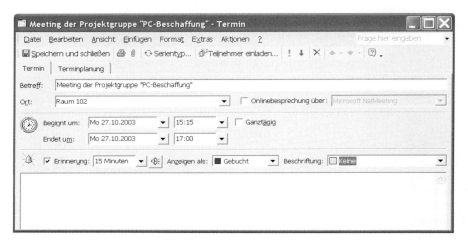

Abb. 7–23

Aktivieren Sie das Menü **Ansicht**, und wählen Sie nach Aufruf der Variante *Aktuelle Ansicht* die Option *Tage-/Wochen-/Monatsübersicht*. Wählen Sie das Menü **Datei** und hier den Befehl **Drucken**. Aktivieren Sie bei Druckformat die Option *Dreifachformat*, um eine Übersicht über die Aktivitäten für einen Datenbereich zu erhalten. Wählen Sie Anfang und Ende für den Druckbereich. Aktivieren Sie die Option *Seitenansicht*. Mögliches Ergebnis:

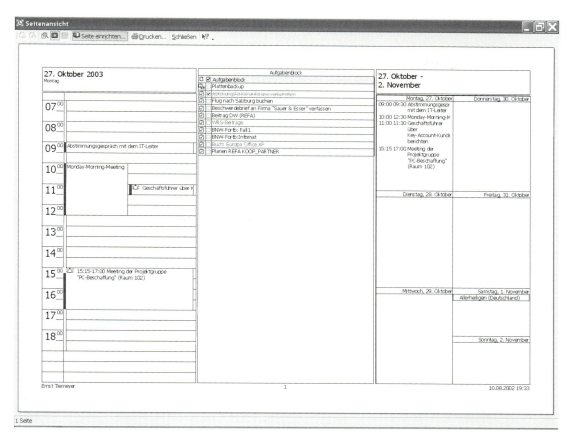

Abb. 7–24

Kontroll- und Vertiefungsfragen

1. Nennen Sie die Möglichkeiten, die *Outlook XP* für das persönliche Informationsmanagement bietet!

2. Erläutern Sie, was als Kontakt in Outlook verstanden wird.

3. Nennen Sie die Möglichkeiten (Aktionen), die mit den erfassten Kontaktdaten realisiert werden können!

4. Kontakte stellen im Business-Bereich einen wichtigen Erfolgsfaktor dar. Entwickeln Sie anhand der folgenden Aufgaben-/Problemstellungen Tipps für die optimale Nutzung des Kontakte-Elements mit Outlook.

   a) Sie möchten die gespeicherten Kontakte für Ihre Arbeit optimal nutzen. Welche besonderen Anwendungsmöglichkeiten und Anwendungsanforderungen haben Sie?

   b) Sie möchten direkt von Outlook-Kontakten heraus Telefonate führen. Möglich?

   c) Sie haben eine Mail mit angehängter VCF-Datei erhalten. Was bedeutet dies?

   d) Sie suchen nach besonderen Möglichkeiten, um festzustellen, wo der Kontakt angesiedelt ist. Welche Optionen gibt es?

   e) Sie möchten für sich oder andere bereits gespeicherte Rufnummern von allgemeiner Bedeutung bereit stellen. Welche Möglichkeiten bestehen?

5. Welches Druckformat wählen Sie, um die Detaildaten zu einem bestimmten Kontakt auszudrucken:

   a) Kartenformat

   b) Memoformat

6. Nennen Sie typische Merkmale, die mit dem Erfassen einer Aufgabe zugeordnet werden können!

7. Aufgabenmanagement stellt für das persönliche Informationsmanagement einen wichtigen Erfolgsfaktor dar. Entwickeln Sie anhand der folgenden Aufgaben-/Problemstellungen Tipps für die optimale Nutzung des Aufgaben-Elements mit Outlook.

   a) Sie möchten prüfen, ob eine Aufgabenverfolgung mit Outlook sinnvoll ist. Welche besonderen Anwendungsmöglichkeiten und Anwendungsanforderungen bietet Outlook dafür?

   b) Für das Bearbeiten von Aufgabenserien können besondere Anforderungen gegeben sein. Welche liegen bei Ihnen vor; sind diese mit Outlook lösbar?

   c) Im Teamwork kann die Delegation von Aufgaben und die Weiterverfolgung der delegierten Aufgaben sinnvoll sein. Wie stellen Sie sich die Lösung in optimaler Weise bzw. in Verbindung mit Outlook vor?

8. Erläutern Sie, wie mit *Outlook* die aktuellen Standardfeiertage eines Landes in den Terminkalender eingefügt werden können.

9. Erläutern Sie den Unterschied zwischen einem Ereignis in Outlook und einem allgemeinen Termineintrag im Kalender.

Aufgabe 8: Mailing mit Outlook – so geht's

Lernziele

- Mails entwerfen und versenden
- Autosignatur erstellen
- Mails mit Anhängen erstellen
- Mails mit Verteilerlisten

Informationsquellen

- Kapitel 3.5 (Outlook XP: Elektronische Kommunikation)

Aufgabenbeschreibung

Mails haben sich zu einem unentbehrlichen Werkzeug der geschäftlichen und für viele auch der privaten Kommunikation entwickelt. Gerade im Personalwesen gibt es immer mehr Bewerbungen, die per Mail eingehen.

Arbeitsaufgaben für das Versenden von E-Mails:

1. *Sie möchten sich bei der Dago GmbH für eine Stelle als Sachbearbeiter bewerben. Verfassen Sie ein kurzes Anschreiben für die Bewerbung per E-Mail.*
2. *Erstellen Sie am Ende der Mail eine klare Absenderangabe und nutzen Sie diese künftig als Auto-Signatur. Eine gute Auto-Signatur am Ende einer E-Mail hilft dem Empfänger bei Rückfragen. Dies ist ein Textfeld, in dem man seinen vollen Namen, Email-Adresse, möglicherweise reale Adresse, WWW-Homepage, etc. angibt.*
3. *Sie möchten die E-Mails mit besonderer Wichtigkeit klassifizieren sowie eine Lesebestätigung einstellen.*
4. *Sie möchten E-Mails mit bestimmten Dateien (zum Beispiel Word-Dateien oder Grafik-Dateien) als Anlage versenden. Dies gilt im Beispielfall für den Lebenslauf, den Sie mit Word erstellt haben sowie ein elektronisch verfügbares Foto.*
5. *Sie möchten in die E-Mail einen Link auf Ihre Website einfügen.*
6. *Als weiteres Anwendungsgebiet für den E-Mail-Versand mit Outlook möchten Sie eine Einladung an eine Personengruppe versenden. Stellen Sie aus Ihren Mail-Adressen einen Verteiler zusammen, und versenden Sie an die Gruppe ein Einladungsmail.*

Arbeitsschritte

1. Gehen Sie von dem Kontaktebildschirm aus, die den Kontakt der Personalabteilung der Dago GmbH enthält. Klicken Sie dann im Menü **Aktionen** auf **Neue Nachricht an Kontakt** und verfassen Sie das E-Mail.

Beispiel:

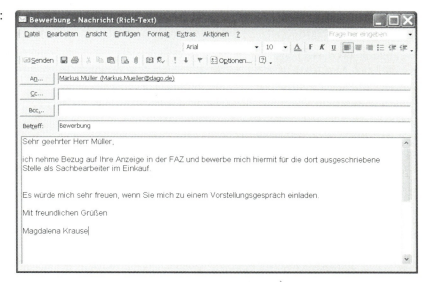

Abb. 8–01

Aufgabenteil

2. Um die Autosignatur zu erzeugen, können Sie ausgehend von dem Postausgang das Menü **Extras** aktivieren, auf *Optionen* klicken und hier die Registerkarte *Email-Format* wählen. Aktivieren Sie die Schaltfläche [Signaturen], gehen Sie auf [Neu] und vergeben einen Namen für die Signatur: KrausePrivat.

Abb. 8–02

3. Folgen Sie danach den Anweisungen des Assistenten, und klicken Sie auf [Weiter]. Geben Sie Ihren Wunschtext ein, und formatieren Sie diesen nach Ihren Vorstellungen. Nach der Fertigstellung kann sich folgende Anzeige ergeben:

Abb. 8–03

Klicken Sie abschließend auf [Fertig stellen] sowie zweimal auf [OK]. Testen Sie das Ergebnis, indem Sie ein neues Mail erstellen. Die AutoSignatur müsste nunmehr automatisch im Text einer Mail eingefügt sein.

4. Klicken Sie beim Bearbeiten von Mails im Menü **Ansicht** auf **Optionen**. Ergebnis ist der folgende Bildschirmdialog, der die gewünschten Einstellmöglichkeiten bietet:

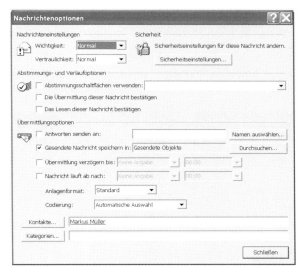

Abb. 8–04

5. Um die Attachments einzufügen, gehen Sie in folgender Weise vor:

   Wählen Sie das bisher erstellte E-Mail aus. Anschließend aktivieren Sie für das Einfügen des Lebenslaufes die Word-Datei, indem Sie aus dem Menü **Einfügen** den Befehl **Datei** wählen. Wählen Sie die gewünschte Datei in dem angezeigten Dialogfeld aus.
   Um ein Foto auszuwählen, das direkt im Mail angezeigt werden soll, wählen Sie aus dem Menü **Datei** den Befehl **Objekt**.
   Nach Auswahl der Dateien und Ausführung des Befehls ergibt sich beispielsweise die folgende Anzeige:

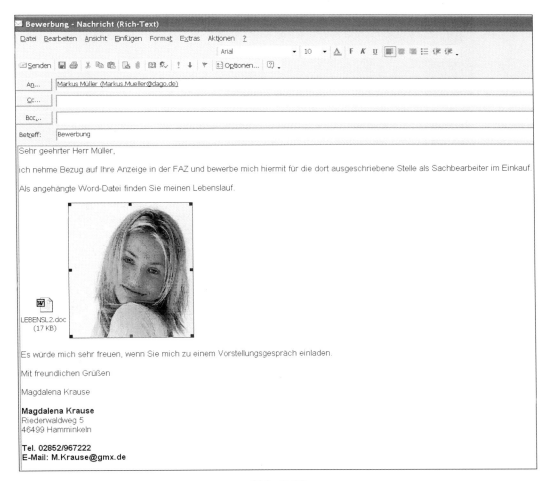

Abb. 8–05

Aufgabenteil

Hinweise: Die angehängte Datei ist für den Empfänger leicht per Doppelklick aufrufbar!

In ähnlicher Weise können Hyperlinks eingefügt werden, wenn Sie Word als E-Mail-Editor nutzen.

6. Um eine Verteilerliste für Mails zu erstellen, werden zunächst Gruppen erstellt. Wählen Sie dazu aus dem Menü Datei den Befehl **Neu** und dann die Variante **Verteilerliste**.

Ergebnis:

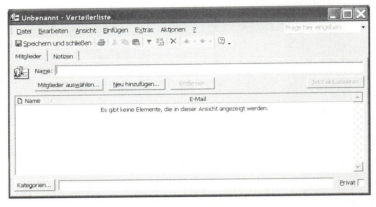

Abb. 8–06

Vergeben Sie den Namen *ProjektA*. Wählen Sie danach die Mitglieder aus, indem Sie zunächst auf die Schaltfläche `Mitglieder auswählen` klicken. Nach Auswahl sämtlicher Mitglieder und Bestätigung auf `OK` ergibt sich beispielsweise folgende Verteilerliste:

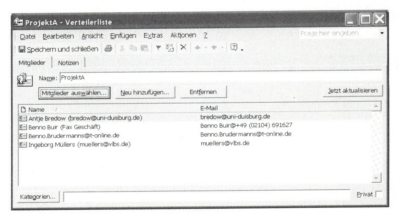

Abb. 8–07

Vorteil: Sie müssen für E-Mails, die an alle Gruppenmitglieder versandt werden sollen, lediglich den Gruppennamen auswählen, statt jeden Kontakt einzeln einzugeben.

Testen Sie dies, indem Sie nun ein Mail an das **Projekt A** senden

Kontroll- und Vertiefungsfragen

1. Erläutern Sie die Voraussetzungen, um Nachrichten mit *Outlook XP* senden und empfangen zu können!
2. Welche Sicherheitseinstellungen für das Arbeiten mit *Outlook* sollten bekannt sein? Wie lassen sich diese verändern?
3. Erläutern Sie die Vorgehensweise, um einem Mail eine Anlage zuzuordnen.
4. Geben Sie an, was nach einem Klick auf das Symbol *Senden* ausgelöst wird.
5. Das Versenden, der Empfang und die Verteilung von E-Mails muss in besonderer Weise organisiert werden. Entwickeln Sie anhand der folgenden Aufgaben-/Problemstellungen Tipps für den E-Mail-Versand mit Outlook:

a) Sie möchten ein längeres Dokument mit zahlreichen Bildern (Speicherkapazität ca. 10 MB) per E-Mail verschicken. Was sollten Sie beachten?

b) Sie möchten Mails immer wieder an einen bestimmten Personenkreis versenden (etwa Mitgliedern einer Projektgruppe). Wie können Sie sich die Arbeit erleichtern?

c) Sie möchten sichergehen, dass die Nachricht bei der gewünschten Adresse ankommt, ohne dass eine andere Person darin Einblick bekommt! Was können Sie tun?

d) Mitunter gibt es von Adressaten Ihrer Mails den Hinweis, dass diese das Mail nicht lesen konnten. Formulieren Sie formale Regeln, die vor bzw. für den E-Mail-Versand zu beachten sind!

6. Entwickeln Sie anhand der folgenden Aufgaben-/Problemstellungen Tipps für den E-Mail-Empfang mit Outlook:

    a) Was können Sie tun, um den Empfang ungewünschter E-Mails (Spam-Mails) zu vermeiden?

    b) Zunehmend gibt es die Situation, dass Sie mehrere elektronische Postfächer haben (etwa sinnvoll, um geschäftliche und private Post zu trennen). Der Nachteil: Sie müssen die Post generell immer getrennt aus den unterschiedlichen Postfächern abrufen. Lösung?

    c) Welche Arbeitsweise/Einstellungen empfehlen Sie für den Fall, dass Sie des öfteren abwesend sind? (Beantwortung, besondere Organisationsformen bei Abwesenheit u.ä.)

    d) Was empfehlen Sie, um künftig Sicherheitsprobleme in Verbindung mit E-Mails zu vermeiden?

Aufgabe 9: Firmenpräsentation – Eine erste PowerPoint-Präsentation mit einer speziellen Inhaltsvorlage erstellen

Lernziele

- *PowerPoint* starten und beenden
- Einsatzbereiche von *PowerPoint*
- Leistungsspektrum von *PowerPoint*
- Eine neue Präsentation mit dem AutoInhalt-Assistenten erstellen
- Text in Folien eingeben
- Folien bearbeiten
- Ansichten für das Arbeiten mit *PowerPoint*

Informationsquellen

- Kapitel 4.1 (Grundlagen der Arbeit mit *PowerPoint*)
- Kapitel 4.2 (Eine neue PowerPoint-Präsentation erstellen)

Aufgabenbeschreibung

Die Geschäftsführung der Eurotrade GmbH wünscht eine Kurzpräsentation, die die Unternehmensstrategie für die nächsten Jahre wiedergibt. Erstellen Sie diese unter Nutzung des AutoInhalt-Assistenten. Gehen Sie in folgenden Teilschritten vor:

1. *Erzeugen Sie zunächst den Grundaufbau der Präsentation, indem Sie die angebotene AutoInhalts-Präsentation „Strategieempfehlung" wählen.*
2. *Nehmen Sie eine inhaltliche Anpassung der Folien vor, indem Sie die Platzhalter der Präsentation mit geeignetem Inhalt versehen. Speichern Sie danach die PPT-Datei unter dem Namen Strategie05.*
3. *Probieren Sie abschließend auf der Basis der gerade erstellten Präsentation die verschiedenen Ansichten, die PowerPoint bietet.*

Arbeitsschritte

1. Um *PowerPoint XP* zu starten, rufen Sie in der Start-Leiste unter dem Menüpunkt *Programme* das Programm *Microsoft PowerPoint* auf. Nach dem Start erscheint auf der rechten Seite der Aufgabenbereich, der verschiedene Optionen für das Erstellen einer neuen Präsentation anbietet.

2. Klicken Sie im Aufgabenbereich unter *Neu* auf *Vom AutoInhalt-Assistenten*, so dass der Begrüßungsbildschirm erscheint. Hier sind noch keine weiteren Eingaben vorzunehmen. Klicken Sie deshalb unmittelbar auf die Schaltfläche *Weiter*. Ergebnis ist eine Dialogbox zur Auswahl von Präsentationstypen, wobei die Schaltflächen die vorhandenen Kategorien darstellen:

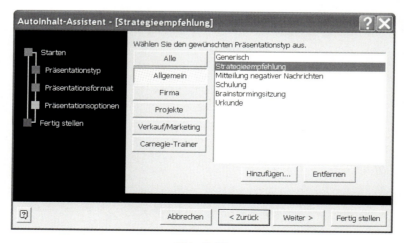

Abb. 9–01

Wählen Sie im Beispielfall aus den Kategorien die Option *Allgemein* und dann die vorbereitete Präsentation *Strategieempfehlung*.

3. Nach dem Klicken auf `Weiter` erhalten Sie die folgende Bildschirmanzeige, die diverse Einstellmöglichkeiten für die Ausgabe der Präsentation bietet:

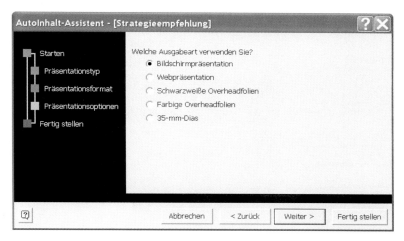

Abb. 9–02

Steht beispielsweise ein Farbdrucker mit guter Ausgabequalität zur Verfügung, kann der Ausdruck farbiger Overheadfolien gewünscht sein. Im Regelfall werden Sie aber eine Präsentation erstellen, die über den Bildschirm abläuft. Deshalb können Sie die voreingestellte Auswahl *Bildschirmpräsentation* übernehmen und auf `Weiter` klicken.

4. In dem nun angezeigten Dialogfeld können Sie den Präsentationstitel vergeben sowie Angaben zur Fußzeile machen. Beispielangabe:

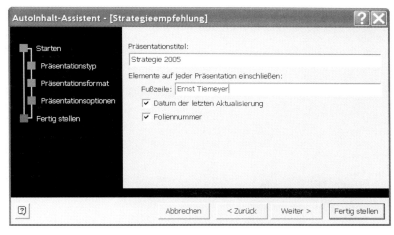

Abb. 9–03

Aufgabenteil

5. Nach dem Klicken auf `Fertig stellen` erzeugt *PowerPoint* die gewünschte Präsentation.

    Beispielergebnis:

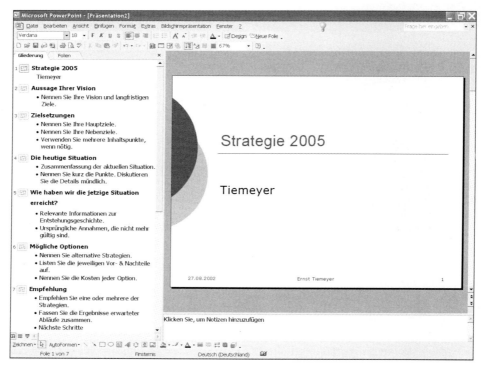

Abb. 9–04

Das Ergebnis zeigt, dass nun 7 verschiedene Folien mit Inhaltsvorgaben erstellt wurden. Die vorbereiteten Elemente müssen nun noch durch konkrete Inhalte ersetzt werden.

6. Klicken Sie in der ersten Folie zunächst auf den Platzhalter des Untertitels, und setzen Sie die Schreibmarke in den Text. Nehmen Sie die gewünschte Veränderung vor, so dass sich folgende erste Folie ergibt:

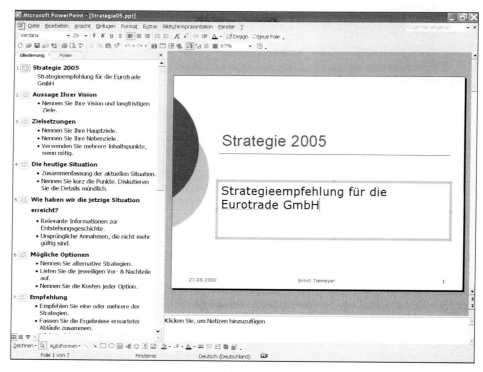

Abb. 9–05

Hinweis: Auf diese Weise können Sie sämtliche Folien anpassen. Nach Anklicken des Platzhalters und Positionierung des Mauszeigers im Text kann die Eingabe von Textinformationen erfolgen.

7. Alternativ können Sie den Text auch im Gliederungsbereich überschreiben. Testen Sie dies etwa mit der 3. Folie, so dass sich das folgende Ergebnis einstellt:

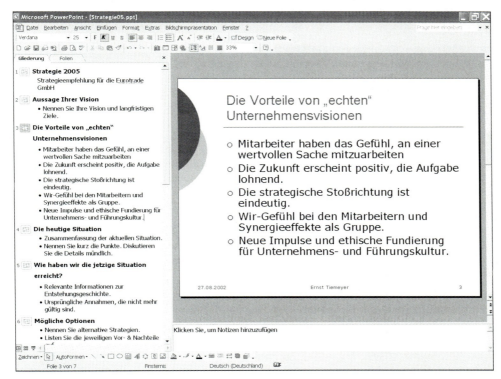

Abb. 9–06

Wichtig ist, dass das Register *Gliederung* am linken Bildschirmrand eingeschaltet ist. In dieser Ansicht werden die Folien in Textform gegliedert.

8. Geben Sie auch in der Notizansicht unterhalb der Folie Text ein. Klicken Sie dazu auf die Anweisung *Klicken Sie, um Notizen hinzuzufügen*, und geben Sie dann unmittelbar einen passenden Text ein.

9. Nehmen Sie eine Speicherung der Datei nach Vornahme der gewünschten Anpassungen für sämtliche Folien vor. Geben Sie folgenden Dateinamen ein: *Strategie05.ppt*.

10. Wechseln Sie danach in die Ansicht *Foliensortierung*.

   Ergebnis:

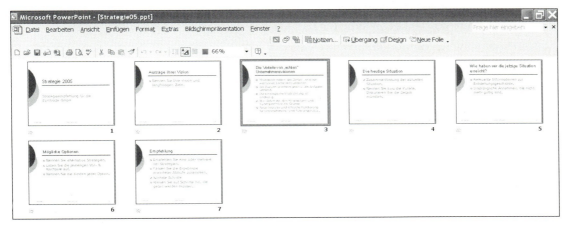

Abb. 9–07

Bei dieser Sichtweise werden alle Folien in verkleinerter Ausgabe angezeigt. Dabei wird auch die Reihenfolge deutlich, in der die Folien auf dem Drucker oder in einer Bildschirmpräsentation ausgegeben werden. Um weitere Besonderheiten für eine Bildschirmpräsentation einzustellen, ist bei dieser Sichtweise automatisch eine spezielle Foliensortierungs-Symbolleiste eingeblendet.

11. Aktivieren Sie danach die Ansicht für Notizseiten, indem Sie zunächst die 3. Folie aktivieren

Ergebnis:

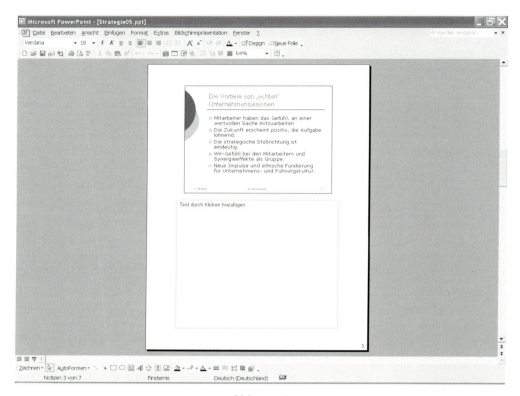

Abb. 9–08

Um jetzt Eintragungen in Notizblättern vornehmen zu können, sollten Sie die Ansicht mit der Zoomfunktion vergrößern. Ein Sprung zur nächsten Folie erfolgt dann wieder mit der Taste ↓ .

Kontroll- und Vertiefungsfragen

1. Nennen und erläutern Sie typische Einsatzbereiche, für die sich *PowerPoint XP* anbietet!
2. Beschreiben Sie das Leistungsspektrum von *PowerPoint*.
3. Geben Sie an, welche Besonderheiten der Arbeitsbereich von *PowerPoint* aufweist!
4. In *PowerPoint XP* werden drei Ansicht-Schaltflächen unterschieden. Welche Aufgabe haben die jeweiligen Schaltflächen?
5. Welche Hilfe für das Erstellen von PowerPoint-Präsentationen bietet der AutoInhalt-Assistent, und was ist das Ergebnis der Nutzung?
6. Geben Sie an, für welche Zwecke die folgenden Ansichtsmodi von *PowerPoint* dienen:
   – Notizenseite
   – Masteransicht
   – Foliensortierung
   – Bildschirmpräsentation
7. Wann arbeiten Sie sinnvoll mit der Gliederungsfunktion am linken Bildschirmrand?

Aufgabe 10: Produktpräsentation – Schriften, Diagramme, Illustrationen und Bilder in einer PowerPoint-Präsentation verwenden

Lernziele

- Foliendesign wählen und aktivieren
- Entwurfsvorlage generieren
- Neue Folien anlegen
- Textcharts erstellen und gestalten
- Folien mit Cliparts erzeugen
- Diagramme in Folien erzeugen

Informationsquellen

- Kapitel 4.2 (Eine neue PowerPoint-Präsentation erstellen)

Aufgabenbeschreibung

Die Firma Eurotrade GmbH hat ein Filialunternehmen mit dem Namen EuroMedia gegründet, das sich mit Produkten und Dienstleistungen rund um den Computer befasst. Sie werden damit beauftragt, in einer PowerPoint-Präsentation die Produkte und Leistungen des Unternehmens zu präsentieren. Die ersten Folien sollen in folgender Weise erstellt werden:

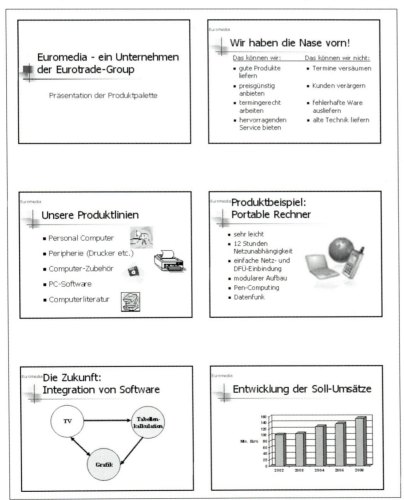

Abb. 10–01

Aufgabenteil

Arbeitsschritte

1. Starten Sie PowerPoint und stellen Sie sicher, dass auf der rechten Bildschirmseite der Aufgabenbereich angezeigt ist, der verschiedene Optionen für das Erstellen einer neuen Präsentation anbietet. Klicken Sie im Aufgabenbereich unter *Neu* auf *Von einer Entwurfsvorlage*, so dass verschiedene Entwurfsvorlagen angeboten werden. Klicken Sie im Aufgabenbereich *Foliendesign* auf eine Entwurfsvorlage, die Sie übernehmen möchten. Treffen Sie folgende Auswahl:

Abb. 10–02

Angezeigt wird zunächst die Titelfolie für das gewählte Design. Wenn Sie auf die Schaltfläche für *Neue Folie* klicken, wird automatisch das Design für das Folienlayout mit Aufzählungszeichen angeboten. Dies können Sie ruhig einmal testen.

2. In einem nächsten Schritt soll ein Master festgelegt werden. Dazu wählen Sie aus dem Menü **Ansicht** den Befehl **Master** und hier die Option *Folienmaster*. Geben Sie dort im oberen linken Eck den Text *Euromedia* ein.

Beispiel:

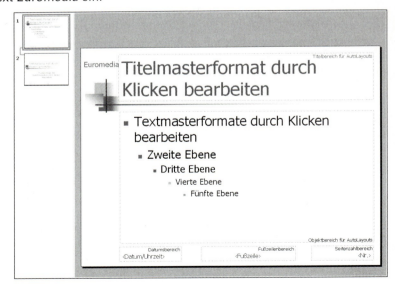

Abb. 10–03

3. Da die erste Folie den Titel der Präsentation aufnehmen soll, gehen Sie wieder in die Normalansicht und klicken Sie bitte die Option *Titelfolie* an. Hier geben Sie dann den Text „ Euromedia – ein Unternehmen der Eurotrade-Group" ein. Ein Untertitel ist hier ebenfalls erforderlich, so dass Sie diesen Text bei „Untertitel durch Klicken hinzufügen" eintragen.

Beispielergebnis:

Abb. 10–04

4. In der gleichen Weise können Sie die weiteren Folien der Beispielpräsentation erstellen, indem Sie unter dem Menüpunkt **Einfügen** den Befehl **Neue Folie** auswählen oder das Icon anklicken. Über diesen Befehl können Sie auch nachträglich Folien in Ihre Präsentation einfügen. Für die 2. Folie wählen Sie das folgende Folienlayout:

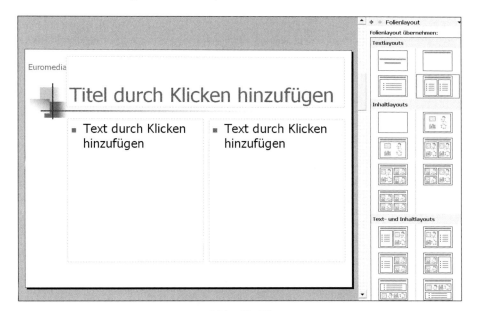

Abb. 10–05

5. Um die 3. Folie zu erstellen, wählen Sie das folgende Folienlayout:

Abb. 10–06

6. Sie können dann den Folientitel sowie die Aufzählungspunkte erfassen.

Wichtig ist danach die Anwendung der Optionen zum Einfügen von Cliparts. Wählen Sie dazu aus dem Menü **Einfügen** den Befehl **Grafik** und dann die Option *Clipart*. Dann ist im Aufgabenbereich der Clipart-Organizer durch Klicken auf die entsprechende Schaltfläche zu aktivieren. Ergebnis kann nach einer Auswahl die folgende Dialogfeldanzeige sein:

Abb. 10–07

Über den *Clip Organizer* wird das Verwaltungstool für die Clips von *Office XP* gestartet. Sie finden hier thematisch zugeordnete Clips über die integrierten Stichworte. Viele ClipArts sind für die Verwendung in Webdateien animiert (GIF-Dateien). Nach der Einfügung beenden Sie den Aufgabenbereich *ClipArt* einfügen mit der Symbolschaltfläche *Schließen*.

So kann schrittweise die folgende Folie erzeugt werden, indem beispielsweise geeignete Cliparts per Drag & Drop in die Folien gezogen werden:

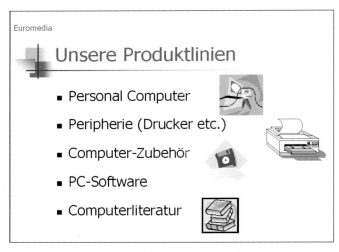

Abb. 10–08

7. Um die 4. Folie zu erzeugen, wählen Sie das folgende Folienlayout:

Abb. 10–09

Das gewünschte Clipart können Sie hier durch einen Doppelklick auf die Bildschaltfläche im rechten Bereich neben den Aufzählungspunkten integrieren.

8. Um die 5. Folie zu erzeugen, nutzen Sie die Zeichnen-Symbolleiste am unteren Bildschirmrand.

9. Um in Folie 6 das Diagramm erstellen zu können, wählen Sie als Folienlayout die folgende Option (=Diagramm):

 !!

Abb. 10–10

Durch Doppelklicken auf den Diagramm-Platzhalter öffnet sich das Zusatzprogramm MS-Graph. Es wird ein Vorgabediagramm mit Datentabelle eingeblendet.

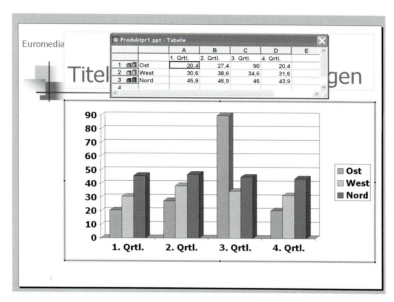

Abb. 10–11

Die Entwicklung der Soll-Umsätze soll in Form eines Diagramms veranschaulicht werden. Die Werte im Einzelnen zeigt die folgende Zusammenstellung:

Jahr	Soll-Umsätze
2002	102
2003	105
2004	128
2005	137
2006	154

Um das Diagramm später in die Präsentationsfolie einzubinden, brauchen Sie nur irgendwo außerhalb des Diagramms zu klicken und ihre PowerPoint-Folie wird aktualisiert.

Dabei ist folgende Eingabe notwendig:

Abb. 10–12

Danach ergibt sich das Diagramm in *PowerPoint*, wobei noch Formatierungen und Ergänzungen bei den Diagrammachsen vorzunehmen sind.

Kontroll- und Vertiefungsfragen

1. Beschreiben Sie die Anwendung von Designvorlagen in *PowerPoint*.
2. Erläutern Sie das Vorgehen, um in einer Präsentation neue Folien der Reihe nach anzulegen!
3. Nennen und erläutern Sie verschiedene Folienlayouts, die in *PowerPoint XP* angeboten werden!
4. Geben Sie an, auf welche Weise ein ClipArt in eine PowerPoint-Folie eingefügt werden kann.

Aufgabe 11: Projektpräsentation – Bildschirmpräsentation mit Animationseffekten erstellen

Lernziele

- Bildschirmpräsentation einrichten
- Folienübergänge festlegen
- Benutzerdefinierte Animationen zuordnen
- Bildschirmpräsentation vorführen

Informationsquellen

- Kapitel 4.3 (Bildschirmpräsentation und Animationseffekte)

Aufgabenbeschreibung

Sie sind damit beauftragt, im Rahmen einer Projektpräsentation die Notwendigkeit der Projektplanung sowie die Instrumente der Projektplanung vorzustellen. Dazu möchten Sie eine PowerPoint-Präsentation erstellen und diese per Beamer den Teilnehmern des Projektmeetings vorführen.

Die ersten Folien der Präsentation, die Sie zunächst erstellen, haben folgendes Aussehen:

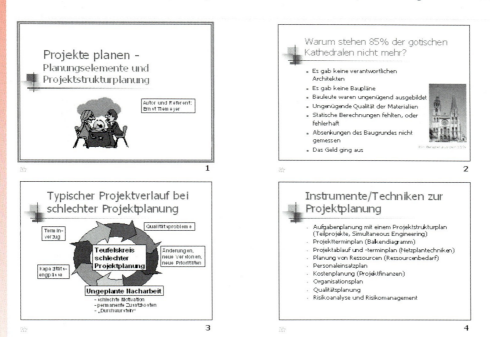

Abb. 11–01

- *Erzeugen Sie zunächst diese Folien, und bringen Sie diese in die gewünschte Reihenfolge.*
- *Erstellen Sie danach eine Bildschirmpräsentation mit einem geeigneten Folienübergang sowie mit Animationseffekten für die beiden Folien, die Aufzählungspunkte enthalten. Speichern Sie die Präsentation unter dem Dateinamen Projektplan.PPT.*
- *Lassen Sie danach die Bildschirmpräsentation ablaufen, und drucken Sie die Folien und Handzettel (4 auf eine Seite) aus.*

Arbeitsschritte

1. Erzeugen Sie zunächst in der bekannten Weise die vier Folien mit *PowerPoint XP*. Dazu wählen Sie nach dem Programmstart zunächst das Foliendesign. Danach sind dann die Folien mit dem entsprechenden Layout zu erstellen.

2. Prüfen Sie zunächst die Foliensortierung, indem Sie die entsprechende Schaltfläche aktivieren. Mit der Maus lassen sich die Folien hier leicht in ihrer Reihenfolge verschieben, kopieren oder löschen. Möchten Sie beispielsweise die Reihenfolge der Folien verändern, ziehen Sie die gewünschte Folie mit gedrückter Maustaste an die gewünschte Position. Ausgangspunkt für die weitere Arbeit soll die folgende Reihenfolge sein:

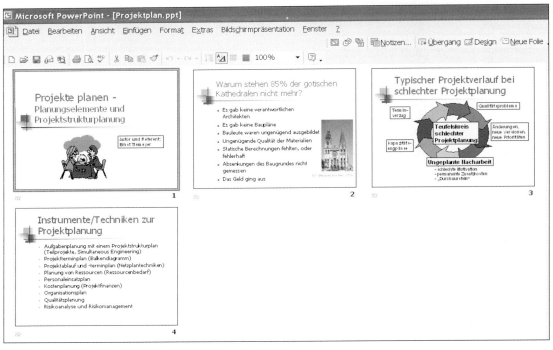

Abb. 11–02

3. Danach soll ein bestimmter Folienübergang eingestellt werden. So bieten sich für den Wechsel zwischen den Folien zusätzliche Varianten, um die Aufmerksamkeit für die Zuschauer der Präsentation zu erhöhen. Wenn Sie alle Folien mit dem gleichen Übergang versehen wollen (wie im Beispielfall gewünscht), markieren Sie in der Normalansicht am besten alle Folien (auf der linken Bildschirmseite in der Folienansicht) und aktivieren dann den Folienübergang in der folgenden Weise auf der rechten Bildschirmseite:

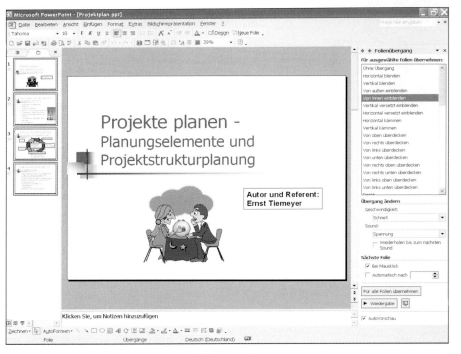

Abb. 11–03

Im Beispielfall wurde der Übergang *Von innen einblenden* gewählt. Außerdem kann die Geschwindigkeit für den Übergang geändert sowie ein Sound eingestellt werden. Im Beispielfall wurde der Sound *Spannung* ausgewählt.

4. Um beispielsweise für die 4. Folie die Aufzählungspunkte der Reihe nach anzuzeigen, wählen Sie aus dem Menü **Bildschirmpräsentation** den Befehl **Benutzerdefinierte Animation**. Anschließend markieren Sie das zu animierende Objekt der Folie. Klicken Sie dann auf *Effekt hinzufügen* in der rechten Bildschirmseite, und wählen Sie einen der angebotenen Effekte.

Beispiel:

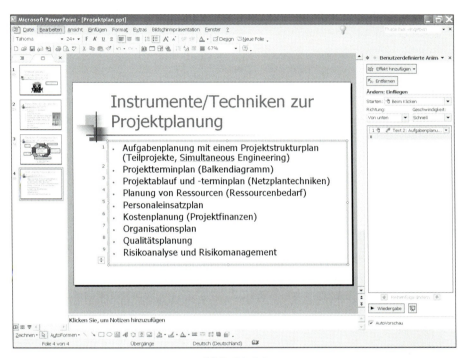

Abb. 11–04

5. Nun kann die Bildschirmpräsentation gestartet werden. Dazu aktivieren Sie entweder das Symbol der Ansichtssteuerung oder Sie wählen aus dem Menü **Bildschirmpräsentation** den Befehl **Bildschirmpräsentation vorführen**. Durch Klicken der linken Maustaste wird die jeweils nächste Folie angezeigt. Wenn Sie die rechte Maustaste während der Präsentation klicken, finden Sie im Kontextmenü weiterführende Steuerungselemente. Für den Fall, dass Sie die Bildschirmpräsentation abbrechen möchten, drücken Sie die [ESC]-Taste und Sie gelangen zurück in die zuvor aktivierte Ansicht.

Kontroll- und Vertiefungsfragen

1. Nennen und erläutern Sie die technischen Voraussetzungen, die für eine Bildschirmpräsentation mit *PowerPoint* erfüllt sein müssen, die auch multimediale Elemente und Animationseffekte enthält!

2. Erläutern Sie mögliche Optionen für das Einstellen von Übergängen zwischen den verschiedenen Folien einer PowerPoint-Präsentation.

3. Wofür dient die Option, eine benutzerdefinierte Animation zu erzeugen? Geben Sie ein Anwendungsbeispiel!

4. *PowerPoint* bietet die Möglichkeit, eine Präsentation als Folien, Notizblätter und Handzettel auszudrucken. Unterscheiden Sie die Varianten!

Aufgabe 12: Umsatzplan 1 – eine einfache Excel-Tabelle mit Texten, Werten und Formeln erstellen

Lernziele

- Excel starten und beenden
- Bildschirmaufbau von Excel XP kennen
- Texte in Zellen einer Tabelle eingeben
- Zahlen eingeben (Werteingabe)
- Formeln eingeben – Regeln und Vorgehensweise
- Formeln mit Funktionen erzeugen

Informationsquellen

- Kapitel 5.1 (Grundidee der Tabellenkalkulation)
- Kapitel 5.2 (Eine neue Excel-Anwendung erstellen)
- Kapitel 5.3 (Daten und Formeln in Tabellen eingeben und ändern)
- Excel-Hilfefunktion

Aufgabenbeschreibung

In der Verkaufsabteilung von Eurotrade GmbH wird schon seit längerer Zeit das Programm Excel für Auswertungen und Statistiken eingesetzt. Der Verkaufsleiter möchte zunächst folgende Tabelle zur „Umsatzauswertung" mit Excel anlegen:

	A	B
1		Euro-Umsatz
2	Monate	in 1000
3		
4	Januar	150
5	Februar	212
6	März	222
7	April	318
8	Mai	344
9	Juni	551
10	Juli	180
11	August	166
12	September	300
13	Oktober	345
14	November	433
15	Dezember	335
16		
17	Summe	3556
18	Maximum	551
19	Minimum	150

Abb. 12–01

Arbeitsschritte:

1. Nehmen Sie zunächst eine Problem- und Datenanalyse vor, und planen Sie das Tabellenlayout. Sie kann zu folgendem Ergebnis führen:

Datentyp	Beispiele/Datenpositionen
Texte	Spaltenüberschriften (A2, B1 und B2)
	Monatsbezeichnungen
	Auswertungskennungen (A17 bis A19)
Werte	Umsätze (B4 bis B15)
Formeln	Summe in B17
	Maximum in B18
	Minimum in B19

2. Führen Sie anschließend die Eingabe der Texte durch. Für die Texteingabe, die in der Spalte A sowie im Zellbereich B1 bis B2 erfolgen soll, sind folgende Grundregeln zu beachten:

  – Steuern Sie zuerst die jeweils gewünschte Eingabezelle an, und nehmen Sie die Eingabe vor. Eingegebene Zeichen erscheinen in einem gesonderten Bedienfeld der Bearbeitungsleiste am oberen Bildschirmrand unterhalb der Symbolleiste.

  – Zur endgültigen Übertragung in die Tabelle ist eine Richtungstaste oder die Taste ⏎ zu betätigen oder auf das Bestätigungssymbol in der Bearbeitungsleiste zu klicken.

Nach vollständiger Texteingabe hat die Tabelle folgendes Aussehen:

Abb. 12–02: Tabelle nach Eingabe der Texte

Hinweis: Bei Tippfehlern probieren Sie die Korrekturmöglichkeiten mit der ←, der Taste ⏎ oder der Taste F2.

3. Erfassen Sie danach die Soll-Umsatzwerte in der Spalte B. Steuern Sie dazu jeweils die gewünschte Eingabezelle an, geben Sie die Zahl ein und sorgen Sie für die Übertragung in die Tabelle (mit der Richtungstaste nach unten oder durch Mausklick auf die Bestätigungsschaltfläche). Hinweis: Eine Eingabe wird bei folgenden Zeichen automatisch als Zahl oder Formel interpretiert: 0 1 2 3 4 ..9 + – ( ) , / DM . E e

Nach vollständiger Werteingabe hat die Tabelle folgendes Aussehen:

	A	B
1		Euro-Umsatz
2	Monate	in 1000
3		
4	Januar	150
5	Februar	212
6	März	222
7	April	318
8	Mai	344
9	Juni	551
10	Juli	180
11	August	166
12	September	300
13	Oktober	345
14	November	433
15	Dezember	335
16		
17	Summe	
18	Maximum	
19	Minimum	

Abb. 12–03

4. Ermitteln Sie die Summe der Umsätze. Nach Positionierung des Zellzeigers in der Ergebniszelle (hier B17) und Aktivierung der Formeleingabe (beispielsweise mit dem Gleichheitszeichen) gibt es mehrere Verfahren für die Eingabe der passenden Formel.

   Testen Sie die folgenden zwei Varianten für den Fall der Summenbildung.

   Variante 1:
   =B4+B5+B6+B7+B8+B9+B10+B11+B12+B13+B14+B15

   Variante 2:
   = Summe(B4:B15)
   Nach Auslösen der Eingabe mit der Taste ⏎ müsste sich in beiden Fällen das korrekte Ergebnis in der Zelle B17 ergeben.

   Testen Sie anschließend noch einmal die Variante 2, indem Sie zunächst das Ergebnis durch Betätigen der Taste Entf löschen. Markieren Sie dann erneut das Feld B17 und wählen Sie aus der Symbolleiste mit der Maus das Summensymbol. Durch Ziehen des in die Summenbildung einzubeziehenden Bereichs können Sie die korrekte Formel sicherstellen.

5. Ermitteln Sie den maximalen und minimalen Umsatz (unter Anwendung der Funktionen MAX und MIN). In beiden Fällen gilt, dass in die Ergebniszelle zunächst der jeweilige Funktionsname und daneben in Klammern der Bereich bzw. die Werte einzugeben sind, für die die Auswertung vorgenommen werden soll.

   in Zelle B18 ist einzugeben: = MAX(B4:B15)

   in Zelle B19 ist einzugeben: = MIN(B4:B15)

   Nach Realisierung sämtlicher Formeleingaben ergibt sich die in der folgenden Abbildung dargestellte Tabelle:

	B19	▼	f_x =MIN(B4:B15)
	A	B	C
1		Euro-Umsatz	
2	Monate	in 1000	
3			
4	Januar	150	
5	Februar	212	
6	März	222	
7	April	318	
8	Mai	344	
9	Juni	551	
10	Juli	180	
11	August	166	
12	September	300	
13	Oktober	345	
14	November	433	
15	Dezember	335	
16			
17	Summe	3556	
18	Maximum	551	
19	Minimum	150	
20			

Abb. 12–04: Tabelle nach Formeleingabe

6. Speichern Sie das Ergebnis unter dem Dateinamen *Umsatz1.xls*. Nachdem Sie sich überlegt haben, in welchem Laufwerk/Verzeichnis die zuvor erstellte Arbeitsmappe gespeichert werden soll, können Sie den Befehl zum Speichern aufrufen (mit der Befehlsfolge **Datei/Speichern unter**) und die Speicherung vornehmen.

Kontroll- und Vertiefungsfragen

1. Nennen und beschreiben Sie Nachteile, wenn (anstelle der Nutzung eines Tabellenkalkulationsprogramms) umfassende tabellarische Aufstellungen lediglich auf herkömmliche Weise mit Bleistift, Papier und Rechner erstellt werden.

2. Zu einem Tabellenkalkulationsprogramm gehören neben dem Arbeiten mit elektronischen Arbeitsblättern das Erzeugen von Diagrammen und die systematische Datenverwaltung. Erläutern Sie kurz das grundsätzliche Einsatzgebiet dieser drei Anwendungsbereiche!

3. Geben Sie die jeweils zutreffenden Fachbegriffe an:
   a) elektronisches Formular
   a) Zeilen-/Spaltenkombination in einer Tabelle
   a) Daten zur Kontrolle der erzeugten Tabelle
   a) Rechenvorschriften zur Verknüpfung von Zellen einer Tabelle

4. Geben Sie typische Anwendungsfälle eines Tabellenkalkulationsprogramms für private Zwecke an!

5. Im Folgenden sind die wesentlichen Teilschritte für das Erstellen einer Tabelle mit *Excel* wiedergegeben. Bringen Sie diese in eine geeignete Reihenfolge:
   a) Eingabe von feststehenden Texten und Zahlen
   a) Gestalten der Tabelle
   a) Sammlung und geordnete Archivierung aller Daten zur entwickelten Lösung
   a) Verknüpfen von Tabellenzellen durch Formeleingaben
   a) Analyse und Beschreibung der Problemstellung
   a) Test der erstellten Tabelle durch Wertevariation
   a) Entwurf des Lösungsweges

6. Die Dokumentation und Sicherung von entwickelten Anwendungen wird leider oft vernachlässigt. Begründen Sie die Notwendigkeit zur Anlage und Pflege einer geordneten Dokumentation von Tabellenkalkulationslösungen.

7. Geben Sie die jeweils zutreffenden Fachbegriffe an:
   a) „leuchtender" Balken zur Kennzeichnung der Arbeitsposition
   a) Zeile zur Angabe der Feldposition
   a) Hinweiszeile für Fehlermeldungen
   a) Leiste zur Anzeige der geöffneten Datei (Arbeitsmappe)
   a) Zeile zur Eingabe von Texten, Werten und Formeln
   a) Leiste zur Anzeige der gerade aktivierten Tabelle (innerhalb einer Arbeitsmappe)
   a) Bildschirmanzeige am rechten Rand zum Starten der Arbeit mit einem neuen Blatt

8. Beschreiben Sie den typischen Aufbau der Arbeitsfläche bei einem „elektronischen" Arbeitsblatt!

9. Das Markieren von Zellbereichen erleichtert in vielen Fällen die Anwendung von Tabellenkalkulationsaufgaben. Erläutern Sie anhand verschiedener Beispiele, was unter einem Zellbereich zu verstehen ist, und inwiefern die Markierung eines Bereiches nützlich ist.

10. Erläutern Sie den Unterschied zwischen Eingabe- und Ergebniszellen.

11. Beschreiben Sie die Vorgehensweise beim Eingeben von Texten und Werten in einem elektronischen Arbeitsblatt. Welche Unterschiede ergeben sich hinsichtlich der Ergebnisdarstellung zwischen eingegebenen Texten und eingegebenen Zahlen?

12. In einer Excel-Tabelle soll in der Spalte 5 für die Zeilen 15 bis 20 die Summe gebildet werden. Geben Sie den Formelaufbau an:
    a) bei Eingabe der Zellpositionen
    a) bei Nutzung der Funktion SUMME.

13. Welche Regeln sind bei der Eingabe von Formeln in Zellen zu beachten? Warum werden in Formeln Zelladressen statt Zahlenwerte benutzt?

14. Welche Vorteile hat es, dass in Tabellenkalkulationsprogrammen bestimmte Funktionen zur Verfügung stehen? Nennen Sie Beispiele!

15. Geben Sie die jeweils zutreffenden Operatoren an:
    a) Realisierung der Multiplikation
    a) Definition eines Bereiches
    a) Division
    a) Potenzrechnen
    a) Verknüpfen von Feldern

16. Beurteilen Sie die Richtigkeit der folgenden Aussagen! (Richtige Lösungen bitte ankreuzen)
    a) Konstante Werte tauchen in einer Formel nicht auf.
    a) Bei einer Formel wechseln im Regelfall Zelladressen und Operatoren.
    a) Die Reihenfolge für die aufzubauende Formel ist unter Beachtung der Rangordnung für die Operatoren zu bilden.
    a) Leerzeichen sind in einer Formel nicht erlaubt.
    a) Hinsichtlich der Anzahl der Zeichen gibt es bei Formeln keine Begrenzungen
    a) Nach Eingabe der Formel wird mit der Befehlsausführung meist sofort das Ergebnis ausgewiesen

17. In welcher Reihenfolge ist bei der Formeleingabe vorzugehen? Nehmen Sie eine Ordnung vor!
    a) Formeleingabemodus aktivieren
    a) Eingabe der Formel
    a) Zelle ansteuern, die die Formel aufnehmen soll
    a) Schaltfläche in der Bearbeitungszeile per Mausklick aktivieren

18. Für die Formeleingabe kann die Zellposition entweder eingegeben werden oder durch Positionierung des Zellzeigers per Mausklick zugeordnet werden. Beurteilen Sie diese beiden Verfahren zur Formeleingabe im Vergleich.

19. Sie wollen eine bereits gespeicherte Excel-Arbeitsmappe unter einem neuen Namen sichern, so dass die ursprüngliche Arbeitsmappe erhalten bleibt. Welchen Befehl verwenden Sie hierzu?

Praktische Übungsaufgaben

Übung 1:

In der Abteilung „Kostenrechnung und Controlling" soll für die Kostenplanung die folgende Tabelle erstellt werden:

Kostenplanung				
	Januar	*Februar*	*März*	*Endsummen*
Material				
Rohstoffe	12450	15470	23975	51895
Hilfsstoffe	4326	6798	12000	23124
Betriebsstoffe	450	567	876	1893
Fertigteile	1234	4321	5650	11205
Summe 1	18460	27156	42501	88117
Personal				
Löhne	30500	34600	40000	105100
Abgaben	15000	17000	19500	51500
Summe 2	45500	51600	59500	156600
Endsumme	63960	78756	102001	244717

Beachten Sie folgende Bearbeitungshinweise:

a) Formeleingaben sind in den drei Summenzeilen sowie in der letzten Spalte erforderlich. Wenn in der 1. Spalte die Breite unzureichend ist, dann müssen Sie diese mit dem zutreffenden Spaltenformatierungsbefehl erhöhen.

b) Speichern Sie die Tabelle abschließend unter dem Dateinamen *Erfolg.xls*.

Übung 2:

In einer Industrieunternehmung steht die Ausbildungsabteilung vor der Aufgabe, eine Aufstellung zu der Entwicklung der Bewerberzahlen in den verschiedenen Ausbildungsberufen anzufertigen und dabei verschiedene Auswertungen vorzunehmen. Ergebnis soll folgende Tabelle sein:

	A	B	C	D	E	F
1		1999	2000	2001	2002	Summe
2	Berufe					
3						
4	Bürokaufmann/-kauffrau	123	143	154	139	559
5	IT-Systemkaufmann	87	76	128	98	389
6	Industriefkaufmann	145	132	122	135	534
7	Mechatroniker	234	254	266	270	1024
8	Chemielaborant	453	421	432	409	1715
9	Regelungstechniker	211	234	267	344	1056
10						
11	Summe	1253	1260	1369	1395	5277
12	Durchschnitt	208,83	210,00	228,17	232,50	879,50
13	kfm. Anteil	28,33	27,86	29,51	26,67	28,08

Abb. 12–05

Die Aufgabe soll in folgenden Teilschritten gelöst werden:

▶ Eingabe der Text- und Zahlenwerte.

▶ Eingabe der Formeln zur Ermittlung der Summen und Durchschnittszahlen sowie des Anteils der kaufmännischen Bewerber (Hinweis: Die ersten drei Berufe zählen zu den kaufmännischen Berufen).

▶ Formatieren der Durchschnittswerte sowie des kaufmännischen Anteils auf zwei Stellen nach dem Komma.

▶ Speichern der Tabelle unter dem Namen *Bewerber.xls*.

Aufgabe 13: Umsatzplan 2 – Excel-Tabellen durch Kopieren effizient erstellen, Arbeitsmappe mit mehreren Tabellen erstellen

Lernziele

- Feststehende Zellinhalte kopieren
- Formeln kopieren
- Absolute und relative Adressierung unterscheiden
- Ergebnisdaten per Symbolleiste formatieren
- Arbeitsmappe mit mehreren Tabellen
- Daten aus verschiedenen Tabellen einer Arbeitsmappe konsolidieren

Informationsquellen

- Kapitel 5.3 (Daten und Formeln in Tabellen eingeben und ändern)
- Kapitel 5.4 (Informationen aus Tabellen kopieren)
- Sachregister

Aufgabenbeschreibung

Teilaufgabe 1:

Der Verkaufsleiter der Firma Eurotrade GmbH möchte, dass die bisher erstellte Tabelle zur Umsatzauswertung (gespeichert als Umsatz1.xls) erweitert wird. So soll eine zusätzliche Spalte erzeugt werden, in der ergänzend der prozentuale Umsatzanteil je Monat ausgewiesen wird.

Die Ergebnisausgabe soll folgende Form haben:

	A	B	C
1		Euro-Umsatz	Anteile
2	Monate	in 1000	in %
3			
4	Januar	150	4,2
5	Februar	212	6,0
6	März	222	6,2
7	April	318	8,9
8	Mai	344	9,7
9	Juni	551	15,5
10	Juli	180	5,1
11	August	166	4,7
12	September	300	8,4
13	Oktober	345	9,7
14	November	433	12,2
15	Dezember	335	9,4
16			
17	Summe	3556	
18	Maximum	551	
19	Minimum	150	

Abb. 13–01

Erstellen Sie eine Formel zur Berechnung der Prozentanteile, und kopieren Sie die erste Formel in die nachfolgenden Zellen. Formatieren Sie anschließend die Prozentwerte auf eine Stelle nach dem Komma. Speichern Sie das Ergebnis danach unter dem Dateinamen Umsatz2a.xls

Teilaufgabe 2:

Bei der bisher erzeugten Tabelle mit den Soll-Umsatzwerten handelt es sich um die Daten für die Filiale WEST. Darüber hinaus gibt es in der Firma Eurotrade noch die drei Filialen NORD, OST und SÜD. Für diese sollen drei weitere Teiltabellen in der aktuellen Arbeitsmappe Umsatz2a.xls erzeugt werden. Um die Werte auf einfache Weise miteinander vergleichen zu können, sollen die verschiedenen Tabellen in einer Datei gespeichert werden. Später soll dann eine Zusammenfassung der vier Arbeitsblätter zu einem neuen Arbeitsblatt erfolgen, in dem die Gesamt-Unternehmensdaten ermittelt und wiedergegeben werden. Führen Sie folgende Aufgaben aus:

▶ *Fügen Sie drei Arbeitsblätter für die übrigen Filialen hinter dem aktuellen Arbeitsblatt ein. Kopieren Sie das 1. Arbeitsblatt in die übrigen Arbeitsblätter. Geben Sie für die jeweilige Filiale die zutreffenden Werte in der Spalte B ein:*

	Filiale Nord (Tabelle 2)	**Filiale Ost** (Tabelle 3)	**Filiale Süd** (Tabelle 4)
Januar	87	192	99
Februar	100	201	110
März	120	200	110
April	125	210	100
Mai	130	220	120
Juni	135	225	125
Juli	130	220	122
August	100	180	110
September	114	200	114
Oktober	120	210	125
November	130	215	122
Dezember	130	220	130

▶ *Benennen Sie die Registermarken mit den Namen der Regionen.*
▶ *Speichern Sie die neue Arbeitsmappe unter dem Dateinamen Umsatz2b.xls.*

Teilaufgabe 3: Tabellen konsolidieren

Öffnen Sie die Tabelle Umsatz2b, und fassen Sie die Zahlen der vier Arbeitsblätter in einem neuen Arbeitsblatt zusammen, das die Gesamt-Unternehmensdaten ermittelt und wiedergibt. Gewünschtes Ergebnis:

	A	B	C
1		Euro-Umsatz	Anteile
2	Monate	in 1000	in %
3			
4	Januar	528	6,0
5	Februar	623	7,0
6	März	652	7,4
7	April	753	8,5
8	Mai	814	9,2
9	Juni	1036	11,7
10	Juli	652	7,4
11	August	556	6,3
12	September	728	8,2
13	Oktober	800	9,0
14	November	900	10,2
15	Dezember	815	9,2
16			
17	Summe	8857	
18	Maximum	1036	
19	Minimum	528	

Abb. 13–02

Arbeitsschritte zu Teilaufgabe 1:

1. Öffnen Sie zur Aufgabenlösung zunächst die Excel-Arbeitsmappe *Umsatz1*.

2. Geben Sie nach Erfassung der Spaltenüberschrift für die Spalte C die Formel in der Zelle C4 ein. Zunächst ist also die entsprechende Formel für den Monat Januar im Feld C4 aufzubauen. Allgemein gilt:
Prozentualer Anteil des Januar am Gesamtumsatz
=Januarumsatz * 100/Jahresumsatz

   Wenn die Formel durch Eingabe der Feldpositionen erzeugt wird, so ergibt sich folgender Aufbau:
=B4*100/B17

   Kopieren Sie die Formel, die Sie für den Januaranteil erstellt haben, nach unten. So wollen Sie für jeden Monat den Anteil am Gesamtumsatz errechnen. *Excel* schreibt jedoch ab der 6. Zeile die Fehlermeldung: #DIV/0!

	A	B	C
1		Euro-Umsatz	Anteile
2	Monate	in 1000	in %
3			
4	Januar	150	4,21822272
5	Februar	212	38,47549909
6	März	222	##########
7	April	318	#DIV/0!
8	Mai	344	#DIV/0!
9	Juni	551	#DIV/0!
10	Juli	180	#DIV/0!
11	August	166	#DIV/0!
12	September	300	#DIV/0!
13	Oktober	345	#DIV/0!
14	November	433	#DIV/0!
15	Dezember	335	#DIV/0!
16			
17	Summe	3556	
18	Maximum	551	
19	Minimum	150	

   Abb. 13–03

   Analysieren Sie die Formeln, die in den Zellen mit der Fehlermeldung stehen, und finden Sie heraus, wie die Fehlermeldung zustande gekommen ist.

3. Korrigieren Sie nun die bisher in C4 stehende Formel, indem Sie zwischen absoluter und relativer Adresse unterscheiden. Die relative Adressierung ist für die Zelle, in der der Umsatz ausgewiesen wird, korrekt. So wird bewirkt, dass beim Kopieren der Formel die Zellen der jeweils folgenden Monate genommen werden, statt B4 zum Beispiel B5, B6 usw. Anders ist dies jedoch bezüglich der Umsatzsumme in B17. Bezugsgröße der Formel muss im Beispiel nämlich immer genau die Zelle B17 sein.

   Löschen Sie deshalb in der Tabelle alle Formeln, die falsche Ergebnisse liefern. Erstellen Sie statt dessen eine Formel mit relativer Adresse für den Monatsumsatz und gemischter Adressierung (absolute Adresse für die Zeile 17) für den Gesamtumsatz.

   Im Beispielfall ist für die Zelle C4 folgende Formel denkbar:
=B4*100/B$17

4. Kopieren Sie das Ergebnis für die anderen Monate nach unten. Für das Kopieren von Zellinhalten steht im Menü **Bearbeiten** der Befehl **Kopieren** zur Verfügung. Diesen Befehl wählen Sie nach Markieren der Zelle C4. Danach aktivieren Sie die Zellen, in die hinein kopiert werden soll (C5 bis C15). Wählen Sie nun aus dem Menü **Bearbeiten** den Befehl **Einfügen**.

   Dabei werden die Inhalte markierter Zellen/Quellbereiche in Zielzellen/Zielbereiche kopiert. Um wirklich sicher zu gehen, dass die Ergebnisse nun stimmen, können Sie noch die Summe aus den Ergebnissen der Spalte C bilden. Sie muss 100 betragen.

5. Speichern Sie – nachdem Sie die Werte in der Spalte C noch mit einer Stelle nach dem Komma formatiert haben – das Ergebnis unter dem Dateinamen *Umsatz2a*.

Arbeitsschritte zu Teilaufgabe 2:

1. Für die drei weiteren Filialen müssen nun drei zusätzliche Arbeitsblätter eingerichtet werden. Kopieren Sie dazu zunächst die gesamte Ausgangstabelle in die Zwischenablage. Klicken Sie danach die Registermarke für *Tabelle 2* in der Registerleiste an. Wenn dann aus dem Menü **Bearbeiten** der Befehl **Einfügen** gewählt wird, ist die bisherige Umsatztabelle im Register 2 ebenfalls erzeugt. Führen Sie die Einfügung auch für die Register 3 und 4 durch.

2. Geben Sie danach die Umsatzwerte (wie oben angegeben) ein. Da die Formeln in den Arbeitsblättern bereits vorhanden sind, erfolgt automatisch nach der Eingabe die Ermittlung der statistischen Werte sowie der Anteilswerte.

3. **Registermarken benennen:** Nach Doppelklick auf die Registermarke können Sie den neuen gewünschten Namen eingeben.

   Gewünschtes Ergebnis:

   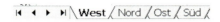

   Abb. 13–04

Speichern Sie das Ergebnis abschließend, indem Sie das Menü **Datei** aktivieren, den Befehl **Speichern unter** aufrufen und dann den Dateinamen *Umsatz2b* vergeben.

Arbeitsschritte zu Teilaufgabe 3:

1. Fügen Sie eine weitere Tabelle mit der Registermarke *Gesamt* ein. Da auch das neue konsolidierte Arbeitsblatt die gleiche Struktur wie die anderen Arbeitsblätter haben soll, ist eine andere Tabelle (beispielsweise aus dem Register *West*) in die bisher leere neue *Tabelle 5* zu kopieren.

2. Das Konsolidieren erfolgt durch Wahl des Befehls **Kopieren** aus dem Menü **Bearbeiten** in der jeweiligen Ausgangstabelle und Wahl des Befehls **Inhalte einfügen** des Menüs **Bearbeiten** in der Zieltabelle. In dem Dialogfeld *Inhalte einfügen* ist dann die Option *Addieren* zu wählen.

   Wählen Sie zunächst die Tabelle *Nord* und markieren Sie hier den Bereich B4:B15. Kopieren Sie die Daten in die Zwischenablage. Wechseln Sie dann in die Tabelle mit dem Registernamen *Gesamt*. Markieren Sie die Zelle B4, und wählen Sie aus dem Menü **Bearbeiten** den Befehl **Inhalte einfügen**. Die nötigen Einstellungen verdeutlicht das folgende Dialogfeld:

   Abb. 13–05

   Führen Sie die Addition auch für die anderen Regionen in ähnlicher Weise durch, so dass sich das gewünschte Ergebnis einstellt.

   Die Datei kann abschließend durch Aktivierung des Menüs **Datei** und Wahl des Befehls **Speichern unter** mit dem Dateinamen *Umsatz2c* gespeichert werden.

Kontroll- und Vertiefungsfragen

1. Nennen Sie Anwendungsfälle, in denen das Kopieren von Texten und Zahlen sinnvoll sein kann.

2. Beim Kopieren von Formeln müssen unterschiedliche Vorgehensweisen der Zelladressierung beachtet werden.
   a) Begründen Sie die Notwendigkeit der Unterscheidung.
   b) Erläutern Sie den Unterschied zwischen relativer und absoluter Adressierung.
   c) Geben Sie Fallbeispiele, in denen es notwendig ist, absolute Zelladressen zur Berechnung zu verwenden!

3. Die Formel für gleiche Berechnungen in einer Tabelle wird zweckmäßigerweise nur einmal eingegeben (beispielsweise in der ersten Zeile oder ersten Spalte, in der die Formel benötigt wird). Die Formel mit den Zellbezügen kann dann durch Kopieren für die folgenden Zeilen bzw. Spalten übernommen werden. Erläutern Sie, wie *Excel* die automatische Anpassung der Zelladressen vornimmt.

4. Welche Möglichkeiten gibt es, die Bezugsart für eine Zelladressierung zu ändern?

5. Ziel soll die Einrichtung einer Tabelle ein, die die Bearbeitung des folgenden Problems ermöglicht: Aufgrund von zu erfassenden Ist-Umsätzen aus verschiedenen Regionen sind der erzielte Gesamtumsatz zu ermitteln sowie verschiedene Auswertungen (maximaler und minimaler Umsatz) vorzunehmen. Außerdem sind die Umsatzanteile für die einzelnen Regionen zu ermitteln.

   Die Ergebnisausgabe soll folgende Form haben:

	A	B	C
1	Regionen	Ist-Umsätze	Anteile in %
2			
3	Nord	6700	27,5
4	Süd	5400	22,1
5	Ost	7800	32,0
6	West	4500	18,4
7			
8	Summe	24400	100,0
9	Maximum	7800	
10	Minimum	4500	

Abb. 13–06

   a) Kennzeichnen Sie die Zellen, in denen
      - Texteingaben
      - Zahleneingaben
      - Formeleingaben

      vorzunehmen sind.

   b) Geben Sie den Aufbau der Formel für die Zelle C3 an. Hinweis: Die Formel soll so aufgebaut werden, dass ein Kopieren nach unten möglich ist.

   c) Geben Sie den Aufbau der Formel in der Zelle B8 auf zweierlei Weise an:
      - als Adressierung der jeweiligen Zellen (ohne Funktion)
      - unter Nutzung des Arbeitens mit Funktionen

   d) Wie lautet der Aufbau der Formeln in B9, B10 und C8?

   e) Erläutern Sie anhand der Beispielaufgabe den Unterschied zwischen absoluter, relativer und gemischter Adressierung.

6. Beurteilen Sie die Richtigkeit der folgenden Aussagen! (Richtige Lösungen bitte ankreuzen)

   a) Vorteil der Verknüpfung verschiedener Tabellen ist es, dass viele Werte nicht eingegeben werden müssen, sondern sich automatisch übernehmen lassen.

   b) Beim Kopieren von einer Zieltabelle in eine Quelltabelle lassen sich einfach Werte einspielen.

   c) Bei der Verknüpfung von Tabellen unterschiedlicher Arbeitsmappen sind automatische Aktualisierungen von Werten nicht möglich.

   d) Die Vergabe von Bereichsnamen (z.B. Gesamtkosten) erleichtert die Übernahme bestimmter Tabellenbereiche.

   e) Um eine Gesamtauswertung vorzunehmen, können verschiedene Tabellen, die jeweils die Umsatzdaten zu bestimmten Produktgruppen enthalten, zu einer Gesamttabelle zusammengefasst werden.

   f) Register einer Arbeitsmappe können mit Registernamen versehen werden.

7. Sie möchten die Soll-Ist-Werte aus den Filialen **Nord**, **Ost** und **West** einer Firma zu einer gemeinsamen Tabelle zusammenfassen. Geben Sie die Teilschritte zur Problemlösung in der richtigen Reihenfolge an, nachdem Sie die Grundtabelle mit dem Namen **Gesamt** aufgebaut haben:

   a) Aktivieren der Ausgangstabelle **Nord**
   b) Aktivieren der weiteren Tabellen und wiederholen bereits beschriebener Arbeitsschritte
   c) Markieren des zu übergebenen Tabellenbereichs
   d) Wahl des Befehls **Inhalte einfügen** des Menüs **Bearbeiten** in der Zieltabelle.
   e) Option „Addieren" in der Dialogbox wählen.
   f) Aktivieren der Zieltabelle und Positionsmarkierung
   g) Kopieren in die Zwischenablage

8. Ordnen Sie den folgenden Sachverhalten den damit jeweils verbundenen Fachbegriff zu!

   a) Tabelle (zum Beispiel Kostentabelle), die Werte an eine andere Tabelle (z.B. eine Tabelle zur Gewinnermittlung) übergibt.
   b) Vorgang der Zusammenfassung verschiedener untergeordneter Tabellen (zum Beispiel Filialdaten) zu einer Gesamttabelle
   c) Anzeigeelement einer Arbeitsmappe, um zu kennzeichnen, dass die Arbeitsmappe mehrere Tabellen umfaßt
   d) Tabelle, die Werte von einer anderen Tabelle erhält
   e) Schaltfläche, um Daten verschiedener Tabellen so miteinander zu verbinden, dass automatisch eine Aktualisierung erfolgen kann

Praktische Übungsaufgaben

Übung 1:

Erstellen Sie folgende Tabelle, indem Sie die Möglichkeit des Kopierens von Formeln nutzen:

	A	B	C	D	E	F	G
1	**Errechnung der optimalen Bestellmenge**						
2							
3	Eingabe:	Jahresbedarf B (in Stück)			10000		
4		Einstandspreis P pro Stück			25		
5		Bestellkosten KB (in Euro)			50		
6		Lagerkosten KL (in %)			20		
7							
8	Bestell-	Bestell-	Wert pro	Bestell-	Lager-	Bestell- und	
9	menge	häufigkeit	Bestellung	kosten	kosten	Lagerkosten	
10	10000	1	250000	50	25000	25050	
11	5000	2	125000	100	12500	12600	
12	1000	10	25000	500	2500	3000	
13	500	20	12500	1000	1250	2250	
14	250	40	6250	2000	625	2625	
15	200	50	5000	2500	500	3000	
16	100	100	2500	5000	250	5250	
17							
18	Optimale Bestellmenge:		447				
19							

Abb. 13–07

Lösungshinweise:

Zunächst ist der Titel der Tabelle sowie der obere Eingabebereich zu erfassen. Danach können Sie in den Zeilen 8 und 9 die Spaltenüberschriften eingeben.

Im eigentlichen unteren Tabellenbereich ist nur die erste Spalte einzugeben. Einzugeben ist die in Frage kommende Bestellmenge.

Die Formeln in dieser Tabelle haben dann folgenden Aufbau, den Sie durch Eingabe der Zelladressen realisieren:

Bestellhäufigkeit = Jahresbedarf B / Bestellmenge

Wert pro Bestellung = Bestellmenge * Einstandspreis P

Bestellkosten = Bestellhäufigkeit * Bestellkosten KB

Lagerkosten = Bestellmenge / 2 * Einstandspreis P * Lagerkosten KL

Bestell- und Lagerkosten = Bestellkosten + Lagerkosten.

Aufgrund dieser Daten kann nun auch die optimale Bestellmenge ganz exakt berechnet werden. Die zu diesem Zweck einzugebende Formel hat folgendes Aussehen:

Optimale Bestellmenge=Wurzel(2 * Jahresbedarf * Bestellkosten/ (Lagerprozentsatz * Einstandspreis pro Stück))

Der sich bei korrekte Formeleingabe ergebende exakte Wert von 447 könnte in einem gesonderten Feld der Tabelle berechnet werden (beispielsweise in C18).

Die Arbeitsmappe ist unter dem Dateinamen *Bestellm* zu speichern.

Übung 2:

Erstellen Sie die folgende Tabelle, und speichern Sie das Ergebnis unter dem Namen *Filialen.XLS*. Beachten Sie, dass in der Zeile 11 und in der Spalte D keine Werte, sondern Formeln einzugeben sind.

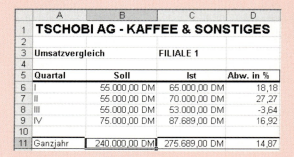

Abb. 13–08

Aufgabe 14: Umsatzplan 3 – Excel-Tabellen durch Formatieren übersichtlich und anschaulich gestalten, Tabellen verbinden, Druckausgabe

Lernziele

- Formelbildung in Tabellen
- Tabellen gestalten
- Darstellungsformat für Zahlen festlegen
- Schriftarten und Schriftgrößen ändern
- Rahmen in Tabellen erzeugen
- Farben und Muster für Zellen festlegen

Informationsquellen

- Kapitel 5.4 (Informationen aus Tabellen kopieren)
- Kapitel 5.5 (Tabellen gestalten)

Aufgabenbeschreibung

Erweitern Sie die bisher entwickelte EXCEL-Tabelle UMSATZ2a in der Weise, dass den Soll-Umsatzwerten Ist-Werte gegenübergestellt werden. Anschließend ist in einer weiteren Spalte die Soll-Ist-Abweichung auszuweisen. Darüber hinaus sind verschiedene gestalterische Arbeiten gewünscht. Die Ergebnisausgabe soll folgende Form haben:

	A	B	C	D	E	F
1		**Umsatzanalyse 2002**				
2		Soll-Werte		Ist-Werte		Soll-Ist
3		Euro-Umsatz	Anteile	Euro-Umsatz	Anteile	Abweich.
4	Monate	in 1000	in %	in 1000	in %	
5						
6	Januar	150	4,2	132	3,9	-18
7	Februar	212	6,0	260	7,6	48
8	März	222	6,2	322	9,4	100
9	April	318	8,9	312	9,2	-6
10	Mai	344	9,7	322	9,4	-22
11	Juni	551	15,5	457	13,4	-94
12	Juli	180	5,1	234	6,9	54
13	August	166	4,7	239	7,0	73
14	September	300	8,4	234	6,9	-66
15	Oktober	345	9,7	317	9,3	-28
16	November	433	12,2	345	10,1	-88
17	Dezember	335	9,4	234	6,9	-101
18						
19	Summe	3556	100,0	3408	100,0	
20	Maximum	551		457		
21	Minimum	150		132		

Abb. 14–01

Arbeitsschritte:

1. Öffnen Sie zur Aufgabenlösung zunächst die Excel-Arbeitsmappe *Umsatz2a*. Um am Anfang der Tabelle die zwei notwendigen Leerzeilen einzufügen, steuern Sie zunächst die Einfügestelle an (hier A1) und leuchten dann den Einfügebereich aus (zwei Zeilen markieren). Wählen Sie aus dem Menü **Einfügen** den Befehl **Zeilen**.

2. Ergänzen Sie die fehlenden Texte in den Zeilen 1 - 4. Sorgen Sie dafür, dass in der Beispielanwendung die Text-Überschriften in den Spalten B und C rechtsbündig ausgerichtet erscheinen. Das Ausrichten der Spalteneinträge erreichen Sie nach der Markierung am einfachsten durch Mausklick auf das zutreffende Symbol in der Symbolleiste.

3. Geben Sie die Ist-Werte in Spalte D ein. Ermitteln Sie die Auswertungen (Summe, Maximum, Minimum) im Bereich D durch Formelkopie aus Spalte B.

4. Ermitteln Sie die Umsatzanteile in Spalte E durch Formelkopie aus Spalte C.

5. Erzeugen Sie die Informationen (Abweichungen) in Spalte F. Erstellen Sie dazu eine Formel zur Berechnung der Abweichung der Ist-Zahlen von den Soll-Zahlen. Geben Sie in der Spalte die Überschrift „Soll-Ist-Abweich." ein. Speichern Sie das Zwischenergebnis unter dem Dateinamen *Umsatz3.xls*.

Aufgabenteil

6. Richten Sie die Spaltenüberschriften in den Spalten B bis F rechtsbündig aus.

7. Gestalten Sie die Überschrift „Umsatzanalyse 2002" in folgender Weise: Schriftgröße 24, Fettschrift und u.U. Änderung der Farbe. Wählen dazu nach Markierung der Überschrift aus dem Menü **Format** den Befehl **Zellen**. Die Einstellungen können Sie im Register *Schrift* vornehmen.

8. Versehen Sie die Überschrift mit einem Gesamtrahmen. Fügen Sie im Tabellenbereich, der in der Spalte F die Soll-Ist-Abweichung ausweist, einen schattierten Rahmen ein. Der Kopfbereich soll einen Boxrahmen in kräftiger Linienstärke erhalten. Erzeugen Sie eine kräftige Umrisslinie um den Bereich A1 bis F1. Der Ergebnisbereich F6:F17 soll so dargestellt werden, dass um jede Zelle eine Einrahmung entsteht. In der Zeile 17 soll im Bereich A17 bis F17 eine darunterliegende Linie ergänzt werden. Für den Überschriftsbereich soll der Hintergrund gelb und der Text (Zellinhalt) rot dargestellt werden. Um die Rahmen und Hintergrundfarbe zu erzeugen, müssen Sie nach einer Markierung im Menü **Format** den Befehl **Zellen** wählen und dann das Register *Rahmen* bzw. *Muster* aktivieren.

9. Speichern Sie das Ergebnis unter dem Dateinamen *Umsatz4.xls*.

Kontroll- und Vertiefungsfragen

1. Nennen Sie Beispiele für Veränderungen, die in Tabellen unter Umständen nachträglich vorgenommen werden müssen.

2. Häufig werden an die Tabellengestaltung und den Tabellenausdruck besondere Anforderungen gestellt, die mit *Excel* einfach realisiert werden können.

    a) Beschreiben Sie drei grundsätzlich unterschiedliche Möglichkeiten zur Gestaltung von Tabellenbereichen.

    b) Nennen Sie drei grundsätzlich unterschiedliche Möglichkeiten, mit denen die Übersichtlichkeit der Druckausgabe erhöht werden kann und mit denen ein Beitrag zur verbesserten Dokumentation der Tabellenkalkulationsanwendung geleistet werden kann.

3. Welche Möglichkeiten zur Ausrichtung von Zelleinträgen sind grundsätzlich zu unterscheiden? Warum ist eine solche Veränderung beispielsweise oft bei Spaltenüberschriften nötig?

4. Nennen Sie die möglichen Darstellungsformate, die *Excel* für Zahlen anbietet.

5. Zur Veränderung der Schriftart, die in den Zellen angezeigt wird, stellen Tabellenkalkulationsprogramme verschiedene Optionen zur Verfügung.

    a) Wovon hängt die angebotene Schriftart ab?

    b) Erläutern Sie, welche Maßeinheit für Schriftgrößen verwendet wird?

    c) Geben Sie Beispiele für Zellen/Zellbereiche, bei denen Schriftart und Schriftgröße sinnvollerweise geändert werden.

    d) Welche Fehler werden bei der Gestaltung von Tabellen bezüglich der Veränderung von Schriften oft gemacht?

Praktische Übungsaufgaben

Übung 1:

Aktivieren Sie die unter dem Namen *Bewerber.xls* gespeicherte Arbeitsmappe, und gestalten Sie die Tabelle in der Weise, dass sich die folgende Lösung ergibt:

	A	B	C	D	E	F
1		*Bewerberentwicklung*				
2		1999	2000	2001	2002	Summe
3	Berufe					
4						
5	Bürokaufmann/-kauffrau	123	143	154	139	559
6	IT-Systemkaufmann	87	76	128	98	389
7	Industriekaufmann	145	132	122	135	534
8	Mechatroniker	234	254	266	270	1024
9	Chemielaborant	453	421	432	409	1715
10	Regelungstechniker	211	234	267	344	1056
11						
12	Summe	1253	1260	1369	1395	5277
13	Durchschnitt	208,8	210,0	228,2	232,5	879,5
14	kfm. Anteil	28,3	27,9	29,5	26,7	28,1
15						

Abb. 14–02

Speichern Sie das Ergebnis unter dem Namen *Bewerb2.xls*.

Übung 2:

Richten Sie ein elektronisches Arbeitsblatt ein, das die Bearbeitung des folgenden Problems ermöglicht:

Aufgrund der Eingabe von Lieferantenname, Listeneinkaufspreis, Rabattsatz, Skontosatz und Bezugskosten soll der jeweilige Bezugspreis kalkuliert werden. Die Tabelle ist so aufzubauen, dass zwischen einem Eingabe- und Ergebnisbereich zu unterscheiden ist:

Die Ergebnisausgabe soll in folgender Form gestaltet werden:

	A	B	C	D	E
1	Angebotsvergleich (Standardeinkauf)				
2					
3	Eingabebereich:				
4					
5	Name des Lieferanten		Müller	Meiler	Schulze
6	Listeneinkaufspreis		4.500,00	4.000,00	4.200,00
7	Rabatt (in %)		25,0	30,0	20,0
8	Skonto (in %)		2,0	3,0	5,0
9	Bezugskosten (in Euro)		420,00	350,00	320,00
10					
11					
12	Ergebnisbereich:				
13					
14	Listeneinkaufspreis		4.500,00	4.000,00	4.200,00
15	Lieferrabatt		1.125,00	1.200,00	840,00
16	Zieleinkaufspreis		3.375,00	2.800,00	3.360,00
17	Liefererskonto		67,50	84,00	168,00
18	Bareinkaufspreis		3.307,50	2.716,00	3.192,00
19	Bezugskosten		420,00	350,00	320,00
20	Bezugspreis		3.727,50	3.066,00	3.512,00
21					

Abb. 14–03

Die Lösung soll in folgenden Teilschritten erfolgen:
  a) Nehmen Sie eine Problem- und Datenanalyse vor:
  b) Stellen Sie die Formeln anhand des Tabellenlayouts auf.
  c) Lösen Sie die Aufgabe an Ihrem Rechner, und speichern Sie die Tabelle unter dem gewünschten Dateinamen *Angebot1.xls*.

Übung 3:

Richten Sie ein elektronisches Arbeitsblatt ein, das die Bearbeitung des folgenden Problems ermöglicht:

	A	B	C	D	E	F
1		Autohaus "Meyer & Koch"				
2	Regionen	Soll-Umsätze	Anteile in %	Ist-Umsätze	Anteile in %	Soll-Ist-
3						Vergleich
4	Nord	6700	27,5	8423	28,4	1723,0
5	Süd	5400	22,1	5123	17,3	-277,0
6	Ost	7800	32,0	8300	28,0	500,0
7	West	4500	18,4	7774	26,2	3274,0
8						
9	Summe	24400	100,0	29620	100,0	5220
10	Maximum	7800		8423		
11	Minimum	4500		5123		

Abb. 14–04

Die Lösung soll in folgenden Teilschritten erfolgen:
  a) Nehmen Sie eine Problem- und Datenanalyse vor:
  b) Stellen Sie die Formeln anhand des Tabellenlayouts auf.
  c) Lösen Sie die Aufgabe an Ihrem Rechner, und speichern Sie die Tabelle unter dem gewünschten Dateinamen *Autohaus.xls*.

Aufgabe 15: Provisionsermittlung 1 – Logische Funktionen in Excel-Tabellen anwenden (Wenn-Funktion)

Lernziele

▶ Logische Funktionen einordnen können
▶ Einfache Wenn-Funktion anwenden
▶ Geschachtelte Wenn-Funktion anwenden
▶ Spaltenbreite ändern

Informationsquellen

▶ Kapitel 5.5 (Tabellen gestalten)
▶ Kapitel 5.6 (Tabellen mit Selektionen und Suchfunktionen erzeugen)

Aufgabenbeschreibung

Teilaufgabe 1:

In der Firma Eurotrade sind verschiedene Außendienstmitarbeiter tätig. Eine Excel-Tabelle soll dazu dienen, die Provision der Vertreter zu ermitteln. Dabei soll die Regel gelten, dass aus dem Jahresumsatz dann eine Provision von 5 % gezahlt wird, wenn dieser über 400.000 Euro liegt. Andernfalls wird ein konstanter Betrag von 10.000 Euro gezahlt. Die Tabelle soll folgendes Aussehen haben:

	A	B	C
1		Provisionsermittlung je Vertreter	
2			
3	Name	Jahresumsatz	Provision
4			
5	Meier	350.000,00 €	10.000,00 €
6	Müller	345.776,00 €	10.000,00 €
7	Schulze	890.655,00 €	44.532,75 €
8	Lehmann	660.000,00 €	33.000,00 €
9	Schmitz	390.000,00 €	10.000,00 €
10	Schäfer	1.450.000,00 €	72.500,00 €
11	Käfer	560.000,00 €	28.000,00 €
12	Spätzle	177.999,00 €	10.000,00 €
13	Thuerbach	378.000,00 €	10.000,00 €
14			
15	Summe	5.202.430,00 €	228.032,75 €

Abb. 15–01: Beispieltabelle „Vertreterprovision"

Hinweise zur Aufgabenlösung:

▶ *Die Spaltenbreite ist generell auf den Wert 20 festzusetzen.*
▶ *Nach Fertigstellung soll die Tabelle unter dem Dateinamen Provisi1.xls gespeichert werden.*

Arbeitsschritte zur Teilaufgabe 1:

1. Legen Sie eine neue Arbeitsmappe an. Stellen Sie dafür die Spaltenbreite standardmäßig auf die doppelte Größe ein. Dazu aktivieren Sie im Menü **Format** den Befehl **Spalte** und dann die Option *Standardbreite*. Anschließend kann die gewünschte Größe in einem Dialogfeld angegeben werden; beispielsweise 20.

2. Erfassen Sie die Titelüberschrift in der 1. Zeile sowie die drei Spaltenüberschriften in der Zeile 3. Verändern Sie die Gestaltung in größerer Schriftart durch Aufruf des Menüs **Format** und Wahl der Option **Zellen**. Wählen Sie dazu die Registerkarte *Schrift*.

3. Geben Sie die Textinformationen in Spalte A ein (also die Namen der Vertreter) sowie die Zahlenwerte in Spalte B (also die Jahresumsätze).

4. Erzeugen Sie die Summenformel für die Zelle B15:
=SUMME(B5:B13).

5. Formatieren Sie die Zahlenwerte mit Währungsangaben in Euro und Tausenderpunkt durch Wahl des Menüs **Format** und des Befehls **Zellen**. Im angezeigten Dialogfeld ist dann unter dem Register „Zahlen" die Option für das Währungsformat einzustellen (Kategorie „Währung" wählen, das Symbol für den Euro aktivieren).

6. Zur Ermittlung der Provision ist die WENN-Funktion anzuwenden. Diese ist grundsätzlich wie folgt aufzubauen:
=WENN(Logische Bedingungsprüfung;Dannwert;Sonstwert)

7. Im Beispielfall ist für die Zelle C5 nach Öffnung der Klammer zunächst eine Bedingung anzugeben, im Beispielfall B5>400000. Ist die Bedingung erfüllt, so gilt der zuerst genannte Wert (Dannwert), im Beispielfall B5*0,05. Andernfalls gilt der zuletzt genannte Wert (Sonstwert), hier 10000.
In die Zelle C5 ist also die Formel
=WENN(B5>400000;B5*0,05;10000)
einzutragen.

8. Die in Zelle C5 mit der WENN-Funktion gebildete Formel kann nun über das Menü **Bearbeiten** mit dem Befehl **Kopieren** in den Zellbereich C6 bis C13 kopiert werden (oder einfach den Mauszeiger an den unteren Zellenrand von C5 bewegen und nach Anzeige des neuen Symbols mit den vier Pfeilen dieses Symbol per Drag & Drop nach unten ziehen). Ergebnis muss nach der Summenbildung für die Provision die gewünschte Tabelle sein.

9. Die Tabelle kann danach durch Aktivierung des Menüs **Datei** und Wahl des Befehls **Speichern unter** mit dem Dateinamen *Provisi1* auf einer Platte oder Diskette gesichert werden.

Teilaufgabe 2:

Die in der Arbeitsmappe Provisi1.xls erstellte Tabelle soll nun verändert werden. Um ein differenzierteres und damit leistungsgerechteres Abrechnungssystem zu erreichen, soll für die Vergabe der Vertreterprovision künftig folgende Staffel verwendet werden:

über 400000,-- Euro Jahresumsatz: Provision 5 % vom Jahresumsatz

über 300000,-- Euro Jahresumsatz: Provision 4 % vom Jahresumsatz

über 200000,-- Euro Jahresumsatz: Provision 3,5 % vom Jahresumsatz

sonst: 10000,-- Euro Festbetrag

Im Beispielfall ist folgendes Ergebnis gewünscht, das unter Provisi2.xls zu speichern ist:

	A	B	C
1	**Provisionsermittlung je Vertreter**		
2			
3	Name	Jahresumsatz	Provision
4			
5	Meier	350.000,00 €	14.000,00 €
6	Müller	345.776,00 €	13.831,04 €
7	Schulze	890.655,00 €	44.532,75 €
8	Lehmann	660.000,00 €	33.000,00 €
9	Schmitz	390.000,00 €	15.600,00 €
10	Schäfer	1.450.000,00 €	72.500,00 €
11	Käfer	560.000,00 €	28.000,00 €
12	Spätzle	177.999,00 €	10.000,00 €
13	Thuerbach	378.000,00 €	15.120,00 €
14			
15	Summe	5.202.430,00 DM	246.583,79 DM

Abb. 15–02

Arbeitsschritte zur Teilaufgabe 2:

1. Öffnen Sie zur Aufgabenlösung zunächst die Arbeitsmappe *Provisi1.xls*. Löschen Sie hier zunächst die in der Spalte C ermittelten Provisionsbeträge.

2. Die in C5 einzugebende Formel muss nun geschachtelt werden. Sie hat folgenden Aufbau:
=WENN(B5>400000;B5*0,05;Wenn(B5>300000;B5*0,04;Wenn(B5>200000; B5*0,035;10000)))

3. Speichern Sie die Datei danach unter dem Dateinamen *Provisi2.xls*.

Kontroll- und Vertiefungsfragen

1. Die Notwendigkeit zur Veränderung der Spaltenbreite ist immer dann gegeben, wenn die Einträge in den Spalten eine unterschiedliche Länge haben:
   a) Geben Sie an, wie die Spaltenbreite mit *Excel* generell auf einen anderen Standard verändert werden kann!
   b) Wie kann am einfachsten die Spaltenbreite auf den längsten Eintrag in der Spalte eingestellt werden?
   c) Auf welche Weise kann gleichzeitig die Breite mehrerer ausgewählter Spalten geändert werden?

2. Geben Sie an, was passiert, wenn Zelleinträge länger als die Spaltenbreite sind! Berücksichtigen Sie bei Ihrer Antwort, ob sich in der Zelle rechts daneben ein Eintrag befindet.

3. Listen Sie vier logische Funktionen von Excel und deren Bedeutung auf! Nutzen Sie für die Lösung der Aufgabe gegebenenfalls die Hilfefunktion von Excel.

4. Geben Sie eine mögliche Formel mit Wenn-Funktion an, die in Abhängigkeit von der Umsatzhöhe (eingetragen in F17) zwei unterschiedliche Rabattsätze ausrechnet.

5. Mit der UND- sowie der ODER-Funktion können Verknüpfungen von Bedingungen erfolgen.
   a) Geben Sie den generellen Aufbau der WENN()-Funktion für den Fall an, dass es zwei Bedingungen gibt, von denen eine erfüllt sein muss, damit der Dann-Wert angezeigt wird?
   b) Geben Sie den generellen Aufbau der WENN()-Funktion für den Fall an, dass es zwei Bedingungen gibt, die beide erfüllt sein müssen, damit der Dann-Wert angezeigt wird?

Praktische Übungsaufgaben

Übung 1: Ermittlung des Brutto-Rechnungsbetrages

Richten Sie nachfolgende EXCEL-Tabelle ein, die aufgrund der Eingabedaten „Stückzahl" und „Stückpreis" den Brutto-Rechnungsbetrag ermittelt! Folgende Geschäftsregel ist dabei zu berücksichtigen: Bei Warenlieferungen, bei denen die Abnahme 100 Stück übersteigt, sind 15 % Mengenrabatt abzuziehen.

	A	B	C	D
1	**Rechnungsschreibung**			
2				
3	Eingabebereich			
4	Stückzahl	98	154	100
5	Stückpreis:	25,00	25,00	25,00
6				
7				
8				
9	Warenwert	2450,00	3850,00	2500,00
10	Rabatt	0,00	577,50	0,00
11				
12	Nettobetrag	2450,00	3272,50	2500,00
13	MwSt	392,00	523,60	400,00
14				
15	Bruttobetrag	2842,00	3796,10	2900,00

Abb. 15–03

Hinweis: Speichern Sie die erstellte Datei mit dem Dateinamen *Rechnung.xls*!

Übung 2: Provisions- und Bruttogehaltsermittlung

Zur Ermittlung der Provisionen und Bruttogehälter ist folgende Tabelle zu erstellen:

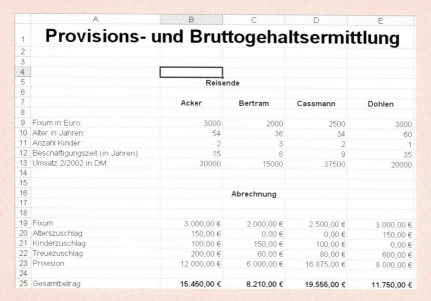

Abb. 15–04

Speichern Sie die Lösung unter dem Dateinamen *Gehalt.xls*.

Lösungshinweise:

- Ein Alterszuschlag von 150,00 Euro wird ab dem 45. Lebensjahr gezahlt.
- Ein Kinderzuschlag von 50,00 Euro je Kind wird gezahlt, wenn mehr als 1 Kind vorhanden ist.
- Ein Treuezuschlag von 20,00 Euro je Jahr wird gezahlt, wenn die Beschäftigungszeit mindestens 5 Jahre beträgt. Der Betrag wird aber nicht für die ersten 5 Jahre berechnet.
- Die Provision für die Reisenden wird in folgender Weise berechnet:
  - Ist der Umsatz unter 30000,00 Euro, wird 40 Prozent Provision gezahlt.
  - Ist der Umsatz zwischen 30000,00 Euro und 60000,00 Euro, wird 45 Prozent gezahlt.
  - Ansonsten wird 50 % gezahlt.

Übung 3

Erstellen Sie das folgende Rechnungsformular mit *Excel*. Berücksichtigen Sie dabei, dass die Rabattvergabe von folgenden Bedingungen abhängt:

Maßgebend für die Höhe des gewährten Rabattsatzes sind die Kundenart sowie die gesamte Umsatzhöhe (= Listenpreis). Für die Zuordnung der Kundenart ist die jeweilige Kundennummer entscheidend: Großhändler können eine Kundennummer bis einschließlich der Zahl 2500 haben, Einzelhändler bis einschließlich 5000. Privatkunden erhalten eine über 5000 liegende Kundennummer zugewiesen.

Es gelten folgende Geschäftsregeln für die Rabattvergabe:

- Handelt es sich um einen Großhändler als Kunden und übersteigt der Umsatz einen Betrag von 300.000,00 Euro (netto), dann wird 5 % Rabatt gewährt.
- Ist der Kunde ein Einzelhändler oder übersteigt der Umsatz 300.000,00 Euro (netto), wird 3 % Rabatt gewährt.
- In allen anderen Fällen wird 2 % Rabatt berücksichtigt.

Die Ergebnisausgabe der zu erstellenden Tabelle soll folgende Form haben:

RECHNUNG

Rech.-Nr. 4712   Kd.-Nr.   3389

Art.-Nr.	Artikelbezeichnung	Menge	Einzelpreis	Gesamtpreis
3345	Herrenmäntel	150	345,00	51750,0
3447	Anzüge	125	544,00	68000,00
4222	Hosen	350	125,00	43750,00
6788	Kleider	525	235,00	123375,00
7445	Blusen	850	88,00	74800,00

Listenpreis	361675,00
– Rabatt	10850,25
Nettopreis	350824,75
+ MwSt.	56131,96
Bruttopreis	406956,71

============================

Übung 4

Die Nutzenschwellenrechnung ist meist dann eine wertvolle Hilfe, wenn eine Entscheidung über die Einführung einer neuen Produktsparte in das vorhandene Produktions- und Absatzprogramm ansteht. Die folgende Abbildung gibt ein mögliches Modell für diesen Anwendungsfall wieder:

	A	B	C	D	E	F	G
1	Nutzschwellenanalyse (Break even-Analyse)						
2							
3	Eingabeteil:						
4	Stückerlöse:		360 €				
5	variable Stückkosten		152 €				
6	absolut fixe Kosten		50.000 €				
7	sprungfixe Kosten		30.000 €	Startmenge:		850	
8	Mengenintervall		500	Analyseintervall		25	
9							
10							
11	Rechen- und Analyseteil:						
12							
13	Menge	Erlöse	variable	absolut	sprung-	Gesamt-	Gewinn
14			Kosten	fixe	fixe	kosten	
15				Kosten	Kosten		
16							
17	850	306000	129200	50000	60000	239200	66800
18	875	315000	133000	50000	60000	243000	72000
19	900	324000	136800	50000	60000	246800	77200
20	925	333000	140600	50000	60000	250600	82400
21	950	342000	144400	50000	60000	254400	87600
22	975	351000	148200	50000	60000	258200	92800
23	1000	360000	152000	50000	90000	292000	68000
24	1025	369000	155800	50000	90000	295800	73200
25	1050	378000	159600	50000	90000	299600	78400
26	1075	387000	163400	50000	90000	303400	83600
27	1100	396000	167200	50000	90000	307200	88800
28	1125	405000	171000	50000	90000	311000	94000
29	1150	414000	174800	50000	90000	314800	99200
30	1175	423000	178600	50000	90000	318600	104400
31	1200	432000	182400	50000	90000	322400	109600
32	1225	441000	186200	50000	90000	326200	114800
33	1250	450000	190000	50000	90000	330000	120000
34	1275	459000	193800	50000	90000	333800	125200
35	1300	468000	197600	50000	90000	337600	130400

Abb. 15–05

Das Beispielmodell enthält im oberen Teil unabhängige Felder für Eingabedaten. Daran anknüpfend werden im unteren Teil verschiedene Berechnungen vorgenommen. Dabei kann für beliebig viele Mengenausprägungen die planmäßige Mengensituation ermittelt werden.

a) Erfassen Sie zunächst die Informationen des Eingabeteils.

b) Geben Sie anschließend die Formeln in der Weise ein, dass diese einfach nach unten kopiert werden können.

c) Speichern Sie die Tabelle unter dem Dateinamen *Nutz.xls*.

Die Formeln für den unteren Teil sollten so konstruiert werden, dass sie mittels Kopie in den weiteren Zeilen verwendet werden können. Es ergibt sich in den jeweiligen Spalten für die erste Zeile der Berechnung (= Zeile 17 der Tabelle) folgender Formelaufbau:

1. Ermittlung der Menge (Spalte A): Nach Übernahme der Startmenge aus der Zelle F7 in die Zelle A17 kann für die Zelle A18 folgende Formel aufgebaut werden: vorhergehende Zeile+Analyseintervall. Dabei ist die Adressierung der vorhergehenden Zelle A17 relativ vorzunehmen, während der Zugriff auf den Wert des Analyseintervalls F8 durch absolute Adressierung erfolgen muss. Im Beispielfall würde sich für die Zelle A18 folgende Formel ergeben: A17+F8. Anschließend kann eine Kopie nach unten von A18 bis A35 erfolgen.

2. Erlösermittlung (Spalte B): Die Erlöse ergeben sich aus der Multiplikation von Menge und Stückerlös. Dabei ist das Feld für die Menge relativ zu adressieren, das Feld für den Stückerlös dagegen absolut. Beispiel: A17*C4.

3. Variable Kosten (Spalte C): Die variablen Kosten ergeben sich aus der Multiplikation von Menge und variablen Stückkosten. Beispiel (für C17): A17*C5.

4. Absolut fixe Kosten (Spalte D): Sie ergeben sich aus dem Zugriff auf das Eingabefeld C6. Anschließend kann eine Kopie nach unten erfolgen.

5. Sprungfixe Kosten (Spalte E): Zur Ermittlung der sprungfixen Kosten ist eine Abfrage des jeweils gültigen Mengenintervalls notwendig. Mit Hilfe der Wenn-Dann-Funktion kann dabei jeweils ein dem Mengenintervall entsprechendes Vielfaches der sprungfixen Beträge errechnet werden; Beispiel (allgemein): WENN(Menge<Mengenintervall;sprungfixe Kosten; WENN (Menge<Mengenintervall*2;sprungfixeKosten*2;WENN(Menge<Mengenintervall*3; sprungfixe Kosten*3;sprungfixe Kosten*4))).
Dies bedeutet mit konkreten Zellpositionen (für E17):
WENN(A17<C8;C7;WENN(A17<C8*2;C7*2;WENN(A17<C8*3;C7*3;C7*4))).

6. Gesamtkosten (Spalte F): Sie ergeben sich aus der Addition der 3 vorhergehenden Spalten; also SUMME(C17:E17).

7. Gewinn (Spalte G): Der Gewinn ergibt sich aus der Differenz von Erlösen und Gesamtkosten; B17-F17.

Aufgabe 16: Provisionsermittlung 2 – Suchfunktionen in Excel-Tabellen (SVerweis-Funktion)

Lernziele

- Namensvergabe in Tabellen
- SVerweis-Funktion

Informationsquellen

- Kapitel 5.6 (Tabellen mit Selektionen und Suchfunktionen erzeugen)

Aufgabenbeschreibung

Die „Provisionsermittlung" soll weiter differenziert werden. Es ist eine Tabelle zu erstellen, die eine Berechnung der Vertreterprovision auf der Grundlage der folgenden Provisionsstaffel ermöglicht:

Monatsumsätze ab 20000,00 Euro   4 % Provision

Monatsumsätze ab 30000,00 Euro   5 % Provision

Monatsumsätze ab 40000,00 Euro   6 % Provision

Monatsumsätze ab 50000,00 Euro   7 % Provision

Monatsumsätze ab 60000,00 Euro   8 % Provision

Die Provisionsabrechnung soll folgende Form haben und Berechnungen in Spalte C und D ausweisen:

	A	B	C	D
1	**Vertreter-Provisionsabrechnung**			
2				
3	Vertreter-	Monats-	Provisions-	Provisions-
4	name	Umsatz	satz	Betrag
5				
6	Meier	30.420,00	5	1.521,00
7	Müller	45.500,00	6	2.730,00
8	Schulze	38.675,00	5	1.933,75
9	Lehmann	28.220,00	4	1.128,80
10	Geiger	66.425,00	8	5.314,00
11	Kluge	41.000,00	6	2.460,00
12				
13	Summen	250.240,00		15.087,55
14				

Abb. 16–01

Hinweise zur Aufgabenlösung:

- Zunächst ist die Spaltenbreite der ersten vier Spalten zu erhöhen und dann die Eingabe der Texte und der Umsatzwerte der einzelnen Vertreter vorzunehmen. Anschließend kann der insgesamt erzielte Umsatz ermittelt und in der Zeile 13 ausgewiesen werden.
- In einem gesonderten Teil des Arbeitsblattes ist danach die Provisionsstaffel nach folgendem Muster zu erfassen (ab Zeile 21):

	A	B	C
20			
21	Provisionsstaffel		
22			
23		Monats-	Provisions-
24		Umsatz	Satz
25			
26	ab	20000	4
27	ab	30000	5
28	ab	40000	6
29	ab	50000	7
30	ab	60000	8

Abb. 16–02

- Anschließend ist unter Anwendung der Suchfunktion (Sverweis), mit der auf die Zwischentabelle mit der Provisionsstaffel zugegriffen wird, der zugehörige Provisionssatz (in Spalte C) und der Provisionsbetrag (in Spalte D) in der Provisionsabrechnungstabelle zu ermitteln.
- Die Tabelle ist unter dem Dateinamen *Verprov.xls* zu speichern.

Arbeitsschritte:

1. Legen Sie eine neue Arbeitsmappe an. Erhöhen Sie die Breite der Spalten für die Spalten 1 – 4. Erfassen Sie die Tabellenüberschrift sowie die Spaltenüberschriften 1 – 4 (mit rechtsbündiger Ausrichtung der Überschriften der Spalten 2 – 4). Ermitteln Sie die Summe für die Monatsumsätze in der Zelle B13 durch Eingabe der Summenformel.

2. Erfassen der Provisionsstaffel: Zu diesem Zweck ist der Zellzeiger zunächst auf das gewünschte Feld A21 zu positionieren. Anschließend können die Textinformationen und die Zahlen erfasst werden. Vergeben Sie außerdem den Namen „Provisionsstaffel" für den Bereich B26:C30. Dazu ist vorab (nach der Markierung des Bereiches) aus dem Menü **Einfügen** der Befehl **Namen** und dann die Option *Definieren* zu wählen.

3. Anwendung der Suchfunktion: Für die Ermittlung des Provisionssatzes, der für den jeweiligen Vertreter aufgrund des erzielten Umsatzes zur Anwendung gelangt, ist ein Zugriff auf die Provisionsstaffel notwendig. Die Suchfunktion kann folglich im Feld C6 Anwendung finden. Allgemein gilt:

   SVERWEIS(Suchwert;Wertetabelle-Bereich;Spaltenindex)

   N ist in diesem Fall der jeweilige Vertreterumsatz (hier ausgewiesen in B6); die Wertetabelle befindet sich im Bereich B26:C30 mit dem Namen „Provisionsstaffel". Folglich lautet die nach Ansteuerung des Ergebnisfeldes C6 einzugebende Formel:

   =SVERWEIS(B6;Provisionsstaffel;2)

   Im Beispiel wäre dies die Umsatzhöhe ab 300000, so dass als Ergebnis der Wert des letzten Feldes in der gefundenen Zeile ausgewiesen wird (hier der Wert 5). Diese Formel kann nun in die anderen Felder nach unten kopiert werden.

4. Die Provisionsbeträge werden unter Berücksichtigung des ausgewiesenen Provisionssatzes und des erzielten Monatsumsatzes ermittelt.

Kontroll- und Vertiefungsfragen

1. Für den Bezug einer Ware mit einem Listenpreis von 25,00 Euro gewährt der Lieferant folgende Mengenrabatte:

> 500 St.	10 %
301 – 500 St.	6 %
101 – 300 St.	4 %
51 – 100 St.	2 %
1 – 50 St.	0 %

   Nach Eingabe einer beliebigen Menge (etwa in der Zelle B6) sollen der korrekte Rabattsatz (in E3) und der insgesamt zu zahlende Bruttobetrag (in E4) sowie der gewährte Rabattbetrag angezeigt werden.

   Die Tabelle hat folgendes Aussehen:

	A	B	C	D	E
1	Rechnungsbetragermittlung				
2				Ergebnisse:	
3	Listenpreis:	25		Rabattsatz:	6,00
4				Betrag (brutto)	8625,00
5				Rabattbetrag:	517,50
6	Menge:	345			
7					
8					
9					
10	Rabattstaffel	Stückzahl	Rabattsatz		
11	bis	50	0		
12	ab	51	2		
13	ab	101	4		
14	ab	301	6		
15	ab	501	10		
16					

   Abb. 16–03

> Geben Sie den Formelaufbau für die folgenden Zellen an:
>
> E3, E4 und E5.

Praktische Übungsaufgaben

Übung 1:

Erstellen Sie folgende *Excel*-Tabelle unter Anwendung der Verweisfunktion. Ziel soll sein, dass nach Angabe der Anzahl eines bestimmten Artikels der entsprechende Rabattsatz gesucht wird und gleichzeitig der Gesamtpreis und die Stückkosten berechnet werden. Als Stückpreis gilt 5,00 Euro.

Folgende Tabellendarstellung ist erwünscht:

Ermittlung unterschiedlicher Mengenrabatte Vorkalkulation				
Anzahl	Rabatt %-Satz	Rabatt in Euro	Gesamtpreis	Stückkosten
100	2,0%	10,00	490,00	4,90
20000	20,0%	20000,00	80000,00	4,00
999	2,0%	99,90	4895,10	4,90
100	2,0%	10,00	490,00	4,90
50	0,0%	0,00	250,00	5,00
	10,0%	5000,00	45000,00	4,50
10000				

Als Rabattstaffel gilt folgende Festlegung:

Anzahl	%-Satz
1	0,0%
100	2,0%
1000	5,0%
10000	10,0%
20000	20,0%

Aufgabe 17: Mahnliste – Datums- und Zeitfunktionen in Excel nutzen

Lernziele

▶ Zeit- und Datumsformate anwenden
▶ Jetzt-Funktion

Informationsquellen

▶ Kapitel 5.7 (Arbeiten mit Datum und Zeit)

Aufgabenbeschreibung

In der Eurotrade GmbH sind verschiedene Stellen mit Aufgaben im Bereich des Mahnwesens betraut. Zur Überprüfung des rechtzeitigen Zahlungseinganges soll eine Tabelle erstellt werden, die

▶ *unter Berücksichtigung von Rechnungsdatum und Zahlungsziel das Fälligkeitsdatum ermittelt und*

▶ *durch Zugriff auf das aktuelle Datum in einer Spalte ausweist, ob eine Mahnung geschrieben werden muss, wenn das Fälligkeitsdatum überschritten wurde.*

Ergebnis soll die folgende Tabelle sein, die unter dem Namen Mahnung.xls zu speichern ist:

	A	B	C	D	E
1	Aktuelle Mahnliste				
2					
3	Aktuelles Datum	27.02.03			
4					
5	Kunde	Rechnungsdatum	Zahlungsziel	fällig	Mahnung
6			(in Tagen)		
7	Karl Salzer KG	20.11.02	75	03.02.03	Ja
8	Max Schmidt	10.10.02	90	08.01.03	Ja
9	Erwin Moll OHG	11.11.02	60	10.01.03	Ja
10	Franz Maas	20.12.02	90	20.03.03	Nein
11	Hubert Schwarz	05.01.03	45	19.02.03	Ja
12	Karl Weber	10.01.03	75	26.03.03	Nein
13					

Abb. 17–01

Hinweis: In Spalte E ist in Textform auszuweisen, ob eine Mahnung zu erstellen ist oder nicht.

Arbeitsschritte:

▶ Eingabe sämtlicher Textinformationen: Geben Sie den Kopf der Mahnliste, die Spaltenüberschriften und die Kundennamen ein.

▶ Eingabe der Wertinformationen in Spalte C: Zahlungsziel in Tagen.

▶ Eingabe der Datumsinformationen. Einzugeben sind das aktuelle Datum (in der Zelle B3) sowie die Daten für die Rechnungstellung (Zeit-/Datumswerte in Spalte B ab der Zelle B7). Bezüglich des aktuellen Datums sei darauf hingewiesen, dass im Beispielfall aus Gründen der Einheitlichkeit und Nachvollziehbarkeit der Lösung zwar das Datum 27.02.2003 eingegeben werden sollte. In der Praxis bietet sich hier jedoch die Anwendung der Funktion JETZT() an, so dass nach dem Aufruf immer automatisch das aktuelle Datum erzeugt wird.

▶ Um das jeweilige Fälligkeitsdatum für die einzelnen Kundenrechnungen zu ermitteln, muss im Anwendungsbeispiel zum Rechnungsdatum das jeweilige Zahlungsziel addiert werden. Damit ergibt sich für die Zelle D7 folgende Formel:

+B7+C7.

Diese Formel kann dann nach unten kopiert werden. Sind die Ergebniszellen als Zeit-/Datumszellen formatiert, erfolgt eine taggenaue Anzeige des Fälligkeitsdatums in diesen Zellen.

Aufgabenteil

▶ Die Ausgabe, ob eine Mahnung zu erstellen ist, ergibt sich aus einem Vergleich des ermittelten Fälligkeitsdatums mit dem in Zelle B3 (Hinweis: absolute Adressierung notwendig) ausgewiesenen aktuellen Datum. Die Lösung erfolgt mittels der WENN-DANN-Funktion. Für das Feld E7 ergibt sich somit folgende Formel, die ebenfalls nach unten kopiert werden kann:

=WENN(D7<B3;„Ja";„Nein")

▶ Abschließend kann die Tabelle mit dem Befehl **Speichern unter** aus dem Menü **Datei** unter dem Dateinamen *Mahnung.xls* gespeichert werden.

Praktische Übungsaufgaben

Übung 1: Zinsermittlung

In der Bauunternehmung *Bauhoch GmbH* soll die Zahlungsweise so optimiert werden, dass unter Zinsgesichtspunkten ein Optimum erreicht wird. Ziel soll die Einrichtung einer Tabelle ein, die die Bearbeitung des folgenden Problems ermöglicht: Im Rahmen eines größeren Bauprojektes sind verschiedene Teilbeträge in Abhängigkeit vom Fertigstellungsfortschritt zu leisten. Zu erfassen sind folgende Daten:

▶ gültiger Zinssatz (in F8)
▶ die gesamte Auftragssumme (netto)
▶ Prozentsätze der Zahlungen (in Spalte B)
▶ Fälligkeitsdaten in Spalte D.

Die Ergebnisausgabe soll folgende Form haben:

	A	B	C	D	E	F
1						Stand: 03.06.02
2						
3			**Zinsberechnung bei Vorabzahlung**			
4						
5						
6						
7						Zinssatz %
8						7
9						
10	Termin:					
11	Beginn:	24. KW 2001		15.12.01	Bestellerteilung	
12	Fertigstellung:			15.9.02	Abnahme	
13						
14			Gesamtbetrag	Datum	Tage	Zinsen
15	Auftragssumme netto		555.555 €			
16						
17	1. Zahlung	45 %	250.000 €	15.12.01	274	13.319,43 €
18	2. Zahlung	13 %	72.222 €	15.3.02	184	2.583,95 €
19	3. Zahlung	13 %	72.222 €	15.6.02	92	1.291,97 €
20	4. Zahlung	10 %	55.556 €	15.7.02	62	669,75 €
21	5. Zahlung	4 %	22.222 €	15.8.02	31	133,95 €
22	6. Zahlung	15 %	83.333 €	15.9.02	0	0,00 €
23						
24	Summe	100 %	555.555 €			17.999,06 €

Abb. 17–02

Die Formeln sollen so aufgebaut werden, dass ein Kopieren nach unten möglich ist.
▶ C17 bis C22
▶ E17 bis E22 (als Differenz zwischen Abnahmedatum und jeweiligem Fälligkeitsdatum in Spalte D)
▶ F17 bis F22 (durch Einsatz der üblichen Formel zur Zinsermittlung)

Speichern Sie die Datei unter dem Namen *Zinsen1.xls*.

Aufgabe 18: Umsatzdiagramm – einfache Diagramme und Soll-Ist-Vergleiche

Lernziele

- Balkendiagramm mit einer und mehreren Datenreihen erstellen
- Diagramme mit Überschriften und Achsenbeschriftungen ergänzen
- Legende in Diagramme einfügen
- Kreisdiagramm erstellen und gestalten

Informationsquellen

- Kapitel 5.8 (Diagramme erstellen)

Aufgabenbeschreibung

Öffnen Sie die bereits erstellte Datei Umsatz3.xls, in der die Ist- und Soll-Umsatzzahlen von 12 Monaten gegenübergestellt werden! Speichern Sie die Datei als UmsatzDiag.xls.

Teilaufgabe 1:

Erzeugen Sie zu der Tabelle ein horizontales Balkendiagramm, das die Soll-Werte für die einzelnen Monate wiedergibt.

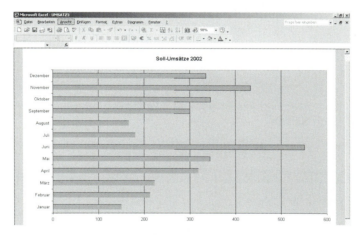

Abb. 18–01

Teilaufgabe 2:

Erzeugen Sie anschließend ein Balkendiagramm, in dem die Ist- und Soll-Werte in horizontalen Säulen dargestellt werden.

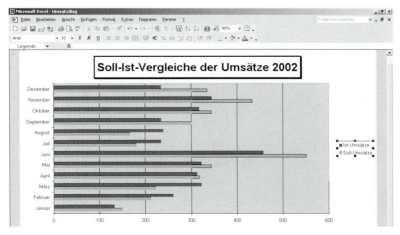

Abb. 18–02

Arbeitsschritte zu Teilaufgabe 1:

1. Öffnen Sie zunächst die Datei *Umsatz3.xls*, und markieren Sie danach den Datenbereich, aus dem das Diagramm erzeugt werden soll. Dies ist im Beispiel A6:B17.

2. Klicken Sie anschließend auf das Diagrammsymbol , so dass sich die folgende Anzeige ergibt:

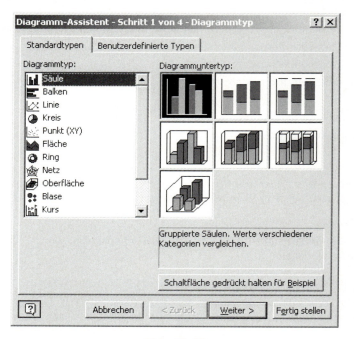

Abb. 18–03

Sie können nun also zwischen verschiedenen Diagrammtypen auswählen. Aktivieren Sie im Beispielfall die Option *Balken*.

3. Nach dem Klicken auf `Weiter` können Sie noch die Diagrammquelldaten bearbeiten.

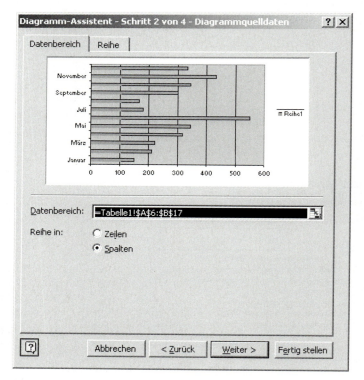

Abb. 18–04

4. Im folgenden Dialogfeld legen Sie den Diagrammtitel sowie die Bezeichnung für die Größenachse fest:

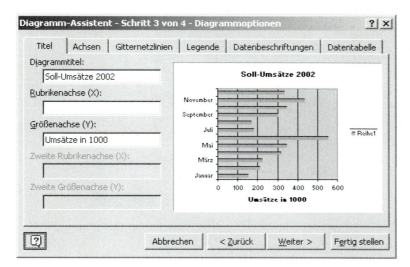

Abb. 18–05

Stellen Sie hier außerdem über das Register *Legende* die Anzeige einer Legende aus, da diese hier nicht benötigt wird.

5. Schließlich können Sie nach dem Klicken auf `Weiter` noch festlegen, wie das Diagramm in die Mappe einzufügen ist. Wählen Sie im Beispielfall *Als neues Blatt*.

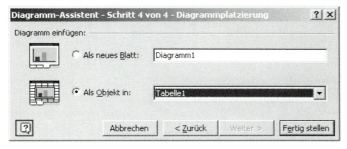

Abb. 18–06

6. Danach können Sie auf `Fertig stellen` klicken.

Hinweis: Daten werden als **Datenreihen** abgelegt. Jeder Wert der Datenreihe stellt einen Datenpunkt dar.

Arbeitsschritte zu Teilaufgabe 2: Balkendiagramm mit mehreren Datenreihen erstellen

1. Lassen Sie die Tabelle der Arbeitsmappe *Umsatz3* angezeigt, und markieren Sie danach den Datenbereich. Es sollen mehrere nicht zusammenhängende Datenreihen für die Erzeugung des Diagramms verwendet werden. Dies können Sie

   – nach Betätigen von `⇧`+`F8` der Reihe nach markieren.
   – oder durch Festhalten von `Strg` mit der Maus markieren.

   Markieren Sie im Beispielfall etwa zunächst den Bereich A6 bis B17, drücken Sie dann die Taste `Strg`. Lassen Sie danach bei gedrückter Taste `Strg` zunächst die Maustaste los, und markieren Sie anschließend den Bereich D6 bis D17. Nun wird deutlich, dass der Bereich C6 bis C17 nicht mit markiert wurde.

2. Bei der Gestaltung eines Diagramms mit mehreren Datenreihen ist das Einfügen von Legenden notwendig. Dazu müssen die Datenreihen benannt sein bzw. werden.

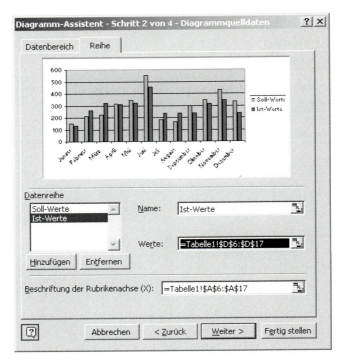

Abb. 18–07

Ergebnis müsste das gewünschte Diagramm sein.

Kontroll- und Vertiefungsfragen

1. Erläutern Sie die beiden Möglichkeiten für das Speichern eines Diagramms in einer Excel-Arbeitsmappe.
2. Bei dem Erstellen von Diagrammen wird zwischen Datenreihen und Rubriken unterschieden. Erläutern Sie den Unterschied an einem Beispiel.
3. Welche wesentlichen Diagrammelemente sind in einem Balkendiagramm zu unterscheiden, das Soll- und Ist-Daten gegenüberstellt?
4. Beschreiben Sie das Vorgehen, um aus den Daten einer Tabelle ein Diagramm zu erstellen.
5. In *Excel* haben Sie unter anderem die Wahl zwischen den folgenden verschiedenen Diagrammtypen, um vielfältigen Anwendungsfällen gerecht werden zu können. Welchen Diagrammtyp würden Sie zur Realisierung der folgenden Anwendungen jeweils wählen?

Anwendungsbeispiel	Diagrammtyp
a) Darstellung der Umsatzentwicklung in den letzten Jahren	
b) Vergleichende Darstellung der Soll- und Ist-Umsätze in verschiedenen Regionen	
c) Anteil der einzelnen Regionen am Gesamtumsatz der Firma	
d) Darstellung der Bewerberentwicklung für unterschiedliche Berufe in den letzten fünfzehn Jahren	

Praktische Übungsaufgaben

Übung 1: Kreisdiagramm erstellen und gestalten

a) Öffnen Sie die im Rahmen der Tabellenkalkulation von *Excel* erstellte Tabelle mit dem Dateinamen *Provisi1*, die die Provisionsdaten für die verschiedenen Mitarbeiter angibt. Erstellen Sie anhand der Provisions-Werte ein normales Kreisdiagramm.

Beispielergebnis:

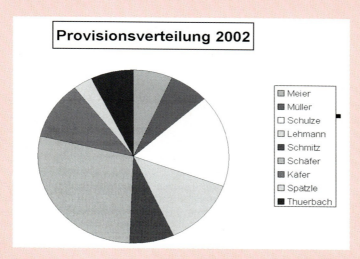

Abb. 18–08

b) Gestalten Sie das Diagramm in der folgenden Weise:

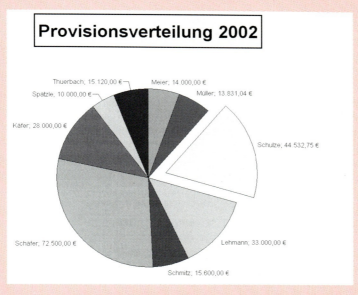

Abb. 18–09

Aufgabe 19: Datentabelle mit Excel – Listen sortieren und Daten selektieren

Lernziele

▶ Daten in Listen verwalten
▶ Listen sortieren

Informationsquellen

▶ Kapitel 5.9 (Datenverwaltung)

Aufgabenbeschreibung

In der IT-Abteilung sollen die beschafften Computer-Bücher in Excel-Tabellen verwaltet werden. Dabei möchte man sich die in Excel vorhandene Listenverwaltung zunutze machen. In einer neuen Arbeitsmappe soll im ersten Tabellenblatt eine Tabelle mit folgenden Spalten eingerichtet:

▶ *Verfasser*
▶ *Titel*
▶ *Kategorie*
▶ *Erscheinungsjahr*
▶ *Verlag*
▶ *Preis.*

Die Tabelle soll mit Inhalt gefüllt werden. Erfassen Sie beispielhaft Datensätze und nehmen Sie Auswertungen (Filtern von Daten) und Sortierungen vor, die Excel dazu anbietet.

Arbeitsschritte

1. Erfassen Sie zunächst die Tabelle nach folgendem Grundaufbau:

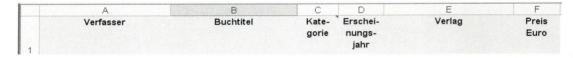

Abb. 19–01

Beachten Sie folgende Hinweise:

▶ Die Titelzeile soll in der Höhe vergrößert werden. Ein Zeilenumbruch, der vor allem durch die veränderte Spaltenbreite vorgenommen wird, kann über die Befehlsfolge **Format/Zellen** durch Einschaltung des entsprechenden Kontrollkästchens in dem Register *Ausrichtung* realisiert werden.

▶ Über die Spalte „Kategorie" wird eine Zuordnung zu Gruppen vorgenommen (durch Wahl des Menüs **Einfügen** und der Variante **Kommentar**):

BS = Branchensoftware
C = Sonstige Computerliteratur
DT = Desktop Publishing
DB = Datenbank
FB = Fachbuch
G = Grafik
P = Programmierung
TB = Tabellenkalkulation
TV = Textverarbeitung

2. Um die Tabelle mit Daten zu füllen gibt es mehrere Möglichkeiten. *Excel* kann automatisch einen Datenbankbereich identifizieren, wenn zunächst eine Dateneingabe für einen Datensatz in einer Zeile (hier Zeile 2) vorgenommen wird. Zum jeweils nächsten Datenfeld gelangen Sie mit der Taste ⇥. Damit ist die „Datenbank" oder Liste eingerichtet. *Excel* erkennt diesen zusammenhängenden Bereich von Zellen automatisch als Datenbank, sobald Sie den Mauszeiger in ihn hineinsetzen.

3. Eine komfortablere Möglichkeit der Dateneingabe bietet *Excel* durch Nutzung der Datenbankmaske. Sie öffnen diese Maske auf dem Bildschirm, indem Sie aus dem Menü **Daten** den Befehl **Maske** wählen. Beispiel:

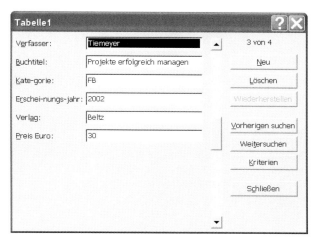

Abb. 19–02

In der angezeigten Maske können Sie
- die Datensätze durchblättern
- den aktuell angezeigten Datensatz editieren oder löschen sowie
- einen neuen Datensatz eingeben.

4. Außerdem können Sie über die Excel-Datenverwaltung nach bestimmten Datensätzen suchen. Hierzu ist in der Maske auf die Schaltfläche [Kriterien] zu klicken. Daraufhin erscheint dann eine neue leere Maske zur Eingabe von Suchkriterien. Mögliche Suchkriterien können sein:
   - ein bestimmter Begriff (z. B. die Kategorie TV)
   - ein Begriff mit Stellvertreterzeichen, z. B. Verfasser T* zeigt alle Verfasser, deren Name mit T beginnt
   - Vergleichskriterien in Verbindung mit Feldinhalten.

   Nach Eingabe der Suchkriterien kann mit den Schaltflächen [Weitersuchen] oder [Vorherige suchen] die Datenbank durchsucht werden. Die Schaltfläche [Neu], die nach Aufruf der Suchkriterien zur Verfügung steht, bricht die Suche ab, mit [Schließen] wird die gesamte Maskenbearbeitung abgebrochen.

5. Für das Sortieren von Datensätzen einer Excel-Datenbank ist der Cursor in den Datenbankbereich zu setzen und dann aus dem Menü **Daten** der Befehl **Sortieren** zu wählen. Es können in dem dann angezeigten Dialogfeld bis zu drei Sortierschlüssel vergeben werden. Jedem Schlüssel kann eine auf- oder absteigende Reihenfolge zugeordnet werden. Die Beispieldatenbank ist zunächst aufsteigend nach Verfassern zu sortieren. Innerhalb dieser Gruppe ist aufsteigend nach Titeln zu sortieren. Folgende Einstellungen sind in dem Dialogfeld nötig:

Abb. 19–03

Beispielergebnis (bei nur 4 Datensätzen):

	A	B	C	D	E	F
1	Verfasser	Buchtitel	Kategorie	Erscheinungsjahr	Verlag	Preis Euro
2	Martin, Rene	VBA mit word 97	TV	1997	Addison Wesley	39,90
3	Schwestermanns	Excel für Profis	TB	2000	Rowohlt	9,90
4	Tiemeyer	Projekte erfolgreich managen	FB	2002	Beltz	30,00
5	Tiemeyer, Konopasek	Access 2002	DB	2001	Markt & Technik	25,00

Abb. 19–04

6. Für das Filtern von Datensätzen bietet *Excel* zwei Varianten:

Mit der Befehlsfolge **Daten/Filter/AutoFilter** können Sie automatisch für jedes Feld der Liste einen Filter aktivieren. Nach Auslösen dieses Befehls werden in allen Titelfeldern kleine Listenfeldpfeile sichtbar, mit denen sich ein Listenfeld zur Kriterienauswahl öffnen lässt. *Test*: Klicken Sie im Listenfeld der Spalte „Verfasser" auf dem Namen eines Verfassers, so dass nur noch dessen Bücher angezeigt werden.

Für komplexe Suchläufe benötigen Sie Spezialfilter, die Sie mit der Befehlsfolge **Daten/Filter/Spezialfilter** aufrufen können. Für die Anwendung dieser Variante ist zunächst ein Kriterienbereich zu definieren, mit dem festgelegt wird, wie und über welche Felder gesucht werden soll. Beispiel: Es sind alle Datenbankbücher herauszufiltern, deren Preis unter 25 liegt.

Kontroll- und Vertiefungsfragen

1. Geben Sie Beispiele für sinnvolle Anwendungsgebiete der Datenverwaltung mit *Excel*.
2. Sie verwalten Literatur mit *Excel* (= Buchverwaltung mit den Spalten *Verfasser, Titel, Kategorie, Erscheinungsjahr, Verlag* und *Preis*). Welche Sortiervariante (alphabetisch, numerisch oder chronologisch) gilt für das nachfolgende Anwendungsbeispiel und welche Sortieroption müssen Sie zur Problemlösung jeweils einstellen:

Anwendungsfall	Sortiervariante	Einzustellende Sortieroption
Sortieren der Liste nach dem Preis der Bücher, wobei die teuersten Bücher zunächst angezeigt werden sollen		
Sortieren der Liste nach dem Erscheinungsjahr, wobei die aktuellsten Bücher zuletzt aufgeführt werden		
Sortieren der Liste nach dem Verfasser		

Aufgabe 20: Excel-Tabellen im Web publizieren

Lernziele

▶ Excel-Arbeitsmappen/Tabellen als Webseite speichern
▶ Excel-Daten mit einem Browser nutzen

Informationsquellen

▶ Kapitel 5.10 (Mit Excel im Web arbeiten)

Aufgabenbeschreibung

Zwei Excel-Anwendungen sollen für das Web (Intranet) vorbereitet werden:

▶ *Einerseits sollen die vorhandenen Fachbücher, die in der Excel-Tabelle mit dem Namen Buchlist.xls gespeichert sind, via Browser von allen Mitarbeitern lesbar sein. Erstellen Sie das entsprechende HTML-Dokument, und testen Sie dies im Browser.*

▶ *Zum anderen möchten Sie die Tabelle Verprov.xls im Intranet veröffentlichen. Vertreter sollen so die Möglichkeit erhalten, ihre Umsatzwerte einzugeben und sich die Provision interaktiv mit Arbeitsmappenfunktionalität berechnen zu lassen.*

Arbeitsschritte

1. Um die gewünschte Excel-Tabelle als HTML-Dokument speichern und öffnen zu können, aktivieren Sie zunächst die Datei mit dem Namen *Buchlist.xls*. Speichern Sie die Datei mit **Datei / Als Webseite speichern** unter dem Namen **Buchlist.htm**.

Abb. 20–01

2. Schließen Sie nach der Speicherung die Arbeitsmappe, und beenden Sie Excel. Wechseln Sie nun in den Explorer, und doppelklicken Sie auf *Buchlist.htm*. Daraufhin erscheint der Internet Explorer und zeigt die Datei an. Eine Bearbeitung und Veränderung der Inhalte ist in diesem Zustand jedoch nicht möglich. Hier handelt es sich um eine Darstellung als statische HTML-Seite.

Aufgabenteil

Abb. 20–02

3. Schließen Sie den Explorer, und starten Sie wieder *Excel*. Mit **Datei / Öffnen** können Sie die Datei *Buchlist.htm* öffnen und auch bearbeiten, obwohl es sich um ein HTML-Format handelt.

4. Sie können ein Excel-Dokument aber auch in einem Intranet veröffentlichen, ohne dass die Rechenfunktionalität verloren geht. Aktivieren Sie dazu zunächst die Excel-Datei *Verprov.xls*. Wählen Sie dazu im Menü **Datei** den Befehl **Als Webseite speichern** und dann im *Öffnen*-Dialog die Schaltfläche Veröffentlichen... .

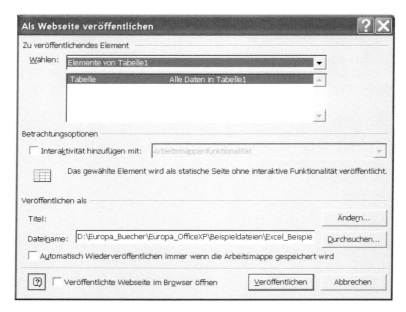

Abb. 20–03

5. In dem nun erscheinenden Dialogfeld *Als Webseite veröffentlichen* können Sie verschiedene Einstellungen vornehmen:
   - Im Listenfeld *Wählen* bestimmen Sie, welche Elemente einer Arbeitsmappe Sie veröffentlichen möchten.
   - Schalten Sie bei den *Betrachtungsoptionen* das Kontrollkästchen ein, damit der Benutzer im Browser Änderungen an den Daten vornehmen kann. Im Listenfeld lassen sich *Interaktivitätstypen* auswählen: Arbeitsmappenfunktionalität, Pivot-Table-Funktionalität und Diagramm-Funktionalität. Wählen Sie *Arbeitsmappenfunktionalität*.
   - Im Feld *Dateiname* geben Sie den Pfad und den Dateinamen als Speicherungsort Ihrer Webseite an.
   Verlassen Sie das Dialogfeld über die Schaltfläche Veröffentlichen .
   Starten Sie die Datei im Explorer mittels Doppelklick, so bietet Ihnen der Internet Explorer den zuvor definierten Tabellenausschnitt zur Bearbeitung an.

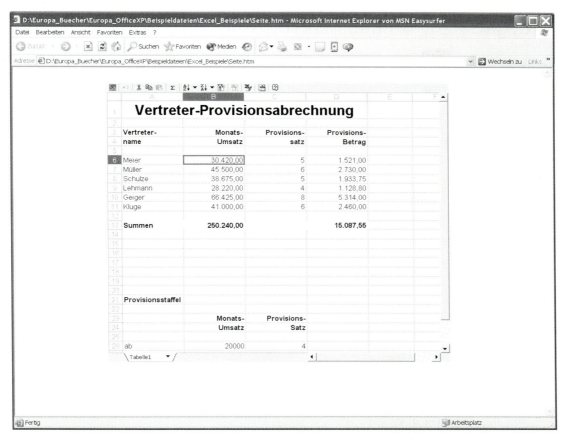

Abb. 20–04

Klicken Sie einmal auf das Systemmenü, so wird deutlich, wem Sie diese Tabellenblattfunktionalität verdanken, den Office Web Components. Das Tabellenblatt zeigt eine verkürzte Symbolleiste. Hier können Sie über das Symbol *Eigenschaftentoolbox* weitere nützliche Befehle abrufen. Nun stehen Ihnen verschiedene Möglichkeiten offen:

▶ Sie können Bereiche markieren und in andere Dokumente kopieren.
▶ Sie können die Tabellen bearbeiten und mit *Speichern* wieder sichern.

Mit den *Office Web Components* können Sie im Internet Explorer nicht nur Tabellendaten neu berechnen, sondern auch Diagramme darstellen und bearbeiten sowie Pivot-Tabellen einrichten und auswerten.

Aufgabe 21: Access-Datenbank nutzen – so geht's

Lernziele

- Access-Datenbank öffnen und schließen
- Aufgabenbereich von *Access XP* nutzen können
- Datenbankobjekte in *Access* unterscheiden können
- Tabellenansichten aufrufen
- Formulare nutzen
- Abfragen kennen und ausführen
- Berichte anzeigen lassen
- Hilfe-Funktion nutzen

Informationsquellen

- Kapitel 6.1 (Einsatzanlässe und Möglichkeiten von Access)
- Kapitel 6.2 (Eine vorhandene Access-Anwendung nutzen)
- Access-Hilfefunktion

Aufgabenbeschreibung

In der **Eurotrade GmbH** *wird die Entscheidung getroffen, eine Datenbank anzuschaffen, die im Netzwerk eingesetzt werden soll. Da mehrere Mitarbeiter im Einkauf (und später auch der Personalabteilung und des Vertriebs) mit dem Programm arbeiten sollen, werden sie an den weiteren Auswahl- und Einsatzaktivitäten beteiligt.*

Arbeitsaufgaben zum Falltext:

1. Um eine gut durchdachte Entscheidung über die einzusetzende Datenbank zu treffen, macht die Firma Eurotrade von der Möglichkeit einer Testinstallation Gebrauch. Es wird die Entscheidung getroffen, mit Access XP zu arbeiten und die dort bereits vorbereitete Datenbank Nordwind zu testen:

- *Öffnen Sie die Datenbank, und aktivieren Sie eine beliebige Tabelle in der Datenblatt- sowie in der Entwurfsansicht (beispielsweise zur Anzeige der Personaldaten). Rufen Sie in der Datenblattansicht unterschiedliche Datensätze auf.*
- *Sie wollen in der vorhandenen Datenbank Nordwind die Personaldaten bearbeiten. Dabei wünschen Sie eine sortierte Anzeige der Daten nach dem Nachnamen.*
- *Arbeiten Sie mit einem vorhandenen Bildschirmformular. Nutzen Sie auch hier die angebotenen Navigationsmöglichkeiten.*
- *Rufen Sie eine gespeicherte Abfrage in den drei möglichen Modi auf.*
- *Aktivieren Sie einen Report in der Ergebnis- und in der Entwurfsansicht.*

2. Überlegen Sie, welche Kriterien zur Beurteilung von Datenbanksystemen aus Benutzersicht wichtig sind! Stellen Sie die gefundenen Kriterien zu einer Checkliste zusammen.

Arbeitsschritte:

1. Aktivieren Sie zunächst das Programm *Access XP*. Öffnen Sie dann die mitgelieferte Datenbank *Nordwind*, die sich standardmäßig im Verzeichnis PROGRAMME\MICROSOFT OFFICE\OFFICE10\SAMPLES unter dem Dateinamen NORDWIND.MDB befindet. Ergebnis ist nach Ausblenden der Hauptübersicht (des Switchboards) die Anzeige des Datenbankfensters der Beispieldatenbank *Nordwind*.

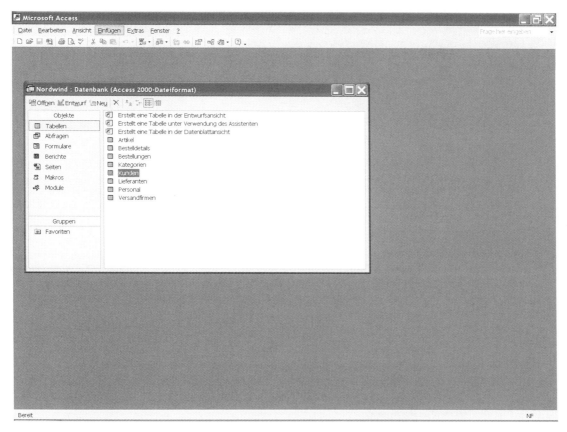

Abb. 21–01

In dem Datenbankfenster werden die grundlegenden Objekte der Datenbank angezeigt.

2. Zur Anzeige der in einer Tabelle gespeicherten Personaldaten klicken Sie im Datenbankfenster – sofern dies aktuell nicht der Fall ist – auf die Objektfläche *Tabellen*. Aktivieren Sie dann den Tabellennamen *Personal*, und klicken Sie auf die Schaltfläche Öffnen, so dass die Tabelle zur Erfassung und Pflege von Personaldaten zur Verfügung steht.

Abb. 21–02

Innerhalb der Tabelle kann ein Datensatz schrittweise angesteuert werden, indem die Richtungstaste nach unten betätigt wird. Mausgesteuert sind die so genannten Navigationsschaltflächen am unteren Bildschirmrand nützlich.

3. Um die Datensätze in der Tabelle nach dem Nachnamen zu sortieren, klicken Sie in der geöffneten Tabelle *Personal* auf die Spaltenüberschrift des Feldnamens, nach dem sortiert werden soll. Im Beispielfall auf die Spaltenüberschrift *Nachname*. Wählen Sie aus dem Menü **Datensätze** den Befehl **Sortieren** und dann die Option *Aufsteigend sortieren*.

Gewünschtes Ergebnis:

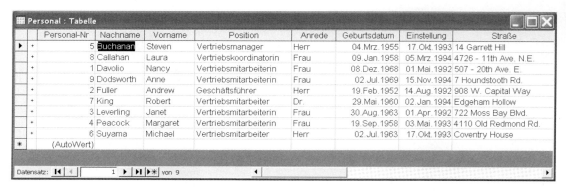

Abb. 21–03

4. Für zahlreiche Anwendungszwecke ist die bisher beschriebene Datenblattansicht zu unübersichtlich. Sie können sich die Daten deshalb darüber hinaus in der Formularansicht anzeigen lassen. Die Informationen zu einem Datensatz sind auf diese Weise in der Regel zusammenhängend zu sehen. Beispiel: Sie möchten für die Datenpflege ein Formular zur Personaldatenverarbeitung verwenden. Gehen Sie von der geöffneten Datenbank *Nordwind* aus, und klicken Sie im Datenbankfenster auf das Objekt *Formulare*. Aktivieren Sie den Formularnamen *Personal*, und klicken Sie auf die Schaltfläche Öffnen.

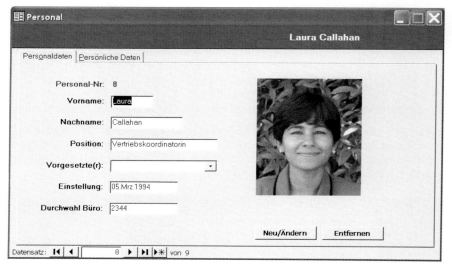

Abb. 21–04

Im Formular erscheint immer nur ein Datensatz. Der Wechsel zwischen den einzelnen Datensätzen (im Beispielfall zwischen 9 Datensätzen) kann – wie in der Datenblattansicht – über die Navigationsschaltflächen vorgenommen werden. Die Formularansicht ist dann vorteilhaft, wenn alle Informationen zu einem bestimmten Datensatz auf einmal „im Blickfeld" sein sollen und etwa auch Bilddaten angezeigt werden. Das Formular kann sowohl für die Datenanzeige als auch für das Hinzufügen neuer Datensätze verwendet werden.

Zu beachten ist: Um einen Datensatz einer Datenbank hinzuzufügen, klicken Sie auf die Schaltfläche mit dem Sternchen (*) am unteren Formularrand. Es wird ein „leerer" Datensatz geöffnet und Sie können mit dem „Ausfüllen" des Formulars beginnen.

5. Um Daten aus einer Tabelle oder mehreren Tabellen zu selektieren, müssen Sie eine Abfrage starten. Dazu klicken Sie im Datenbankfenster auf die Objektgruppe *Abfragen*. Aktivieren Sie dann den Abfragenamen (beispielsweise *Die zehn teuersten Artikel*) und klicken Sie auf die Schaltfläche Öffnen.

Gewünschtes Ergebnis:

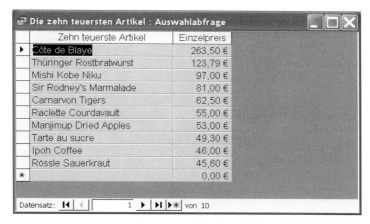

Abb. 21–05: Abfrageergebnis in Tabellenform

Um anschließend in den Entwurfsmodus zu wechseln, müssen Sie entweder auf die Schaltfläche `Entwurfsansicht` klicken oder aus dem Menü **Ansicht** den Befehl **Entwurfsansicht** aktivieren. Testen Sie dies, und schließen Sie danach das Fenster. Die Entwurfsansicht zeigt das folgende Bild:

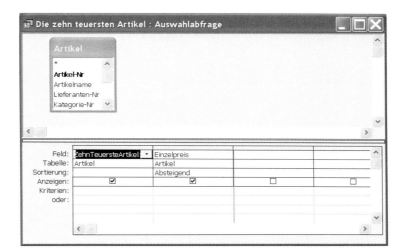

Abb. 21–06: Entwurfsansicht für Abfragen

Ein andere Variante ist die *SQL-Ansicht*, die über das Menü **Ansicht** aktiviert werden kann:

Abb. 21–07: SQL-Ansicht für Abfragen

SQL-Sprache (SQL = Standard Query Language) ist eine strukturierte Abfragesprache, die vorwiegend von Fachleuten verwendet wird. Sie ist in vielen Datenbanksystemen – so auch in *Access* – eingebunden.

6. Mit einem Bericht (engl. Report) sollen Inhalte einer Datenbank in präsentationsreifer Qualität ausgegeben werden. Zur Anzeige eines vorhandenen Berichtes klicken Sie im Datenbankfenster auf das Objekt *Berichte* und aktivieren dann den gewünschten Berichtsnamen. Wählen Sie im Beispielfall den Berichtsnamen *Artikel nach Kategorie*. Klicken Sie auf die Schaltfläche *Vorschau*.

Gewünschtes Ergebnis:

Abb. 21-08

Die Bildschirmwiedergabe macht deutlich, dass die Anzeige als Druckvorschau erfolgt. Die hier gewählte Ansicht kann dann noch per Zoomfunktion vergrößert oder auf eine Seitenansicht verkleinert werden.

7. Die Entwurfsansicht zeigt die folgende Abbildung:

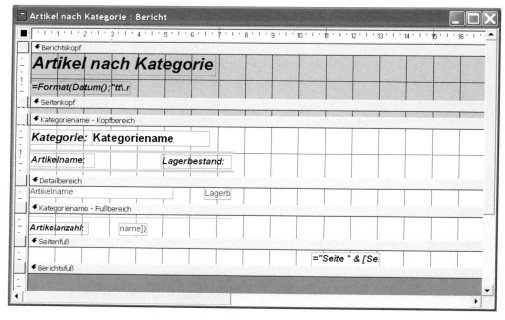

Abb. 21-9

Kontroll- und Vertiefungsfragen

1. Nennen und erläutern Sie typische Gründe für den Einsatz von computergestützten Datenbanken anstelle der herkömmlichen Karteien.
2. Beschreiben Sie typische Anwendungen der Datenbank *Access* für den privaten Bereich!
3. Nennen und erläutern Sie die Objekte, die in *Access* verfügbar sind.
4. Die Erfassung und Pflege von Daten kann im Tabellenmodus (Datenblattansicht) oder im Maskenmodus (Formularmodus) erfolgen. Erläutern Sie den Unterschied, und beschreiben Sie, welchen Vorteil die jeweilige Variante bietet.
5. Nennen und erläutern Sie typische Anwendungsgebiete für Abfragen.
6. Welche Datenbankfunktionen sind hilfreich, bevor Berichte in Präsentationsqualität gedruckt werden?
7. Unterscheiden Sie zwischen Datenblatt- und Entwurfsansicht beim Arbeiten mit Objekten in der Datenbank *Access*.

Praktische Übungsaufgaben

Übung 1:

Öffnen Sie die vorhandene Beispiel-Datenbank *Nordwind*, und führen Sie folgende Teilaufgaben aus:

- Aktivieren Sie die Tabelle *Kunden* in der Datenblattansicht. Rufen Sie unterschiedliche Datensätze auf. Wechseln Sie danach zum letzten Datensatz. Lassen Sie sich schließlich die Tabelle in der Entwurfsansicht anzeigen, und schauen Sie sich an, wie die Datenfelder definiert sind.
- Wechseln Sie anschließend zu dem Objekt *Formulare*. Aktivieren Sie auch hier das Formular mit dem Namen *Kunden*, und nutzen Sie die angebotenen Navigationsmöglichkeiten.
- Rufen Sie eine gespeicherte Abfrage *Quartalsbestellungen* in den drei möglichen Modi auf.
- Aktivieren Sie dann den Bericht *Kundenetiketten* in der Ergebnis- und in der Entwurfsansicht.
- Beenden Sie schließlich die Arbeit mit der Beispiel-Datenbank.

Aufgabe 22: Einkaufsdatenbank einrichten – Tabellen anlegen und verknüpfen

Lernziele

- Access-Datenbank einrichten
- Tabellen anlegen
- Felddatentypen auswählen und Feldeigenschaften einstellen
- Beziehungen zwischen Tabellen herstellen
- Beziehungsfenster ausdrucken

Informationsquellen

- Kapitel 6.3 (Eine neue Access-Anwendung entwerfen – Datenbankentwurf)
- Kapitel 6.4 (Access-Datenbank und Tabellen einrichten)

Aufgabenbeschreibung

*In der **Eurotrade GmbH** wird nach erfolgreicher Testphase die Entscheidung getroffen, Access XP für das Einkaufsmanagement einzusetzen.*

Arbeitsaufgaben zum Falltext:

1. *Zunächst ist eine neue Datenbank unter dem Namen Einkauf1.MDB anzulegen.*
2. *Legen Sie danach die Tabellen der Datenbank mit den entsprechenden Datenfeldern an (vgl. Datenbankentwurf aus dem Informationsteil im Kapitel 6.3). Dazu müssen Sie Festlegungen zu den in der Tabelle aufzunehmenden Feldern treffen: Feldname, Datentyp, Feldlänge und sonstige Feldeigenschaften. Vergeben Sie für eine Tabelle auch jeweils einen notwendigen Primärschlüssel.*
3. *Sind alle Tabellen angelegt, sollen Sie die Verknüpfung der Tabellen herstellen.*
4. *Schließlich sind erste Datensätze in den Tabellen zu erfassen.*

Arbeitsschritte:

1. Wählen Sie nach dem Starten von *Access XP* im rechten Aufgabenbereich die Option *Leere Datenbank*.

2. Im angezeigten Dialogfeld sind folgende Angaben zu machen:
   - Im Eingabefeld *Dateiname*, das standardmäßig aktiviert ist, ist der gewünschte Dateiname einzugeben; im Beispielfall soll als neuer Name *Einkauf1* verwendet werden.
   - Im Feld *Dateityp* wird deutlich, dass automatisch eine Microsoft Access-Datenbank mit der Erweiterung .MDB angelegt wird.
   - Im Feld *Speichern in* ist der Ordnername/Verzeichnispfad anzugeben, in dem die Datenbank gespeichert werden soll.

   Führen Sie den Befehl durch Mausklick auf die Schaltfläche *Erstellen* aus, so dass das Datenbankfenster von *Access* angezeigt wird, das in der Titelleiste den Dateinamen enthält:

Abb. 22–01

3. Um zunächst die Tabelle *Lieferanten* im Entwurfsmodus zu erfassen, aktivieren Sie im Datenbankfenster das Objekt *Tabellen* und klicken Sie auf die Schaltfläche **Neu**. Markieren Sie in dem angezeigten Dialogfeld *Neue Tabelle* den Begriff *Entwurfsansicht*, klicken Sie auf die Schaltfläche OK, so dass sich der Definitionsbildschirm zur Festlegung der Tabellenstruktur ergibt:
   - Zur Eingabe der Felddefinitionen erfassen Sie zunächst den ersten Feldnamen; im Beispielfall *Lieferernummer*.
   - Klicken Sie danach auf die Variante *Felddatentyp*, und nehmen Sie eine Auswahl aus dem Listenfeld vor; im Beispielfall „Zahl".
   - Aktivieren Sie den unteren Bereich „Feldeigenschaften", stellen Sie die gewünschten Feldeigenschaften ein; im Beispielfall „Integer".
   - Wiederholen Sie die vorgehenden Schritte für die anderen Felder der Tabelle.

   Ergebnis für die Tabelle *Lieferanten*:

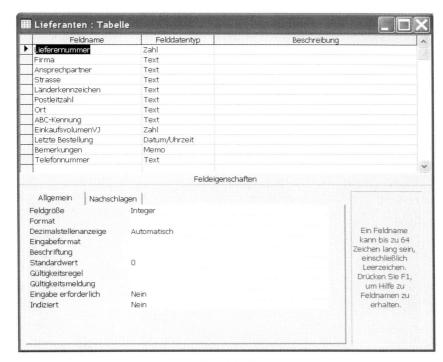

Abb. 22–02

4. Bevor Sie die Tabelle speichern, sollten Sie noch einen Primärschlüssel vergeben. Das Setzen eines Primärschlüssels kann auf einfache Weise dadurch erreicht werden, dass zunächst das gewünschte Feld markiert wird (hier *Lieferernummer*) und dann ein Mausklick auf das Schlüsselsymbol in der Funktionsleiste erfolgt. Gewünschtes Ergebnis:

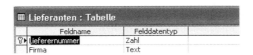

Abb. 22–03

5. Nun können Sie die Speicherung der Tabelle vornehmen. Wählen Sie aus dem Menü **Datei** den Befehl **Speichern unter**, geben Sie den gewünschten Namen für die Tabelle ein; im Beispielfall *Lieferanten*. Gewünschtes Ergebnis der Speicherung ist, dass der Name der Tabelle nun im Datenbankfenster unter der Rubrik *Tabellen* erscheint.

6. Erfassen Sie Beispieldatensätze in der Tabelle *Lieferanten*. Ein Vorschlag zu den wichtigsten Feldern:

Lieferernummer	Firma	Ansprechpartner	Strasse	Land	Postleitzahl	Ort	ABC-Kennung	EinkaufsvolumenVJ	Letzte Bestellung
1	Hertie GmbH	Herr Möllmeyer	Äppelwoigasse 7	D	60000	Frankfurt	A	456000,00	01.10.2002
2	Mövenpick	Herr Leckerly	Schwyzerweg 9	CH	2000	Zürich	A	330000,00	01.07.2002
3	Mühlens	Herr Millowitsch	Am Domplatz 8	D	50000	Köln	B	666000,00	01.08.2002
4	Siemens	Herr Strohmeyer	Marienplatz 7	D	80000	München	A	606060,00	01.05.2002
5	Mannesmann AG	Herr Torkel	Düsselgasse 4	D	40000	Düsseldorf	C	400000,00	01.04.2002

Um eine Datenerfassung in der Tabelle vornehmen zu können, muss zunächst die Tabelle in der Datenblattansicht aktiviert werden. Zum jeweils nächsten Datenfeld gelangt man beispielsweise mit der Taste ⇆ .

7. Die weiteren anzulegenden Tabellen (mit Beispieldatensätzen) für die Einkaufsdatenbank sind nachfolgend wiedergegeben. Die Schlüsselfelder ergeben sich jeweils durch Markierung in der Spalte mit dem „Schlüssel".

a) Tabelle ARTIKEL

Inhalt/Feldname	🔑	Felddatentyp	Feldeigenschaften
Artikelnummer	x	Zahl	Integer
Artikelbezeichnung		Text	20
Artikelgruppennummer		Zahl	Integer
ABC-Kennzeichnung		Text	1
Mengeneinheit		Text	5
EK-Verrechnungspreis		Zahl	Double/Festkomma/2
Mindestbestellmenge		Zahl	Long Integer
Optimale Bestellmenge		Zahl	Long Integer
Lieferernummer		Zahl	Integer

Beispieldatensätze der Tabelle ARTIKEL

Artikelnummer	4444	3333	6644	4712
Artikelbezeichnung	Boss Deo	Romika Regenschuhe	Hemd van Laak	Parfum
Artikelgruppe	1	2	3	1
ABC-Kennzeichnung	B	A	B	B
Mengeneinheit	Stück	Paar	Stück	Stück
EK-Verrechnungspreis	3,00	80,00	90,00	5,50
Mindestbestellmenge	500	50	150	200
Optimale Bestellmenge	1000	200	300	300
Lieferernummer	3	1	1	3

und

Artikelnummer	6666	3777	2323	2324
Artikelbezeichnung	Pyjama	Kettler Moonboots	Marmelade	Speiseeis
Artikelgruppe	3	2	5	5
ABC-Kennzeichnung	B	B	C	C
Mengeneinheit	Stück	Paar	Stück	Stück
EK-Verrechnungspreis	45,00	55,00	2,30	4,50
Mindestbestellmenge	50	150	450	1000
Optimale Bestellmenge	100	200	300	300
Lieferernummer	3	1	2	2

b) Tabelle ARTIKELGRUPPEN

Inhalt/Feldname	🔑	Felddatentyp	Feldeigenschaften
Artikelgruppennummer	x	Zahl	Integer
Artikelgruppenbezeichnung		Text	25
Personalnummer zuständiger Einkäufer		Zahl	Integer

Beispieldatensätze der Tabelle ARTIKELGRUPPEN

Artikelgruppennummer	1	2	3	4	5
Artikelgruppenbezeichnung	Kosmetik	Schuhe	Bekleidung	Büroartikel	Lebensmittel
Personalnummer (Zuständiger Einkäufer)	1	3	3	1	2

c) Tabelle EINKÄUFER

Inhalt/Feldname	🔑	Felddatentyp	Feldeigenschaften
Personalnummer	x	Zahl	Integer
Name		Text	20
Vorname		Text	20
Geburtsdatum		Datum/Uhrzeit	Datum, kurz
Eintrittsdatum		Datum/Uhrzeit	Datum, kurz
Foto		OLE-Objekt	
Straße		Text	30
Länderkennzeichen		Text	3
Postleitzahl		Text	5
Ort		Text	25
Privattelefon		Text	20
EK-Volumen		Zahl	Double

Beispieldatensätze für die Tabelle EINKÄUFER:

Personalnummer	1	2	3
Name	Sparsam	Raffgier	Fuchs
Vorname	Helmut	Oskar	Theo
Geburtsdatum	10.10.50	01.05.60	03.10.55
Eintrittsdatum	01.01.95	03.04.90	01.02.96
Foto			
Straße	K.-Adenauer Str. 49	Willy-Brandt-Allee 7	Franz-Josef-Strauß-Gasse 11
Länderkennzeichen	D	D	D
Postleitzahl	78351	66127	81245
Ort	Ludwigshafen	Saarbrücken	München
Privattelefon	080/325452	0321/13100	0203/2364
EK-Volumen	400000	350000	650000

d) Tabelle STELLE

Inhalt/Feldname	🔑	Felddatentyp	Feldeigenschaften
Personalnummer	x	Zahl	Integer
Stellenbezeichnung		Text	30
Vertragsart		Text	5

Beispieldatensätze für die Tabelle STELLE

Personalnummer	1	2	3
Stellenbezeichnung	Einkaufsleiter	Einkäufer Lebensmittel	Einkäufer Bekleidung
Vertragsart	A10	A9	A9

e) Tabelle ARBEITSVERTRAG

Inhalt/Feldname	🔑	Felddatentyp	Feldeigenschaften
Vertragsart	x	Text	5
Grundlohn		Zahl	Long Integer
Beschäftigungsart		Text	30

Beispieldatensätze für die Tabelle ARBEITSVERTRAG

Vertragsart	A9	A10
Grundlohn	4500	6000
Beschäftigungsart	Angestellter	Ltd. Angestellter

f) Tabelle BESTELLUNGEN

Inhalt/Feldname	🔑	Felddatentyp	Feldeigenschaften
Bestellnummer	x	Zahl	Integer
Bestelldatum		Datum/Uhrzeit	Datum, kurz
Lieferernummer		Zahl	Integer
Einkäufer		Zahl	Integer
Angebotsdatum		Datum/Uhrzeit	Datum, kurz

g) Tabelle BESTELLPOSITIONEN

Inhalt/Feldname	🔑	Felddatentyp	Feldeigenschaften
Positionsnummer	x	Zahl	Integer
Artikelnummer		Zahl	Integer
Bestellmenge		Zahl	Long Integer
Bestellnummer		Zahl	Integer

Hinweis: Für die letzten beiden Tabellen soll zunächst noch keine Dateneingabe erfolgen.

8. Nehmen Sie eine Verknüpfung der Tabellen entsprechend der nachfolgenden Tabelle vor:

Tabelle (Master)	Primärschlüssel	Beziehung	Tabelle (Detail)
Einkäufer	Personalnummer	1:n	Artikelgruppen
Artikelgruppen	Artikelgruppennummer	1:n	Artikel
Artikel	Artikelnummer	1:n	Bestellpositionen
Bestellungen	Bestellnummer	1:n	Bestellpositionen
Lieferanten	Lieferernummer	1:n	Bestellungen
Einkäufer	Personalnummer	1:1	Stelle
Arbeitsvertrag	Vertragsart	1:n	Stelle

Hinweis: Die Logik der hier aufgelisteten Beziehungen wird im Informationsteil des Buches beim Datenbankentwurf erläutert.

9. Für das Herstellen der Beziehungen ist im Datenbankfenster das Menü **Extras** und hier der Befehl **Beziehungen** zu aktivieren. Für das Hinzufügen von Tabellen müssen Sie im Dialogfeld *Tabelle anzeigen* diejenige Tabellen auswählen, für die eine Beziehung hergestellt werden soll. Wählen Sie im Beispielfall die Tabellen *Einkäufer* und *Artikelgruppen*. Nach Schließen des Dialogfeldes erscheinen beide Tabellen im Fenster „Beziehungen". Diese Tabellenanzeige können Sie noch beliebig positionieren sowie in der Größe ändern (wie bei anderen Fenstern auch).

10. Um die Art der Beziehungen festzulegen, ziehen Sie im Beziehungsfenster das zu verknüpfende Feld aus der Feldliste der Tabelle *Einkäufer* (hier das Feld „Personalnummer") zum entsprechenden Feld der anderen Tabelle *Artikelgruppen*. Ergebnis dieses Vorgehens ist, dass im angezeigten Dialogfeld *Beziehungen* in zwei Spalten die Feldnamen zur Verknüpfung angezeigt werden. Prüfen Sie diese zunächst, und nehmen Sie im Bedarfsfall eine Bearbeitung vor. Klicken Sie das Optionsfeld „Mit referentieller Integrität" an.

Ergebnis:

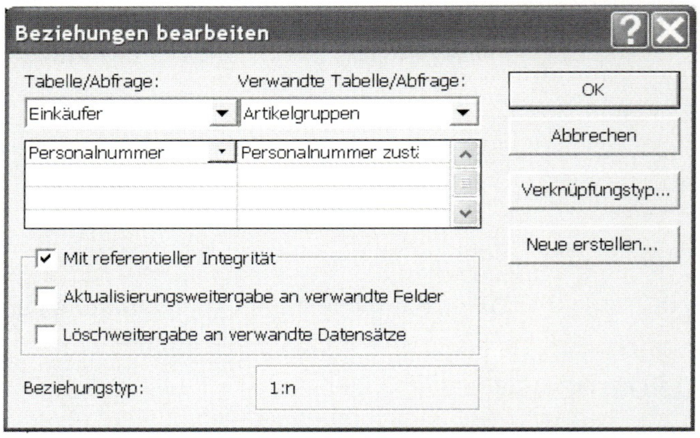

Abb. 22–04

Nach einer Bestätigung stellt das Programm die Beziehung zwischen den beiden Tabellen her und zeigt diese durch eine Linie zwischen den verknüpften Tabellen an. Erhalten bleibt die Beziehung solange, bis sie ausdrücklich wieder gelöscht wird.

Mit diesen Angaben können Sie nun an die Arbeit gehen und sämtliche Beziehungen für die Datenbank so aufbauen, wie dies in der Tabelle dargestellt ist.

Kontroll- und Vertiefungsfragen

1. Eine Tabelle, die Sie mit *Access* anlegen, umfasst mehrere Felder. Nennen Sie Eingaben, die bei der Definition der einzelnen Felder
   - unbedingt zu machen
   - optional sind.

2. Beim Anlegen einer Tabellenstruktur ist die exakte Festlegung des Felddatentyps besonders wichtig. Worauf hat die Festlegung des Datentyps Einfluss?

3. Erläutern Sie die Festlegung des Felddatentyps am Beispiel der Datenfelder:
   - Postleitzahl
   - Lieferernummer

4. Geben Sie vier Gründe an, warum bei der Tabellendefinition ein Primärschlüssel zu vergeben ist. Erläutern Sie darüber hinaus, für welche Art von Feldern Primärschlüssel sinnvollerweise in Betracht kommen.

5. Begründen Sie, weshalb es nicht günstig ist, das Feld *Nachname* als Feld für einen Primärschlüssel zu vergeben.

6. Nennen und beschreiben Sie typische Änderungswünsche zu einer festgelegten Tabellenstruktur.

7. Erläutern Sie den Unterschied zwischen Entwurfsansicht und Datenblattansicht einer Tabelle, und geben Sie an, wofür die jeweiligen Ansichten verwendet werden.

8. Welche Navigationsmöglichkeiten können in einer voll einsehbaren Tabelle unterschieden werden.

9. Erläutern Sie die Voraussetzungen, um Tabellen miteinander verknüpfen zu können.

10. Unterscheiden Sie zwischen Master- und Detailtabelle.

11. Beschreiben Sie vier typische 1:n-Beziehungen in einer Einkaufsdatenbank.

12. Eine 1:1-Beziehung zwischen Tabellen besteht, wenn ein Datensatz der Mastertabelle mit höchstens einem Datensatz der Detailtabelle in Beziehung stehen kann. Somit müsste eigentlich eine einzige Tabelle zur Problemlösung genügen. Nennen und erläutern Sie einen Fall, in dem es in der Praxis trotzdem sinnvoll sein kann, zwei getrennte Tabellen zu führen.

13. Erläutern Sie den Begriff „Referentielle Integrität" an einem Beispiel.

Aufgabe 23: Access-Datenbank auswerten – Abfragemöglichkeiten nutzen

Lernziele

▶ Auswahlabfragen mit QBE entwerfen
▶ Abfragen durchführen
▶ Kriterien in Abfragen
▶ Besonderheiten bei der Eingabe von Auswahlkriterien

Informationsquellen

▶ Kapitel 6.5 (Abfragen)

> *Aufgabenbeschreibung*
>
> *Die eingerichtete Einkaufsdatenbank wird bei der **Eurotrade GmbH** mit Erfolg verwendet. Insbesondere die Erfassung und Pflege der anfallenden Daten lässt sich damit problemlos realisieren. Auch die Mitarbeiter haben nach einer kurzen Anlaufzeit die neue Anwendung voll akzeptiert.*
>
> *Allerdings sollen die erfassten Datenbestände noch gezielter genutzt werden. Deshalb werden Überlegungen darüber angestellt, welche Erweiterungen bezüglich der Nutzungsmöglichkeit bestehen.*

Arbeitsaufgaben zum Falltext:

1. Der Einkaufsleiter Herr Sparsam möchte in regelmäßigen Abständen oder auch ad hoc Informationen über die Lieferanten der Firma haben. Eine aktuelle Abfrage, die der Einkaufsleiter wünscht:

   In der vorhandenen Einkaufs-Datenbank soll auf Basis der Tabelle *Lieferanten* eine Abfrage erfolgen, die in Form einer Liste die Namen aller Lieferanten in alphabetischer Sortierung am Bildschirm anzeigt. Die Ausgabe soll folgende Felder enthalten: *Firma, Ansprechpartner, Postleitzahl und Ort*. Speichern Sie die Abfrage abschließend unter dem Namen *Lieferantenliste*.

2. Die verschiedenen Einkaufssachbearbeiter der Firma stehen vor folgender Problemsituation: Sie möchten für alle Artikel die zuständigen Einkäufer ausgewiesen bekommen. Die Ausgabe soll folgende Felder enthalten: Artikelnummer, Artikelbezeichnung, Artikelgruppenbezeichnung, Name (zuständiger Einkäufer). Speichern Sie die Abfrage unter dem Namen *Zuständiger Einkäufer/Artikel*.

3. Für die Unternehmensleitung sind in regelmäßigen Abständen Auswertungen zur Einkaufssituation bereitzustellen. Beispiele für Abfragen, in denen auch Kriterien einzugeben sind:

   – Für Zwecke der ABC-Analyse sollen drei gesonderte Abfragen erzeugt werden: alle A-Lieferanten, alle B-Lieferanten sowie alle C-Lieferanten.
   – Suchen in Wertebereichen: alle Lieferanten, bei denen das Einkaufsvolumen 500.000 Euro übersteigt bzw. alle Lieferanten, bei denen das Einkaufsvolumen zwischen 300.000 und 500.000 Euro liegt.
   – Herauszufinden sind alle Lieferanten, bei denen wir im ersten Halbjahr 2002 zuletzt bestellt haben.
   – Herauszufinden sind bestimmte Lieferanten durch Vergleichsoperationen nach verschiedenen Kriterien: alle Lieferanten, bei denen das Einkaufsvolumen des Vorjahres 500.000 Euro übersteigt und die zur A-Klasse gehören.

Arbeitsschritte:

1. Um die erste konkrete Abfrage zu erstellen, klicken Sie auf das Objekt *Abfragen* und anschließend auf die Schaltfläche [Neu]. Aktivieren Sie *Entwurfsansicht* und klicken Sie dann auf [OK]. Wählen Sie die gewünschte Tabelle aus, die für die Abfrage verwendet werden soll (im Beispielfall die Tabelle *Lieferanten*).

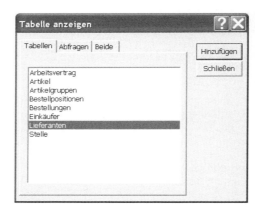

Abb. 23–01

2. Klicken Sie danach auf die Schaltfläche `Hinzufügen`, so dass die Tabelle in das darunter liegende Fenster „Abfrage 1: Auswahlabfrage" übernommen wird. Klicken Sie abschließend auf die Schaltfläche `Schließen`.

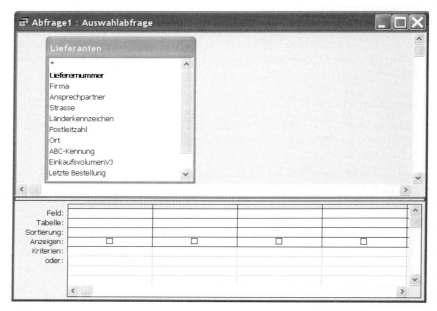

Abb. 23–02

3. In die Zeile „Feld" des unteren QBE-Fensters ist der zutreffende Feldname für die auszuwertenden Datenspalten einzusetzen. Die gewählten Felder bestimmen dann die Daten, die als Ergebnis der Abfrage in einem Datenblatt oder Formular angezeigt werden sollen (bzw. Felder, die für Auswertungszwecke benötigt werden). Im Beispielfall sind die Felder *Firma, Ansprechpartner, Postleitzahl und Ort* auszuwählen.

4. Um eine Sortierung vorzunehmen, ist beim Feld *Firma* die Sortierfolge „Aufsteigend" zu wählen. Nach der Übernahme der Feldnamen sowie der Einstellung der Sortieroption muss sich die Bildschirmanzeige im QBE-Bereich ergeben, wie in Abb. 23-03 dargestellt.

Um die Abfrage zu speichern, aktivieren Sie den Menüpunkt **Datei** und wählen Sie den Befehl **Speichern unter**. Geben Sie den Abfragenamen *Lieferantenliste* ein, der in das Datenbankfenster übernommen wird.

5. Gerade erstellte oder gespeicherte Abfragen können auf verschiedene Weisen gestartet werden. Im Abfragefenster wird das Menü **Abfrage** aktiviert und dann der Befehl **Ausführen** gewählt. Das Ergebnis zeigt die Abb. 23-04.

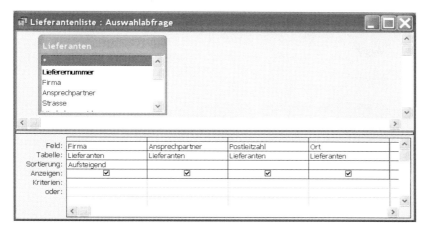

Abb. 23–03

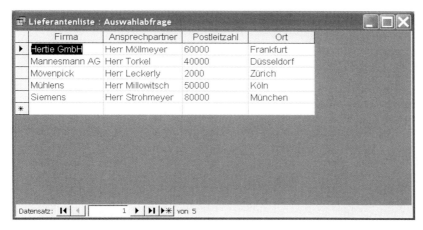

Abb. 23–04

6. Zur Lösung der weiteren Anwendungsaufgabe werden Daten aus drei Tabellen benötigt: *Einkäufer, Artikelgruppen* und *Artikel*. Nach der Auswahl der Tabellen sind die Felder zu definieren, die angezeigt werden sollen.

Die Befehlsausführung für die Abfrage kann folgendes Ergebnis ausweisen:

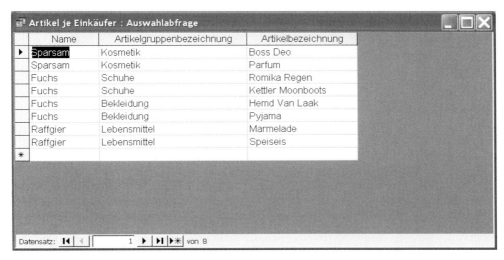

Abb. 23–05

7. Um alle A-Lieferanten zu selektieren, ist ein Abfragefilter für Textinformationen zu setzen. Nach Aufruf der Variante *Entwurfsansicht* für Abfragen ist die Tabelle *Lieferanten* hinzuzufügen. Nach Übernahme der anzuzeigenden Felder ist als Filter der Buchstabe A in die Zeile „Kriterien" bei der Spalte „ABC-Kennung" einzutragen.

Gewünschtes Ergebnis:

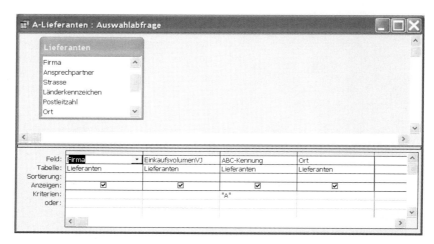

Abb. 23–06

Bei der Kriteriendefinition zu einem Textfeld werden automatisch Anführungszeichen hinzugefügt, wenn ein anderes Feld aktiviert wird. Ist die Abfrage in dieser Form erstellt, kann eine unmittelbare Ergebnisanzeige (es müssten 3 A-Lieferanten gespeichert sein, nämlich Hertie, Mövenpick und Siemens). In ähnlicher Weise können die B- und C-Lieferanten herausgefiltert werden.

8. Um Lieferanten herauszufiltern, bei denen das Einkaufsvolumen 500.000 Euro übersteigt, muss in dem als Datentyp *Zahl* definierten Feld *EinkaufsvolumenVJ* die Abfrage vorgenommen werden. Einzugeben ist >500000 in die Zeile „Kriterien" bei der Spalte *EinkaufsvolumenVJ*.

Gewünschtes Ergebnis:

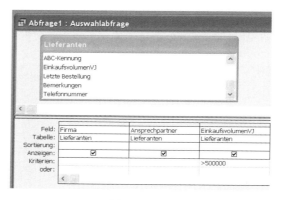

Abb. 23–07

In der Blattansicht müssten dann als Ergebnis die zwei Lieferanten ausgewiesen werden, auf die das gewünschte Merkmal zutrifft. Eine Besonderheit ist die zweite Aufgabenstellung. Hier ist ein Wertebereich zu definieren. Im Feld „Kriterien" ist bei der Spalte *EinkaufsvolumenVJ* folgende Eintragung notwendig: >=300000 UND <=500000

9. Zwischen 01.01.2002 UND 30.06.2002 in die Zeile „Kriterien" bei der Spalte *Letzte Bestellung* eintragen.

10. Zur Lösung der letzten Aufgabe muss die Abfrage zwei Bedingungen enthalten. Zum einen muss es ein A-Lieferant sein. Dies wird ermittelt durch die Abfrage der ABC-Kennung auf den Buchstaben A. Zum anderen sollen nur die Lieferanten angezeigt werden, bei denen das Einkaufsvolumen 500000 übersteigt; also in der Spalte „EinkaufsvolumenVJ" der Wert größer als 500000 ist.

Kontroll- und Vertiefungsfragen

1. Warum wird für das Auswerten einer Datenbank eine besondere Abfragesprache benötigt?
2. Beschreiben Sie das typische Ziel einer Auswahlabfrage.
3. Geben Sie an, in welchen Teilschritten grundsätzlich vorzugehen ist, um eine Auswahlabfrage zu erstellen.
4. Welche Festlegungen sind bei der Definition einer neuen Auswahlabfrage möglich?
5. Nennen Sie die Varianten zur Anzeige von Abfragen, und geben Sie jeweils an, wann welche Variante üblicherweise gebraucht wird.
6. Welche Besonderheiten gelten für die Kriterienfestlegung in Abfragen?
7. Abfrageergebnisse werden normalerweise in der Reihenfolge angezeigt, wie sie in der Datenbank gespeichert sind. Geben Sie an, wie dies geändert werden könnte.
8. Unterscheiden Sie zwischen UND- sowie ODER-Verbindungen bei Abfragen. Geben Sie jeweils ein Beispiel für eine Personentabelle.

Praktische Übungen

Mit der Tabelle ARTIKEL lassen sich - abhängig von den ausgefüllten Datenfeldern - verschiedene Abfragen vornehmen. Führen Sie folgende Abfragen beispielhaft durch.

a) Für Zwecke der ABC-Analyse sollen gesonderte Abfragen erzeugt werden:
   - alle A-Teile
   - alle B-Teile
   - alle C-Teile

Nehmen Sie eine entsprechende Speicherung vor.

b) Suchen Sie nach allen Artikeln, bei denen der Einkaufs-Verrechnungspreis 60,00 Euro übersteigt. Anzuzeigen sind: Bezeichnung, Mengeneinheit und EK-Verrechnungspreis.

c) Es sollen alle Artikel herausselektiert werden, deren Einkaufs-Verrechnungspreis 50,00 Euro übersteigt und die zur A-Klasse gehören. Speichern Sie die Abfrage unter dem Namen *TOP-Artikel*.

d) Es sollen alle Artikel herausgefunden werden, deren EK-Preis 50,00 Euro unterschreitet oder die zur C-Klasse gehören.

Aufgabe 24: Formulare und Berichte in Access-Datenbanken anwenden

Lernziele

- Formulare mit einem Assistenten erstellen
- Formulare in der Entwurfsansicht erstellen und gestalten
- Access-Berichte erzeugen

Informationsquellen

- Kapitel 6.6 (Formulare einrichten und nutzen)
- Kapitel 6.7 (Berichte erzeugen)

Aufgabenbeschreibung

Nachdem die Einkaufsdatenbank bei der **Eurotrade GmbH** bereits einige Zeit erfolgreich verwendet wird, kommt zunehmend der Wunsch auf, eine optimierte Datenerfassung und Datenpflege zu realisieren. Auch für das Erstellen von Berichten soll nach Standardlösungen gesucht werden.

Arbeitsaufgaben zum Falltext:

Teilaufgabe 1:

Zur Erfassung und Pflege der Artikeldaten soll ein Formular erstellt werden. Mit Unterstützung des Formularassistenten soll sich beispielsweise das folgende Formular ergeben:

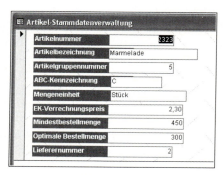

Abb. 24–01

Teilaufgabe 2:

Für die Lieferanten-Stammdatenverwaltung soll die folgende Erfassungsmaske entwickelt werden, die unter dem Namen „Lieferanten" zu speichern ist.

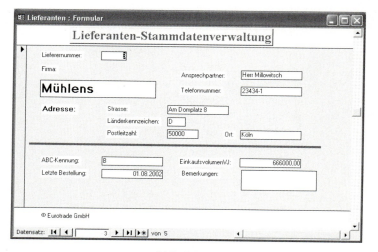

Abb. 24–02

Teilaufgabe 3:

Für Präsentations- und Kontrollzwecke soll ein Bericht erstellt werden, der in einer gruppierten Form eine Auswertung zum Einkaufsvolumen enthält. Nutzen Sie dazu die Tabelle mit dem Namen Lieferanten. Gewünschtes Ergebnis:

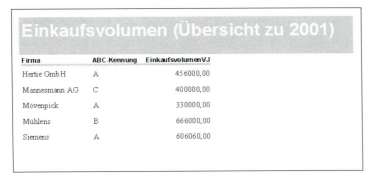

Abb. 24–03

Arbeitsschritte zur Lösung der Teilaufgabe 1:

1. Zur Lösung der ersten Teilaufgabe klicken Sie im Datenbankfenster auf den Objektbereich für *Formulare* und dann auf die Schaltfläche [Neu]. Wählen Sie die Tabelle *Artikel* aus dem Listenfeld, um die Datenherkunft für das Formular zu bestimmen. Aktivieren Sie anschließend die Variante *Formular-Assistent*, und klicken Sie auf [OK]. Ergebnis:

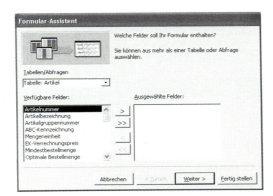

Abb. 24–04

2. Die Felder sind in der Reihenfolge auszuwählen, in der sie im Formular angezeigt werden sollen. Klicken Sie zur Übernahme aller Felder auf >>. Aktivieren Sie nach der Feldübernahme die Schaltfläche [Weiter].

3. Sie können für das Layout die gleichen Varianten festlegen, die als AutoFormular angeboten werden: Einspaltig, Tabellarisch und Datenblatt.

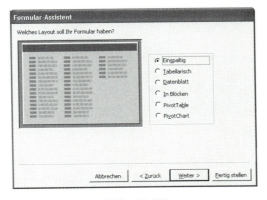

Abb. 24–05

Wählen Sie im Beispielfall *Einspaltig* und dann die Schaltfläche [Weiter].

Aufgabenteil

4. Legen Sie ein Hintergundmotiv (Stil-Auswahl) fest; im Beispielfall „Industrie". Wählen Sie danach die Schaltfläche `Weiter`.

5. Geben Sie den Formulartitel ein; hier „Artikel-Stammdatenverwaltung". Klicken Sie abschließend auf `Fertig stellen`.

Je nachdem, ob Sie im letzten Teilschritt das Optionsfeld „Das Formular öffnen" oder „Den Formularentwurf verändern" wählen, befinden Sie sich danach in der **Formularansicht** oder in der **Entwurfsansicht**:

▶ In der Formularansicht können Daten erfasst, aktualisiert und gelöscht werden.

▶ In der Entwurfsansicht kann das Formular bearbeitet werden. Diese Option ist zu wählen, wenn Sie das Standardformular noch weiterbearbeiten wollen.

In der Entwurfsansicht erscheint eine Formatmaske. Beispiel:

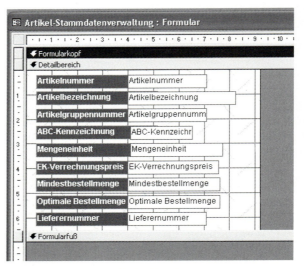

Abb. 24–06

Arbeitsschritte zur Lösung der Teilaufgabe 2:

1. Zur Lösung der zweiten Teilaufgabe klicken Sie im Datenbankfenster auf den Objektbereich für *Formulare* und dann auf die Schaltfläche `Neu`.

2. Wählen Sie die Tabelle Lieferanten aus dem Listenfeld, lassen Sie die Option *Entwurfsansicht* markiert, und klicken auf die Schaltfläche `OK`.

3. Aktivieren Sie durch Wahl des Menüs **Ansicht** die Option **Feldliste**, so dass sich das folgende Bild ergibt:

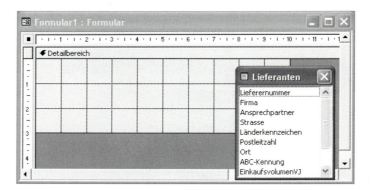

Abb. 24–07

4. Ziehen Sie jetzt per Drag & Drop an den Rändern die Größe des Formulars im Detailbereich; beispielsweise auf 7,5 x 15 cm. Platzieren Sie dann die Felder in das Formular, wie dies in der Beispielabbildung wiedergegeben ist.

Arbeitsschritte zur Lösung der Teilaufgabe 3:

1. Zur Lösung der 3. Teilaufgabe klicken Sie zunächst auf den Objektbereich für *Berichte* und anschließend auf die Schaltfläche Neu.

2. Wählen Sie die Tabelle oder Abfrage aus, die als Datenherkunft für den Bericht verwendet werden soll. Das ist im aktuellen Fall die Tabelle *Lieferanten*. Markieren Sie die Option *Berichts-Assistent*, und klicken Sie dann OK an. Ergebnis ist die Anzeige des Berichtsassistenten mit mehreren aufeinanderfolgenden Dialogfeldern. Dort können Sie durch Beantwortung von Fragen und Auswahl von Gestaltungsmöglichkeiten die Art der Berichtsausgabe steuern. Zunächst wird das folgende Dialogfeld angezeigt:

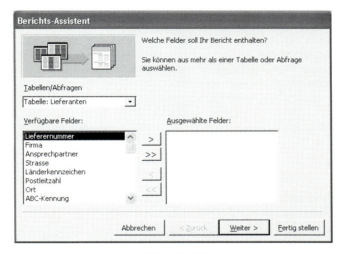

Abb. 24–08

3. Bestimmen Sie, welche Datenfelder in den Bericht übernommen werden sollen. Das linke Listenfeld *Verfügbare Felder* zeigt alle Datenfelder der zugrundeliegenden Tabelle oder Abfrage. Mit den vier Schaltflächen >, >>, <, << lassen sich diese Felder ganz oder teilweise in den Bericht übernehmen oder auch wieder zurückstellen (ähnlich wie beim Formularassistenten). Übernehmen Sie die Datenfelder „Firma", „ABC-Kennung" und „EinkaufsvolumenVJ" in der genannten Reihenfolge, so dass die Felder im rechten Listenfeld *Ausgewählte Felder* erscheinen.

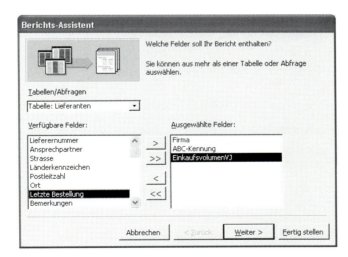

Abb. 24–09

4. Klicken Sie anschließend auf die Schaltfläche Weiter, so dass das nächste Dialogfeld erscheint. Danach ist zu entscheiden, ob eine Gruppierungsebene hinzugefügt werden soll. Da im Beispielfall kein Gruppenwechsel erfolgen kann, ist einfach die Schaltfläche Weiter anzuklicken.

5. Legen Sie fest, in welcher Reihenfolge die Datensätze im Bericht erscheinen sollen. Es ist das Feld zu bestimmen, wonach die Sortierung erfolgen soll. Das Dialogfeld zeigt, dass bis zu 4 Felder für das Sortieren in auf- oder absteigender Folge genutzt werden können. Wählen Sie das Feld *Firma*.

6. Danach ist - wenn Sie `Weiter` geklickt haben - die Art der Darstellung zu bestimmen (das Layout des Berichts). Varianten sind im Bereich „Layout" die Optionen *Einspaltig, Tabellarisch* und *In Blöcken*. Außerdem können Sie bezüglich der Ausgabe zwischen Hoch- und Querformat wählen sowie die Anpassung der Feldbreite festlegen. Wählen Sie im Beispielfall *Tabellarisch* und *Hochformat*.

7. In dem nächsten Schritt werden verschiedene Stile angeboten. Wählen Sie die Option *Weiches Grau*.

8. In dem letzten Dialogfeld wird eine Berichtsüberschrift angeboten, die im Kopfteil des Berichts erscheinen wird. Es ist standardmäßig der Name der zugrundeliegenden Tabelle/Abfrage. Sie können die Überschrift hier ändern. Geben Sie als Überschrift ein „Einkaufsvolumen (Übersicht zu 2001)".

Ergebnis: Wenn Sie jetzt auf `Fertig stellen` klicken, erscheint der Bericht mit den enthaltenen Daten zunächst immer in der Seitenansicht auf dem Bildschirm. Dies wird deutlich, wenn Sie in der letzten Dialogbox den Text im unteren Bereich lesen. Alternativ hätten Sie durch vorheriges Klicken auf dem Optionskreis *Berichtsentwurf ändern* das Öffnen in der Entwurfsansicht einstellen können.

Kontroll- und Vertiefungsfragen

1. Erläutern Sie, warum die standardmäßig angebotene Erfassung und Pflege von Daten in Tabellenform oft wenig geeignet ist, und weshalb dafür Formulare erzeugt werden.

2. Nennen und beschreiben Sie typische Anwendungsgebiete, für die Formulare in einer Access-Datenbanklösung verwendet werden.

3. *Access* bieten die Möglichkeit, Formulare für das Arbeiten mit einer Datenbank zu erstellen. Erläutern Sie wichtige Gesichtspunkte, die beim Aufbau von Formularen insbesondere aus ergonomischer Sicht beachtet werden sollen.

4. *Access* bietet die Möglichkeit, für das Erstellen von Formularen so genannte Assistenten zu nutzen.
   - Welche Vorteile hat das Arbeiten mit dem Formularassistenten?
   - Welche Formulararten können mit dem Formularassistenten erstellt werden, und wofür werden diese jeweils verwendet? Geben Sie Beispiele!

5. Unterscheiden Sie bezüglich des Erstellens von Formularen zwischen Objekten und Steuerelementen.

6. Erläutern Sie grundsätzliche Unterschiede und Gemeinsamkeiten von Formularen und Berichten im Zusammenhang mit der Entwicklung einer relationalen Datenbankanwendung.

7. Beschreiben Sie typische Beispiele für Berichte, die bei einer Vertriebsanwendung nützlich sein können.

8. Für die Ausgabe von Daten in Berichtsform können Sie besondere Sortieroptionen einstellen. Nennen und erläutern Sie die Sortiermöglichkeiten am Beispiel einer Kundenliste, die die auf eine Periode bezogene Umsatzhöhe sowie den letzten Umsatztermin ausweist.

9. Für das Erstellen von Berichten stehen bestimmte Assistenten zur Verfügung. Zählen Sie die Varianten auf!

10. Nennen Sie typische Gestaltungselemente für das Erzeugen von Berichten mit *Access*. Unterscheiden Sie dabei die Gestaltungsmittel nach dem Hauptzweck
    - textliche Aufbereitung von Berichten
    - übersichtliche Strukturierung von Berichten
    - Illustrationen einfügen.

11. Zur Kontrolle vor der Druckausgabe kann die Seitenansicht für Berichte aufgerufen werden. Beschreiben Sie verschiedene Möglichkeiten zur Veränderung der Seitenansicht!

12. Neben dem Detailbereich umfasst die Entwurfsansicht für Berichte vier weitere Bereiche. Skizzieren Sie Verwendungsbeispiele für diese Bereiche.

13. Ausgehend von den bereits erstellten Formularen zur Erfassung der Bestelldaten ist ein Bericht zu entwerfen, der auf dieser Basis den Ausdruck von Bestellungen in Berichtsform ermöglicht. Gehen Sie bei dem Berichtsentwurf von den Datenfeldern aus, und geben Sie die genaue Platzierung der Felder in den jeweiligen Berichtsbereichen an.

Aufgabe 25: Mischdokument mit Office XP erstellen – Tabellen, Diagramme und Folien in ein Word-Dokument einsetzen

Lernziele

- Excel-Tabellen in ein Word-Dokument importieren
- Excel-Tabellen über die Zwischenablage in ein Word-Dokument einfügen
- Excel-Tabellen mit integrierter Verknüpfung in ein Word-Dokument einfügen
- OLE-Verknüpfung zu einem Word-Dokument realisieren
- PowerPoint-Folien in Word-Dokumente einsetzen

Informationsquellen

- Kapitel 7.1 (Mischdokumente mit Word erstellen)

Aufgabenbeschreibung

Ausgangsbeispiel: Die Firma EuroTrade hat inzwischen zahlreiche Filialunternehmen gegründet. Unter anderem das Unternehmen EuroMedia, das sich mit Produkten und Dienstleistungen rund um den Computer befasst. Um den Vertrieb optimal zu unterstützen, möchte EuroMedia das Erstellen der Präsentations-/Prospektunterlagen mit Office XP auf ein höheres Qualitätsniveau stellen. Ausgangspunkt stellen die Textinformationen dar, die mit Word erzeugt werden:

- In das Word-Dokument sollen verschiedene Tabellen aufgenommen werden, die zuvor mit Excel erzeugt und damit auch weiterhin gepflegt werden.
- Zur Illustration sind in das Dokument außerdem zahlreiche Präsentationsfolien einzufügen, die mit PowerPoint erzeugt wurden.

Teilaufgabe 1:

In einer Broschüre sollen die Produkt- und Preislisten, die mit Excel verwaltet werden, aufgenommen werden. Realisieren Sie den Anfang des Dokumentes auf folgende Weise: Legen Sie eine neue Word-Datei mit dem Namen Brosch1.DOC an, erfassen Sie den Briefkopf und den folgenden Eingangstext:

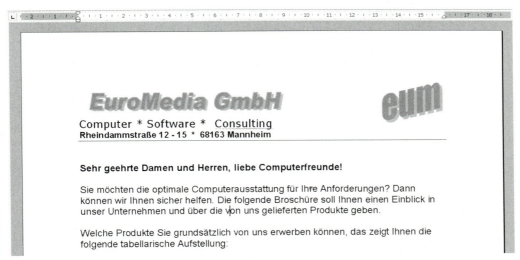

Abb. 25–01

Teilaufgabe 2: Datenimport aus Excel

Die Produktgruppen der Firma EuroMedia werden in der Excel-Arbeitsmappe mit dem Namen Artikel_Ex.XLS verwaltet. Übernehmen Sie aus dieser Arbeitsmappe die gesamte Tabelle mit dem Namen Kategorie_tbl. Diese Tabelle soll in das zuvor erzeugte Word-Dokument mit dem Dateinamen Brosch1.DOC eingesetzt werden.

Beispiel:

EuroMedia GmbH
Computer * Software * Consulting
Rheindammstraße 12 - 15 * 68163 Mannheim

Sehr geehrte Damen und Herren, liebe Computerfreunde!

Sie möchten die optimale Computerausstattung für Ihre Anforderungen? Dann können wir Ihnen sicher helfen. Die folgende Broschüre soll Ihnen einen Einblick in unser Unternehmen und über die von uns gelieferten Produkte geben.

Welche Produkte Sie grundsätzlich von uns erwerben können, das zeigt Ihnen die folgende tabellarische Aufstellung:

Gruppen-ID	Artikelgruppe
10	Drucker- und Kopierzubehör
20	Datenträger
30	Festplatten
40	Netzwerkzubehör
50	Grafikkarten

Abb. 25–02

Speichern Sie das Ergebnis wieder unter dem Namen Brosch1.DOC.

Teilaufgabe 3: Excel-Tabelle über die Zwischenablage einfügen

In der aktuell in Bearbeitung befindlichen Broschüre Brosch1.DOC soll nun noch die Preisliste aufgenommen werden. Die Daten dazu befinden sich ebenfalls in der Tabelle der Arbeitsmappe mit dem Namen Artikel-Ex.XLS. Verwenden Sie die hier erstellte Tabelle Artikel-tbl, und setzen Sie diese mit den Spalten A bis C über die Zwischenablage in das Word-Dokument. Speichern Sie das Ergebnis unter dem Dateinamen Brosch2.DOC.

Teilaufgabe 4: Excel-Tabellen mit Verknüpfung einfügen

Nun soll die Übergabe der Artikeldaten aus Excel in das Word-Dokument so organisiert werden, dass Änderungen in der Ursprungstabelle in der Textverarbeitung automatisch fortgeschrieben werden können (beispielsweise neue Artikelpreise). Als Beispiel soll wiederum die Integration der Arbeitsmappe mit dem Dateinamen Artikel-Ex.XLS erfolgen. Speichern Sie das Ergebnis als Brosch3.DOC.

Um zu testen, ob die Verknüpfung funktioniert, rufen Sie anschließend die Ausgangs-Tabelle im Programm Excel auf, und ändern Sie folgende Artikelpreise:

Artikel 1102: auf 45,00 Euro
Artikel 1104: auf 40,00 Euro

Speichern Sie die geänderte Tabelle, rufen Sie danach erneut die Datei in Word auf, und prüfen Sie, ob die Daten in der übernommenen Tabelle aktualisiert wurden.

Teilaufgabe 5: PowerPoint-Folie über die Zwischenablage einfügen

Die Broschüre, die unter dem Dateinamen Brosch2.DOC gespeichert ist, soll noch um ausgewählte Präsentationsfolien zur Firma EuroMedia bzw. zu den angebotenen Produkten der Firma ergänzt werden. Diese Folien wurden bereits mit dem Präsentationsprogramm PowerPoint erstellt und sind unter dem Dateinamen EuroMedia.PPT gespeichert.

Realisieren Sie die Integration von ausgewählten Folien, und speichern Sie die Datei danach unter dem Dateinamen Brosch4.DOC.

Aufgabe 25 **131**

Arbeitsschritte:

1. Erstellen Sie zunächst den Beginn des Word-Dokumentes *Brosch1.DOC*. Erzeugen Sie den Kopf der Broschüre mit *WordArt*.

2. Erstellen Sie danach die Excel-Tabelle mit dem Namen *Kategorie_tbl* mit den Produktkategorien. Diese ist in einer Excel-Arbeitsmappe mit dem Namen *Artikel-Ex.xls* zu speichern.

3. Für die Übernahme der Excel-Tabelle müssen Sie im bisherigen Word-Dokument *Brosch1.DOC* zunächst die Einfügemarke an die Stelle im Text setzen, wo die Tabelle eingefügt werden soll. Dann können Sie das Menü **Einfügen** aufrufen und hier den Befehl **Datei** wählen. Um den Namen der gespeicherten Datei, im Beispielfall den Namen *Artikel-Ex.XLS*, angezeigt zu bekommen, müssen Sie im nach der Befehlswahl angezeigten Dialogfeld zunächst den korrekten Ordner für den Zugriff unter *Suchen in* einstellen und bei *Dateityp* die Option *Alle Dateien* wählen. Nun können Sie den Namen der zu importierenden Datei (hier *Artikel-Ex.XLS*) eingeben bzw. auswählen:

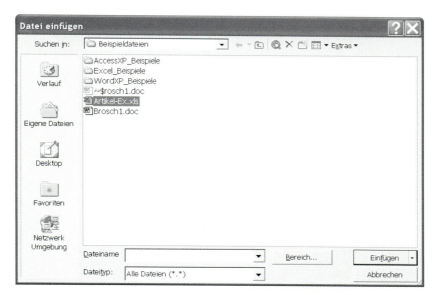

Abb. 25–03

Nach Ausführung des Befehls mit `Einfügen` erscheint ein Dialogfeld, in dem Sie festlegen, ob Sie das gesamte Arbeitsblatt einfügen wollen bzw. welche Tabelle oder welche Tabellen konvertiert werden sollen. Wählen Sie statt der Option *Gesamte Arbeitsmappe* den Namen der Tabelle aus, die die Artikelgruppen enthält:

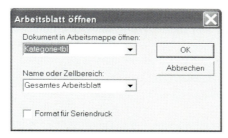

Abb. 25–04

Nach der Befehlsausführung ist die Tabelle an der festgelegten Position eingefügt. Anschließend können Formatierungen vorgenommen werden, wie sie für das Gestalten von Tabellen üblich sind; beispielsweise das Verbreitern der Tabellenspalten.

4. Zur Lösung der 3. Teilaufgabe gehen Sie von *Excel* aus. Öffnen Sie die Arbeitsmappe mit dem Namen *Artikel-Ex.XLS* und hier die gewünschte Tabelle (Hinweis: Evtl. müssen Sie die nachfolgende Tabelle zunächst noch erstellen). Markieren Sie anschließend den zu kopierenden Tabellenbereich (im Beispiel A1 bis C35):

Aufgabenteil

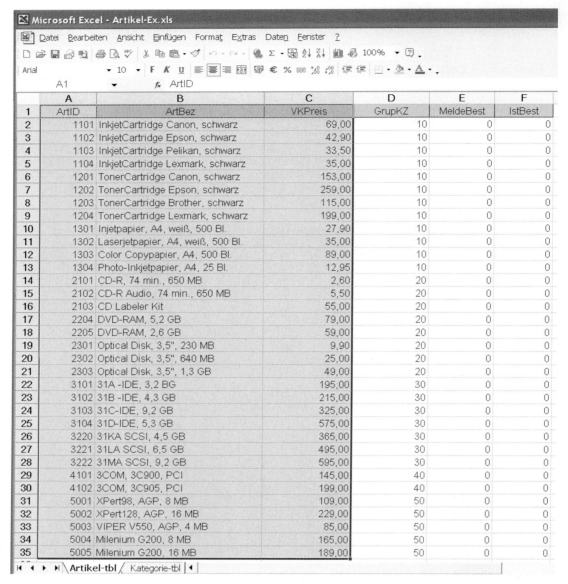

Abb. 25–05

5. Wählen Sie danach im Menü **Bearbeiten** den Befehl **Kopieren**. Dann können Sie in das Programm *Word* wechseln. Öffnen Sie in *Word* das Dokument, in das die Tabelle hineingesetzt werden soll; im Beispielfall *Brosch1.DOC*. Die Einfügung erfolgt dann in drei Teilschritten:
   - Sie steuern im Dokument die Einfügestelle an.
   - Sie aktivieren das Menü **Bearbeiten**.
   - Abschließend wählen Sie den Befehl **Einfügen**.

Nun müsste die Tabelle wunschgemäß in das Dokument eingesetzt sein, was auch unmittelbar auf dem Bildschirm dargestellt wird. Es handelt sich dabei um eine bereits formatierte Einfügung, wobei die einzelnen Zeichen in *Word* noch gesondert verändert werden können.

6. Zur Lösung der 4. Teilaufgabe öffnen Sie die Excel-Datei mit dem Namen *Artikel-Ex.XLS* und kopieren den Tabellenbereich A1 bis C35 in die Zwischenablage (Befehl **Kopieren**). Wechseln Sie dann zu *Word*, und aktivieren Sie die Word-Datei *Brosch1.DOC*. Steuern Sie die Einfügeposition an, aktivieren Sie das Menü **Bearbeiten,** und wählen Sie den Befehl **Inhalte einfügen**.

Nach Wahl des Datentyps „Formatierten Text (RTF)" und nach Anklicken der Option *Verknüpfung einfügen* sowie Bestätigen mit OK wird die Tabelle in den Text hineingesetzt.

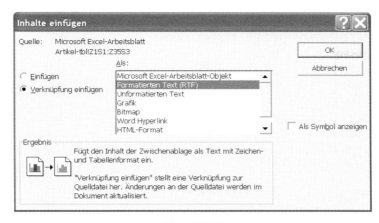

Abb. 25–06

Es ergibt sich das gleiche Ergebnis wie im Fall der vorhergehenden Einfügung.

7. Das Aktualisieren von in einem Text integrierten Tabellen wird notwendig, wenn sich Daten in der Ursprungstabelle verändert haben. Aktivieren Sie testhalber noch einmal das Programm *Excel*, und öffnen Sie die Tabelle *Artikel-Ex.XLS*. Ändern Sie die gewünschten Werte der Artikelpreise:

   Artikel 1102: auf 45,00 Euro
   Artikel 1104: auf 40,00 Euro

   Speichern Sie die Tabelle danach unter dem bisherigen Dateinamen. Um nun das Aktualisieren prüfen zu können, wechseln Sie wieder zur zuletzt bearbeiteten Textdatei. Sie müssten dann sehen, dass die Tabelle, die mit Verknüpfung eingefügt wurde, automatisch aktualisiert wurde.

8. Zur Lösung der 5. Teilaufgabe muss das Programm *PowerPoint* und hier die Präsentationsdatei geöffnet werden. Aktivieren Sie anschließend über das Menü **Ansicht** den Befehl **Foliensortierung**. Markieren Sie per Mausklick die Folie, die in das Dokument eingesetzt werden soll.

   Beispiel:

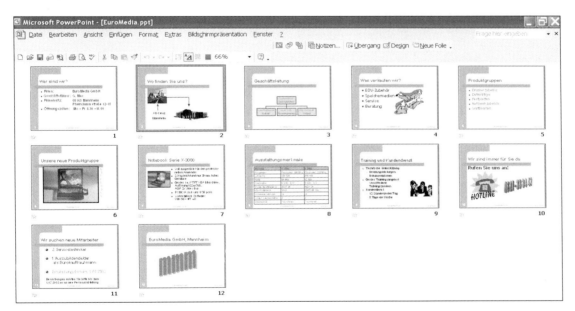

Abb. 25–07

Wählen Sie aus dem Menü **Bearbeiten** den Befehl **Kopieren**. Nun kann der Übergang zu *Word* erfolgen. Aktivieren Sie das Programm mit dem gewünschten Dokument, in das die PowerPoint-Folie hineingesetzt werden soll. Die Einfügung erfolgt dann in drei Teilschritten: Sie steuern im Dokument die Einfügestelle an, aktivieren das Menü **Bearbeiten** und wählen abschließend den Befehl **Inhalte einfügen**.

Ergebnis:

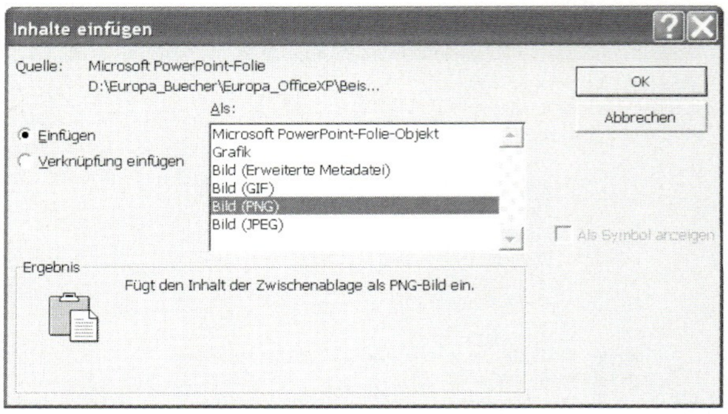

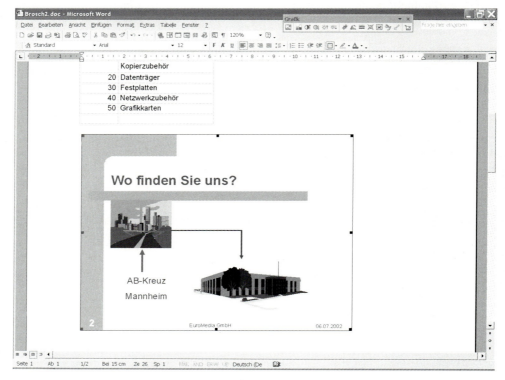

Abb. 25–08

Jetzt wird deutlich, dass hier - im Gegensatz zur Excel-Integration - andere Optionen zur Wahl stehen. Auch Verknüpfungen sind möglich. Wählen Sie eine beliebige Option (beispielsweise Grafik).

Beispielergebnis:

Abb. 25–09

Nehmen Sie unter Umständen noch eine Bearbeitung vor, indem Sie aus dem Menü **Format** den Befehl **Grafik** wählen.

Kontroll- und Vertiefungsfragen

1. Nennen Sie Anwendungsbeispiele für das Erzeugen von Mischdokumenten.
2. Geben Sie an, welche Vorgehensweisen für das Einsetzen von Excel-Daten in Word-Dokumente denkbar sind.
3. Eine Excel-Tabelle soll mit Verknüpfung in ein Word-Dokument eingefügt werden. Welche Vorteile und Auswirkungen hat dies?
4. Beschreiben Sie die Teilschritte, um eine bestimmte PowerPoint-Folie in ein Word-Dokument einzusetzen.

Aufgabe 26: Serienbriefe unter Nutzung von Access und Outlook erstellen

Lernziele

▶ Auf Access-Tabellen und Abfragen für Serienbriefe zugreifen
▶ Auf Outlook-Kontakte für Serienbriefe mit *Word* zugreifen

Informationsquellen

▶ Kapitel 7.2

Aufgabenbeschreibung

Ausgangsbeispiel: *Die Firma EuroMedia möchte zu einer Präsentationsveranstaltung mit einem persönlichen Anschreiben einladen.*

Teilaufgabe 1:

Es sollen alle in der aktuellen Einkaufsdatenbank des Unternehmens Eurotrade gespeicherten Lieferanten angeschrieben werden. Das Problem ist durch das Zusammenspiel der beiden Programme Word und Access zu lösen.

Teilaufgabe 2: Direktzugriff auf Outlook-Daten aus Word

Erzeugen Sie danach einen Serienbrief mit Word XP durch Zugriff auf die Adressdaten, die im Outlook-Kontaktordner gespeichert sind.

Arbeitsschritte:

1. Erstellen Sie zur Lösung der ersten Teilaufgabe zunächst den Beginn des Word-Dokumentes, also das Anschreiben an die Lieferanten.

2. Wählen Sie im Menü **Extras** den Befehl **Briefe und Sendungen**. Aktivieren Sie dann die Option **Seriendruck-Assistent**.

3. Im Aufgabenbereich von *Word XP* klicken Sie auf die Option für das Erstellen von Briefen und folgen dann dem Seriendruckassistenten am unteren Bildschirmrand.

4. Bei der Option *Empfänger wählen* durchsuchen Sie die Datenquelle. Wählen Sie als Dateityp „MS Access Datenbanken", und selektieren Sie die gewünschte Datenbank (beispielsweise *Einkauf.MDB*).

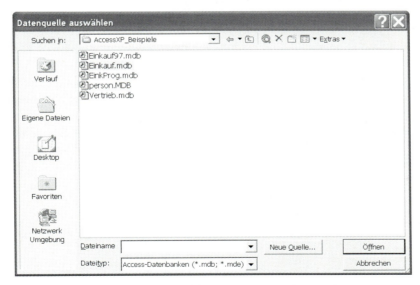

Abb. 26–01

5. Nun wird nach Klicken auf [Öffnen] im Hintergrund *Access* geöffnet, sofern es noch nicht aktiv ist, und die selektierte Datenbank aufgerufen. Es erscheint der folgende Bildschirm mit den vorhandenen Tabellen und Abfragen:

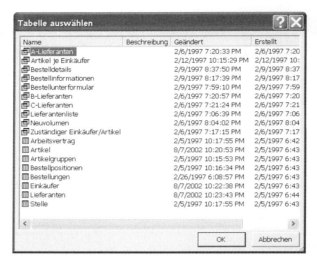

Abb. 26–02

Es können – wie das vorhergehende Bild anhand der Symbole zeigt - sowohl Daten aus Tabellen als auch aus Abfragen übernommen werden. Wählen Sie die Tabelle *Lieferanten*. Nach Klicken auf OK können noch zahlreiche Filter- und Aktualisierungsoptionen vorgenommen werden:

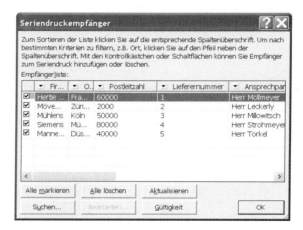

Abb. 26–03

6. Wählen Sie die Schaltfläche [Weiter] im Aufgabenbereich, und übernehmen Sie anschließend die Datenfelder in Ihr Seriendruck-Dokument.

7. Zur Lösung der 2. Teilaufgabe (Integration von Outlook-Kontakten in Word-Dokumente) wählen Sie in *Word* erneut im Menü **Extras** den Befehl **Briefe und Sendungen**. Danach aktivieren Sie den **Seriendruck – Assistent**.

8. Wählen Sie die Schaltfläche im Aufgabenbereich, um ein neues Hauptdokument zu erstellen. Klicken Sie danach in der Rubrik zur Empfängerauswahl auf das Optionskästchen „Von Outlook-Kontakten wählen."

Abb. 26–04

9. Wählen Sie einen Kontakteordner. Im Ergebnis zeigt sich dann folgende Darstellung, die für die weitere Erzeugung von Seriendruckfeldern im Hauptdokument zur Verfügung steht:

Abb. 26–05

Kontroll- und Vertiefungsfragen

1. Welchen Vorteil bietet der Zugriff auf Access-Daten zur Serienbrieferstellung?
2. Welche Varianten des Vorgehens für den Seriendruck gibt es, wenn die Erstellung als Integration von *Word* und *Access* erfolgen soll?
3. Prüfen und erläutern Sie die Optionen des Dialogfeldes *Seriendruckempfänger*!

Aufgabe 27: Daten aus Excel und Access verbinden

Lernziele

▶ Excel-Daten in *Access* importieren
▶ Optionen für den Datenimport einstellen

Informationsquellen

▶ Kapitel 7.3

Aufgabenbeschreibung

Ausgangsbeispiel:

Die bereits vorhandene Excel-Tabelle mit den Artikeldaten, die in der Arbeitsmappe mit dem Namen Artikel_Ex.XLS gespeichert ist, enthält die Artikeldaten der Firma EuroMedia GmbH. Ziel ist der Import dieser Daten in eine zuvor angelegte Access-Datenbank mit dem Namen Test.MDB. Dabei soll eine neue Tabelle mit dem Namen Artikel-tbl angelegt werden.

Arbeitsschritte:

1. Richten Sie zunächst die Testdatenbank *Test.MDB* für den Import ein, und öffnen Sie diese. Danach wählen Sie den Menüpunkt **Externe Daten** und hier den Befehl **Importieren**.

2. Wählen Sie im Dialogfeld *Importieren* aus dem Listenfeld *Dateityp* die Option **Microsoft Excel** als Importformat.

3. Aktivieren Sie die zu importierende Excel-Tabelle, indem Sie zunächst den Suchpfad „einstellen" und dann den Namen der Excel-Arbeitsmappe *Artikel-Ex.xls* markieren. Es sollte sich etwa die folgende Dialogfeldanzeige ergeben:

Abb. 27–01

4. Klicken Sie nach Auswahl des Dateinamens auf [Importieren], so dass der Importassistent für Kalkulationstabellen gestartet wird. Entscheiden Sie, dass die Artikeltabelle importiert werden soll:

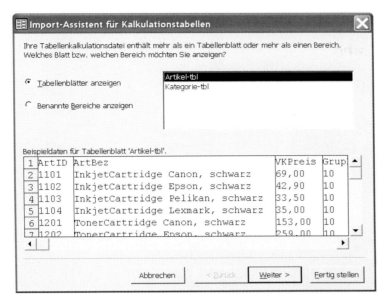

Abb. 27–02

5. In einem nächsten Schritt werden Sie gefragt, ob die erste Zeile die Spaltenüberschriften enthält. Aktivieren Sie das Kontrollkästchen.

6. Nach dem Klicken auf [Weiter] ergibt sich die folgende Bildschirmanzeige, die deutlich macht, dass die Excel-Daten in einer neuen Access-Tabelle oder in einer bereits bestehenden Tabelle gespeichert werden können:

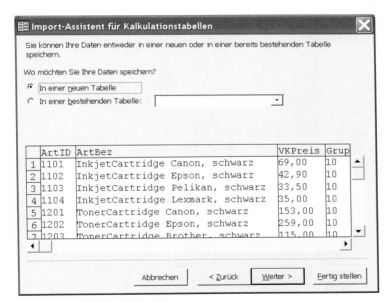

Abb. 27–03

Im Beispielfall soll eine neue Tabelle für *Access* erzeugt werden. Lassen Sie deshalb das Optionsfeld *In einer neuen Tabelle* eingeschaltet. Sie können also unmittelbar auf [Weiter] klicken. Nun kann jede einzelne Spalte markiert und deren Feldnamen verändert bzw. eingegeben werden. Außerdem können Sie Indexoptionen festlegen, einen Datentyp definieren oder Felder vom Import ausschließen.

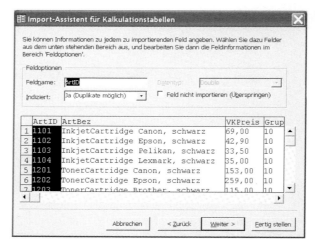

Abb. 27–04: Definieren der Spalten

Im Beispielfall sollen Sie keine Änderungen erfolgen. Drei mögliche Optionen für den Primärschlüssel werden anschließend angeboten: Wählen Sie eines der Felder aus, lassen Sie ein neues Indexfeld vom Assistenten erstellen, oder verzichten Sie durch Wahl des Optionsfeldes *Kein Primärschlüssel* auf die Zuordnung eines Primärschlüssels. Sinnvoll ist im Beispiel die Zuordnung eines Primärschlüssels für die *ArtID*.

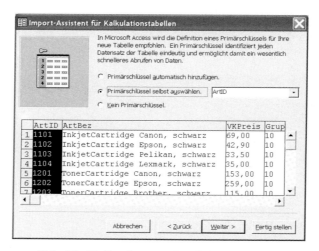

Abb. 27–05: Festlegung des Schlüsselfeldes

Abschließend klicken Sie auf Weiter, und geben Sie der neuen Tabelle einen Namen:

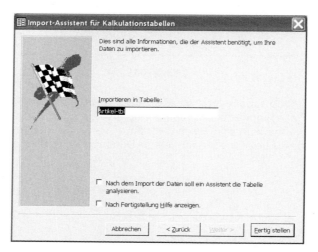

Abb. 27–06

Im Beispielfall können Sie den vorgegebenen Namen beibehalten. Klicken Sie abschließend auf
`Fertig stellen`. Es wird die nachfolgend wiedergegebene Erfolgsmeldung angezeigt:

Abb. 27–07

Ergebnis ist, dass der Tabellenname im Datenbankfenster angezeigt wird und jetzt die Excel-Tabelle in der Access-Datenbank zur Verfügung steht.

Kontroll- und Vertiefungsfragen

1. Unterscheiden Sie zwischen dem Importieren und Einbinden von Excel-Tabellen in Access-Datenbanken.
2. Erläutern Sie die Teilschritte, um eine Excel-Tabelle in eine Access-Datenbank zu importieren.
3. Welche besonderen Optionen stehen bei einem Import einer Excel-Tabelle in eine Access-Datenbank zur Verfügung?

Informationsteil

1 Grundlagen und Rahmenbedingungen zur Arbeit mit Office XP 147
1.1 Office-Nutzung in der Praxis – grundlegende Bedienungsfunktionen 148
1.2 Office XP – Integration von Anwendungen 151
1.3 Hilfe verwenden 151

2 WordXP 153
2.1 Grundlagen des Arbeitens mit Word – Texte erfassen und bearbeiten 153
2.1.1 Ausgangssituation und Bildschirmansichten 153
2.1.2 Texteingabe und Sofortkorrektur 154
2.1.3 Word-Dokumente formatieren und Besonderheiten in Berichtstexten 155
2.2 Tabellen erzeugen und gestalten 158
2.3 Serienbriefe mit Word erstellen 161
2.4 Format- und Dokumentvorlagen 162

3 Outlook XP 165
3.1 Die Funktionsbereiche von Outlook XP – Leistungen im Überblick 165
3.2 Kontaktmanagement 168
3.2.1 Neue Kontakte erfassen 170
3.2.2 Kontaktinformationen anzeigen und auswerten 175
3.2.3 Kontakte nutzen 176
3.2.4 Druckoptionen 178
3.3 Aufgabenmanagement 178
3.3.1 Aufgaben erfassen 179
3.3.2 Aufgabenpflege und Aufgabenanzeige 182
3.3.3 Aufgaben delegieren 184
3.4 Terminmanagement 185
3.4.1 Terminanzeige und Terminauswahl 186
3.4.2 Feiertage und Ereignisse zuordnen 188
3.4.3 Termine eintragen 190
3.4.4 Druckausgaben 191
3.5 Elektronische Kommunikation 191
3.5.1 Grundeinstellungen für das E-Mailing vornehmen 193
3.5.2 E-Mails schreiben und versenden 195
3.5.3 E-Mails mit Autosignatur 196
3.6 E-Mails mit besonderen Einstellungen und Einfügungen 197
3.6.1 Mit E-Mail-Verteilern arbeiten 199
3.6.2 Posteingang bei Outlook – Nachrichten öffnen, lesen und beantworten 199

4 PowerPoint XP 201
4.1   Grundlagen der Arbeit mit PowerPoint 201
4.1.1 Einsatzgebiete und Leistungsspektrum 201
4.1.2 Bildschirmaufbau in PowerPoint 202
4.1.3 Vorgehensweisen zur Präsentationserstellung 203
4.2   Eine neue PowerPoint-Präsentation erstellen 204
4.2.1 Eine neue Präsentation mit dem AutoInhalt-Assistenten anlegen 204
4.2.2 Eine neue Präsentation mit einer bestimmten Vorlage erstellen 207
4.3   Bildschirmpräsentation und Animationseffekte 212
4.4   Mit PowerPoint im Web arbeiten 216

5 Excel XP 219
5.1   Grundidee der Tabellenkalkulation 219
5.2   Eine neue Excel-Anwendung erstellen 222
5.2.1 Vorgehensweise 222
5.2.2 Der Excel-Arbeitsbildschirm und seine Elemente 223
5.2.3 Arbeitsmappe – der Excel-Arbeitsbereich 225
5.2.4 Zellen und Bereiche aktivieren 225
5.3   Daten und Formeln in Tabellen eingeben und ändern 227
5.3.1 Texte eingeben 228
5.3.2 Numerische Werte eingeben (Werteingabe) 228
5.3.3 Formeln für Berechnungen eingeben 229
5.3.4 Formeln mit Funktionen aufbauen 232
5.4   Informationen aus Tabellen kopieren 233
5.4.1 Feststehende Zellinhalte kopieren 234
5.4.2 Formeln kopieren (unter Beachtung korrekter Feldadressierung) 234
5.4.3 Arbeitsblätter zu umfassenden Mappen erweitern 235
5.5   Tabellen gestalten 236
5.5.1 Zelleinträge ausrichten 238
5.5.2 Darstellungsformate für Zahlen festlegen 239
5.5.3 Schriftarten und Schriftgrößen ändern 240
5.5.4 Rahmen ergänzen 241
5.5.5 Farben und Muster für Zellen zuordnen 242
5.5.6 Zeilen und Spalten einfügen 242
5.6   Tabellen mit Selektionen und Suchfunktionen erzeugen 243
5.6.1 Logische Funktionen 243
5.6.2 Tabelle mit Suchfunktionen erzeugen 246
5.7   Arbeiten mit Datum und Zeit 247
5.8   Diagramm erstellen 248
5.8.1 Einordnung der Diagramm-Möglichkeiten 248
5.8.2 Vorgehensweise 249
5.9   Datenverwaltung 250
5.10 Mit Excel im Web arbeiten 250

6 Access XP 253
6.1   Einsatzanlässe und Möglichkeiten von Access 253
6.2   Eine vorhandene Access-Anwendung nutzen 255
6.2.1 Mit Objekten im Datenbankfenster arbeiten 258
6.3   Eine neue Access-Anwendung entwerfen – Datenbankentwurf 259
6.3.1 Vorgehensweise 259
6.3.2 Grundlegende Tabellen entwerfen 260
6.3.3 Beziehungen herstellen 261

6.4 Access-Datenbank und Tabellen einrichten 263
6.4.1 Neue Datenbank einrichten 263
6.4.2 Tabellen anlegen 265
6.4.3 Daten in Tabellen erfassen und pflegen 269
6.4.4 Beziehungen zwischen Tabellen herstellen 269
6.5 Abfragen 271
6.5.1 Grundlegende Möglichkeiten 271
6.5.2 Vorgehensweise für Auswahlabfragen 272
6.5.3 Felderlisten tabellenübergreifend erzeugen 275
6.5.4 Kriterien in Abfragen festlegen 275
6.5.5 Abfragen mit kombinierten Bedingungen 277
6.6 Formulare einrichten und nutzen 277
6.6.1 Wege und Werkzeuge zur Formularerstellung 278
6.6.2 Formulare verwenden 281
6.7 Berichte erzeugen 283
6.7.1 Möglichkeiten der Berichtserstellung 283
6.7.2 Vorgehensweisen zur Berichtserstellung 284
6.7.3 Berichte in der Entwurfsansicht erstellen 285

7 Integration von Office XP-Anwendungen 287
7.1 Mischdokument mit Word erstellen 287
7.1.1 Excel-Tabellen in Word-Dokumente einsetzen 288
7.1.2 Grafiken, Bilder und PowerPoint-Folien in Word einsetzen 291
7.2 Serienbriefe unter Nutzung von Access und Outlook 293
7.2.1 Nutzung von Access-Daten zur Serienbrieferstellung 293
7.2.2 Möglichkeiten der Outlook-Integration 295
7.3 Integration von Excel und Access 296
7.3.1 Excel-Daten nach Access importieren 296
7.3.2 Daten von Excel in Access einbinden 296

1 Grundlagen und Rahmenbedingungen zur Arbeit mit Office XP

Problemstellung

Office XP *ist das umfassende Programmpaket von* Microsoft, *das vielfältigen Ansprüchen gerecht wird. Wenn in der Praxis der Einsatz unterschiedlicher Büroprogramme – sei es eine Textverarbeitung, eines Präsentationssoftware, eine Tabellenkalkulation, ein E-Mail-Programm oder eine Datenbank – gefordert ist, bietet* Microsoft Office XP *optimale Voraussetzungen. Bewährte Programme (wie* Word, Excel, Outlook, PowerPoint *und* Access*) stehen gegenüber Vorgängerversionen in überarbeiteter Qualität zur Verfügung und erleichtern die Arbeit erheblich.*

Die Positionierung des Programms zeigt die folgende Abbildung:

Abb. 1–01

Microsoft hat folgende Zielsetzungen in den Vordergrund gestellt, die der Office XP-Anwender nun noch besser verwirklichen kann als vorher:

▶ die Arbeit mit den einzelnen Anwendungen weiter vereinfachen,
▶ einen leichteren Zugang zu Informationen ermöglichen,
▶ die Zuverlässigkeit und Sicherheit der Anwendungen erhöhen,
▶ die Zusammenarbeit der Gruppen erleichtern sowie
▶ eine Plattform für Geschäftslösungen bieten.

Hinweis: Das Kürzel XP steht übrigens für Experience (Erfahrung). *Microsoft* möchte damit zum Ausdruck bringen, dass bei der Produktentwicklung die Summe aller Erfahrungen von Anwendern in besonderem Maße berücksichtigt wurde.

1.1 Office-Nutzung in der Praxis – grundlegende Bedienungsfunktionen

Problemstellung

Die verschiedenen Office-Anwendungen sind mit einer nahezu identischen Oberfläche ausgestattet. Ab Office XP *gibt es dabei einmal als Besonderheiten die so genannten* Smart-Tags. *Sie sind entweder durch lila gepunktete Linien unter dem Text oder durch spezielle Symbole gekennzeichnet. Sie tauchen nach bestimmten Aktionen auf und verschwinden wieder, wenn sie nicht benutzt werden.*

Eine Möglichkeit sind die kontextsensitiven SmartTags. Dazu rechnen beispielsweise der Name, das Datum und die Anschrift in *Word*. Sie unterstützen den Nutzer bei Aktionen, für die normalerweise andere Programme geöffnet werden müssten. Gibt man beispielsweise den Namen einer Person im Word-Dokument ein, so erhält man die Möglichkeit, den Namen in *Outlook* zu den Kontakten hinzuzufügen, einen Termin zu vereinbaren, gleich die komplette Adresse einzufügen oder ein Mail zu senden.

Ein weiteres Beispiel sind verschiedene Formatierungsoptionen beim Einfügen von kopiertem Text in ein Word-Dokument. Dank SmartTag ist der Nutzer nun in der Lage, schnell zu entscheiden, ob er beim Kopieren und Einfügen von Text und Tabellen Formatierungen beibehalten oder an die Zielformatierung anpassen will. Dies ist beispielsweise sinnvoll, wenn eine Excel-Tabelle in ein Word-Dokument eingefügt werden soll.

Einen Eindruck über die Funktionalität von SmartTags gibt die folgende Abbildung:

Abb. 1–02

Eine weitere Neuerung ist ab der XP-Version von *Office* der *Aufgabenbereich*, der sich unmittelbar nach dem Starten eines Programms ergibt. Ein Beispiel zeigt den Bildschirm nach dem Starten von *Office XP* auf der Folgeseite:

1.1 Office-Nutzung in der Praxis – grundlegende Bedienungsfunktionen

Sie finden den Aufgabenbereich jeweils auf der rechten Bildschirmseite. Dieser Bereich, der über das Menü **Ansicht** auch ausgeschaltet werden kann, soll einen schnellen Zugriff auf wichtige Aufgaben gewährleisten. So können Sie im Aufgabenbereich von *Word XP* schnell und bequem neue Dokumente anlegen, Dateien suchen, den Inhalt der Zwischenablage und Formatierungen anzeigen, Text übersetzen und Formatierungen auswählen. Vor allem Letzteres erweist sich als praktisch.

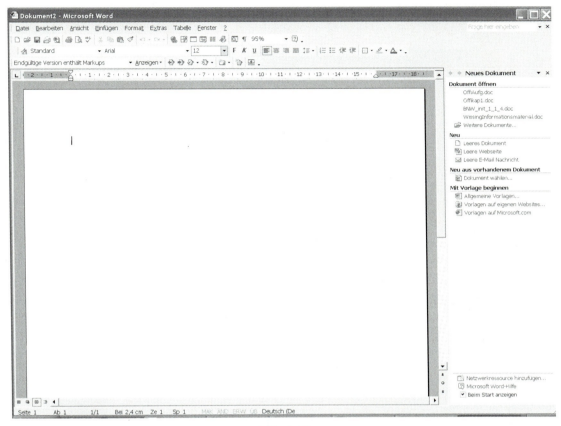

Abb. 1–03

Der Aufbau des Office-Bildschirms weist ansonsten keine weiteren Besonderheiten gegenüber Vorgängerversionen auf. Nach der Titelleiste finden sich die einzelnen Hauptmenüpunkte. Dann folgen die Symbolleisten und der eigentliche Arbeitsbereich. Menüs und Symbole werden jetzt klarer hervorgehoben als bisher; die Klappmenüs haben eine hellgraue Fläche mit dunkelgrauer Symbolleiste. Die Oberfläche ist so insgesamt leichter lesbar und die Elemente sind deutlicher unterscheidbar.

Das **Starten von Anwendungen** wird bei *Office* dadurch vereinfacht, dass bei der Installation automatisch die nötigen Verknüpfungen zu den Anwendungsprogrammen angelegt werden:

▶ Für jedes Anwendungsprogramm *(Word, Outlook, PowerPoint, Excel, Access)* gibt es im Startmenü von *Windows* einen Eintrag.

▶ *Outlook* und der *Internet Explorer* erfahren bei der Installation eine Sonderbehandlung, denn für beide Programme gibt es automatisch Symbole in der Schnellstartleiste und auf dem Desktop.

▶ Besondere Werkzeuge von *Office* sind im Untermenü Programme versteckt. Im Menü *Microsoft Office Tools* finden Sie – je nach erworbener und installierter Office-Variante – weitere Anwendungen (z. B. *Clip-Organizer* oder *Photo Editor*).

Es können gleichzeitig mehrere Anwendungen gestartet werden. Wenn Sie nacheinander *Word* und *Excel* starten, können Sie das Ergebnis in verschiedenen Fenstern dargestellt realisieren wie in Abb. 1-04 zu sehen:

1 Grundlagen und Rahmenbedingungen zur Arbeit mit Office XP

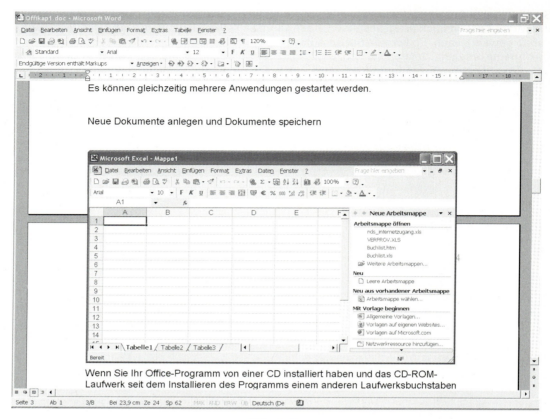

Abb. 1–04

Sie sehen: Beide Anwendungen können parallel gestartet werden und einträchtig den Desktop belegen. Am unteren Bildschirmrand ist durch Schaltflächen in der Taskleiste erkennbar, welches Programm bzw. welches Dokument einer Task gerade geöffnet ist. Die eingedrückte Schaltfläche repräsentiert die jeweils aktive Anwendung, die erhabenen aktivieren nach einem Klick die zugehörige Applikation.

Um ein neues Office-Dokument anzulegen, gibt es zwei grundsätzlich verschiedene Methoden:

▶ Sie starten das gewünschte Anwendungsprogramm und erstellen hier das Dokument in der gewünschten Weise.

▶ Sie wählen aus dem Startmenü heraus die Option *Neue Dokumente anlegen*. Der Vorteil: Es werden nun zweckbezogene Vorlagen angeboten, die den Ausgangspunkt für die weitere Arbeit bestimmen. Beispiel:

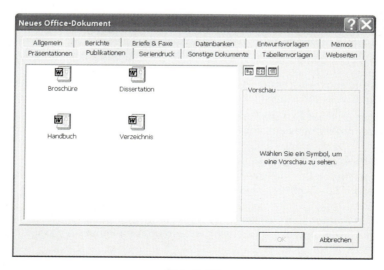

Abb. 1–05

Nach der Auswahl einer Vorlage wird dann das betreffende Programm gestartet und es kann unmittelbar mit der Arbeit begonnen werden.

1.2 Office XP – Integration von Anwendungen

Problemstellung

Eine Möglichkeit besteht darin, die Anwendungen eines Office-Paketes einzeln zu nutzen:

- *Mit Word XP können die verschiedenartigsten Dokumente wie Briefe, Formulare, Mitteilungen, Verträge, Rundschreiben oder Preislisten entwickelt und gestaltet werden. Besonderheiten der aktuellen Version sind neben zahlreichen optischen Veränderungen die Möglichkeit der Mehrfachmarkierung, Formatvorlagen für Tabellen, Spracherkennung und Übersetzungsfunktionen (Übersetzungen über das Web via eService), ein verbesserter Serienbriefassistent sowie Vereinfachungen beim gemeinsamen Erstellen von Dokumenten.*

- *Outlook XP ist das Programm zur Arbeitsorganisation und E-Mail-Kommunikation. Erweiterungen ergeben sich insbesondere bezüglich der Verwaltung von E-Mail-Konten, für eine gemeinsame Terminplanung und der Sicherheit im Web.*

- *Mit PowerPoint lassen sich durch die Kombination von Text, Grafiken und Diagrammen mit Sprach-, Ton- und Animationseffekten eindrucksvolle Präsentationen erstellen. Neu sind vor allem die vielfältigen Folienübergänge und benutzerdefinierte Animationen für die Anzeige einzelner Folien bei Online-Präsentationen.*

- *Excel ermöglicht mit seinen Strukturierungs-, Analyse- und Konsolidierungsmöglichkeiten ein ausgeklügeltes Zahlenmanagement der in Tabellen gespeicherten Werte sowie deren Darstellung in zwei- und dreidimensionalen Geschäftsgrafiken. Zu den Neuerungen der XP-Version zählen eine verbesserte Formelkontrolle sowie das Veröffentlichen von dynamischen Informationen im Web.*

- *In Access können Sie beispielsweise Kunden-, Artikel- oder Personaldaten so speichern, dass sie jederzeit nach bestimmten Kriterien abrufbereit sind. Die Daten können in ergonomisch gestalteten Masken (Formularen) erfasst und in Berichten professionell aufbereitet und ausgegeben werden.*

Hinweis: Die Ausführungen gehen im Wesentlichen von der Version *Office XP Professional* aus. Diese unterscheidet sich von der *Standard-Version* dadurch, dass auch das Datenbankprogramm *Access XP* darin enthalten ist. Darüber hinaus gibt es aber noch eine *Special Edition* von *Office XP*; diese Version enthält zusätzlich das DTP-Programm *Software Publisher* und das Webseiten-Entwicklungstool *Frontpage*.

Ein wichtiges Argument für die Nutzung eines Office-Paketes liegt in der Integration der Anwendungen. So können beispielsweise die Anschriften für ein mit *Word* zu erstellendes Rundschreiben an Kunden einer in *Access* oder *Outlook* geführten Adressdatenbank entnommen werden. Dadurch erübrigt sich ein erneutes Eingeben der Adressdaten. Das Schreiben soll u. a. eine Trendanalyse der Umsätze für das nächste Halbjahr enthalten. Die hierfür erforderlichen Umsatzdaten übertragen Sie aus Ihrer Access-Datenbank nach *Excel*. Dort erstellen Sie die Trendanalyse und übernehmen diese dann in das Word-Dokument.

Ein anderes Beispiel: Sie erstellen mit *Word* die Gliederung für eine PowerPoint-Präsentation und fügen diese Gliederung anschließend in *PowerPoint* ein. Dort weisen Sie der Präsentation ein einheitliches Präsentationslayout zu, fügen auf verschiedenen Seiten Excel-Tabellen und Grafiken bzw. Diagramme ein und nehmen besondere Formatierungen vor. Die einzelnen Seiten der fertigen Präsentation lassen sich letztlich auch wieder nach *Word* exportieren und dort in verkleinerter Form ausdrucken.

1.3 Hilfe verwenden

Problemstellung

Programme wie Office XP *verfügen über einen immensen Funktionsumfang. Sie können daher nicht in vollem Ausmaß beherrscht und innerhalb weniger Tage erlernt werden. Deshalb werden umfangreiche und intelligente Hilfefunktionen als Unterstützung angeboten.*

In Office XP wurde die Hilfefunktion deutlich verbessert und durch eine nützliche Komponente bereichert. Rechts oben in der Menüleiste steht ein Eingabefeld *Frage eingeben* bereit.

Abb. 1–06

Über das Feld *Frage hier eingeben* auf der Menüleiste können Sie unmittelbar auf die Hilfe zugreifen. Wenn Sie eine Frage in das Feld eingeben, erhalten Sie umgehend die benötigte Antwort.

Eine andere Option ist der *Office-Assistent*. Er stellt bei der Arbeit automatisch Hilfethemen und Tipps zur Verfügung, sogar bevor Sie eine Frage stellen. Wenn Sie beispielsweise in *Microsoft Word* einen Brief schreiben, kann der Assistent automatisch entsprechende Hilfethemen anzeigen, die Ihnen bei der Erstellung und Formatierung des Briefes helfen.

Standardmäßig ist der Office-Assistent nach dem Start deaktiviert. Mit der Befehlsfolge **?/Office-Assistenten anzeigen** erfolgt das Aktivieren. Sie bestimmen, wie der Assistent für Sie arbeiten soll. Wenn Sie es beispielsweise vorziehen, mit der Tastatur statt mit der Maus zu arbeiten, können Sie den Assistenten so einstellen, dass er Tipps zu Tastenkombinationen anzeigt. Da der Assistent von allen Office-Programmen gemeinsam genutzt wird, beeinflussen die Änderungen, die Sie an den Optionen vornehmen, auch die anderen Office-Programme.

Ausgelöst wird der Office-Assistent, indem Sie auf das entsprechende Symbol klicken und eine Frage bzw. einen Suchbegriff eingeben (beispielsweise *Euro*). Danach werden in Frage kommende Hilfethemen eingeblendet, aus denen Sie eine Auswahl treffen können. Mögliches Ergebnis:

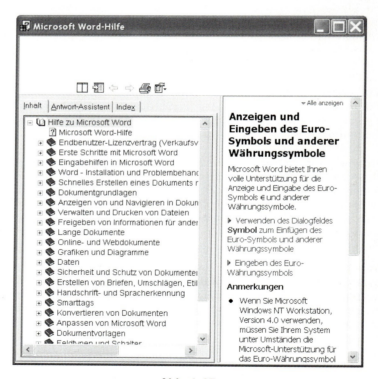

Abb. 1–07

 Hinweis: Sie können den Assistenten an Ihre Bedürfnisse anpassen und festlegen, ob er automatisch Tipps, Meldungen und Warnungen anzeigen oder Sounds wiedergeben soll, ob er automatisch verschoben werden soll, wenn er im Weg ist, und ob er Hilfethemen erraten soll, die Sie benötigen.

2 WordXP

> *Problemstellung*
>
> *Ein Kernelement von Office XP ist das Programm Word, mit dem Dokumente aller Art professionell erstellt werden können. Im folgenden Abschnitt wird davon ausgegangen, dass Ihnen die Grundlagen für das Erstellen, Bearbeiten und Gestalten von Word-Dokumenten bereits bekannt sind.*

Anhand von Beispielanwendungen aus unserer Musterfirma *Eurotrade* lernen Sie in diesem Buch vielmehr kennen, welche besonderen Möglichkeiten *Word* bietet, um komfortabel zu ansprechenden Dokumenten zu gelangen. Schwerpunkte sind

- ▶ verschiedene Besonderheiten beim Formatieren von Word-Dokumenten,
- ▶ das Erzeugen umfangreicher Berichte mit Anwendung der Gliederungsfunktion und dem Erzeugen eines Inhaltsverzeichnisses,
- ▶ die Anwendung der Tabellenfunktionen,
- ▶ das Erstellen von Serienbriefen sowie
- ▶ das Arbeiten mit Dokument- und Formatvorlagen.

2.1 Grundlagen des Arbeitens mit Word – Texte erfassen und bearbeiten

> *Problemstellung*
>
> *Nach dem Start von Word können Sie unmittelbar mit dem Erfassen eines neuen Textes beginnen. Die Einstellungen können selbstverständlich verändert werden, insbesondere über den Menüpunkt **Ansicht** oder die Befehlsfolgen **Extras/Optionen** bzw. **Extras/Anpassen**.*

2.1.1 Ausgangssituation und Bildschirmansichten

> *Problemstellung*
>
> *Um Kurztexte oder umfassende Dokumente zu erstellen, sind im Wesentlichen folgende drei Grundaktivitäten zu durchlaufen: Texteingabe (mit Sofortkorrekturen), Textspeicherung und evtl. eine Textausgabe auf einem Drucker.*

Zwei grundsätzliche Ausgangssituationen sind denkbar, wenn Sie ein neues Dokument erstellen wollen:

- ▶ **Direkt nach dem Programmstart:** Sie können unmittelbar mit der Texteingabe beginnen, da automatisch mit dem Programmstart ein neues, leeres Dokument mit einem temporären Namen erzeugt wird. Als vorläufiger Name erscheint zunächst in der Titelzeile *Dokument1*. Die Vergabe eines endgültigen Namens erfolgt dann bei der Speicherung.
- ▶ **Während der Arbeit:** Sofern Sie zuvor bereits andere Anwendungen mit *Word* erledigt haben, müssen Sie zunächst aus dem Menü **Datei** den Befehl **Neu** wählen, um einen neuen Text erfassen zu können bzw. die entsprechende Option im Aufgabenbereich wählen.

In beiden Fällen erfolgt nun die Texteingabe aufgrund standardmäßig vorgegebener Daten: Schrift „Times New Roman" bei einem Schriftgrad von 10 Punkten. Gespeichert sind diese Daten in einer sogenannten Dokumentvorlage mit dem Namen NORMAL.DOT. Über die Befehlsfolge **Format/Zeichen** können Sie den Standard ändern, indem Sie die Zeichenformate auswählen und dann auf die Schaltfläche Standard klicken.

Bildschirm-Ansicht einstellen

Problemstellung

*Für das Arbeiten mit WORD sind verschiedene Bildschirmansichten denkbar. Je nach Anwendungswunsch kann eine unterschiedliche Einstellung sinnvoll und notwendig sein. Die wesentlichen Möglichkeiten werden deutlich, wenn Sie das Menü **Ansicht** aktivieren. Welche Ansicht Sie sinnvollerweise wählen bzw. unbedingt wählen müssen, das hängt unter anderem von Ihrer Arbeitsweise, der vorhandenen Hardwarekonfiguration (Bildschirm) sowie den zu realisierenden Anwendungen ab.*

Wesentliche Ansichtsvarianten sind:

Ansichtsvariante	Anwendung
Normalansicht	Es ist die vorgegebene Standardansicht für das Arbeiten mit *Word*. Sie ist geeignet, um Texte einzugeben und zu überarbeiten.
Weblayout	Ansicht für die Darstellung im Web.
Seitenlayout	So werden die Randeinstellungen für eine Seite deutlich. Außerdem lassen sich in dieser Ansichtsart die Positionen aller Elemente des Dokuments genau erkennen; etwa von vorhandenen Kopf- und Fußzeilen oder eingefügten Grafiken. Die Anwendung sollte deshalb erwogen werden, wenn Sie sich einen Eindruck vom endgültigen Erscheinungsbild des Dokuments verschaffen wollen; etwa vor einer Druckausgabe.
Gliederungsansicht	Für Berichtstexte, die auf einer systematischen Gliederung basieren, ist die Konzeption und Erfassung der Gliederung in der Gliederungsansicht zweckmäßig. Dann können Sie gezielt verschiedene Gliederungsebenen anlegen.
Ganzer Bildschirm	Vergrößerung der Bildschirmfläche zur Texteingabe (keine Anzeige von Leisten und Lineal).
Zoom-Funktion	Gezieltes Vergrößern oder Verkleinern der Anzeige des Dokumentinhalts.

 Wenn Sie die Ansicht wechseln, verändert sich die Position der Einfügemarke im Dokument nicht.

2.1.2 Texteingabe und Sofortkorrektur

Texterfassung

Problemstellung

Charakteristisch für die Texteingabe in Word *ist, dass die eingegebenen Zeichen unmittelbar an der Stelle aufgenommen werden, an der sich gerade die Einfügemarke (Lichtpunkt, Cursor) befindet. Nach dem Start steht diese in der linken oberen Ecke des Bildschirms. Sobald ein Zeichen eingegeben wird, erscheint es auf dem Bildschirm – gleichzeitig bewegt sich die Schreibmarke um eine Position nach rechts.*

 Hinweis: Um Sonderzeichen in ein Dokument einzugeben, beispielsweise das Copyright-Symbol oder das Trademark-Zeichen, können Sie das Menü **Einfügen** aktivieren und hier den Befehl **Symbol** wählen.

Zeilenschaltung: Nehmen Sie keine Zeilenschaltung am Ende einer Zeile vor! Im Gegensatz zum Arbeiten mit einer herkömmlichen Schreibmaschine, bei dem am Ende einer jeden Zeile eine Zeilenschaltung durch Tastendruck vorzunehmen war, wird der Zeilenwechsel von *Word* automatisch durchgeführt. Diese Eingabe als Fließtext hat den Vorteil, dass Sie weiterschreiben können, ohne auf das Zeilenende achten zu müssen. Passt ein Wort nicht mehr in eine Zeile, dann wird dies automatisch in die nächste Zeile geschoben, sobald der rechte Zeilenrand überschritten wird (sog. automatischer Wortumbruch).

2.1 Grundlagen des Arbeitens mit Word – Texte erfassen und bearbeiten

Hinweis: Natürlich kann eine Zeile auch ausdrücklich beendet werden, bevor der rechte Rand erreicht ist. Zu diesem Zweck ist die Tastenkombination ⇧+↵ zu betätigen.

Absatzschaltung: Betätigen Sie für das Erzeugen eines Absatzes die ↵-Taste! Auch danach springt die Einfügemarke in die nächste Zeile. Gleichzeitig wird automatisch ein nichtdruckbares Zeichen, die sogenannte Absatzmarke, in den Text eingefügt. Sie ermöglicht es, später eine gezielte Gestaltung von Absätzen vorzunehmen (z.B. bei Einrückungen und Zeilenabständen).

Seitenumbruch: Word nimmt grundsätzlich einen automatischen Seitenumbruch vor. Wollen Sie allerdings vorzeitig eine neue Seite beginnen - weil z.B. ein bestimmtes Kapitel eines längeren Textes beendet wurde -, dann können Sie dies natürlich auch realisieren: Betätigen Sie für den Umbruch die Tastenkombination Strg+↵, oder wählen Sie aus dem Menü **Einfügen** den Befehl **Manueller Umbruch**.

Nach Aufruf des Befehls ergibt sich das folgende Dialogfeld:

Abb. 2–01

Die Abbildung zeigt, dass standardmäßig ein Seitenwechsel nach Klicken auf der Schaltfläche OK realisiert wird. Alternativ kann auch ein Spaltenwechsel (interessant für Texte mit mehreren Spalten) oder ein Abschnittswechsel geschaltet werden.

Der erzwungene Seitenwechsel wird auf dem Bildschirm im Normalmodus durch eine punktierte Linie angezeigt, wobei in der Mitte das Wort „Seitenumbruch" eingefügt ist. Handelt es sich um einen automatischen Seitenwechsel erscheint lediglich die punktierte Linie (ohne das Wort „Seitenumbruch").

2.1.3 Word-Dokumente formatieren und Besonderheiten in Berichtstexten

Problemstellung

In der betrieblichen Praxis müssen in regelmäßigen Abständen Berichte verschiedener Art angefertigt werden. Beispiele dafür sind: Monatsberichte über die wirtschaftliche Entwicklung, Tätigkeitsberichte, Dokumentationen, Quality Reports, Projektberichte und vieles mehr.

An einen Bericht werden meist hohe gestalterische Anforderungen gestellt. Wichtig Grundüberlegungen, die Sie dazu anstellen sollten, sind:

▶ **Regeln zur Seitengestaltung festlegen:** Die Seitengestaltung betrifft einmal **Angaben zum Seitenformat**. Neben der Einstellung von Papierformat und Seitenrändern kann es gewünscht sein, dass die Berichte in gebundener Form abgeliefert werden. Dann sind Besonderheiten zu beachten wie, dass sowohl Vorder- als auch Rückseite bedruckt werden sollen. Da Berichte meist mehrere Seiten umfassen, ist das automatische **Einfügen von Seitenzahlen** unumgänglich. Noch informativer ist es, wenn bei umfangreichen Berichten zur besseren Orientierung auch spezielle **Kopf- und Fußzeilen** zugeordnet werden. Darin können unterschiedliche Informationen enthalten sein; beispielsweise die jeweilige Kapitelüberschrift, der Name des Verfassers bzw. der Firma oder Datum und Uhrzeit.

▶ **Differenzierte Gliederung:** Grundsätzlich sollte einem umfangreichen Bericht ein **Titelblatt** sowie eine **Gliederung** vorangestellt sein. Im eigentlichen Text können die einzelnen Überschriften aufgrund der Gliederungsebene unterschiedlich formatiert werden. Um dies zu erleichtern, sollten Sie mit der Gliederungsfunktion arbeiten sowie Formatvorlagen nutzen.

- **Einheitliche Formatierung von Absätzen und Text-Auszeichnungen:** Eine ansprechende Gestaltung eines Berichtes können Sie auch dadurch erreichen, dass bestimmte Teile des Berichts mit Hervorhebungen versehen werden. Beispiele dafür sind die Rahmung von Absätzen sowie die Zuordnung von Hintergrundschattierungen. Auch das Arbeiten mit Initialen kann zur Anschaulichkeit beitragen.
- Ergänzung durch **Stichwortverzeichnisse** und evtl. **Fußnotenhinweise**.

 Hinweis: Letztlich erleichtert es Ihre Arbeit, wenn Sie für die Berichterstellung eine bestimmte Dokumentvorlage zugrunde legen. Neben der Anlage einer eigenen Vorlage bietet *Word* üblicherweise drei verschiedene Optionen an, wenn Sie im Menü **Datei** den Befehl **Neu** / **Mit Vorlage beginnen** wählen, die Variante *Allgemeine Vorlagen* und danach das Register *Berichte* aktivieren. Testen Sie diese einmal aus, indem Sie sich die dort definierten Formatvorlagen anschauen. Sie geben Ihnen zumindest einige Anregungen für das Gestalten einer individuellen Dokumentvorlage.

Gliederungsfunktion anwenden

Problemstellung
Gerade bei Berichten, Dokumentationen, Vortragstexten und wissenschaftlichen Arbeiten ist eine dem Fließtext vorangestellte Gliederung typisch. Sowohl beim Konzipieren der Gliederung als auch bei späteren Überarbeitungen kann die in Word *vorhandene Gliederungsfunktion nützlich sein.*

Die Möglichkeiten der Gliederungsoption sind bei längeren Dokumenten (die zudem regelmäßig überarbeitet werden) ein ideales und zeitsparendes Hilfsmittel, da hier die Elemente Ihres Textes (Überschriften, Unterüberschriften und Standard-Absätze) in hierarchischen Ebenen gestaffelt werden, und Sie diese Ebenen nach Bedarf ein- und ausblenden können:

- So ist es zum Beispiel kein Problem, lediglich die Hauptüberschriften oder die gesamte Überschriften-Struktur anzuzeigen.
- Sie können Hauptüberschriften mit allen zugehörigen Unterüberschriften und Textabsätzen per Drag & Drop an eine andere Stelle des Dokuments verschieben.

Vorteilhaft ist die Anwendung der Gliederungsfunktion aber nicht allein bei umfassenden Fließtexten mit vorangestelltem Inhaltsverzeichnis. Weitere interessante Anwendungsfälle sind:

- das Sammeln und Systematisieren von Ideen zu bestimmten Themen;
- das Aufstellen von Tagesordnungen für Besprechungen und Sitzungen verschiedener Art;
- das Erstellen von Tätigkeitslisten („Things to do-Listen");
- das Erstellen von Besprechungsprotokollen durch systematische Zuordnung von Gesprächsthemen zu Hauptpunkten;
- das Vorbereiten von Präsentationsmaterial (beispielsweise Folienvorlagen).

Die Gliederungshilfe beruht auf der Erfahrung, dass es einfacher ist, einen längeren Text zu entwerfen und zu formulieren, wenn bereits ein Gerüst von Überschriften, Zwischenüberschriften und Textmaterial existiert. Gliederung und Textdokument stellen dabei eine Einheit dar. Durch Deklaration als Gliederungspunkt werden diese automatisch auch Teil des Textdokumentes. Das hat den Vorteil, dass Gliederungsüberschriften nur einmal eingegeben werden müssen.

Beim Erstellen des Dokuments müssen die Gliederungspunkte - während des Schreibens oder nachträglich - in besonderer Weise gekennzeichnet werden. Wichtig ist in vielen Fällen, dass eine ausreichende Zahl von Gliederungsstufen möglich ist und verschiedene Nummerierungsarten zur Verfügung stehen. Die Nummerierung der Kapitel und Unterkapitel kann dabei vom Programm automatisch vorgenommen werden.

 Damit Sie mit Ihrem Dokument in der Gliederungsansicht sinnvoll arbeiten können, sollten Sie es schon bei der Eingabe strukturieren:

- Gliedern Sie Ihr Dokument in Standard-Textabsätze und Überschriften, die Sie wiederum hierarchisch aufgliedern.
- Geben Sie das neue Dokument am besten direkt in der Gliederungsansicht ein.
- Beginnen Sie mit der Struktur des Dokuments: Mit dem Titel, den Kapitelüberschriften, den Zwischenüberschriften und so weiter.
- Verwenden Sie für die Hierarchiebildung die in Word integrierten Formatvorlagen *Überschrift 1* bis *Überschrift 9*. Hinweis: Um das Aussehen der Formatvorlagen zu ändern, verwenden Sie aus dem Menü **Format** den Befehl **Formatvorlage** und hier die Option `Bearbeiten`.

Um eine Gliederung anlegen zu können, müssen Sie die bisher bekannten Ansichten (Normal bzw. Seitenlayout) verlassen und die so genannte Gliederungsansicht aufrufen. In dieser Bildschirmansicht können Gliederungsüberschriften erfasst oder umstrukturiert werden. Der Wechsel zur Gliederungsansicht wird im Menü **Ansicht** durch Wahl des Befehls **Gliederung** realisiert.

Nach dem Aufruf ergibt sich automatisch eine neue Symbolleiste: unterhalb der Format-Symbolleiste wird die Gliederungsleiste angezeigt.

Abb. 2–02

Damit können wichtige Arbeiten in der Gliederungsansicht einfach und schnell ausgeführt werden; beispielsweise das Einstufen von Überschriftstexten. Die Bedeutung zeigt die folgende Zusammenstellung:

▶ Der Pfeil nach links stuft eine Überschrift eine Gliederungsebene nach oben.
▶ Der Pfeil nach rechts stuft eine Überschrift entsprechend eine Gliederungsebene nach unten.
▶ Der Doppelpfeil wandelt eine Überschrift in einen Textkörper um.
▶ Die Pfeile nach oben und unten verschieben eine Überschrift nach oben oder unten.
▶ Mit dem Pluszeichen können Sie untergeordneten Text einer Gliederungsebene anzeigen lassen, mit dem Minuszeichen blenden Sie untergeordneten Text wieder aus.
▶ Das Symbol blendet bei Anklicken nur die erste Zeile des Textkörpers oder ausgeschaltet den gesamten Textkörper ein.
▶ Das Symbol schaltet die Formatierungsanzeige ein bzw. aus.

Hinweis: Den eigentlichen Textkörper erkennen Sie an einem kleinen Quadrat-Symbol. Er gehört jeweils zu der Gliederungsebene darüber.

Zur Vornahme der Strukturierung muss den einzelnen Überschriften eine unterschiedliche Bedeutung zugewiesen werden. Dazu setzen Sie jede Überschrift auf eine bestimmte Hierarchieebene. Diese Zuordnung einer Überschrift zu einer Gliederungsebene können Sie mit folgenden Tastenkombinationen vornehmen bzw. ändern:

▶ Umschalten auf eine niedrigere Ebene: Pfeil rechts in der Gliederungs-Symbolleiste bzw. Alt + ⇧ + →
▶ Umschalten auf eine höhere Ebene: Pfeil links in der Gliederungs-Symbolleiste bzw. Alt + ⇧ + ←

Word ermöglicht eine Eingabe von bis zu neun Gliederungsebenen. Für jede Gliederungsebene verwendet *Word* vordefinierte Formatvorlagen. Wenn Sie eine Überschrift einer bestimmten Ebene zuordnen, weist *Word* dieser Überschrift automatisch die entsprechende Formatvorlage zu.

Inhaltsverzeichnis anwenden

Problemstellung

In engem Zusammenhang mit der Gliederungsfunktion steht das Erstellen von Inhaltsverzeichnissen. Zu jedem längeren Text gehört auch ein Inhaltsverzeichnis, das am Anfang den Leser über den inhaltlichen Aufbau informiert. Normalerweise enthält dieses Verzeichnis alle Haupt- und Unterüberschriften der einzelnen Kapitel mit Angabe der jeweiligen Seitenzahl.

Mit der Anwendung der Gliederungsfunktion können Sie die Einträge für ein Inhaltsverzeichnis in Form von Kapitelüberschriften aus dem dazugehörigen Text erfassen und ordnen. Programmtechnisch kann diese Option mit *Word* in der Form realisiert werden, dass die Überschriften der einzelnen Kapitel und Unterabschnitte eines Textdokumentes - während des Schreibens oder nachträglich - in besonderer Weise markiert werden. Aus diesen Angaben kann das Programm dann automatisch ein Inhaltsverzeichnis erstellen.

Am einfachsten ist es, auf der Basis der Gliederungsüberschriften ein Inhaltsverzeichnis zu erstellen. Dazu müssen Sie nach Aufruf der Datei, in der die Gliederung enthalten ist, den Cursor zunächst an die Stelle setzen, an der das Inhaltsverzeichnis wiedergegeben werden soll. Danach ist aus dem Menü **Einfügen** der Befehl **Referenz** und dann die Option **Index und Verzeichnisse** zu wählen.

2.2 Tabellen erzeugen und gestalten

Problemstellung

In der Praxis müssen für Dokumente Aufstellungen verschiedener Art angefertigt werden. Dazu bietet Word *mit der so genannten Tabellenfunktion eine wertvolle Hilfe an:*

- *Auf diese Weise können Tabellen relativ schnell erzeugt und bearbeitet werden.*
- *Gleichzeitig stehen besondere Gestaltungsmöglichkeiten zur Verfügung; etwa das Einfügen von Gitternetzlinien oder das Ausgestalten mit bestimmten Farben und Schattierungen.*

Die wesentlichen Befehle für das Anlegen und Gestalten von Tabellen finden sich unter dem Menüpunkt **Tabelle**. Mit Hilfe von vertikalen Spalten und horizontalen Zeilen in einem Gittergerüst kann Platz für die Daten in Zellen eingerichtet werden. In den Zellen befindet sich dann der eigentliche Tabelleninhalt.

Wo liegen die typischen Einsatzbereiche für den „Tabelleneditor" von *Word*?

- Listen und Verzeichnisse: Telefonlisten, Adress- und Produktverzeichnisse lassen sich mit der Tabellenfunktion recht einfach und übersichtlich erzeugen.
- Zahlenaufstellungen: Die Optionen bieten sich an, wenn innerhalb eines Dokuments Zahlenaufstellungen zu erfassen und zu gestalten sind. Auch Berechnungen in Tabellen mit Aktualisierungsmöglichkeiten sind denkbar.
- Parallele Spaltenverarbeitung (Mehrspaltensatz): Nützlich ist die Funktionalität der Tabellenverarbeitung auch für den Fall, dass eine parallele Spaltenverarbeitung gewünscht wird, da so innerhalb einer Tabellenspalte ein eigener Zeilenumbruch stattfindet; interessant etwa für das Erzeugen einer Preisliste oder für Gegenüberstellungen (deutsche bzw. englische Fassung).
- Parallele Anordnung von Text und Grafiken/Bildern: Schließlich kann die Tabellenfunktion nützlich sein, wenn Text und eine dazugehörige Grafik nebeneinander angeordnet werden soll. Dafür steht alternativ aber auch das Arbeiten mit Positionsrahmen zur Wahl.

Um eine Tabelle in einem Word-Dokument zu erzeugen, gibt es generell zwei Möglichkeiten:

- das Arbeiten mit dem Menü **Tabelle** und Wahl der Befehlsfolge **Einfügen/Tabelle** oder
- die Nutzung des Symbols zur Tabellenerstellung ▦, das sich in der Standard-Symbolleiste befindet (Symbol „Tabelle einfügen").

Menügesteuertes Vorgehen für das Einfügen von Tabellen

Gehen Sie in folgender Weise vor:

1. Positionieren Sie die Einfügemarke an der Stelle im Dokument, an der die Tabelle im Text erscheinen soll.
2. Wählen Sie das Menü **Tabelle**, und aktivieren Sie hier den Befehl **Einfügen** und dann die Option **Tabelle**. Es erscheint ein Dialogfeld *Tabelle einfügen*, in dem die Spalten- und Zeilenanzahl für die zu erstellende Tabelle einzutragen ist.

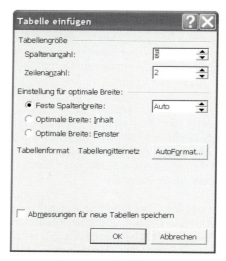

Abb. 2–03

2.2 Tabellen erzeugen und gestalten

3. Vor Bestätigung der Tabelleneinfügung durch Klicken auf [OK] können Sie noch ein bestimmtes Format auswählen. Dazu müssen Sie im Dialogfeld *Tabelle einfügen* zunächst auf die Schaltfläche [AutoFormat] klicken. Das Dialogfeld zeigt Abb. 2-04:

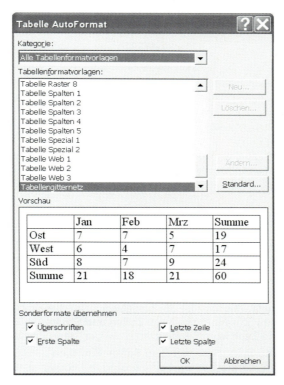

Abb. 2–04

4. Wenn Sie mit [OK] den Befehl bestätigen, wird ein Gitternetz auf dem Bildschirm dargestellt, das die Aufteilung der Tabelle im Dokument verdeutlicht. Die eingefügte leere Tabelle wartet dann auf die Dateneingabe.

Symbolgesteuertes Vorgehen für das Einfügen von Tabellen

Alternativ können Sie für das Erzeugen der Tabelle auch das Tabellensymbol in der Standard-Symbolleiste verwenden. Vorgehensweise:

1. Setzen Sie den Cursor zunächst an die Stelle im Dokument, die den Anfang Ihrer Tabelle bilden soll.
2. Aktivieren Sie das Tabellensymbol in der Standard-Symbolleiste, indem Sie das Symbol anklicken und die Maustaste gedrückt halten. Unterhalb der Schaltfläche wird nun ein Raster angezeigt, mit dem Sie die Anzahl der Zeilen und Spalten für die Tabelle festlegen können.
3. Ziehen Sie das Raster bei gedrückter linker Maustaste auf die gewünschte Größe (die geforderte Anzahl von Spalten und Zeilen ist zu markieren). Wenn Sie dann die Maustaste loslassen, muss eine Tabelle mit den Gitterhilfslinien in das Dokument eingefügt werden.

Ergebnis: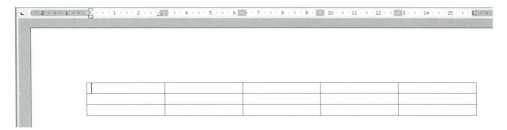

Abb. 2–05

Nach der Befehlsausführung steht die Einfügemarke automatisch in der ersten Zelle der Tabelle. Sie können daher sofort mit der Erfassung der Inhalte beginnen.

Hilfreich für das Bewegen in einer Tabelle ist die Kenntnis folgender festgelegter Tastenfunktionen:
- Nächste Zelle: `Tab`
- Vorhergehende Zelle: `⇧` + `Tab`
- Feld oben: `↑`
- Feld unten: `↓`
- Zeilenanfang: `Alt` + `Pos1`
- Zeilenende: `Alt` + `Ende`
- oberstes Feld der aktuellen Spalte: `Alt` + `Bild↑`
- unterstes Feld der aktuellen Spalte: `Alt` + `Bild↓`

! **Hinweis:** Es ist auch möglich, Inhalte aus der Zwischenablage in eine Tabelle einzufügen.

Die bei der Erzeugung der Tabellen festgelegte Zahl von Zeilen und Spalten muss natürlich nicht endgültig sein. Sie können auch im nachhinein noch Veränderungen vornehmen und
- Zeilen /Spalten hinzufügen oder
- Zeilen/Spalten löschen.

Besonders einfach ist das Hinzufügen einer neuen Zeile am Ende der Tabelle: Setzen Sie die Einfügemarke in die letzte Zelle der Tabelle, und betätigen Sie dann die Taste `Tab`. Es wird automatisch eine weitere Zeile am Tabellenende hinzugefügt.

Sollen innerhalb der Tabelle Bearbeitungen stattfinden, ist die Kenntnis der **Markierungsfunktionen** notwendig. Die Optionen werden deutlich, wenn Sie aus dem Menü **Tabelle** den Befehl **Markieren** wählen. Die korrekte Markierung ist Voraussetzung, um gezielt Zeilen und Spalten einfügen oder auch löschen zu können. Zur **Einfügung von Zeilen und Spalten** müssen Sie die Einfügemarke zunächst positionieren, eine Zeile bzw. Spalte markieren und dann das Menü **Tabelle** aktivieren:
- Wird eine ganze Zeile markiert, kann mit dem Befehl **Einfügen** genau eine Zeile eingefügt werden. Werden zwei Zeilen markiert, erfolgt eine Einfügung von zwei neuen Zeilen über den markierten Zeilen.
- Wird eine ganze Spalte markiert, können Sie mit dem Befehl **Einfügen** genau eine Spalte einfügen. Die Einfügung der neuen Spalte wird links von der markierten Spalte vorgenommen. Werden zwei Spalten markiert, erfolgt eine Einfügung von zwei Spalten usw.

Generell gilt: Die Anzahl der einzufügenden Zeilen bzw. Spalten hängt davon ab, wieviel Zeilen/Spalten vorher markiert wurden. Je nach Markierung innerhalb der Tabelle werden Ihnen unterschiedliche Optionen angeboten: Zellen einfügen, Spalten einfügen bzw. Zeilen einfügen.

Analog können Sie über das Menü **Tabelle** auch Zeilen oder Spalten im nachhinein löschen. Markieren Sie zunächst die zu löschenden Zeilen oder Spalten, und wählen Sie den Befehl zum Löschen (Zellen löschen, Zeilen löschen oder Spalten löschen).

Um eine Tabelle optisch ansprechender zu gestalten, stehen verschiedene Optionen zur Verfügung. Besonders nützlich ist aus dem Menü **Tabelle** der Befehl **Tabelleneigenschaften**:

Abb. 2–06

Über die entsprechenden Registerkarten stehen zahlreiche Optionen zur Verfügung.

AutoFormate zuordnen

Eine schnelle Form der Formatierung ist die Verwendung von sog. AutoFormaten. Dazu müssen Sie zunächst die Einfügemarke an eine beliebige Stelle innerhalb der Tabelle positionieren und dann aus dem Menü **Tabelle** den Befehl **AutoFormat für Tabellen** wählen. Optieren Sie jetzt bei den Formatangeboten auf die gewünschte Variante. Nach der Befehlsausführung kann sich das folgende Ergebnis einstellen:

Regionen	1. Halbjahr	2. Halbjahr	Summen
Nord	4335,33	345,56	4680,89
Süd	456,90	1004,90	1461,80
Ost	3454,05	677,66	4131,71
West	5665,77	5453,99	11119,76
Summen	13912,05	7482,11	21394,16

Abb. 2–07

Hinweis: Beim Erfassen von Tabellen sollen mitunter auch Tabellenüberschriften eingefügt werden. Dazu müssen Sie meist sicherstellen, dass die Überschrift sich über mehrere Spalten erstrecken kann. Folgendes Vorgehen ist notwendig:
- Geben Sie in der ersten Zelle der Tabelle zunächst die gewünschte Überschrift ein.
- Markieren Sie danach die Zellen, die mit der spaltenübergreifenden Überschrift gefüllt werden sollen.
- Aktivieren Sie das Menü **Tabelle**, und wählen Sie hier den Befehl **Zellen verbinden**.

2.3 Serienbriefe mit Word erstellen

Problemstellung

Egal, ob in der betrieblichen Praxis oder für private Anwendungen, oft müssen Texte für mehrere Adressaten gleichzeitig erzeugt werden. Umständlich und zeitaufwändig wäre es in diesem Fall, wenn jedes Schreiben einzeln erstellt würde. Vorteile bietet vielmehr die Nutzung und konsequente Anwendung der Serienbriefschreibung von Word.

Typische Beispielfälle, in denen Sie die im Folgenden beschriebenen Serienbrieffunktionen anwenden können, sind:
- Einladungsschreiben (etwa zu Seminaren, Präsentationen, Feierlichkeiten),
- Akquisitionsschreiben (Angebote, Werbebriefe),
- Anfragen an potentielle Lieferanten sowie
- Mitteilungen informativer Art (Stellenausschreibungen, Betriebsvereinbarungen).

Was ist all den genannten Beispielen gemeinsam? Basis ist immer ein Standardtext, der in nahezu unveränderter Form an eine Vielzahl von Adressaten versandt werden soll. Es macht deshalb Sinn, zunächst einen **Grundtext** zu erzeugen und darin jeweils die Informationen, die sich für jeden Empfänger ändern (so genannte Variable wie Anschriften, Anreden oder Zahlenangaben), besonders zu kennzeichnen. In einem zweiten Schritt können dann die **variablen Daten** vom Programm automatisch in den Grundtext eingefügt werden. Unterschiede sind bezüglich der Speicherung der variablen Daten möglich. Im einfachsten Fall werden diese Daten in einer gesonderten Word-Datei erfasst und verwaltet. Allerdings können auch Daten verwendet werden, die bereits in einem anderen Office-Programm (wie Excel, Access oder Outlook) gespeichert sind. Dazu später mehr.

Wichtig: Anwenden können Sie die Serienbriefschreibung auch für
- das Drucken von **Adressetiketten** sowie
- das Beschriften von **Briefumschlägen**.

Das prinzipielle Vorgehen ist in allen Fällen ähnlich. Benötigen Sie in einem Anwendungsfall sowohl Adressetiketten als auch Serienbriefe in Kombination, dann können Sie in beiden Fällen auf die einmal gespeicherten variablen Daten zurückgreifen.

Für eine Anwendung der Serienbrieffunktion sollte man sich zunächst den grundsätzlichen Ablauf vergegenwärtigen:

1. Erfassen Sie in einem ersten Schritt den Grundtext (das Hauptdokument), und speichern Sie diesen als gesonderte Datei. erstellen. Dieses Hauptdokument ist der Text, der die in allen Serienbriefdokumenten gleichlautenden Textabschnitte enthält.
2. Erstellen Sie danach – falls die variablen Daten noch nicht vorliegen – eine gesonderte Datei mit den Adressdaten.
3. Abschließend kann der nun vorliegende Standardtext mit der Datenquelle (der so genannten Steuerdatei) gemischt und so ein Seriendruck erstellt werden.

Realisiert werden diese Schritte in *Word XP*, indem Sie aus dem Menü **Extras** die Option **Briefe und Sendungen** und dann beispielsweise die Variante **Seriendruckassistent**  wählen (oder Sie aktivieren dies über den Aufgabenbereich). Sie können dann dem Assistenten anhand der Anweisungen im unteren Teil des Aufgabenbereichs folgen.

2.4 Format- und Dokumentvorlagen

Problemstellung

In einer Dokumentvorlage sind sämtliche Formatierungs- und Layoutvorgaben gespeichert, die ein Dokument einer bestimmten Art betreffen. So enthält ein Berichtstext beispielsweise Hauptüberschriften, Zwischenüberschriften, Aufzählungen oder Hervorhebungen, die immer wieder in gleicher Weise gestaltet werden sollen.

So könnte die Lösung aussehen, wenn Sie statt der direkten Formatierung mit Dokument- und Formatvorlagen arbeiten wollen:

▶ Systematisieren Sie vorab die bei Ihnen vorkommenden Dokumente (beispielsweise Briefe, Protokolle, Verträge, Berichte u.a.), und legen Sie für jeden Dokumenttyp eine eigene Dokumentvorlage an.

▶ Definieren Sie für jeden Dokumenttyp die darin vorkommenden Gestaltungsmerkmale, und speichern Sie diese als eigene Formatvorlagen unter einem Namen.

▶ Wenn Sie die so angelegten Dokument- und Formatvorlagen nutzen, können Sie die bereits skizzierten Vorteile nutzen: Sie können den Aufwand für sich wiederholende Formatfestlegungen reduzieren, indem Sie lediglich den Namen der Formatvorlage und nicht erst aufwändig zahlreiche Menübefehle auswählen. Gleichzeitig ist so eher gewährleistet, dass alle Dokumente nach einem einheitlichen Layout gestaltet sind.

Beachten Sie: Dokumentvorlagen müssen nicht nur Formatvorlagen enthalten. Alternativ oder ergänzend ist es auch möglich, dass in einer Dokumentvorlage weitere Elemente enthalten sind, die Ihnen die Arbeit erleichtern. Beispiele sind

▶ Standardtexte, die sich in jedem Dokument des gleichen Typs finden, wie z. B. der Vorspann in einem Memo oder einem Bericht,

▶ AutoText-Einträge (aufrufbare Textbausteine),

▶ Feldeinfügungen,

▶ Makros sowie

▶ eigene Menüs und Tastenbelegungen (= angepasste Word-Befehle).

Dies zeigt: Wollen Sie Ihre Arbeit mit Bausteinen, Makros oder VBA-Lösungen optimieren, kommen Sie um die Kenntnis und Anwendung von Dokumentvorlagen nicht herum.

Grundidee und Organisation von Formatvorlagen

Im Rahmen der direkten Formatierung von Texten werden Sie festgestellt haben, dass Sie eine bestimmte Kombination von Formatierungen wiederholt für Ihre Textgestaltung verwenden. Für genau diese Fälle empfiehlt sich die Anlage von Formatvorlagen.

Zunächst eine Erläuterung des Begriffs **Formatvorlage**:

▶ In einer Formatvorlage sind die Angaben zur Formatierung von Absätzen mit den jeweiligen Zeichenformatierungen, Definitionen von Tabstopps und Angaben zur Positionierung zusammengefasst.

2.4 Format- und Dokumentvorlagen

▶ Sofern Sie keine besonderen Überlegungen und Zuordnungen vorgenommen haben, wird immer nur mit einer Formatvorlage gearbeitet; der **Formatvorlage Standard**. Dabei werden Absätze

– linksbündig ausgerichtet und ohne Einzüge/Einrückungen gesetzt,

– mit einfachem Zeilenabstand versehen und

– in der Schriftart „10 Punkt Tms Rmn" bei einer Zeichenskalierung von 100 % geschrieben.

Diesen Standard können Sie natürlich ändern. Soll etwa im Regelfall mit der Schrift ARIAL 12 Pt gearbeitet werden, müssen Sie folgendermaßen vorgehen:

1. Aktivieren Sie aus dem Menü **Format** den Befehl **Zeichen**.
2. Nehmen Sie die gewünschten Einstellungen in dem angezeigten Dialogfeld vor.
3. Klicken Sie dann auf die Schaltfläche [Standard]. Ergebnis:

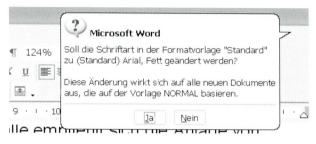

Abb. 2–08

4. Nach Bestätigung der Abfrage, dass die Standardschrift geändert werden soll sowie bei einer Aktualisierung der Vorlage NORMAL.DOT wird dann die Änderung gespeichert. Künftig arbeiten Sie standardmäßig mit den neuen Formateinstellungen.

Neben einer Änderung der Standardschrift möchten Sie für ausgewählte Anwendungsfälle mitunter auch die anderen Gestaltungselemente eines Dokuments gezielt einstellen und dafür eigene Formatvorlagen definieren. So haben Sie ein Mittel, um eine Gruppe zusammengehöriger Formate unter einem Namen aufzuzeichnen (es kann sich dabei um eine beliebige Kombination von Zeichen-, Absatz-, Tabulator- oder Positionsformatierungen handeln). Mit Hilfe des Namens, den Sie für eine Formatvorlage vergeben, können Sie dann später beliebigen Absätzen (etwa einer Hauptüberschrift, Zwischenüberschrift oder wichtigen Absätzen) eines gerade zu gestaltenden Dokumentes schnell ein gewünschtes Format geben.

Wo werden die Formatvorlagen gespeichert?

▶ Wichtig ist, dass Formatvorlagen immer in einer besonderen Datei mit der Erweiterung DOT (oder TEM) abgelegt werden. Diese Datei für die Aufnahme der Formatvorlagen wird Dokumentvorlage genannt.

▶ Soweit nicht Besonderes festgelegt wird, wandern neu angelegte Formatvorlagen in die Normal.DOT (der so genannten globalen Dokumentvorlage).

▶ Wird ein neues Dokument erstellt, so basiert dieses Dokument grundsätzlich auf der Dokumentvorlage mit dem Namen Normal.DOT. Ansonsten muss ausdrücklich eine andere Dokumentvorlage ausgewählt werden.

Der Ordner, in dem Dokumentvorlagen abzulegen sind, ist nicht ohne weiteres festlegbar, so wie Sie das von den Dokumentdateien her kennen. Die Dokumentvorlage Normal.DOT muss grundsätzlich im Ordner Vorlagen (Templates) gespeichert werden. Alternativ kommt nur ein Ordner in Betracht, der auf der Registerkarte Speicherort für Dateien (siehe Menü Extras, Befehl **Optionen**) unter Benutzervorlagen oder Arbeitsgruppenvorlagen festgelegt ist.

Neben der Normal-Dokumentvorlage können Sie zahlreiche spezielle Dokumentvorlagen für bestimmte Anwendungsgebiete anlegen. Für die definierten Dokumentarten können spezielle Formatvorlagen festgelegt und zu einer speziellen Dokumentvorlage zusammengefasst werden. Für die Anwendung gilt dann: Wenn Sie beispielsweise einen Wochenbericht unter Verwendung der speziellen Berichtsvorlage erstellen, können für diesen Bericht sowohl die Einstellungen aus der Berichtsvorlage als auch die Einstellungen aus jeder globalen Dokumentvorlage verwendet werden.

Den Unterschied zwischen globalen und speziellen Dokumentvorlagen verdeutlicht folgende Tabelle:

Globale Dokumentvorlage	Spezielle Dokumentvorlagen
Enthaltene Formatvorlagen sind auf alle Arten von Dokumenten anwendbar (= Dokumentvorlage für allgemeine Zwecke)	Dokumentvorlagen, wie beispielsweise Berichts-, E-Mail-, Memo- und Faxvorlagen, enthalten Einstellungen, die nur für Dokumente verfügbar sind, die auf diesen Dokumentvorlagen basieren.
Word erstellt ein neues leeres Dokument, das auf der Dokumentvorlage *Nomal.dot* basiert, wenn Sie das Programm starten oder auf die Symbolfläche *Neues Leeres Dokument* klicken.	Word kann eine spezielle Dokumentvorlage aktivieren, wenn Sie im Aufgabenbereich die entsprechende Vorlage auswählen.

Merke: Formatvorlagen werden in einer Dokumentvorlage gespeichert:
- ▶ Die Verwendung von Formatvorlagen hat den Vorteil, dass einmal definierte Formate über die Zuordnung des Namens immer wieder schnell verwendet werden können. Getrennte Formatierungsteile müssen nicht mehr einzeln über verschiedene Menüpunkte eingestellt werden (= Zeitgewinn).
- ▶ Durch die Zusammenfassung von Formatvorlagen in einer Dokumentvorlage können bestimmte Dokumentarten einfach nach den gleichen Richtlinien gestaltet werden (= Einheitlichkeit).

Fazit: Zahlreiche Routinearbeiten, die zur Gestaltung von Dokumenten erforderlich sind, können Sie durch Verwendung von Dokumentvorlagen vermeiden bzw. optimierter ausführen.

3 Outlook XP

Problemstellung

Outlook ist heute für viele Beschäftigte die Steuerzentrale für das Arbeiten in Büro und Verwaltung. Egal, ob es sich um das Verwalten von Aufgaben, Terminen, Adressen oder Notizen handelt, überall hilft Outlook zu einer schnellen und komfortablen Lösung. Hinzu kommen die besonderen Möglichkeiten der Kommunikation. Beispiele sind das Senden, Empfangen und Verwalten von E-Mails sowie verschiedene Varianten der Internet-Kommunikation (E-Faxe, Conferencing, Instant Messaging). Bei Nutzung eines digitalen Organizers (PDA = Personal Digital Assistant) kann das Programm ebenfalls verwendet werden; interessant ist dann die Möglichkeit der Synchronisation der Outlook-Elemente auf dem Desktop und dem PDA.

In diesem Kapitel erfahren Sie,

▶ welche Vorteile und Möglichkeiten *Outlook XP* für das Verwalten und Nutzen von Kontaktinformationen bietet,

▶ wie Sie mit *Outlook* Aufgaben verwalten und damit eine funktionierende Arbeitsorganisation aufbauen können,

▶ wie Sie mit *Outlook* einen Terminkalender führen und Terminabstimmungen vornehmen können und

▶ welche Möglichkeiten *Outlook XP* für das E-Mailing bietet.

3.1 Die Funktionsbereiche von Outlook XP – Leistungen im Überblick

Das Leistungsspektrum von Outlook ist recht vielfältig:

Outlook: das Leistungspotenzial

- Persönliches Informationsmanagement
  - Aufgabenmanagement
  - Kalendermanagement
  - Kontakte
  - Journal
  - Notizen

- Aufgaben-Integration im Office
  - Word-Integration
  - Datenimport und -export
  - Integration zu mobilen Systemen

Windows 2000
Win CE
Windows XP

- Kommunikation
  - Mail-Dienste (Internet-Mail, Inhouse-Mails)
  - Remote-Mails
  - Fax-Kommunikation
  - Newsreader-Integration
  - Telefonie-Integration

- Real-time Zusammenarbeit:
  - Aufgabendelegation
  - Terminkoordination
  - Web-Integration
  - NetMeeting™
  - NetShow™

Abb. 3–01

Die Übersicht zeigt: Sie können *Outlook* verwenden, um Ihre Aufgaben, Termine, und Kontakte zu verwalten, Ihre Aktivitäten zu überwachen sowie Informationen gemeinsam mit anderen Programmen zu nutzen. Die **wichtigsten Funktionsbereiche (Elemente)** des Programms *Outlook XP* sind:

- **Kontakte:** Dieses Outlook-Element ermöglicht das Verwalten von Personendaten. Dies sind insbesondere Adressdaten wie Anschrift, Telefonnummer, Faxnummer und E-Mail-Adresse. Darüber hinaus können weitere persönliche und geschäftliche Daten erfasst werden; beispielsweise Position, Geburtsdatum oder Abteilungszugehörigkeit. Sämtliche Daten des Kontakte-Folders können für Abfragen und Auswertungen genutzt werden. Ergänzend – und das ist ein besonderer Vorteil von *Outlook* – lassen sich die Daten für das Schreiben von Briefen, das Versenden von E-Mails, die Zuweisung von Aufgaben oder für eine Besprechungsanfrage verwenden.
- **Aufgabenmanagement:** Um anfallende Aufgaben (seien sie beruflicher oder privater Natur) zeit- und qualitätsgerecht zu erledigen, können diese in *Outlook* erfasst und mit Fälligkeiten belegt werden. Auch eine Delegation von Aufgaben an andere Personen kann damit organisiert werden.
- **Kalendermanagement:** *Outlook* stellt einen Terminkalender bereit. Wichtige Termine können hier eingetragen und überwacht werden. Ergänzend können gemeinsame Besprechungen geplant werden, indem das Programm beim Finden und Verwalten geeigneter (freier) Termine hilft.
- **Journal:** Um die geleisteten Aktivitäten zu dokumentieren oder zu controllen, kann ein Journal in Tages-, Wochen- und Monatsansicht verwendet werden.
- **Notizen:** Hier können Ideen und Erinnerungen in Kurzform notiert werden.

Neben dem persönlichen Termin- und Aufgabenmanagement unterstützt *Outlook XP* auch die Zusammenarbeit und Organisation von Arbeitsgruppen durch zahlreiche Kommunikationsfunktionen und integrierte Werkzeuge. Die Möglichkeiten hängen jedoch zu einem Großteil von den in Verbindung mit *Outlook* genutzten Servern und Netzwerken ab:

- Zur **Terminkoordination** von Arbeitsgruppen besteht die Möglichkeit, sich an eine Arbeitsgruppe anzugliedern und die Termine mit anderen Nutzern elektronisch zu koordinieren. Das setzt sich in kompletten Projektplanungen fort, wie man das bei Groupware gewöhnt ist.
- *Outlook* dient letztlich als **E-Mail-Client** in Windows 2000/XP, der die *Mails im Netz* und auch *Internet-Mails* empfangen und verschicken kann. Für den Mailversand stehen besondere Kontroll- und Überwachungsfunktionen zur Verfügung.

Hinweis: Die Funktionen von *Outlook* stehen jeder Anwendung von MS-*Office XP* zur Verfügung. Microsoft bezeichnet das als „Shared Features".

Als besondere *Erweiterungen der XP-Version* gegenüber der Vorgängerversion werden herausgestellt:

- Neue Bedienungselemente wie Smarttags etc.
- Erweiterte Sicherheitsfunktionalitäten (digitale Signaturen etc.)
- Unterstützung eines Instant Messaging Servers
- Verbesserte und automatisierte Kalenderbeschriftung
- Neue Möglichkeiten der Terminkoordination (Gruppenzeitplanung mit Outlook, Besprechung mit Externen einfacher koordinierbar)
- Optimierte Connectivity
- Datendateiverwaltung
- Integration mit dem Exchange-Konferenzserver

Nach dem Starten von *Outlook XP* kann sich die Bildschirmanzeige wie in Abb. 3-03 ergeben.

Outlook XP bietet mit dem Ausgangsbildschirm und der Ansicht *Outlook Heute* eine Schaltzentrale für die Arbeit mit dem Programm. Sie stellt alle zur Zeit anstehenden Termine, Nachrichten und Aufgaben übersichtlich dar. Ausgehend von dieser Programmzentrale gelangt man direkt zu den wichtigsten Objekten von Outlook; beispielsweise zum Kalender.

Das Ausgangsbild macht deutlich, dass der Outlook-Bildschirm üblicherweise vier Bereiche umfasst:

- die *Menüleiste* am oberen Bildschirmrand, die eine Aktivierung von Pull-Down-Menüs ermöglich,
- eine *Outlook-Leiste* auf der linken Bildschirmseite, in der die Hauptfunktionen von *Outlook* nach drei Gruppen gegliedert aufgelistet sind,

3.1 Die Funktionsbereiche von Outlook XP – Leistungen im Überblick

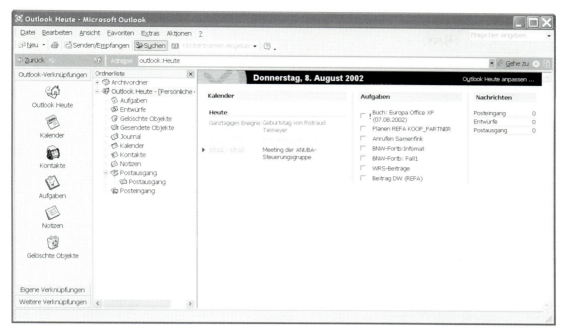

Abb. 3–02

▶ den *Arbeitsbereich* auf der rechten Bildschirmseite. Hier wird der Bereich für die jeweils gewählte Outlook-Funktion angezeigt. Ist beispielsweise statt der *Outlook Heute-Anzeige* der Posteingang aktiviert, zeigt der rechte Bildschirm den Inhalt des Posteingangskorbs an; bei Aktivierung von Aufgaben wird die Aufgabenliste aktiviert.

▶ Rechts neben der Outlookleiste kann ergänzend die *Ordnerliste* eingeschaltet sein.

Um schnell an einzelne Elemente von *Outlook* zu gelangen, ist auf einen der kleinen Balken der Outlook-Leiste zu klicken, die sich unter- bzw. oberhalb befinden können. Diese Balken werden **Gruppen** genannt.

Abb. 3–03

Der Begriff *Verknüpfungen* soll signalisieren, dass *Outlook* darüber Zugänge zu bestimmten Ordnern in Gruppen ermöglicht. In der Gruppe *Outlook-Verknüpfungen* finden sich **Verknüfungen zu den Ordnern**

▶ Outlook Heute
▶ Kalender
▶ Kontakte
▶ Aufgaben
▶ Notizen und
▶ Gelöschte Objekte.

Hinweis: Die Ordner von *Outlook* werden auch Folder genannt.

Die *EigeneVerknüpfungen-Gruppe* hat Verknüpfungen zu den Ordnern
▶ Posteingang
▶ Entwürfe
▶ Postausgang
▶ Gesendete Objekte
▶ Journal und andere Ordner.

Nach dem Klicken auf `Weitere Verknüpfungen` hat die Leiste beispielsweise das folgende Aussehen:

Abb. 3–04

Über die Gruppe *Weitere Verknüpfungen* kann ein Ordner auf dem lokalen Rechner, auf einem zentralen Server der betreffenden Organisation oder auf einem beliebigen angeschlossenen Netzlaufwerk geöffnet werden sowie die Anzeige von Favoriten aufgerufen werden.

Um ein Element aus der Outlook-Leiste zu aktivieren, gibt es zwei Möglichkeiten:

▶ Durch Mausklick auf ein bestimmtes Element der Outlook-Leiste startet automatisch das dazugehörige Teilprogramm; beispielsweise das Kontaktmanagement, der Posteingang oder das Aufgabenmanagement.

▶ Alternativ kann auf das zu startende Element auch mit der rechten Maustaste geklickt werden. Es besteht dann die Möglichkeit, mit dem Befehl **In neuem Fenster öffnen** das Teilprogramm in einem neuen Outlook-Fenster zu starten (allerdings ohne *Outlook*-Leiste).

Hinweis: Sowohl die Gruppen als auch die Elemente der Outlook-Leiste lassen sich erweitern oder löschen. Klicken Sie mit der rechten Maustaste auf die Liste oder den Balken. Wählen Sie anschließend aus dem Kontextmenü die entsprechenden Lösch- oder Erweiterungsbefehle. Mögliche Befehle im Kontextmenü sind: *Neue Gruppe hinzufügen*, *Gruppe entfernen* und *Gruppe umbenennen*.

3.2 Kontaktmanagement

Problemstellung

Das Führen eines Adressbuches oder einer Adresskartei ist out. Viel zuwenig Platz und ständig wechselnde Adressen verursachen jede Menge Zettelwirtschaft und Frust. Was liegt also näher, als den Adressenschatz dem Computer anzuvertrauen?

Outlook ermöglicht mit dem Ordner *Kontakte* ein professionelles Adressmanagement. Dieser Ordner dient als Speicherort für die Daten von Personen und Unternehmen, mit denen Kommunikations- und Kooperationsbeziehungen bestehen. Da es zu einer Person oder einem Unternehmen jedoch noch wesentlich mehr zu erfassen gibt als nur die Postadresse, ist die Bezeichnung *Kontakt* treffender als der Begriff Adressverwaltung. Informationen, die zu einem Kontakt gespeichert werden können, sind beispielsweise neben der Postadresse verschiedene Telefonnummern, E-Mail-Adressen, Adresse der Website, Berufsbezeichnung oder Notizen. Hinzu kommt, dass die Daten gleichzeitig die Funktion als E-Mail-Adressbuch oder Telefonbuch haben können.

Outlook bietet neben dem Neuerfassen von Kontaktdaten folgende Möglichkeiten:

▶ Verwalten der Kontaktdaten (Ändern, Löschen von Kontaktdaten)
▶ Suchen und Sortieren von Kontaktdaten
▶ E-Mails oder Briefe an Kontakte senden
▶ Organisation von Besprechungen mit Kontakten (Besprechungsanfragen an Kontakte)
▶ Anrufen von Kontakten (integrierte Telefoniefunktion)
▶ Weitergabe/Versand von Kontaktdaten als Visitenkarte
▶ Aufgabenorganisation mit Kontakten (durch Übertragung von Aufgaben)
▶ Integriertes Dokumentenmanagement durch Verknüpfung zu Dokumenten (also Briefen und E-Mails)
▶ Reportingfunktionen (Ausdruck von Telefonlisten, Adresskarten etc.).

3.2 Kontaktmanagement

Ergebnis nach Aufruf des Kontaktmanagements ist – wenn bereits Einträge vorhanden sind und die Ansicht *Adresskarten* gewählt wurde - der folgende Beginn einer Anzeige:

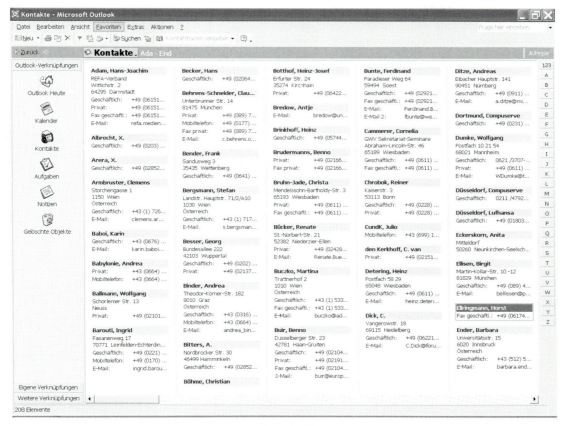

Abb. 3–05

Das Bild zeigt: Das Adressbuch ist in alphabetische Register unterteilt, wonach die gespeicherten Adressen gegliedert sind. Die Anfangsbuchstaben erscheinen am rechten Bildschirmrand.

Eine Variante ist die **Anzeige als Telefonliste**. Diese Veränderung können Sie über die Schaltfläche für Organisieren oder mit der Befehlsfolge **Extras/Organisieren** erreichen. Nach dem Mausklick auf diese Schaltfläche muss die Variante *Ansichten verwenden* angeklickt werden. Ergebnis ist die Möglichkeit zum Ändern der Ansicht:

Abb. 3–06

Die Wahl der Option *Telefonliste* führt zu folgendem Ergebnis:

Name	Firma	Speichern unter	Telefon gesch...	Fax geschäftl.	Telefon privat	Mobiltelefon
Hans-Joachim Adam	REFA-Verband	Adam, Hans-Joachim	+49 (06151) 8...	+49 (06151) 8...	+49 (06151) 4...	
X. Albrecht	Kanzlei	Albrecht, X.	+49 (0203) 92...			
X. Arera		Arera, X.	+49 (02852) 2...			
Clemens Armbruster	Promatis Cons...	Armbruster, Clemens	+43 (1) 72655...			
Karin Baboi	DATAplexx Gm...	Baboi, Karin	+49 (0676) 84...			
Andrea Babylonie		Babylonie, Andrea			+43 (0664) 52...	+43 (0664) 56...
Wolfgang Ballmann	Seminar Düss...	Ballmann, Wolfgang			+49 (02101) 4...	
Ingrid Barouti	T-Systems de...	Barouti, Ingrid	+49 (0221) 25...			+49 (0170) 86...
Hans Becker	Mercedes Bec...	Becker, Hans	+49 (02064) 4...			
Claudia Behrens-Sch...	Congress & Of...	Behrens-Schneider, Claudia			+49 (089) 745...	+49 (0177) 28...
Frank Bender	ibo Software ...	Bender, Frank	+49 (0641) 98...			
Doktor Stefan Bergs...	IDS Scheer Au...	Bergsmann, Stefan	+43 (1) 71728...			
Georg Besser	BK Elberfeld	Besser, Georg	+49 (0202) 56...		+49 (02137) 8...	
Andrea Binder	EBQ	Binder, Andrea	+43 (0316) 67...			+43 (0664) 38...
A. Bitters	Gartenpartner ...	Bitters, A.	+49 (02852) 7...			
Christian Böhme		Böhme, Christian				
Heinz-Josef Botthof	Plaut	Botthof, Heinz-Josef			+49 (06422) 7...	
Antje Bredow	Uni Duisburg	Bredow, Antje				
Heinz Brinkhoff		Brinkhoff, Heinz	+49 (05744) 897			
Benno Brudermanns	Selbstständig	Brudermanns, Benno			+49 (02166) 9...	
Christa Bruhn-Jade	Selbstständig	Bruhn-Jade, Christa		+49 (0611) 95...	+49 (0611) 95...	
Renate Bücker	FL-Verband	Bücker, Renate			+49 (02428) 2...	
Martina Buczko	ADV Wien	Buczko, Martina	+43 (1) 5330913	+43 (1) 53309...		
Benno Buir	Verlag Europa...	Buir, Benno	+49 (02104) 6...	+49 (02104) 6...	+49 (02191) 9...	
Ferdinand Bunte	LSW Soest	Bunte, Ferdinand	+49 (02921) 6...	+49 (02921) 6...		
Cornelia Cammerer	Gabler-Semin...	Cammerer, Cornelia	+49 (0611) 78...	+49 (0611) 78...		
Dr. Reiner Chrobok	Akademie Füh...	Chrobok, Reiner	+49 (0228) 21...		+49 (0228) 34...	
Julio CundK	C+K	CundK, Julio				+43 (699) 124...
Dr. C. van den Kerkhoff		den Kerkhoff, C. van			+49 (02151) 7...	

Abb. 3–07

3.2.1 Neue Kontakte erfassen

Problemstellung

Kern des Kontakteordners ist eine Art Formular, in dem bestimmte Informationen zu Kontaktpersonen eingetragen werden können.

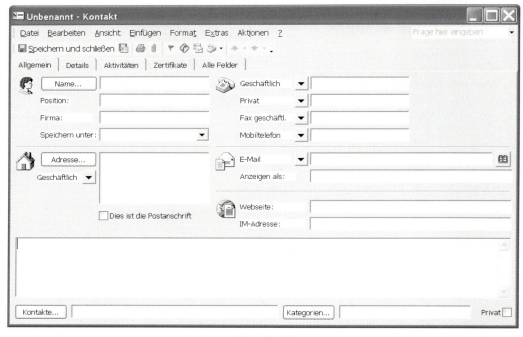

Abb. 3–08

3.2 Kontaktmanagement

Outlook bietet mit diesem Formular für das Erfassen von Kontaktdaten zahlreiche **Möglichkeiten**:

▶ Einem Kontakt können **mehr als 100 verschiedene Einträge** zugeordnet werden (Adressinfos, Telekommunikationsverbindungen etc.).
▶ Pro Kontakt können bis zu **19 Telefon- und Faxnummern** erfasst werden.
▶ Pro Kontakt lassen sich **drei Anschriften sowie drei E-Mail-Adressen** angeben.
▶ Außerdem kann die Webseitenangabe erfasst werden.

▶ **Besonderheiten zur Eintragung des Namens** lassen sich festhalten, indem im Ausgangsdialogfeld auf die Schaltfläche `Name` geklickt wird.
▶ **Position und Firma eintragen**: Handelt es sich bei einem neuen Kontakt um einen Geschäftskontakt, sollten auch die Felder *Position* und *Firma* ausgefüllt werden. Diese Angaben können später für Such- und Sortierzwecke nützlich sein.
▶ **Adressdaten eintragen**: Es kann zwischen drei Arten von Anschriften gewählt werden: **Geschäftlich**, **Privat** und **Weitere**. Durch Auswahl über das unter Adresse stehende Listenfeld ist dies möglich. Besondere Optionen ergeben sich nach Klicken auf die Schaltfläche `Adresse`:

Abb. 3–09

▶ Um sicherzustellen, dass die Teile einer Adresse beim Sortieren, Filtern oder bei einem Seriendruck richtig erkannt werden, klicken Sie auf die Schaltfläche `Adresse`.
▶ Wenn das Adressenfeld im Ausgangsdialogfeld *Kontakt für Outlook* unvollständig oder unlogisch ausgefüllt wird, öffnet sich das zuvor erläuterte Dialogfeld *Adresse überprüfen* automatisch. Es besteht dann die Möglichkeit, Eingaben zu ergänzen, zu korrigieren oder auch einfach zu bestätigen.
▶ Wird kein Ländername eingegeben, wird der Name des Landes, der im Dialogfeld *Ländereinstellungen* in der Windows-Systemsteuerung festgelegt ist, verwendet.
▶ Wenn ein Kontakt mehrere Adressen besitzt, kann mit Aktivieren des Kontrollkästchens *Dies ist die Postanschrift* festgelegt werden, welche Adresse für den Serienbrief verwendet werden soll.

▶ **Telekommunikationsverbindungen eintragen**: Zu jedem Namen/Kontakt lassen sich bis zu 19 Telefon- und Faxnummern eintragen, von denen allerdings nur maximal vier gleichzeitig angezeigt werden. Die Voreinstellung sieht die vier gebräuchlichsten Nummern vor: *Geschäftlich, Privat, geschäftliche Faxnummer* und das *Mobiltelefon*. Soll eine Nummer eingetragen werden, die nicht in der Standardauswahl angegeben ist, ist auf den Pfeil neben dem jeweiligen Nummernfeld zu klicken. Es öffnet sich dann ein Auswahlmenü, über das Sie festlegen, welche Nummer eingegeben werden soll (bzw. welche Nummer angezeigt werden soll).

Um die Telefon- oder Faxnummer einzugeben, klicken Sie auf das entsprechende Feld. Geben Sie dann die Vorwahl, ein Leerzeichen und die Rufnummer ein (bei Mobiltelefon ohne Leerzeichen!) und drücken Sie die Tab-Taste. *Outlook* verfügt standardmäßig über alle internationalen Vorwahlnummern.

▶ **E-Mail-Adresse eintragen**: Für die Angabe der E-Mail-Adresse können bis zu drei Adressen eingetragen werden: Mit einem Klick auf den Pfeil öffnet sich ein Auswahlmenü, in dem bis zu drei E-Mail-Adressen festgelegt werden können. Die Schaltfläche mit dem Adressbuch (= Buchsymbol) ermöglicht das Einfügen einer schon vorhandenen E-Mail-Adresse aus Ihrem Windows-Adressbuch.

▶ **Web-Seiten verwalten**: Im Feld *Webseite* kann die Adresse der Webseite der Person oder Firma eingegeben werden. Die Angabe http:// kann beim Eingeben entfallen, da *Outlook* diese automatisch nach der Eingabe der www-Angabe ergänzt. Eine eingegebene Adresse wird automatisch als Hyperlink, d.h. blau und unterstrichen dargestellt. Ein Mausklick auf die Webadresse lädt diese in den vorhandenen Webbrowser (beispielsweise *Internet Explorer*), sofern eine Verbindung zum Internet besteht.

▶ **IM-Adresse eingeben**: Neu ist in der XP-Version das Feld *IM-Adresse* (IM für Instant Messaging). Instant Messaging ist ein Feature der Dienste Microsoft MSN Messenger und Microsoft Exchange Instant Messaging. Damit ist es möglich, mit einem Kontakt genauso unmittelbar zu kommunizieren wie in einem persönlichen Gespräch, da sich erkennen lässt, ob ein Kontakt gerade online ist. Selbst steuerbar ist die Anzeige des eigenen Onlinestatus anderen Personen gegenüber. Wenn jemand beispielsweise gerade beschäftigt ist und keine Gespräche annehmen möchte, kann der Status in *Beschäftigt* geändert werden.

Instant Messaging ist in *Outlook XP* standardmäßig aktiviert, sodass beim Starten von *Outlook* automatisch die Anmeldung beim Instant Messaging-Dienst erfolgt. Die Instant Messaging-Adresse von Kontakten, die ebenfalls Instant Messaging verwenden, geben Sie im Feld *IM-Adresse* auf der Registerkarte *Allgemein* des jeweiligen Kontakts ein. Wenn der Kontakt geöffnet ist, wird der Onlinestatus des Kontakts auf der Infoleiste angezeigt. Der Onlinestatus des Kontakts wird ebenfalls auf der Infoleiste einer E-Mail-Nachricht angezeigt, falls die im Feld *Von:* angezeigte Adresse in Ihrer Instant Messaging-Buddyliste enthalten ist. Durch Klicken auf die Infoleiste können Sie eine Sofortnachricht senden.

▶ **Notizen eintragen**: Unterhalb dieser Angaben ist Platz für die Eintragung von Notizen.

▶ **Kontakte zuordnen**: Jeder Kontakt kann mit einem oder mehreren weiteren Kontakten verknüpft werden. Auf diese Weise lassen sich Querverbindungen zwischen unterschiedlichen Personen speichern. Ein Doppelklick auf den Kontakt genügt, um das entsprechende Kontaktformular zu öffnen.

▶ **Kategorienmerkmale zuordnen**: Im unteren Bereich des Dialogfeldes gibt es noch das Feld Kategorien, mit dem einem Kontakt eine oder mehrere Kategorien zugeordnet werden können. Nach Klicken auf die Schaltfläche `Kategorien` erscheint dazu ein entsprechendes Auswahlfeld für die möglichen Kategorien:

Abb. 3–10

Es können hierüber auch eigene Ordnungskriterien hinzugefügt werden. Dazu müssen Sie zunächst auf die Schaltfläche `Hauptkategorienliste` klicken. Machen Sie nach dem Aufruf den Eintrag im Feld *Neue Kategorie*, und klicken Sie auf `Hinzufügen`. Hilfreich ist die Zuordnung von Kategorien, um nach bestimmten Kontakten zu filtern.

▶ **Details** hinzufügen: Das Register *Details* erlaubt es, weitere Daten zu einer Kontaktperson zu erfassen. Die meisten Felder im Bereich der geschäftlichen Details sind selbstredend und bedürfen keiner weiteren Erklärung.

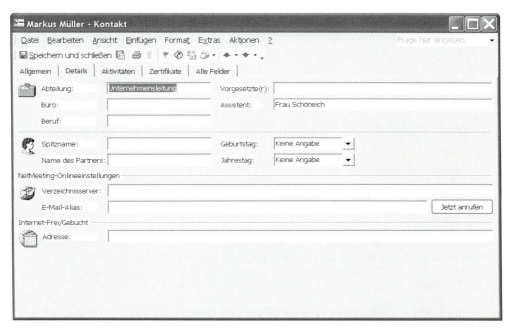

Abb. 3–11

Ein *Hinweis* zu der Eintragung des Geburtstages: Ein erfasster Geburtstag wird automatisch in die Terminplanung als Ereignis übernommen. Auf der Registerkarte *Details* können außerdem Einstellungen für NetMeeting und für die Funktion *Internet-Frei/Gebucht* festgelegt werden: Um Onlinebesprechungen mit NetMeeting durchzuführen, kann im Feld *Verzeichnisserver* die Serveradresse eingegeben werden, die für Onlinebesprechungen, die gemeinsame Nutzung freigegebener Anwendungen oder Onlinekonferenzen mit dem Kontakt genutzt werden soll. Anzugeben ist außerdem die E-Mail-Adresse des Kontakts, unter der der Kontakt auf dem Verzeichnisserver angerufen werden kann.

Geben Sie im Bereich *Internet-Frei/Gebucht* die Internetadresse in das Feld Adresse ein, unter der Ihr Kontakt seine Frei/Gebucht-Informationen, also seinen Terminkalender, speichert, um anderen Personen über das Internet Zugriff darauf zu bieten. Normalerweise handelt es sich um einen FTP-Server. Dateien mit Frei/Gebucht-Informationen haben die Erweiterung .vfb.

▶ Die Registerkarte *Aktivitäten* enthält eine Tabelle, wo normalerweise keine eigenen Eintragungen vorgenommen werden. *Outlook* trägt hier automatisch Aufgaben, Termine, Kontakte oder Kontakte ein, die mit diesem Kontakt verknüpft sind.

▶ Möglich ist auch eine Verknüpfung zur sicheren Verwendung von E-Mail-Kontakten. Dazu dient das Register *Zertifikate*.

Auf der Registerkarte *Zertifikate* können digitale IDs gespeichert werden, die beispielsweise über E-Mail von einem Kontakt zugesandt werden können. Anhand dieser digitalen IDs wird dann überprüft, ob die E-Mail-Adressen tatsächlich von dem Versender stammen, der im Feld *Von* angegeben wird. Liegt eine digitale ID in Dateiform vor, kann diese auch über die Schaltfläche `Importieren` übernommen werden.

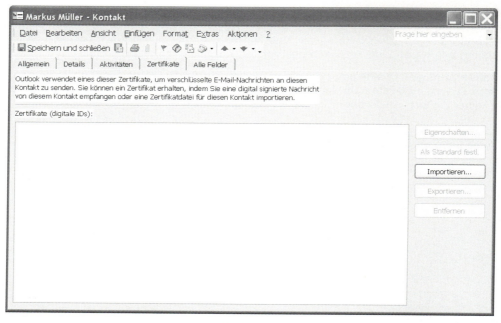

Abb. 3–12

▶ Die Registerkarte *Alle Felder* eröffnet die Möglichkeit, weitere Daten zu einem Kontakt zu erfassen. Wählen Sie dazu unter *Auswählen aus* die geeignete Kategorie, und geben Sie hier die fehlenden Daten ein. Ist das Feld, das Sie suchen, nicht vorhanden, können Sie mit einem Mausklick auf Neu auch ein Feld nach Ihren eigenen Vorstellungen erstellen.

 Hinweis: Falls Sie mit Outlook XP in einem internen Netzwerk arbeiten, können Sie auch auf Kontakte eines öffentlichen Adressbuches zugreifen.

Neuen Kontakt in derselben Firma erfassen

 In der Wirtschaftspraxis kommt es durchaus des öfteren vor, dass Kontakte mit mehreren Personen aus einer Firma verwaltet werden sollen. In diesem Fall kann durch folgendes Vorgehen die Arbeit sicherer und leichter erledigt werden:

1. Aktivieren Sie einen Kontakt, der zu der derselben Firma gehört wie der Kontakt, der neu erstellt werden soll.
2. Klicken Sie im Menü **Aktionen** auf **Neuer Kontakt in dieser Firma**. *Outlook* öffnet ein neues Kontakt-Formular und übernimmt die Anschrift und Telefonnummer sowie Faxnummer aus dem bestehenden Eintrag.
3. Sie können den Eintrag nun um die neuen Daten ergänzen und speichern.

Erstellen eines Kontakts aus einer empfangenen E-Mail-Nachricht

 Problemstellung

Vielfach erhalten wir eine Nachricht von einer Person, die wir noch nicht in unseren Kontakten erfasst haben. Dann ist nützlich, wenn die E-Mail-Adresse automatisch für die Neuerfassung übernommen werden kann.

 Öffnen Sie die E-Mail-Nachricht mit dem Namen, der der Kontaktliste hinzugefügt werden soll. Klicken Sie im Feld *Von* mit der rechten Maustaste auf den Namen, den Sie zu einem Kontakt machen möchten. Wählen Sie im Kontextmenü *Zu den Kontakten hinzufügen*. Es erscheint das Kontakte-Dialogfeld mit dem bereits eingetragenen Vor- und Zunamen sowie der eingetragenen E-Mail-Adresse.

3.2.2 Kontaktinformationen anzeigen und auswerten

Problemstellung

Es sind verschiedenen Ansichten im Kontaktordner möglich. Die Optionen stehen im Kontakte-Ordner über das Menü **Ansicht** *zur Verfügung. Die Varianten, in der Sie Ihre Kontakte anzeigen können, zeigt die folgende Aufstellung:*

Zielsetzung	Ansichtsvariante	Beispiel
Anzeige der Kontakte auf einzelnen Karten (mit einer Postanschrift und der Geschäfts- sowie Privatnummer)	Adresskarten	
Kontakte auf einzelnen Karten mit Geschäfts- und Privatadressen, -telefonnummern sowie weiteren Detailangaben anzeigen lassen.	Adresskarten mit Details	
Kontakte in einer Liste mit dem Firmennamen, der geschäftlichen Telefon- und Faxnummer sowie der Privatnummer anzeigen lassen.	Telefonliste	
Kontakte in einer Liste anzeigen lassen, die nach Kategorien gruppiert und nach den in den Kategorien gespeicherten Kontaktnamen sortiert ist.	Kategorie	
Kontakte in einer nach Firma gruppierten Liste anzeigen lassen, die die Position, den Firmennamen, die Abteilung sowie die geschäftliche Telefon- und Faxnummer enthält.	Nach Firma	
Anzeige der Kontakte in einer nach Ländern gruppierten Liste (Liste enthält den Firmennamen, die Region, das Land sowie die Geschäfts- und Privatnummer)	Nach Ort	

Hinweis: ▶ Sie können die Reihenfolge in der Ansichtsanzeige ändern, indem Sie die Spaltenüberschriften an die gewünschte neue Position ziehen.

▶ Um Informationen vorübergehend zu verbergen, ziehen Sie an der entsprechenden Spaltenüberschrift so weit, bis ein X dadurch sichtbar wird.

3.2.3 Kontakte nutzen

Problemstellung

Eingetragene Kontakte sind nicht nur als Adressen- und Telefonverzeichnis nützlich, in dem man nachschlagen oder suchen kann. Der Ordner Kontakte kann bequem als Schaltzentrale für berufliche und private Aktivitäten genutzt werden.

Über das Menü **Aktionen** bzw. das Kontextmenü, das sich öffnet, wenn Sie mit der rechten Maustaste auf einen Eintrag im Ordner *Kontakte* klicken, stehen Ihnen zahlreiche Funktionen zur Verfügung, die direkt auf einen markierten Kontakt angewandt werden können. Beispiel: Wurde ein Kontakt in der Kontaktliste ausgewählt, kann auf eine Schaltfläche oder einen Menübefehl geklickt werden, um mit *Outlook* einen Brief, eine E-Mail-Nachricht, eine Besprechungsanfrage oder eine Aufgabenanfrage an den Kontakt zu senden.

Brief an Kontakt: Aus *Outlook* heraus können Briefe erstellt werden, ohne die Adressdaten manuell eingeben zu müssen. Dazu ist aus dem Menü **Aktionen** der Befehl **Neuer Brief an Kontakt**. Es öffnet sich dann der Brief-Assistent, der verschiedene Optionen zur Realisierung anbietet.

Abb. 3–13

E-Mail-Nachricht oder Besprechungsanfrage an Kontakt: Outlook bietet die Möglichkeit, eine neue E-Mail-Nachricht oder Besprechungsanfrage an einen Kontakt zu senden oder den Kontakt mit einer Aufgabe, einem Termin oder einem anderen Element zu verknüpfen. Der Lösungsweg: Markieren Sie im Ordner *Kontakte* den oder die Kontakte, für den Sie eine Besprechungsanfrage, eine E-Mail-Nachricht etc. erstellen wollen, und wählen Sie den gewünschten Befehl im Menü **Aktionen**. Bei den Befehlen **Neue Nachricht an Kontakt** und **Neue Besprechungsanfrage an Kontakt** öffnet sich das entsprechende Nachrichtenformular, in dem als Empfänger bereits die gewünschte E-Mail-Adresse eingetragen ist.

Tätigen eines Telefonanrufs: Anrufen einer Person in der Kontaktliste

Problemstellung

Sofern die technischen Voraussetzungen gegeben sind, können Personen aus dem Kontakteordner direkt angerufen werden.

3.2 Kontaktmanagement

Klicken Sie auf den Kontakt, den Sie anrufen möchten. Wähen Sie danach aus dem Menü **Aktionen** den Befehl **Kontakt anrufen**, und klicken Sie auf die gewünschte Telefonnummer. Ergebnis:

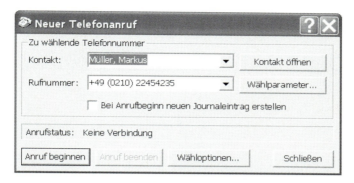

Abb. 3–14

Anschließend ist die Schaltfläche *Anruf beginnen* zu aktivieren, der Telefonhörer abzuheben, und das Gespräch kann beginnen. Für das Beenden der Verbindung klicken Sie auf *Anruf beenden*, und legen Sie den Hörer auf.

Landkarte zu Kontakt aufrufen: Wollen Sie wissen, wo ein bestimmter Ort liegt, der in der Adresse eines Kontakts enthalten ist, bietet sich die Nutzung der Funktion *Karte zur Adresse anzeigen* an. Bei bestehender Online-Verbindung greift Outlook auf den Landkartenserver Expedia Maps zu, der den Ort auf einer Landkarte anzeigt. Beispiel:

Abb. 3–15

Hinweis: Haben Sie eine andere Ansicht als Adresskarten oder Adresskarten mit Details aktiviert oder im Ordner Kontakte eine Verteilerliste aktiviert, sind im Menü *Aktionen* nur die Befehle aktiviert, die sich auf die verfügbaren Felder anwenden lassen. In der Ansicht *Telefonliste* stehen z.B. nur die drei Befehle **Neuer Kontakt, Neue Verteilerliste** und **Kontakt anrufen** zur Verfügung.

3.2.4 Druckoptionen

Für jeden Outlook-Arbeitsbereich stehen bestimmte Druckoptionen zur Verfügung. Die Möglichkeiten des Druckens im Bereich *Kontakte* werden deutlich, wenn vom Kontakte-Ordner aus das Menü **Datei** und hier Befehl **Drucken** gewählt wird.

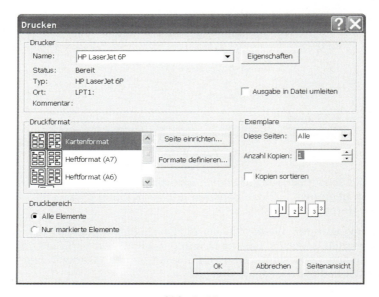

Abb. 3–16

Drucken aller Kontakte: Nach Wahl der gewünschten Ansicht klicken Sie im Menü **Datei** auf **Drucken**. Anschließend kann im Feld *Druckformat* das gewünschte Druckformat gewählt werden.

Drucken einer Teilmenge der Kontakte: Zeigen Sie im Menü **Ansicht** auf **Aktuelle Ansicht**, und klicken Sie dann auf *Aktuelle Ansicht anpassen*. Klicken Sie auf *Filtern*, und zeigen Sie mit Hilfe der Optionen nur die Kontakte an, die Sie drucken möchten.

3.3 Aufgabenmanagement

Problemstellung

Eine typische Situation der beruflichen Praxis: Es müssen an einem Tag jede Menge unterschiedlicher Dinge erledigt werden. So ist an einem Tag ein Abschlussbericht zu einem Projekt zu schreiben, ein Verhandlungsprotokoll zu einer Verhandlung mit einem PC-Lieferanten zu erstellen, ein Mitarbeiter/Kollege anzurufen und vieles mehr.

Dinge, die es beruflich oder privat zu erledigen gilt, werden in *Outlook* als Aufgaben bezeichnet. Eine Aufgabe ist danach ein persönlicher oder aufgabenbezogener Auftrag, der bis zur Erledigung verfolgt werden kann.

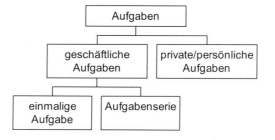

Hinweis: Ohne Aufgabenlisten (= Checklisten) und Notizen verliert man sehr schnell den Überblick. Hier setzt *Outlook* an, das Ihnen eine äußerst vielseitige und flexible Aufgabenverwaltung ermöglicht.

3.3 Aufgabenmanagement

Wie können Sie den Bereich zum Aufgabenmanagement mit *Outlook* aufrufen?

▶ Klicken Sie – falls die Aufgabenliste nicht geöffnet ist – in der Outlook-Leiste auf das folgende Aufgabensymbol:

▶ Ergebnis ist – falls schon mit diesem Aufgabenbereich gearbeitet wurde - der folgende Beginn einer Aufgabenliste:

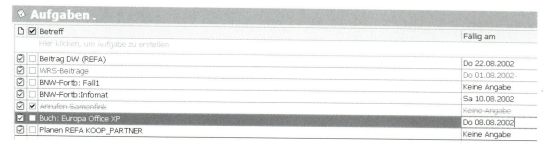

Abb. 3-17

▶ Unmittelbar mit Aufruf der Aufgabenliste kann die Erfassung von neuen Aufgaben beginnen, indem in der Spalte *Betreff* geklickt wird.

3.3.1 Aufgaben erfassen

Problemstellung

Aufgaben lassen sich direkt in der Aufgabenliste oder über das Aufgabenformular erfassen. Wollen Sie einer Aufgabe eine Priorität oder einen Status zuweisen, müssen Sie die Aufgabe über das Aufgabenformular eingeben.

Aufgaben in die Aufgabenliste eingeben: Tragen Sie eine Aufgabe direkt in die Aufgabenliste ein, und versehen Sie diese mit einem Fälligkeitsdatum. Der Inhalt des Ordners ist (wie aus dem vorhergehenden Bild ersichtlich) als Tabelle strukturiert und zeigt die vier Spalten *Symbol, Erledigt, Betreff* und *Fällig am* an.

Aufgaben über das Aufgabenformular eingeben: Um eine Aufgabe mit Detailinformationen zu erfassen, hilft das komplette Aufgaben-Formular weiter. Wählen Sie aus dem Menü *Aktionen* den Befehl *Neue Aufgabe*:

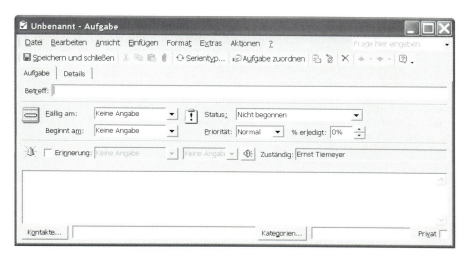

Abb. 3-18

Eintragungen in den Feldern können durch einen Klick auf `Speichern und Schließen` bestätigt werden. Ergebnis ist, dass *Outlook* die Aufgabe in der Aufgabenliste speichert.

Einige Hinweise zu den Feldern des Dialogfeldes *Aufgabe:*

Felder	Bedeutung
Betreff	In dem Betreff-Feld wird die Überschrift oder der Titel der Aufgabe eingegeben, der später in der Aufgabenliste erscheinen soll.
Fällig am	Hier ist ein Termineintrag möglich, je nachdem, ob Sie die Aufgabe zu einem fixen Zeitpunkt abschließen müssen oder nicht. Standardmäßig ist die Option *Keine Angabe* aktiviert.
Beginnt am	Hier können Sie festlegen, ab wann Sie mit der Aufgabe beginnen möchten. Eine Angabe ist nicht unbedingt erforderlich, jedoch empfehlenswert, wenn sich Projektaufgaben über mehr als einen Tag erstrecken.
Status	In dem Listenfeld können Sie der Aufgabe **fünf** verschiedene **Statusvarianten** zuweisen. So können Sie erkennen, ob die Aufgabe bereits begonnen oder etwa zurückgestellt wurde.
Priorität	Im Feld Priorität können Sie Aufgaben eine von **drei Dringlichkeitsstufen** zuweisen: ▶ Die Option *Normal* ist standardmäßig festgelegt. ▶ Für besonders wichtige Aufgaben wählen Sie die Prioritätsstufe *Hoch*. ▶ Weniger wichtige Aufgaben sollten die Dringlichkeitsstufe *Niedrig* erhalten. *Folge*: In der Aufgabenliste werden Aufgaben mit der Priorität *Niedrig* mit einem blauen, nach unten gerichteten Pfeil markiert. Bei Wahl der Priorität *Hoch* werden Aufgaben durch ein rotes Ausrufezeichen gekennzeichnet.
% erledigt	In diesem Feld können Sie den aktuellen Fortschritt bei der Erledigung der Aufgabe festhalten.
Erinnerung	In dem Kontrollkästchen können Sie das Programm anweisen, Sie zu einem bestimmten Zeitpunkt noch einmal an eine bevorstehende Aufgabe zu erinnern. In den benachbarten Listenfeldern können Sie angeben, zu welchem Datum bzw. zu welcher Uhrzeit die Erinnerung erfolgen soll.
Zuständig	Hier kann ein anderer Eintrag stehen, wenn Sie die Aufgabe delegiert haben.
Eingabefeld	für zusätzliche Notizen beliebiger Art
Kategorien	Eine Zuordnung von Kategorien erleichtert das Auffinden, Sortieren, Filtern und Gruppieren von Aufgaben.
Privat	Das Kontrollkästchen ist auch von Bedeutung bei der Anwendung in Netzwerken (NetMeeting). So können Sie damit eine neu eingegebene Aufgabe vor den Augen Dritter schützen.

Hinweis: Für die Eintragung von Terminen (beispielsweise eines Fälligkeitstermins) kann alternativ zur Terminwahl im Kalenderblatt ein Fälligkeitstermin auch als beschreibender Text eingegeben werden; Beispiel: *Nächsten Montag*. Es wird dann der Termin berechnet und eingetragen.

Bei komplexen Aufgabenstellungen ist eine Aufgabenverfolgung mit Fortschrittskontrolle sinnvoll. Dazu verwenden Sie das Listenfeld *Status*. Folgende Varianten werden angeboten:

Status	Bedeutung
Nicht begonnen	Dies ist der Standard für alle neu eingetragenen Aufgaben.
In Bearbeitung	Es ist bereits ein Teil der Aufgabe erledigt. Das Programm wechselt automatisch in diesen Status, wenn Sie einen Eintrag im Feld *% erledigt* vornehmen.
Erledigt	Diese Variante wählen Sie, wenn die Aufgabe komplett ausgeführt wurde. Die Folge: Erledigte Aufgaben werden in der Aufgabenliste durchgestrichen dargestellt.

Status	Bedeutung
Wartet auf jemand anderen	Eine weitere Bearbeitung der Aufgabe hängt von anderen beteiligten Personen ab.
Zurückgestellt	Die Aufgabe wird zurückgestellt, da sie zur Zeit nicht weiter bearbeitet werden kann.

Hinweis: Besondere Informationen zum Status eine Aufgabe können Sie organisieren, wenn Sie das Register *Details* aufrufen.

Wiederkehrende Aufgaben erfassen

Problemstellung

Sie sind in einem Projekt tätig und möchten festhalten, dass jeweils am letzten Freitag eines Monats Statusberichte an den Projektleiter zu senden sind oder dass an jedem Freitag in der Woche Sicherheitskopien von wichtigen Dokumenten angelegt werden. Es handelt sich in beiden Fällen um eine Aufgabenserie. Diese kann sich in regelmäßigen Abständen oder auf der Grundlage des markierten Abschlussdatums wiederholen.

Wird eine Aufgabenserie mit *Outlook* verwaltet, dann sorgt das Programm bei Aufgabenserien dafür, dass die anfallende Aufgabe jeweils nacheinander der **Aufgabenliste** hinzugefügt wird. Sobald ein Vorkommen dieser Aufgabe als erledigt gekennzeichnet wird, wird das nächste Vorkommen in der Liste angezeigt.

Für das Anlegen einer Aufgabenserie ist die Aufgabe zunächst in der gewohnten Weise zu erfassen. Danach ist aus dem Menü **Aktionen** der Befehl **Serientyp** zu aktivieren:

Abb. 3–19

Die Abbildung des Dialogfeldes zeigt: Möglich ist eine Festlegung, in welchen Abständen die Aufgabe in die Aufgabenliste eingetragen werden soll:

▶ Zuerst bestimmen Sie das Zeitintervall (täglich, wöchentlich, monatlich oder jährlich fällige Aufgabe).

▶ Danach legen Sie den genauen Rhythmus fest (angepasst am jeweiligen Intervall).

▶ Schließlich ist das Enddatum der Aufgabenserie oder die Anzahl der Aufgaben für eine Aufgabenserie anzugeben.

Welche Intervalle möglich sind, zeigen folgende Beispiele mit den dazu notwendigen Einstellungen zu den Serienmustern:

▶ Alle zwei Tage: Serienmuster *Täglich*, Optionsfeld „Jeden/Alle", Feld „Tage": 2

▶ alle drei Wochen jeweils montags und freitags: Serienmuster *Wöchentlich*, Optionsfeld „Jeden/Alle", Wochen: 3; Montag und Freitag markieren.

▶ jeden zweiten Mittwoch alle zwei Monate: Serienmuster *Monatlich*; An: zweiten; Mittwoch, jedes 2 Monats.

▶ jedes Jahr am letzten Sonntag im März: Serienmuster *Jährlich*, Am letzten Sonntag im März.

3 Outlook XP

Hinweis zum Löschen von Aufgabenserien

Markieren Sie zunächst die nicht mehr erwünschte Aufgabenserie in der Aufgabenliste, und rufen Sie aus dem Menü **Bearbeiten** den Befehl **Löschen** auf. Entscheiden Sie im nachfolgenden Dialogfeld, ob Sie nur die aktuell markierte Aufgabe oder die gesamte Aufgabenserie (Option *Alle Aufgaben löschen*) entfernen möchten. Anstatt eine Aufgabenserie zu löschen, können Sie die Serie auch einfach nur beenden. Der Vorteil: Die Aufgabe bleibt in der Aufgabenliste erhalten; lediglich die Serienfunktion wird beendet.

3.3.2 Aufgabenpflege und Aufgabenanzeige

Problemstellung

Zahlreiche Anlässe können es erforderlich machen, die vorgenommenen Aufgabeneinträge nachträglich zu bearbeiten. So sollen mitunter Änderungen vorgenommen werden, soll eine Aufgabe ganz gelöscht oder kenntlich gemacht werden, dass die Aufgabe als erledigt betrachtet werden kann.

 Aufgabeneinträge als erledigt kennzeichnen: Markieren Sie die eingetragene Aktivität im Aufgabenkatalog, indem Sie den Mauszeiger auf die Aufgabe bewegen. Klicken Sie auf das zweite kleine Kästchen in der Liste, so dass die Aufgabe als erledigt abgehakt wird. Erledigte Aufgaben bleiben aber weiterhin in der Aufgabenliste (etwa zur nachträglichen Dokumentation). Um sie zu entfernen, müssen Sie diese löschen.

 Aufgabeneinträge löschen: Markieren Sie die eingetragene Aktivität im Aufgabenkatalog, indem Sie den Mauszeiger auf die Aufgabe bewegen. Halten Sie die Maustaste gedrückt, und ziehen Sie den Eintrag in den Papierkorb (= gelöschte Objekte), und legen Sie ihn dort ab (Drag and Drop).

 Termineinträge bearbeiten: Klicken Sie doppelt auf den Termineintrag, zu dem ein ergänzender Text eingegeben werden soll. Nehmen Sie die gewünschten Änderungen/Ergänzungen im angezeigten Dialogfeld vor. Speichern Sie die Änderungen, indem Sie auf die Schaltfläche `Speichern und schließen` klicken.

Ansichten im Aufgabenordner

Problemstellung

Je nach Art des Arbeitens (etwa bei unterschiedlichem Detaillierungsgrad der Eintragungen) oder den gewünschten Auswertungen, können verschiedene Bildschirmansichten nützlich sein. Standardmäßig zeigt Outlook überfällige Aufgaben rot und erledigte Aufgaben grau an, Sie können diese Farben jedoch ändern.

 Wählen Sie zur Änderung der Ansicht die Schaltfläche `Organisieren`, und klicken Sie auf *Ansichten verwenden*.

Ergebnis:

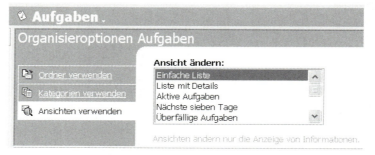

Abb. 3–20

Wählen Sie nun im angezeigten Listenfeld die gewünschte Ansicht. In allen Ansichten werden das Aufgabensymbol, der Betreff und das Fälligkeitsdatum angezeigt. Einige Ansichten bieten zusätzliche Informationen zu jeder Aufgabe.

3.3 Aufgabenmanagement

Verfahren/Ansichtsart	Zweck
Einfache Liste	Anzeige der Aufgaben in einer Liste, so dass die erledigten Aufgaben sofort ersichtlich sind.
Liste mit Details	Aufgaben mit zahlreichen Details zu jeder Aufgabe, einschließlich Priorität und Bearbeitungszustand, in einer Liste anzeigen lassen.
Aktive Aufgaben	Lediglich nichterledigte (oder überfällige) Aufgaben sollen in einer Liste angezeigt werden.
Nächste sieben Tage	Anzeige der Aufgaben, die in den nächsten sieben Tagen fällig werden.
Überfällige Aufgaben	Anzeige der überfälligen Aufgaben in einer Liste.
Nach Kategorie	Aufgaben nach Kategorie gruppiert sowie innerhalb jeder Kategorie nach Fälligkeitsdatum sortiert in einer Liste anzeigen lassen.
Übertragene Aufgaben	Anzeige der anderen Personen zugewiesenen Aufgaben, sortiert nach Aufgabenzuständigkeit sowie Fälligkeitsdatum.
Nach zuständiger Person	Aufgaben gruppiert nach Aufgabenzuständigkeit sowie für jeden Zuständigen nach Fälligkeitsdatum sortiert .
Erledigte Aufgaben	Anzeige der als erledigt markierten Aufgaben
Aufgaben in Zeitskalaansicht	Aufgaben werden in chronologischer Reihenfolge nach Anfangsdatum auf einer Zeitskala angeordnet. Aufgaben ohne Anfangsdatum werden nach Fälligkeitsdatum angeordnet.

Hinweis: Um den „Zwischenbildschirm" für das Organisieren wieder auszublenden, klicken Sie erneut auf die Schaltfläche `Organisieren`.

Aufgaben organisieren und suchen

Outlook bietet neben der Änderung der Ansicht weitere Möglichkeiten, Aufgaben zu organisieren:

▶ Sie können eine Ordnerstruktur für unterschiedliche Aufgabentypen anlegen und Aufgaben in diese verschieben.

▶ Sie können Aufgaben auch Kategorien zuweisen und die Ansicht dann nach Kategorien ordnen.

▶ Über die Suchfunktion können Sie außerdem Aufgaben nach Betreff, Firma, beteiligten Personen und Kategorien suchen.

Ordner verwenden

Arbeiten Sie gleichzeitig an mehreren Projekten, ist es sinnvoll, die Aufgaben nach Projekten mit Ordnern zu verwalten. Richten Sie dazu zunächst die benötigte Ordnerstruktur ein und verschieben Sie die Aufgaben dann in die gewünschten Ordner. Die einzelnen Ordner können Sie dann entweder als Verknüpfungen in der Outlook-Leiste ablegen oder über die Ordnerliste erreichen.

Aufgaben suchen

Aufgaben lassen sich in Outlook bequem suchen. Die Suche wird dabei jeweils auf die aktuelle Ansicht angewendet. Um eine Aufgabe zu suchen, öffnen Sie den Ordner *Aufgaben* und klicken in der Symbolleiste auf die Schaltfläche *Suchen*. Es öffnet sich der Fensterbereich *Elemente suchen in Aufgaben*

Abb. 3–21

3.3.3 Aufgaben delegieren

Problemstellung

Mitunter besteht die Möglichkeit, eine Aufgabe an andere zu delegieren. Dabei ist in der Regel gewünscht, nachzuverfolgen, an wen die Aufgabe delegiert wurde und ob die Person die Aufgabe erledigt hat.

Mit *Outlook* wird in diesem Fall eine Aufgabenanfrage erstellt und versandt. Die Person, die die Aufgabenanfrage erhält, wird vorübergehender Eigentümer der Aufgabe. Sie kann die Aufgabe ablehnen, annehmen oder einer anderen Person übertragen. Falls die Person die Aufgabe ablehnt, wird diese an den Versender zurückübertragen. Wenn die angefragte Person die Aufgabe annimmt, wird sie permanenter Eigentümer. Wird die Aufgabe an eine weitere Person übertragen, wird diese Person Eigentümer.

Voraussetzungen zur Aufgabendelegation:

▶ Um Aufgaben via *Outlook* an andere Mitarbeiter übertragen zu können, müssen diese natürlich ebenfalls mit Outlook arbeiten.

▶ Da die Anfragen zur Aufgabendelegation per E-Mail verschickt werden, müssen alle beteiligten Mitarbeiter ihre E-Mails mit *Outlook* verwalten.

▶ Ein Empfänger kann die Aufgabenanfrage nur dann erkennen, wenn die Anfragedaten im *Exchange Rich Text Format* oder im *HTML-Format* verschickt werden.

So weisen Sie eine Aufgabe zu! (= Aufgabenanfragen verschicken)

1. Wählen Sie im Dialogfeld *Aufgabe* das Menü **Aktionen**.
2. Aktivieren Sie den Befehl **Aufgabe zuordnen**. Es erscheint ein Dialogfeld, in dem bereits ein entsprechender Betreff eingetragen ist.
3. Wählen Sie den Namen der Person, der Sie eine Aufgabe übertragen wollen, im Feld **An**. Öffnen Sie das Adressbuch, aus dem der Empfänger der Aufgabe herausgesucht wird.

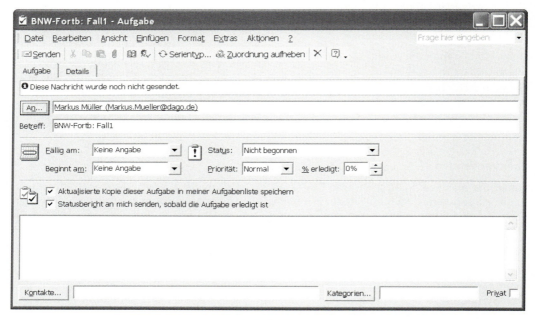

Abb. 3–22

Vorgehen nach Einstellung aller Optionen: Klicken Sie auf die Schaltfläche Senden , um die Aufgabenanfrage zu aktivieren.

Ergebnis: Wenn Sie eine Aufgabe einer anderen Person zuweisen, werden diese Informationen als E-Mail-Nachricht an diese Person gesendet.

▶ Das bei der Aufgabenliste stehende Symbol ändert sich, um anzuzeigen, dass diese Aufgabe einer anderen Person zugewiesen wurde.

Sobald jemand eine Aufgabenanfrage an Sie geschickt hat, um Ihnen eine Aufgabe zu übertragen, erhalten Sie im Posteingang eine entsprechende Nachfrage.

Hinweis: Aufgabenanfragen sind im Mailfenster anhand des *speziellen Mail-Symbols* (eine kleine Hand reicht einen Aufgabenblock) sowie des Betreffs *Aufgabenanfrage* erkennen

Um die Aufgabenanfrage zu öffnen, klicken Sie im Posteingangsfenster doppelt auf das E-Mail mit der Aufgabenanfrage. Die Details sind dann im folgenden Dialogfenster erkennbar.

Möglichkeiten zum Antworten auf eine Aufgabenanfrage zeigt die folgende Tabelle:

Schaltflächen	Bedeutung
Übernehmen	Wenn Sie diese Variante aktivieren, trägt Outlook die betreffende Aufgabe automatisch in der Aufgabenliste ein. Ergebnis: Übernommene Antworten erhalten den Betreff *Aufgabe übernommen*.
Ablehnen	Nach Aktivierung der Schaltfläche müssen Sie sich im folgenden Dialogfenster entscheiden, ob Sie die Ablehnung sofort verschicken wollen oder das Antwortschreiben noch einmal modifizieren und vielleicht Änderungen vornehmen möchten. Ergebnis: Abgelehnte Aufgaben erhalten im Posteingang ein Aufgabensymbol mit einem roten Kreuz.
Aufgabe zuordnen	Wählen Sie diese Schaltfläche, wenn Sie die Aufgabe nicht übernehmen möchten und sie statt dessen an eine andere Person übertragen wollen.

Übertragene Aufgaben verfolgen

Wie erfahren Sie, ob eine zugewiesene Aufgabe auch übernommen wurde?
▶ Sie erhalten per E-Mail vom Empfänger, dem Sie eine Aufgabe übertragen haben, eine Nachricht, aus der Sie ersehen können, ob er die Aufgabe annimmt oder ablehnt.
▶ Lehnt der Empfänger die Aufgabe ab, fällt die Aufgabe wieder zurück. Sie können die Aufgabe dann „behalten" oder erneut an eine beliebige Person delegieren (= neue Aufgabenanfrage wählen).

Weitere Hinweise: Haben Sie eine Aufgabe über eine Aufgabenanfrage an eine andere Person delegiert, erhalten Sie zunächst eine Zustimmug oder Ablehnung. Diese finden Sie als E-Mail-Nachricht in Ihrem Posteingang.

Der Eigentümer ist der einzige, der Änderungen an einer Aufgabe vornehmen kann. Wenn der Eigentümer die Aufgabe erledigt hat, wird automatisch ein Statusbericht an die Person gesandt, die die Aufgabe ursprünglich zugeordnet hat.

3.4 Terminmanagement

Problemstellung

Aus der Vielfalt der anfallenden Aufgaben und der Informationsflut ergibt sich für viele Personen ein echtes Zeitproblem. "Die Zeit verrinnt kontinuierlich und unwiderruflich". Dieser Satz macht deutlich: Das eigene Zeit- und Aufgabenmanagement sowie ergänzend die Terminorganisation in Gruppen sind wichtige Aspekte erfolgreichen Arbeitens.

Wie können Sie den Terminkalender von Outlook aufrufen?
▶ Klicken Sie – falls der Kalender nicht geöffnet ist – in der Outlook-Leiste auf das folgende Kalender-Symbol:

Ergebnis ist der folgende Beginn einer Terminübersicht:

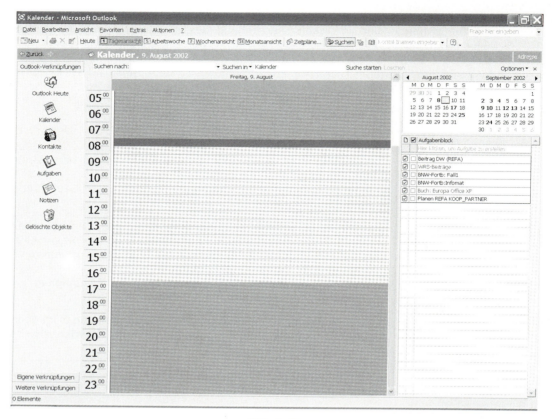

Abb. 3–23

Die Bildschirmwiedergabe der Standardansicht zeigt:

▶ Die Kalenderansicht bietet einen Überblick über die Termine des aktuellen Tages. Dabei werden die standardmäßig arbeitsfreien Zeiten grün hinterlegt. Die Arbeitszeiten sind gelb hinterlegt.

▶ Zur weiteren Orientierung wird rechts oben eine Monatsübersicht angezeigt. In dieser Monatsübersicht können Sie durch einen Klick auf die kleinen Pfeile links und rechts vor- und zurückblättern. Das aktuelle Tagesdatum wird umrandet angezeigt.

▶ Unterhalb der Monatsübersicht finden Sie die Aufgabenliste.

3.4.1 Terminanzeige und Terminauswahl

Problemstellung

Um einen neuen Termineintrag vornehmen zu können (bzw. zur Anzeige der Daten eines bestimmten Termins), müssen Sie zunächst den betreffenden Tag aktivieren.

 Klicken Sie zur Markierung eines Termins per Maus auf das Datum des betreffenden Tages (beispielsweise den 2. März) in der Monatsübersicht. Der gewählte Tag (hier der 2. März) wird nun auf der linken Seite angezeigt. In der Monatsübersicht ist der aktuell angezeigte Tag grau hinterlegt.

Problemstellung

Standardmäßig wird der Kalender mit einem Tag pro Woche angezeigt. Sie können das Erscheinungsbild des Kalenders relativ einfach Ihren persönlichen Bedürfnissen anpassen. So lassen sich auch die Termine mehrerer Tage gleichzeitig anzeigen.

 Um beispielsweise die Anzahl der angezeigten Tage festzulegen, können Sie entweder die Symbole der Symbolleiste nutzen (durch einen Klick auf die Anzeigeschaltfläche können Sie auf einfachste Weise zwischen der Tages-, Wochen- und Monatsansicht umschalten) oder die entsprechenden Befehle aus dem Menü **Ansicht** wählen.

3.4 Terminmanagement

Wenn Sie im Menü **Ansicht** den Befehl **Wochenansicht** wählen, wird die folgende Anzeige eingeblendet:

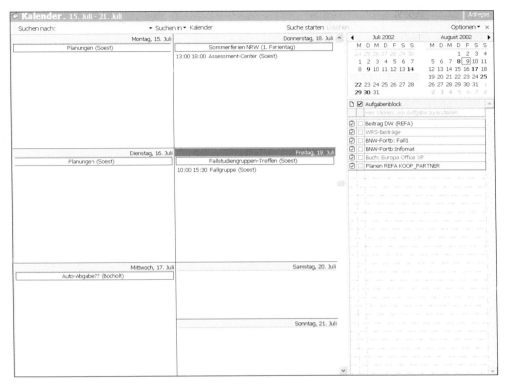

Abb. 3–24

Angezeigt wird der aktuelle Wochenzeitraum (ähnlich einem Taschenkalender). Dies wird auch im Monatsbereich deutlich.

Wenn Sie im Menü **Ansicht** den Befehl **Monatsansicht** wählen, wird die folgende Anzeige eingeblendet:

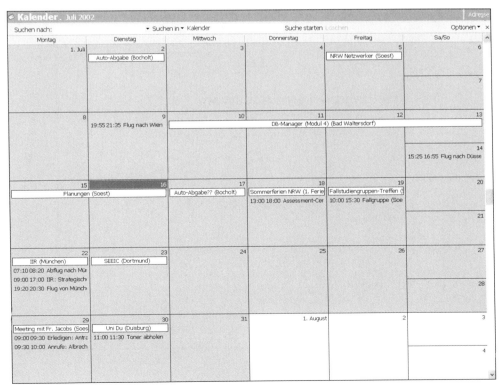

Abb. 3–25

Die Abbildung macht deutlich, dass nun die vollständige Monatsansicht eingeblendet wird. Gleichzeitig wird die Aufgabenliste ausgeblendet.

Per Tastenkombination können Sie mit folgenden Tasten zwischen den verschiedenen Anzeigemodi umschalten:

Funktion	Tastenkombination
Aktuellen Tag anzeigen	Alt + 1
Aktuellen Tag plus Folgetag anzeigen	Alt + 2
Wochenansicht	Alt + -
Mehrere aufeinanderfolgende Tage	Alt + =

Hinweis: Sollte Ihnen die Monatsübersicht mit zwei Monaten nicht ausreichen, dann können Sie die Anzeige einfach vergrößern, indem Sie mit dem Mauszeiger auf den Rand der Kalenderübersicht zeigen. Nach Veränderung des Mauszeigers können Sie den Rahmen per Drag & Drop – Technik in der Größe verändern. In ähnlicher Weise ist auch wieder eine Verkleinerung der Monatsanzeige möglich.

3.4.2 Feiertage und Ereignisse zuordnen

Problemstellung

Beim Arbeiten mit einem Terminkalender ist es von besonderer Wichtigkeit, die Feiertage unmittelbar zu erkennen. Ansonsten kann es passieren, dass hierfür aus Versehen Termine vergeben werden. Wenn sehr viel mit Partnern im Ausland kooperiert wird, ist ergänzend auch die Fixierung der Feiertage zu den entsprechenden Ländern hilfreich.

Nach Wahl des Befehls **Extras/Optionen** und Anklicken der Schaltfläche Kalenderoptionen ergibt sich das folgende Dialogfeld, in dem über die Schaltfläche Feiertage hinzufügen die Anzeige von Feiertagen bewirkt werden kann:

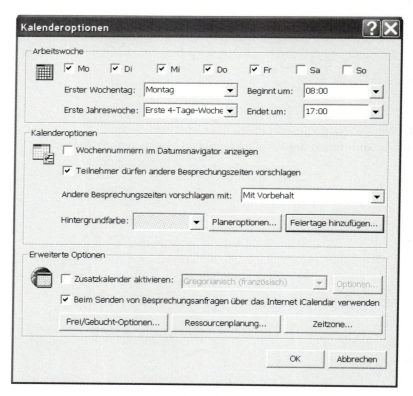

Abb. 3–26

Nach Anklicken der Schaltfläche Feiertage hinzufügen erscheint das folgende Dialogfeld:

Abb. 3–27

Darüber können Sie sich die Feiertage eines oder mehrere Länder in Ihren Kalender eintragen lassen. *Outlook* übernimmt dann die bekannten Feiertage in Ihren Kalender und zeigt diese als Ereignisse an.

Ereignisse eintragen (= Jahresplanung mit Outlook)

Problemstellung

Ist es Ihnen auch schon einmal passiert, dass Sie genau den Jubiläums- oder Geburtstag vergessen haben, den Sie eigentlich immer "parat" haben? Schalten Sie das aus, indem Sie auch alle regelmäßig vorkommenden Termine elektronisch fixieren. Erfahrungen der Praxis zeigen außerdem, dass es sinnvoll ist, eine Jahresplanung zu Beginn eines Jahres vorzunehmen.

Im Rahmen der Jahresplanung sind einmal alle wichtigen Termine und Daten zu erfassen, an die Sie jedes Jahr denken sollten. Typische Beispiele sind:

▶ Persönliche Feiertage: Geburtstage oder andere besondere Daten, an die Sie erinnert werden möchten (Jubiläen).
▶ Zahlungstermine, an die Sie erinnert werden wollen (beispielsweise regelmäßige Zahltage wie etwa ESt.-Vorauszahlungen etc.).

Darüber hinaus sind auch Besonderheiten für die eigene Planung zu berücksichtigen. Dies sind etwa

▶ Urlaubstermine oder
▶ der Besuch von bestimmten Ausstellungen und Messen,
▶ die Einplanung/Zuordnung der Verpflichtungen in bestimmten Projekten.

Mit *Outlook* können Sie für solche Zwecke Ihrem Kalender so genannte Ereignisse hinzufügen. Ein solches Ereignis lässt sich einem Kalendertag ohne eine spezifizierte Zeitangabe hinzufügen. Für *Outlook* sind derartige Ereignisse ganztägige Termine, bei denen die Zeitspanne als frei angezeigt wird.

So gehen Sie vor:

1. Steuern Sie den Termin für die Festlegung des Ereignisses an, und aktivieren Sie das Menü **Aktionen**.
2. Wählen Sie den Befehl **Neues ganztägiges Ereignis**, und nehmen Sie die Eintragungen in dem folgenden Dialogfeld wie gewünscht vor; beispielsweise die Urlaubstage.

Eine Besonderheit stellt das Erzeugen einer **Ereignisserie** dar. Aktivieren Sie dazu nach Terminaufruf per rechter Maustaste das Kontextmenü und wählen Sie hier **Neue Ereignisserie**. Jetzt sind die entsprechenden Eintragungen möglich.

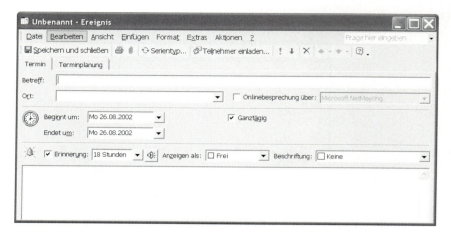

Abb. 3–28

3.4.3 Termine eintragen

 Problemstellung

Haben Sie die Jahresplanung vorgenommen, besteht die „Kernarbeit" mit der Kalenderfunktion darin, die ad hoc anfallenden Termine einzutragen. Dazu gibt es mehrere Möglichkeiten.

Schneller Direkteintrag in Terminkalender

Nach Aktivierung der Kalenderfunktion können Sie eine Eintragung im Terminkalender vornehmen. Gehen Sie in folgender Weise vor:

1. Wählen Sie den Tag in der Monatsansicht aus (beispielsweise den 25. Oktober).
2. Klicken Sie in die Zeile neben der Uhrzeit, und wählen Sie die Uhrzeit für den Startzeitpunkt des Termins.
3. Nehmen Sie den gewünschten Eintrag vor. Ziehen Sie eventuell das Terminende per Mausklick auf. Dazu müssen Sie mit der Maus die oberen und unteren Ränder des Termineintrags markieren.
4. Bestätigen Sie den Eintrag durch Drücken der Taste [Enter].

Termine via Termin-Formular eintragen

Weiterführende Möglichkeiten der Termineintragung können durch Aktivierung des Termin-Formulars bewirkt werden.

Für das Eintragen ausführlicher Termininformationen ist aus dem Menü **Aktionen** der Befehl **Neuer Termin** zu wählen oder die Tastenkombination [Strg]+[N] zu drücken.

Ergebnis:

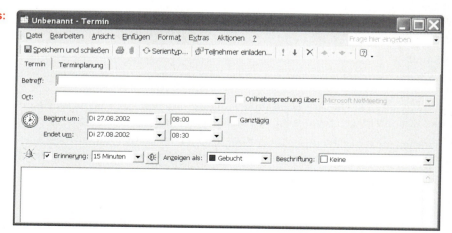

Abb. 3–29

3.4.4 Druckausgaben

Die Möglichkeiten des Druckens, die im Rahmen des Kalendermanagement gegeben sind, werden deutlich, wenn Sie aus dem Menü **Datei** den Befehl **Drucken** wählen.

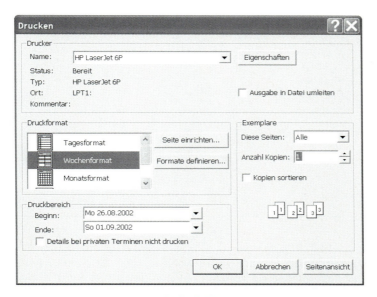

Abb. 3–30

Fazit: Gegenüber den herkömmlichen Hilfsmitteln (Terminkalender, Zeitplanbuch) bietet der Einsatz eines Computerprogramms wie *Outlook* für die eigene Zeit- und Aktivitätenplanung wesentliche **Vorteile**:

- ▶ Termine lassen sich einfach erfassen und vor allem komfortabler ändern.
- ▶ Zu einem bestimmten Termin können bei Bedarf umfassende Informationen zugeordnet werden.
- ▶ Termine lassen sich einfach nach Prioritäten klassifizieren (ABC-Tätigkeiten).
- ▶ Auf ausgewählte Kalenderinformationen kann leicht zugegriffen werden.
- ▶ Es stehen vielfältige Ausgabemöglichkeiten zur Verfügung (etwa differenziert nach Tag, Woche, Monat, Jahr).
- ▶ Es sind gezielte Terminkontrollen/Wiedervorlagen möglich.
- ▶ Termine können mit Adressen, Geburtstagen, Gesprächsnotizen und Projekten kombiniert werden.

3.5 Elektronische Kommunikation

Problemstellung

Electronic-Mail (auf Deutsch "elektronische Post") war bereits seit längerer Zeit in Unternehmen vor allem für die unternehmensinterne Bürokommunikation verbreitet. Weltweit ist mittlerweile via Internet eine einfache elektronische Kommunikation möglich. E-Mail ist für viele sowohl privat als auch beruflich fast schon zur Normalität geworden.

Vor Nutzung von *Outlook* für Kommunikationsfunktionen ist es notwendig, dass ein entsprechendes Mailkonto eingerichtet wird. Im Falle des betrieblichen Einsatzes ist dies Aufgabe des Systemadministrators.

Um ein neues E-Mail-Konto einzurichten oder die Kenndaten für ein bereits vorhandenes Konto zu bearbeiten, ist aus dem Menü **Extras** der Befehl **E-Mail-Konten** zu wählen.

Ergebnis:

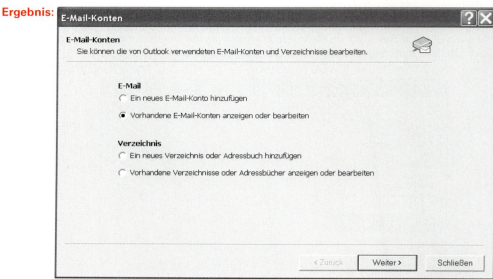

Abb. 3–31

Ein Assistent führt den Nutzer danach schrittweise zu den notwendigen Angaben. Zunächst muss das Konto des verwendeten Servers dem System mitgeteilt werden. Anschließend sind in den entsprechenden Feldern die Informationen einzugeben, die vom Internetdienstanbieter (Internet Service Provider) oder Administrator mitgeteilt wurden. Beispiel: Wenn mit *Outlook XP* eine Verbindung zu einem Mail-Server wie GMX oder WEB.De hergestellt werden soll, müssen die E-Mail-Adresse und der Benutzername nebst Kennwort von dem entsprechenden Provider bekannt sein.

Es besteht die Möglichkeit, dass *Outlook* ein Kennwort speichert. Dazu ist eine Eingabe im Feld *Kennwort* nötig und das Kontrollkästchen *Kennwort speichern* zu aktivieren. Dies bedeutet zwar, dass das Kennwort nicht bei jedem Zugriff auf das Konto eingegeben werden muss. Der Nachteil: Das Konto ist durch jeden, der auf diesen Computer zugreifen kann, angreifbar.

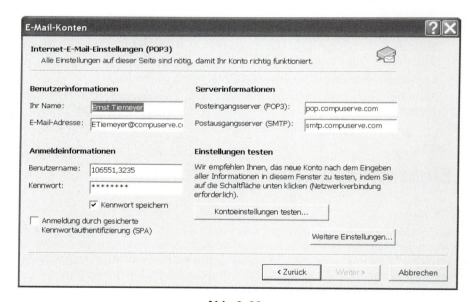

Abb. 3–32

 Hinweis: Das Kontrollkästchen *Anmeldung durch gesicherte Kennwortauthentifizierung (SPA)* sollte nur dann aktiviert werden, wenn der Service-Provider den Dienst einer gesicherten Kennwort-Authentifizierung (SPA) ausdrücklich unterstützt.

3.5.1 Grundeinstellungen für das E-Mailing vornehmen

Problemstellung

Um mit Outlook *E-Mails empfangen und versenden zu können, sind nach Installation des Programms einige Grundeinstellungen notwendig, die man sich vorab genau überlegen sollte. So können bei der Einrichtung der Kommunikationskomponente verschiedene Modi ausgewählt werden. Die Einrichtung eines E-Mail-Kontos wurde zu Beginn dieses Abschnittes bereits erläutert.*

Eine weitere Vorüberlegung betrifft das Auswählen von verschiedenen Mailoptionen, die in *Outlook* angeboten werden. Damit können beispielsweise die Arbeitsabläufe im Posteingang und Postausgang optimiert werden. Das spart vor allen Dingen Zeit. Den Optionen-Bildschirm in *Outlook* zeigt die folgende Abbildung, der nach Wahl des Befehls **Extras/Optionen** und Aktivierung des Registers *Einstellungen* durch Klicken auf die Schaltfläche `E-Mail-Optionen` aufgerufen wird:

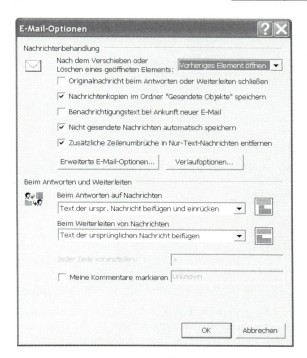

Abb. 3–33

Die Bedeutung der wesentlichen Optionen veranschaulicht die folgende Tabelle:

Optionen	Bedeutung
Originalnachricht beim Antworten oder Weiterleiten schließen	Schalten Sie das Kontrollkästchen aus, wenn Sie mit beiden Fenstern (der Originalnachricht bzw. der Antwort/Weiterleitungsnachricht) beim Antworten parallel arbeiten wollen.
Nachrichtenkopien im Ordner „Gesendete Elemente" speichern	Aktivieren Sie das Kontrollkästchen, damit automatisch von jeder verschickten E-Mail eine Kopie im Ordner *Gesendete Objekte* abgelegt wird.
Benachrichtigungstext bei Ankunft neuer E-Mail	Es erscheint bei Ankunft neuer E-Mail automatisch ein kleines Dialogfeld für das Vorbereiten einer Antwort, wenn das Feld aktiviert ist.

Um das Sendeformat der E-Mail-Nachrichten sowie die Signaturoptionen einstellen zu können, gibt es in der Registerkarte *E-Mail-Format* weitere Optionen:

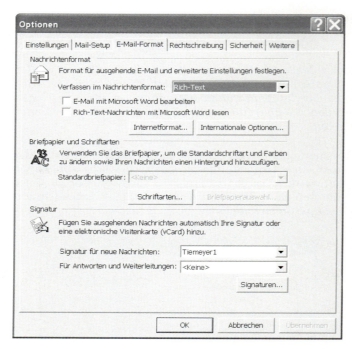

Abb. 3–34

Besonders wichtig ist das Listenfeld *Verfassen im Nachrichtenformat*, mit dem das Format für ausgehende E-Mails im Standard festgelegt werden kann. Die Auswahloptionen und ihre Bedeutung zeigt die folgende Tabelle:

Format	Bedeutung
Microsoft Outlook Rich Text	Dieses Format sollten Sie wählen, wenn auch die Empfänger Ihrer E-Mail mit *Outlook* arbeiten. Es liefert die besten Ergebnisse und ermöglicht die Verwendung von Outlook für Spezialfunktionen (wie Besprechungsanfragen, Umfragen etc.)
HTML	In diesem Fall wird die Nachricht wie eine Web-Seite gestaltet. Damit lassen sich die Gestaltungsmöglichkeiten für E-Mails noch besser nutzen. So können Bilder und Grafiken einfacher in ein E-Mail eingebunden werden, ohne dass der Empfänger (mit einem identischen Client) weitere Anwendungen zum Öffnen der Bildbeilagen benötigt.
Nur Text	Dieses Format gewährt eine vollständige Kompatibilität zu allen bekannten Mail-Programmen (= kleinster gemeinsamer Nenner). Sie sollten dies Format verwenden, wenn es beim Empfänger Probleme mit den von Ihnen verschickten Nachrichten gibt. Nachteil: Es können keine Zusatzfunktionen wie formatierte Zeichen verwendet werden.

Hinweis: Als Absender von Mails ist daran zu denken, dass der Empfänger die Mail ja lesen können muss. Deshalb muss auch ein Sendeformat gewählt werden, das der Empfänger mit seinem Mailprogramm lesen kann. Denken Sie daran, dass Nachrichten automatisch zunächst standardmäßig im HTML-Format versandt werden. Wenn Sie dies nicht wünschen, müssen Sie die Voreinstellung über die Befehlsfolge **Extras/Optionen/E-Mailformat** im Listenfeld *Nachrichtenformat* ändern.

Microsoft Word kann auch für das E-Mailing in Verbindung mit Microsoft Outlook verwendet werden. Eine entsprechende Einstellung ist über die zuvor abgebildete Registerkarte *E-Mail-Format* möglich. Vorteil dieser Option ist, dass nun Funktionen wie AutoKorrektur, Rechtschreibprüfung, Grammatikprüfung, Tabellen und Hyperlink-Einfügung zur Verfügung stehen.

Hinweis: Ab der Version *Office XP* werden E-Mails automatisch mit *Word* erstellt. Wenn Sie die umfangreiche Funktionalität von *Word* beim Umgang mit E-Mails nicht nutzen möchten, deaktivieren Sie das Kontrollkästchen *E-Mail mit Microsoft Word bearbeiten* mit dem Befehl **Extras/Optionen/E-Mailformat**.

3.5.2 E-Mails schreiben und versenden

Problemstellung

E-Mailing hat heute vielfach bereits eine höhere Bedeutung als klassische Kommunikationsformen wie Brief und Telefonat. Im Laufe der Zeit sind auch die Möglichkeiten für das Verfassen und Versenden von E-Mails mit Outlook immer mehr erweitert worden.

Um eine Nachricht in *Outlook* zu erstellen, kann beispielsweise der Kontakt, dem Sie eine E-Mail senden wollen, als Ausgangspunkt gewählt werden. Klicken Sie dann im Menü **Aktionen** auf **Neue Nachricht an Kontakt**:

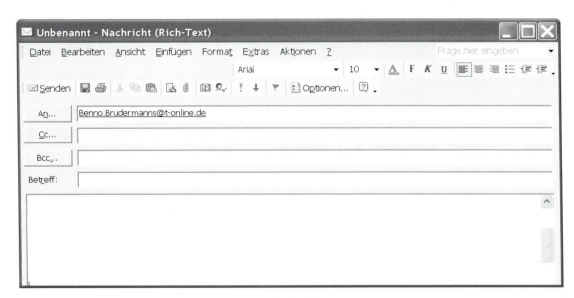

Abb. 3–35

Die Empfängeradresse ist schon eingetragen, wenn vom Kontaktordner ausgegangen wird. Für das weitere Eintragen von Empfängerdaten stehen folgende Felder zur Verfügung:

Textfeld	Bedeutung
An....	Dient der Eintragung für den oder die Hauptempfänger der Nachricht.
Cc.... (für Carbon Copy)	Eingetragen werden hier alle Personen/Firmen, die eine Kopie erhalten sollen. Grundsätzlich erfahren alle Empfänger, wer diese Kopie bekommen hat.
Bcc... (= Blind Carbon Copy)	Empfänger, die hier eingetragen werden, erhalten ebenfalls eine Kopie der Mail. Die Namen dieser Empfänger tauchen allerdings nicht im Briefkopf auf. Voraussetzung für die Anzeige des Feldes Bcc ist, dass über die Optionen-Schaltfläche eine Einschaltung erfolgt.

Nach Festlegung der Empfängerdaten kann im Feld *Betreff* das Thema der Nachricht angegeben werden. Füllen Sie stets das "**Betreff**"-(Subject)-Feld aus, benennen Sie den Inhalt genau (Empfänger kann so E-Mails schnell einordnen). Denn mit einer aussagekräftigen Betreffzeile ermöglichen Sie dem Empfänger ein Vorsortieren seiner Mail nach Priorität. Geben Sie im darunter liegenden Textfeld die Nachricht ein, und klicken Sie auf Senden.

Die Nachricht wird entsprechend den vorgenommenen Einstellungen nun weitergeleitet. Es gibt zwei Varianten:

- Die E-Mail wird in den Bereich *Gesendete Objekte* (engl. **Sent-Items**) sowie in den Posteingangskorb des Empfängers übertragen.
- Die E-Mail wird zunächst in den Postausgang übertragen. Um die im Postausgang befindlichen Mails zu versenden, wechseln Sie zum *Posteingang bzw. Postausgang* von *Outlook*, und wählen aus dem Menü **Extras** den Befehl **Senden/Empfangen**. Es erscheint eine Auswahlmöglichkeit. Danach baut *Outlook* die Verbindung zu dem gewünschten Nachrichtendienst auf und verschickt die Nachrichten, die im Postausgang liegen.

Grundsätzlich werden ein- und ausgehende Nachrichten in Ordnern verwaltet. Zur Organisation stehen folgende Varianten zur Verfügung:

Ordner	Verwendung
Entwürfe	Dieser Ordner enthält alle gespeicherten Entwürfe. Er kann verwendet werden, um eine Mail zu verfassen, die erst später abgeschickt werden soll. Die Mail wird also zunächst zwischengespeichert. Die Übertragung in den Entwurf erfolgt, wenn Sie nach der Maileingabe aus dem Menü **Datei** die Variante **Schließen** wählen. Sie bleibt dann hier solange, bis Sie sie löschen oder verschicken.
Postausgang	Hier warten alle bereits verfassten Nachrichten auf den „Briefträger". Eingegebene Mailtexte werden in den Postausgang gelegt, indem auf die Schaltfläche geklickt wird. Wenn Sie in einem lokalen Netzwerk arbeiten, verschickt Outlook diese Mail sofort im Hintergrund. Ansonsten müssen Sie den Versand mit dem Menübefehl **Extras/Senden-Empfangen** über den Posteingangsbereich organisieren.
Gesendete Objekte	Hier finden Sie alle Objekte, die erfolgreich verschickt wurden.
Posteingang	Hier finden Sie alle eingegangenen Nachrichten, wobei neue Nachrichten fett formatiert sind.

3.5.3 E-Mails mit Autosignatur

Problemstellung

Gut aufgebaute E-Mails sind mit verständlichen Absenderangaben versehen. Um das Einfügen zu vereinfachen, empfiehlt es sich, eine AutoSignatur zu erstellen, die beispielsweise den Namen, die Berufsbezeichnung, die Postadresse sowie die Telefonnummer enthält.

Für die Nutzung einer *AutoSignatur* stehen in *Outlook XP* folgende Varianten zur Wahl:

- Mit dem Erstellen einer *AutoSignatur* legen Sie fest, dass diese automatisch entweder in Textfeldern neu erstellter Nachrichten oder in neu erstellten, beantworteten und weitergeleiteten Nachrichten angezeigt wird.
- Sie können aber auch festlegen, dass eine erstellte *AutoSignatur* nicht automatisch in Nachrichten angezeigt wird. Die *AutoSignatur* wird dann immer bei Bedarf eingefügt.
- Wenn Sie Word als E-Mail-Editor verwenden, erstellen Sie eine AutoSignatur in einer E-Mail-Nachricht, und speichern Sie diese dann als Teil der Nachrichtenvorlage. Die AutoSignatur wird dann automatisch in erstellte, beantwortete bzw. weitergeleitete Nachrichten eingefügt.

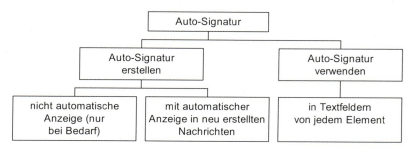

AutoSignatur zur automatischen Verwendung erstellen

Ausgehend von dem *Postausgang* wählen das Menü **Extras** auf **Optionen** und hier die Registerkarte **Email-Format**. Aktivieren Sie die Schaltfläche `Signaturen`, gehen Sie auf `Neu` und vergeben einen Namen für die Signatur: TiemeyerPrivat. Folgen Sie danach den Anweisungen des Assistenten, und klicken Sie auf `Weiter`. Geben Sie Ihren Wunschtext ein, und formatieren Sie diesen nach Ihren Vorstellungen. Nach der Fertigstellung kann sich folgende Anzeige ergeben:

Abb. 3–36

Hinweis: Wenn Sie standardmäßig keine Signatur wählen, müssen Sie diese im Optionenfenster für E-Mail-Format auf *Keine* einstellen. Die erstellte AutoSignatur kann dennoch verwendet werden.

1. Setzen Sie im Textfeld eines beliebigen geöffneten Elementes, Notizen ausgenommen, die Einfügemarke an die Stelle, an der die AutoSignatur eingefügt werden soll.
2. Klicken Sie anschließend im Menü **Einfügen** auf **AutoSignatur**, und wählen Sie die gewünschte Signatur.

Beachten Sie: Es gehört weitgehend zum guten Ton, wenn Sie E-Mails mit einer entsprechenden Grußformel beenden. Auch empfiehlt es sich, eine digitale Visitenkarte (z. B. die E-Mail-Adresse und andere wichtige Informationen) am Schluss mit anzugeben.

3.6 E-Mails mit besonderen Einstellungen und Einfügungen

Problemstellung

Eine typische Ausgangssituation: Sie möchten E-Mails mit besonderer Wichtigkeit klassifizieren sowie eine Lesebestätigung einstellen.

Um die Problemstellung zu lösen, gehen Sie bei Outlook in folgender Weise vor:

1. Zeigen Sie im Menü **Datei** auf **Neu** und erstellen Sie die Nachricht in der üblichen Weise.
2. Klicken Sie im Menü **Ansicht** auf **Optionen**.

Ergebnis:

Abb. 3–37

3. Wählen Sie unter *Wichtigkeit* bzw. *Vertraulichkeit* Ihre Optionen
4. Stellen Sie unter *Abstimmungs- und Verlaufoptionen* die Lesebestätigung ein.

Ergebnis: Die Nachrichten werden im Postkorb mit einem Ausrufezeichen (bei sehr wichtigen Nachrichten) angezeigt, so dass sich eine deutliche Unterscheidung zu Normalnachrichten ergibt.

E-Mails mit besonderen Einfügungen

Problemstellung

E-Mails sind eigentlich für Kurznachrichten gedacht und nicht für längere Dokumente. Als Ergänzung können E-Mails aber auch mit bestimmten Dateien (zum Beispiel Word-Dateien oder Grafik-Dateien) als Anlage versandt werden.

 Wählen Sie nach Eingabe des neuen E-Mails aus dem Menü **Einfügen** den Befehl **Datei**. Wählen Sie die gewünschte Datei in dem angezeigten Dialogfeld aus. Beispielergebnis:

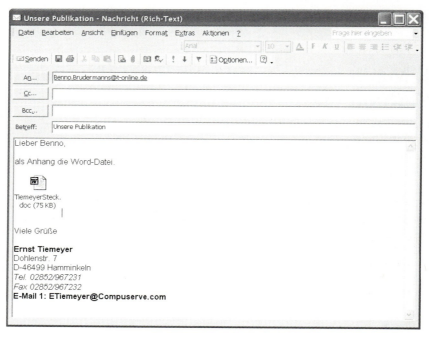

Abb. 3–38

Hinweise: ▶ Die angehängte Datei ist für den Empfänger leicht per Doppelklick aufrufbar!

▶ Komprimieren Sie größere Dateien zunächst mit einem Komprimierprogramm. Auch so können Sie viel Zeit und Geld sparen.

▶ Sie können in E-Mails auch bestimmte Outlook-Elemente (z. B. Aufgabenliste) einfügen

Hinweis: Zu unterscheiden von den Attachments ist das direkte Einfügen von Objekten wie Bildern und Grafiken in ein E-Mail. Auch solche multimedialen Mails sind mit Outlook machbar. Nach dem Erstellen der Nachricht in der üblichen Weise wählen Sie aus dem Menü **Einfügen** den Befehl **Objekt**.

3.6.1 Mit E-Mail-Verteilern arbeiten

Problemstellung

Müssen Sie bestimmte Informationen immer wieder einer bestimmten Adressatengruppe zukommen lassen oder arbeiten Sie in Teams oder Projektgruppen, dann sollten Sie sich für die E-Mail-Kommunikation Verteilerlisten anlegen. Viele E-Mail-Programme (so auch Outlook) bieten dazu entsprechende Funktionen an. Der Vorteil: Möchten Sie eine Information an einen bestimmten Teilnehmerkreis senden, dann genügt die Wahl dieser Verteilerliste und alle in der Liste eingetragenen Teilnehmer erhalten eine zugeordnete Mail.

Um die Funktionalität nutzen zu können, müssen zunächst die Verteilergruppen erstellt werden. Wählen Sie dazu aus dem Menü **Datei** den Befehl **Neu** und dann die Variante **Verteilerliste**. Alternativ können Sie eine Gruppe über die Option Extras/Adressbuch anlegen. Klicken Sie im Adressbuch auf *Neu* und *Neue Gruppe*.

Geben Sie der neuen Verteilerliste einen Namen und starten Sie die Auswahl der Mitglieder mit einem Klick auf *Mitglieder auswählen*. Die Mitglieder Ihrer neuen Verteilerliste wählen Sie aus, indem Sie die markierten Mitglieder mit *Hinzufügen* bzw. *Auswählen* bestätigen. Nachdem alle Mitglieder des Verteilers hinzugefügt sind, bestätigen Sie dies mit OK.

Eine neu angelegte Verteilerliste erscheint in dem Element *Kontakte* und wird dort ganz normal alphabetisch eingeordnet. Sie erkennen die Liste am Gruppensymbol. Wollen Sie eine neue Mail an Ihre Gruppe senden, brauchen Sie zukünftig nur noch die Verteilerliste als Empfänger auszuwählen.

3.6.2 Posteingang bei Outlook – Nachrichten öffnen, lesen und beantworten

Problemstellung

Standardfunktionen beim Posteingang sind das Öffnen und Lesen von eingegangenen Nachrichten. Hilfreich ist die Vorschaufunktion. Danach ist genau zu überlegen, wann und wie zu reagieren ist.

Um die eingegangenen Mails zu sehen, klicken Sie zunächst auf *Posteingang*. Mögliches Ergebnis siehe Abb. 3-39 auf der Folgeseite.

Doppelklicken Sie anschließend in der Nachrichtenliste auf die Nachricht, die Sie öffnen und lesen wollen.

Beachten Sie folgende Besonderheiten:

▶ Enthält eine Nachricht eine Anlage/Dateianhang, müssen Sie darauf doppelt klicken, um den Anhang zu öffnen (etwa auf das Dateianlage-Symbol oder auf das Dateivorschausymbol). Sie erkennen Nachrichten mit Dateianlage im Eingangskorb/der Nachrichtenliste am Briefklammer-Symbol (Dateianlage-Symbol).

▶ Um erstellte bzw. eingegangene Mails (in einem eigenen Ordner) zu speichern, wählen Sie aus der Menü **Datei** den Befehl **Speichern unter**.

▶ Neue Nachrichten werden grundsätzlich mit einem grünen Punkt versehen und die Betreff-Zeile in Fettschrift dargestellt. Sobald Sie die Nachricht auswählen, verschwinden diese Kennzeichnungen.

▶ Sie können eingehende Mails nach den Kriterien (Datum, Betreff etc.) ordnen lassen, die in der Liste über dem Postfach angegeben sind. Klicken Sie einfach auf die gewünschte Überschrift, um in auf- oder absteigender Reihenfolge zu sortieren.

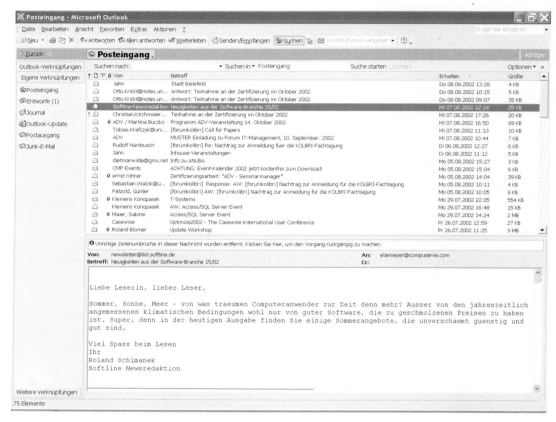

Abb. 3-39

Aus eingegangenen Nachrichten können unmittelbar Aktionen erfolgen. Die Möglichkeiten zeigt die Symbolleiste:

Abb. 3-40

▶ Für das **Beantworten einer Nachricht** öffnen Sie die Nachricht, die beantwortet werden soll. Um lediglich dem Sender der Nachricht zu antworten, klicken Sie auf Antworten. Um allen in den Feldern An und Cc angegebenen Empfängern zu antworten, klicken Sie auf Allen antworten.

▶ **Für das Weiterleiten von Nachrichten** klicken Sie auf Posteingang und markieren die Nachrichten, die weitergeleitet werden sollen. Klicken Sie dann auf Weiterleiten. Geben Sie in den Feldern An und Cc die gewünschten Empfängernamen ein. Um die Empfängernamen aus einer Liste auszuwählen, klicken Sie entweder auf die Schaltfläche An oder auf die Schaltfläche Cc. Wenn Sie mehrere Nachrichten weiterleiten, geben Sie den Betreff der Nachricht in das Feld *Betreff* ein. Abschließend klicken Sie auf **Senden**.

4 PowerPoint XP

Problemstellung

Professionelle Präsentationen sind heute von entscheidender Bedeutung für eine erfolgreiche Arbeit; sei es im Vertrieb, in Schulungen oder in Projekten. Nur so können beispielsweise betriebliche Aktivitäten überschaubar dokumentiert und die Leistungen von Projekten überzeugend präsentiert werden.

Zur Vorbereitung und Durchführung von Präsentationen jeglicher Art bietet sich die Anwendung von *PowerPoint* an. Mit diesem Office-Programm können Dokumente erstellt werden, die aus mehreren Folien bestehen, die zusammen ein Thema darstellen. Das Programm kann sowohl als Werkzeug für die Vorbereitung von Präsentationsmaterialien (Folienvordrucke, Teilnehmer-Handouts, Referenten-Merkzettel) als auch bei der Durchführung der eigentlichen Präsentation verwendet werden.

4.1 Grundlagen der Arbeit mit PowerPoint

4.1.1 Einsatzgebiete und Leistungsspektrum

Problemstellung

*Die **Anlässe für** Präsentationen, zu deren Vorbereitung und Durchführung PowerPoint XP genutzt werden kann, sind vielfältiger Art:*

- ▶ ***Produkt- und Firmenpräsentationen:*** *Denkbare Anlässe sind Tagungen, Produktvorstellungen oder Kundenveranstaltungen. Mit PowerPoint erstellte Text-Übersichten, Diagramme und Illustrationen dienen dabei den Zuhörern und dem Redner gleichermaßen als Leitfaden.*
- ▶ ***Konferenzen und Meetings:*** *In Konferenzen, Planungssitzungen und Ergebnisbesprechungen wird ein professionelles Präsentieren der betrieblichen Ist-Situation, von Planungsüberlegungen oder sonstigen Neuerungen erwartet.*
- ▶ ***Ergebnisbesprechungen und Projektberichte:*** *Viele Ergebnisse der betrieblichen Tätigkeit müssen in anschaulicher Form präsentiert werden. Dies betrifft einmal die geschäftlichen Daten. Zahlen der Buchhaltung lassen sich nun beispielsweise in anschaulicher Form vermitteln. Dies gilt in besonderer Form auch für Projektbesprechungen. Ablauf und Stand eines Projektes müssen der Geschäftsleitung und anderen Projektmitarbeitern immer wieder deutlich gemacht werden.*
- ▶ ***Seminare und Schulungen:*** *Die Qualität von Seminaren und Schulungen hängt in hohem Maße von den dabei eingesetzten Medien ab. Hierzu gehören insbesondere visuelle Hilfen. Dies können Folien für den Referenten/Dozenten sowie entsprechend aufbereitete Teilnehmerunterlagen sein.*
- ▶ ***Messen und Ausstellungen:*** *Eine andere Einsatzoption für Präsentationssoftware sind in vielen Firmen Messen und Ausstellungen. Auch hier können durch gut aufbereitete Präsentationsunterlagen erhebliche Vorteile erzielt werden.*

Das **Leistungsspektrum von *PowerPoint*** reicht von dem Erstellen von Folien über das Erzeugen von Handzetteln und Notizblättern für eine Präsentation. Auch eine Bildschirmpräsentation mit Animationseffekten, das Einstellen einer Präsentation in das Web sowie Präsentationskonferenzen lassen sich realisieren:

- ▶ **Folienerzeugung**: Kern des Programms *PowerPoint* ist das Erstellen von **Folien verschiedener Art.** Dies können reine Textcharts sein, aber auch Zeichnungen, Diagramme und Photos sind möglich. Zur professionellen Realisierung werden zahlreiche Folienlayouts angeboten.

- **Präsentationsunterlagen erzeugen**: Neben Folien können Präsentationsunterlagen wie **Handzettel**, **Notizblätter** und eine **Gliederung** erstellt werden. Eine besondere Funktion ist die Verknüpfung von *PowerPoint* und *Word*, die es ermöglicht, automatisch in Word ein Handout zu den Folien zu erstellen.
- **Bildschirmpräsentation**: Zunächst kann über eine Sortieroption die Reihenfolge der erstellten Folien schnell und bequem festgelegt werden. Für den Ablauf auf dem Computer bietet *PowerPoint* dann zahlreiche Funktionen aus dem Bereich der Animation. Dazu gehören beispielsweise unterschiedliche Methoden des Bildaufbaus beim Wechsel von einer Folie zur nächsten.
- **Multimedia**: Zur Erhöhung der „Lebendigkeit" von Bildschirmpräsentationen wird auch die Möglichkeit einer **akustischen Untermalung** sowie der **Film-Integration** angeboten. Diese Nutzung erfordert allerdings eine entsprechende Rechnerausstattung; beispielsweise Mikrofon, Sound- und Videokarten sowie Lautsprecher.
- **Präsentationskonferenzen realisieren**: *PowerPoint* verfügt in der neuesten Version auch über weitergehende Groupware-Funktionen. So können Präsentationen mit Hilfe der so genannten Präsentationskonferenz im Netzwerk zusammen mit der Arbeitsgruppe besprochen und bearbeitet werden.
- **Online-Präsentationen im Internet/Intranet**: Eine spezielle Anwendung kann heute darin bestehen, Präsentationen im World Wide Web oder im firmeninternen Intranet zu veröffentlichen. So ist in *PowerPoint* beispielsweise eine Web-Presenter-Technologie vorhanden, mit der sich unter anderem Hyperlinks, Filmsequenzen und Sounds für professionelle Präsentationen im Internet einbinden lassen.

4.1.2 Bildschirmaufbau in PowerPoint

Problemstellung

Um das Arbeiten mit PowerPoint *zu optimieren, ist ein Anwendungs-Know-How zu den verschiedenen Bildschirmelementen nötig, die sich nach dem Starten des Programms ergeben.*

Nach dem Starten von *PowerPoint XP* kann sich die folgende Bildschirmanzeige ergeben:

Abb. 4–01

Das Bild macht deutlich, dass nun eine neue Präsentation im Arbeitsspeicher eingerichtet wurde. *PowerPoint* wartet darauf, dass einzelne Folien angelegt werden und dabei Entscheidungen über das Folienlayout und das Präsentationsdesign getroffen werden.

Betrachten wir den Bildschirmaufbau etwas genauer, fällt auf, dass sich im Mittelpunkt der eigentliche **Arbeitsbereich** befindet, der die Inhalte der Präsentation anzeigt. Dabei sind verschiedene Ansichten einstellbar; standardmäßig als Folie, alternativ als Foliensortieransicht bzw. in der Notizenansicht. Standardmäßig werden die Folien im Querformat angezeigt und befinden sich auf der Arbeitsfläche zwei Platzhalter: Der so genannte Titelplatzhalter, der der Eintragung eines Folientitels dient, sowie der Hauptteilplatzhalter, in dem die Texte, Diagramme, Cliparts bzw. Grafikobjekte für den Hauptteil aufgenommen werden. Dies ist im Beispielfall ein Platzhalter für den Untertitel.

Weitere Elemente der Bildschirmdarstellung sind:

Gliederungsanzeige bzw. Miniaturanzeige: Sie befindet sich auf der linken Bildschirmseite und zeigt die Reihenfolge der Folien im Überblick.

Aufgabenbereich: Auf der rechten Bildschirmseite stehen im Aufgabenbereich Optionen zur Verfügung, um entweder eine neue Präsentation zu erstellen oder eine vorhandene Präsentation zu öffnen.

Titelleiste: Hier wird nach dem Text *Microsoft PowerPoint* der Name der aktuellen Präsentationsdatei angezeigt. Sofern noch kein Dateiname vergeben ist, erscheint das Wort *Präsentation1*. Achten Sie bei der Titelleiste schließlich noch auf die Symbole am linken und rechten Rand (Größenfelder, Schließfeld).

Menüleiste (Befehlsbereich): Die zweite Bildschirmzeile ist die Menüleiste, die die Namen der jeweils wählbaren Menüs anzeigt. Sie bildet die Grundlage für das Auslösen von Befehlen, um Dateien, Folien, Texte und grafische Objekte zu bearbeiten. *PowerPoint* arbeitet wie alle Office-Anwendungen mit „intelligenten" Menüs. Zunächst steht im ersten Zugriff ein Befehlsstandard bereit, der stets um die Befehle ergänzt wird, die aus dem erweiterten Umfang genutzt werden.

Symbolleisten: Unterhalb der Menüleiste befinden sich die so genannten Symbolleisten. Sie stellen in Form von Symbolen (Icons) eine Vielzahl von alltäglichen Optionen bereit, die sich mit einem einzigen Mausklick anwählen lassen. Besonders wichtig sind die Schaltflächen am rechten Rand: Neue Folie sowie die Auswahl des Foliendesigns.

Für die Maussteuerung sind die beiden so genannten **Bildlaufleisten** am unteren und rechten Rand des Anwendungsfensters wichtig, die sich ergeben, wenn die Präsentation mehr als eine Folie beinhaltet. Sie geben einerseits die horizontale und vertikale Position der Seite einer Präsentation an. Außerdem enthalten sie Schalter, um zur nächsten oder vorhergehenden Folie zu wechseln.

Wichtig sind auch die Ansichtsschaltflächen sowie die Zeichnen-Symbolleiste am unteren Rand:

Die **Ansichts-Schaltflächen** dienen als Schalter für das Umschalten zur jeweils gewünschten Ansicht: Folie/Normalansicht, Foliensortierungsansicht sowie ein Schalter zur Aktivierung der Bildschirmpräsentation.

Zeichnen-Symbolleiste (auch Hilfsmittelleiste oder Toolbox): Für das Erzeugen von Zeichnungen und Grafiken sowie für das Hinzufügen von Text verfügt *PowerPoint* hier über verschiedene Hilfsmittel.

4.1.3 Vorgehensweisen zur Präsentationserstellung

Problemstellung

Das Erstellen einer neuen Präsentation erfordert zunächst einmal sachliche und gestalterische Vorüberlegungen. Danach kann die Arbeit mit PowerPoint XP *beginnen.*

Bereits der Aufgabenbereich macht deutlich, dass es für das Erstellen einer neuen Präsentation verschiedene Wege gibt:

Im *Aufgabenbereich* sind folgende Optionen verfügbar, um mit der Erstellung einer Präsentation zu beginnen:

▶ **Leere Präsentation:** Sie beginnen mit Folien, die nur über ein minimales Design und über keine Farben verfügen.

▶ **Zugriff auf eine Entwurfsvorlage**: Damit wird beim Erstellen einer neuen Präsentation vorab das Layout, aber nicht der Inhalt der Präsentation festgelegt. Die Präsentation wird dann auf der Grundlage einer PowerPoint-Vorlage erstellt, die bereits über ein Designkonzept, Schriftarten und ein Farbschema verfügt. Eine Besonderheit ist dann gegeben, wenn eine Online-Präsentation für das Internet erstellt werden soll. Neben den Vorlagen, die in *PowerPoint* enthalten sind, können auch selbst erstellte Vorlagen verwendet werden.

Abb. 4–02

▶ Erstellen einer Präsentation **mit Hilfe des AutoInhalt-Assistenten**: Der *AutoInhalt-Assistent* enthält Musterpräsentationen mit vorgegebenem Inhalt und Layout zu verschiedenen Themen, beispielsweise für eine Konferenz oder die Planung wichtiger Ereignisse, sowie Präsentationen, die im Internet verwendet werden können.

▶ **Neu aus vorhandener Präsentation**: Sie können eine neue Präsentation auch damit beginnen, dass Sie eine bereits vorhandene Präsentation wählen, die dann als Grundlage für das Erstellen der neuen Präsentation dient. Die Präsentation entsteht also auf der Grundlage einer Präsentation, deren Folieninhalte verfasst und deren Design abgeschlossen ist. Durch diesen Befehl wird letztlich eine Kopie einer vorhandenen Präsentation erstellt, so dass für die neue Präsentation die gewünschten Design- und Inhaltsänderungen vorgenommen werden können.

▶ **Vorlagen auf Websites**: In diesem Fall kann eine Präsentation mit Hilfe einer Vorlage von einer Website erstellt werden.

▶ **Vorlagen auf Microsoft.com**: Hier können weitere PowerPoint-Vorlagen aus der Microsoft Office Template Gallery ausgewählt werden. Diese Vorlagen sind nach dem Präsentationstyp angeordnet.

Fazit: Entscheiden Sie also zunächst die Art, wie bzw. wofür Sie eine Präsentation erstellen wollen:

▶ Eine Präsentation unter Verwendung einer leeren Präsentation erstellen
▶ Eine Präsentation mit inhaltlichen Vorschlägen und vorgegebenem Layout erstellen
▶ Eine Präsentation für das Internet erstellen
▶ Eine Präsentation unter Verwendung eines Präsentationslayouts erstellen

Überlegen Sie darüber hinaus genau, welche der in *PowerPoint* angebotenen Mittel Sie (allein oder kombiniert) nutzen wollen. So können Sie für die Präsentation neben Folien auch gedruckte Handzettel für das Publikum und Rednernotizen als Gedächtnisstütze für den Vortragenden verwenden wollen.

4.2 Eine neue PowerPoint-Präsentation erstellen

4.2.1 Eine neue Präsentation mit dem AutoInhalt-Assistenten anlegen

Problemstellung

Um beim Erstellen einer neuen Präsentation zu einem ausgewählten Thema Anregungen inhaltlicher Art zu erhalten, kann der AutoInhalt-Assistent nützlich sein. Er kann auch die Funktion einer Checkliste haben, um zu prüfen, ob alle wichtigen Aspekte des Themas durch die neue Präsentation abgedeckt werden. Der AutoInhalt-Assistent führt den Nutzer Schritt für Schritt zu einer fertigen Präsentation. Erstellt werden Folien mit vorgeschlagenem Inhalt, der nach Wunsch geändert werden kann.

Wenn eine neue Präsentation mit Hilfe vorgeschlagener Inhalte erstellt werden soll, klicken Sie im *Aufgabenbereich* unter *Neu* auf *Vom AutoInhalt-Assistenten*. Ergebnis:

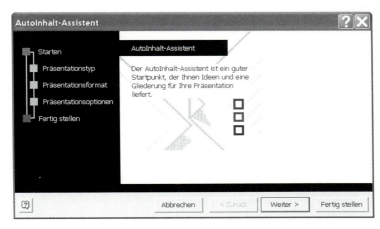

Abb. 4–03

Der Startbildschirm für den AutoInhalt-Assistenten verdeutlicht, dass nun der Präsentationstyp, das Präsentationsformat und Präsentationsoptionen festgelegt werden können. Anschließend ist den Anweisungen des Assistenten zu folgen. Ergebnis ist ein Präsentationsvorschlag mit einer gewissen Anzahl an Folien (8 – 12 Folien, abhängig vom gewählten Thema).

Ersetzen Sie in der Präsentation den vorgeschlagenen Text durch den gewünschten Text, und nehmen Sie weitere gewünschte Änderungen vor. Möglichkeiten sind etwa das Hinzufügen oder Löschen von Folien, das Hinzufügen von Diagrammelementen oder Animationseffekten sowie das Einfügen von Kopf- und Fußzeilen.

Wenn Sie die gewünschten Änderungen vorgenommen haben, klicken Sie im Menü **Datei** auf **Speichern**. Geben Sie den gewünschten Dateinamen in das Feld *Dateiname* ein, und klicken Sie dann auf *Speichern*.

Darstellungsvarianten für Präsentationen (Ansichten)

Problemstellung

Normalerweise wird die Präsentation in der Folienansicht wiedergegeben. Je nach Bearbeitungsziel stehen weitere Alternativen zur Verfügung; etwa für das Vorführen der Präsentation via Beamer, das Eingeben von Rednernotizen oder für das Einstellen von Masterinformationen.

Aktivieren Sie zur Einstellung der gewünschten Optionen das Menü **Ansicht**. Neben Einstellungsmöglichkeiten bezüglich Symbolleisten, Lineal und Raster und Führungslinien können fünf Teilbereiche der Ansichtsänderung unterschieden werden:

a. **Ansichtstyp:** Neben der Anzeige einzelner Folien können Sie hier zwischen Foliensortierung, Notizenseite und Bildschirmpräsentation wählen.

b. **Art des anzuzeigenden Masters:** Nach Aktivierung des Befehls **Master** stehen in einem Flyout-Menü Vorlagen für Folien, Handzettel und Notizen zur Wahl. Damit erreichen Sie, dass alle Seiten der jeweiligen Ansichtsvariante das gleiche Aussehen haben.

c. **Farbe/Graustufe:** Es handelt sich hier um Ein-/Aus-Optionen. Sie können hier wählen, ob statt Farbe eine Anzeige in Graustufen oder reinem Schwarzweiß erfolgen soll. Bei **Schwarzweißansicht** wird statt in Farbe die Schwarzweiß-Anzeige eingestellt, was für den Schwarzweißdruck nützlich sein kann.

d. **Kopf- und Fußzeile:** Dient der Auswahl von Elementen am Anfang oder Ende jeder Folie einer Präsentation (bzw. von Notizblättern und Handzetteln). Die Möglichkeiten zeigt die folgende Dialogfeldanzeige:

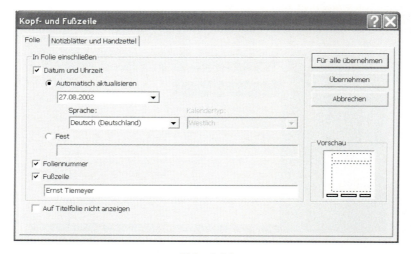

Abb. 4–04

e. **Zoom:** Über diesen Befehl können Sie die Größe der Anzeige auf dem Bildschirm bestimmen, indem Sie entsprechende Angaben in dem nachfolgend abgebildeten Dialogfeld machen:

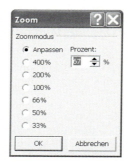

Abb. 4–05

Neben der Originalgröße von 100% stehen Verkleinerungsmöglichkeiten (minimal 33 %) und Vergrößerungsmöglichkeiten zur Verfügung (maximal 400 %). Außerdem kann alternativ ein bestimmter Prozentsatz zur Verkleinerung/Vergrößerung eingegeben werden.

Auswahl des geeigneten Ansichtstyps

Normalansicht: Eine Präsentation kann – wie Sie bereits kennengelernt haben – mehr oder weniger viele Folien enthalten. In der Folienansicht sehen Sie jeweils eine bestimmte Folie der Präsentation. Damit stehen Ihnen alle Hilfsmittel für das Erzeugen und Gestalten einer Folie zur Verfügung. Grundsätzlich ist es möglich, die gesamte Folie am Bildschirm anzuzeigen. Allerdings kann der Ansichtsmaßstab auch geändert werden. So kann etwa eine Vergrößerung sinnvoll sein, um an einem bestimmten Bereich der Folie eine gezielte Detailbearbeitung vornehmen zu können.

Foliensortierung: Um einen Überblick über alle Folien Ihrer Präsentation zu erhalten, können Sie die so genannte Foliensortieransicht aufrufen. In dieser Ansicht lassen sich Folien relativ einfach hinzufügen, löschen oder verschieben. Außerdem legen Sie hier die Animations- und Folienübergangseffekte sowie die Einblendzeiten für Bildschirmpräsentationen fest

Notizenseite: Pro Folie kann automatisch ein Notizblatt erstellt werden. Dies enthält:
- eine Abbildung der Folie in einem verkleinerten Maßstab
- Platz für eigene Notizen.

Ausgedruckte Notizblätter sind für den Vortragenden bei einer Präsentation eine gute Unterstützung. So kann er hier ganz einfach Hintergrundinformationen zu einer Folie erfassen, die natürlich ausdruckbar sind.

Bildschirmpräsentation: Nach Aufruf dieser Ansicht können Sie alle Folien einer Präsentation der Reihe nach am Bildschirm anschauen. Die Darstellung entspricht der Druckausgabe.

In übersichtlicher Form finden Sie im Folgenden eine Zusammenstellung, welche Ansichten für welche Anwendungen besonders gut geeignet sind:

4.2 Eine neue PowerPoint-Präsentation erstellen

Ansichtsvariante	Einsatzgebiet
Folie/Normalansicht	Bei dieser Sichtweise wird immer eine bestimmte Folie angezeigt. Nutzen Sie diese Sichtweise, wenn Sie Text oder Cliparts hinzufügen wollen, Aufzählungspunkte erstellen wollen bzw. zur Ergänzung von Zeichnungen oder Diagrammen. Auch für die Gestaltung der jeweiligen Folie etwa als Farbzuordnung geeignet.
Foliensortierung	Alle Folien der Präsentation werden hier verkleinert dargestellt. So können Sie sich schnell einen Überblick über sämtliche Folien der Präsentation verschaffen und einfach die Reihenfolge der Folien ändern sowie Folien kopieren oder löschen. Auch Übergangseffekte sowie Einblendzeiten für Bildschirmpräsentationen lassen sich hier zuordnen.
Notizenseite	für die Eingabe von Rednernotizen zu einer Folie.
Bildschirmpräsentation	für das Vorführen der Folien über den Bildschirm oder einen Beamer. Jede Folie füllt den gesamten Bildschirm aus, und Sie sehen, wie Animationen, Übergänge und Einblendezeiten wirken.

Um zwischen den verschiedenen Bearbeitungs-Ansichten – Folieneditor, Foliensortierung, Notizenseite, Bildschirmpräsentation – zu wechseln, gibt es drei grundsätzliche Möglichkeiten:

- Wechseln über das Menü **Ansicht**: Wählen Sie in diesem Fall zunächst den Menüpunkt **Ansicht** (per Mausklick oder mit der Tastenkombination [Alt]+[A]), und aktivieren Sie dann die gewünschte Variante *Normal, Foliensortierung, Notizenseite* oder *Bildschirmpräsentation*.
- Wechseln durch Mausklick in der **Symbolleiste**: Auf dem Bildschirm befinden sich nebeneinander die Ansichtssymbole für Normalansicht, Foliensortierungsansicht und Bildschirmpräsentation in der genannten Reihenfolge. Zur Änderung müssen Sie das Symbol für die gewünschte Ansicht anklicken.
- Doppelklick bei bestimmten Situationen: Befinden Sie sich in der Foliensortierübersicht, können Sie per Doppelklick auf eine bestimmte Folie direkt zum Folieneditor für diese Folie springen.

4.2.2 Eine neue Präsentation mit einer bestimmten Vorlage erstellen

Problemstellung

*Um eine neue Präsentation zu erstellen, die weder auf vorbereitete Inhalte noch auf ein vorhandenes Präsentationsdesign zurückgreift, sollten Sie in folgenden **Teilschritten** vorgehen:*

- Neue Präsentation aufrufen
- Folien-Master erstellen
- Folien erzeugen
- Notizen eingeben
- Präsentation speichern
- Präsentation drucken (unter Umständen auch Handzettel und Notizseiten)

Neue Präsentation und Präsentationsvorlage anlegen

Mit dem Aktivieren einer **leeren Präsentation** über den Aufgabenbereich können Sie eine neue Präsentation im Standardformat von *PowerPoint* beginnen. Intern liegt dazu eine so genannte .POT-Datei zugrunde.

Im Aufgabenbereich können Sie ein vorhandenes Präsentationsdesign (= Master) verwenden. Aktivieren Sie dazu das Listenfeld im Aufgabenbereich und wählen Sie die Variante *Foliendesign – Entwurfsvorlage*.

Ergebnis:

Abb. 4–06

Elemente einer Präsentations-Entwurfsvorlage sind unter anderem:
- ▶ Seiteneinstellungen
- ▶ Position/ Größe von Platzhaltern
- ▶ Schriftarten/-größen
- ▶ Hintergrundelemente
- ▶ Texte
- ▶ Einstellungen für Notizen und Handzettel

 Hinweis: In ähnlicher Form können Sie auch ein Farbschema auswählen und zuordnen.

Problemstellung

Bei der Erstellung der verschiedenen Folien einer Präsentation sollten Sie von Anfang an darauf Wert legen, dass eine einheitliche Gestaltung gewährleistet ist. Dazu sind von vornherein grundlegende Layout-Merkmale wie Schriftart und Größe, die eventuelle Platzierung eines Logos, die Aufteilung des Bildfeldes sowie die verwendeten Farben festzulegen. In umfassenden Präsentationen sollte außerdem jede Folie ein bestimmtes Erscheinungsbild der Firma widerspiegeln (im Sinne der sog. Corporate Identity). Dazu ist es von Vorteil, wenn Sie das Firmenlogo permanent in die Folien einbinden und spezielle Firmenfarben und Schriften verwenden.

PowerPoint bietet für das Erstellen von Folien ein Standardformat an. Dies enthält Angaben zum Papierformat sowie den eingestellten Rändern. Änderungen sind möglich nach Aktivierung des Menüs **Datei** und Wahl des Befehls **Seite einrichten**.

Der Einsatz von Präsentationsvorlagen führt zu einem ähnlichen Ergebnis wie der Einsatz des AutoInhalt-Assistenten. Sie bekommen je nach gewählter Vorlage eine bestimmte Anzahl von einheitlich gestalteten Vorlagen zur Verfügung gestellt. PowerPoint bietet zahlreiche fertige Präsentationsvorlagen an, die bei der Installation mit eingerichtet werden können. Daneben ist es natürlich jederzeit möglich, eigene Präsentationsvorlagen zu erstellen.

4.2 Eine neue PowerPoint-Präsentation erstellen

Abb. 4–07

Folien der Reihe nach anlegen

Sofern eine Präsentation mit Hilfe leerer Folien erstellt wird, klicken Sie zunächst auf der Symbolleiste *Standard* auf die Schaltfläche *Neu*. Klicken Sie im Aufgabenbereich *Folienlayout* auf das gewünschte Layout.

Beispiele:

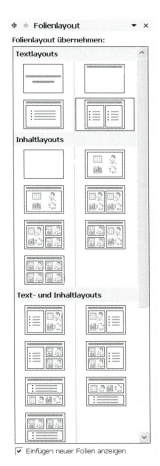

Abb. 4–08

Geben Sie nun am gesetzten Platzhalter den gewünschten Text auf der Folie ein. In ähnlicher Weise können dann auch im Bedarfsfall Cliparts oder Bilder zugeordnet werden oder auch Diagramme erzeugt werden.

Um dann eine weitere neue Folie einzufügen, klicken Sie auf der Symbolleiste auf *Neue Folie*. Wählen Sie anschließend für diese Folie das gewünschte Layout und nehmen Sie dann die Eingaben vor.

Wiederholen Sie die Schritte für jede neue Folie, und fügen Sie die gewünschten Designelemente oder Effekte hinzu. Wenn Sie alle gewünschten Folien erstellt haben, klicken Sie im Menü **Datei** auf **Speichern**, geben Sie einen Namen für die Präsentation ein, und klicken Sie dann auf *Speichern*.

Notizseiten für Redner erstellen

Problemstellung

Folien sollen in der Regel so erstellt werden, dass sie die wichtigsten Aussagen einer Präsentation kurz und prägnant zusammenfassen und zugleich optisch gut aufbereitet sind. Für die eigentliche Präsentation können für den Vortragenden häufig noch ergänzende Unterlagen nützlich sein.

Hilfreich kann zu den jeweiligen Folien das Erfassen wichtiger Notizen sein, die als Gedankenstützen für die Präsentation bzw. einzelne Präsentationsfolien hinterlegt werden. Sie sind quasi ein „Spickzettel" und geben dem Vortragenden einen Leitfaden für seine Ausführungen während einer Präsentation.

Für das Erstellen der ergänzenden Rednervorlagen werden von *PowerPoint* automatisch Notizblätter zu jeder Folie erstellt. Dies bedeutet: Es muss zunächst eine Folie erstellt werden, damit dazu Notizen erfasst werden können. Dann wird automatisch für jede Folie eine Notizenseite angelegt.

Das Notizblatt enthält eine Abbildung der Folie in einem verkleinerten Maßstab. Den restlichen Platz der Seite können Sie zur Erfassung der ergänzenden Notizen verwenden. Die Notizblätter sind wie die Folien bereits in der gewünschten Reihenfolge sortiert und können in dieser Form über einen Drucker ausgegeben werden.

Eine Möglichkeit für das Hinterlegen von Vortragsnotizen ist die direkte Eingabe in der Normalansicht. Hier können im Notizenfenster am unteren Bildschirmrand Eingaben getätigt werden. Die Texteingabe kann erfolgen, sobald auf die Option *Klicken Sie, um Notizen hinzuzufügen* geklickt wird. Um das beengte Notizfenster zu vergrößern, kann mit der Maustaste der Bereich durch Ziehen am oberen Bereichsrand vergrößert werden.

Eine übersichtlichere Variante ist das Verändern der Ansicht. Für das Erstellen einer Notiz kann folgendes Vorgehen gewählt werden:

1. Wählen Sie das Menü **Ansicht** und aktivieren Sie Befehl **Notizenseite**. Ergebnis ist, dass im oberen Bereich das Bild der dazugehörigen Folie zu sehen ist. Im unteren Bereich steht das Notizenfenster zur Verfügung.
2. Stellen Sie die gewünschte Ansichtsgröße ein (Zoomen) und nehmen Sie die Eingaben für die Notizen vor.

Beispiel: Erzeugen Sie übungshalber eine Notiz für eine Folie, so dass sich beispielsweise folgende Darstellung ergibt:

Abb. 4–09

4.2 Eine neue PowerPoint-Präsentation erstellen

Hinweis: Da die Notizen zu den jeweiligen Folien gehören, können Sie durch Blättern auf die nächste Folie auch die Notizen der nächsten Folie bearbeiten. Klicken Sie dazu auf die Pfeile auf den Bildlaufleisten am rechten Rand.

Handzettel (Handouts) erstellen

Problemstellung

Um zu verhindern, dass die Teilnehmer einer Präsentation die Informationen, die auf den Folien stehen, mitschreiben müssen, ist in der Regel eine schriftliche Aushändigung gewünscht. Es reicht allerdings meist aus, wenn die Folien verkleinert ausgedruckt werden. Dies spart vor allem Papier. Dennoch können alle Teilnehmer der Präsentation die wichtigsten Daten und Ergebnisse einer Präsentation mit nach Hause nehmen.

PowerPoint stellt zu diesem Zweck als weiteren Service das Erstellen so genannter Handzettel bereit. Möglich sind folgende Standard-Varianten:

- zwei Folien pro Druckseite
- drei Folien pro Druckseite
- vier Folien pro Druckseite
- sechs Folien pro Druckseite
- neun Folien pro Druckseite.

Für die verschiedenen Seiten der Handzettel können Sie ein einheitliches Layout definieren. Den Rest erledigt das Programm nach Auslösen des Druckvorganges automatisch für Sie.

Vorgehensweise:

1. Wählen Sie im Menü **Ansicht** den Befehl **Master** und aktivieren Sie die Option **Handzettelmaster**.
2. In dem erscheinenden Fenster *Handzettelmasteransicht* können Sie bestimmen, wie viele Folienbilder – von einem bis neun – pro Handzettel ausgedruckt werden sollen.
3. Außerdem kann ein Standardtext oder Grafik zugeordnet werden. Das Datum, Uhrzeit und Seitenzahl fügen Sie über den Menüpunkt **Ansicht/Kopf- und Fußzeile** ein.
4. Schließen Sie danach die Masteransicht.

Zur Ausgabe des Handzettels müssen Sie das Menü **Datei** aktivieren und den Befehl **Drucken** wählen. Im dann angezeigten Dialogfeld ist im Listenfeld *Drucken* die Variante des Handzettels einzustellen.

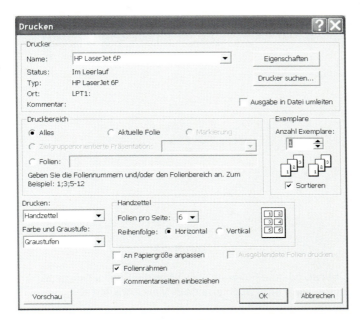

Abb. 4–10

Nach Einstellung der Optionen kann der Ausdruck der Handzettel direkt erfolgen. Allerdings können Sie sich mit der Schaltfläche *Vorschau* den fertigen Handzettel vor dem Ausdruck nochmals ansehen.

4.3 Bildschirmpräsentation und Animationseffekte

Problemstellung

Liegt eine PowerPoint-Präsentation vor, kann diese unmittelbar über den Drucker ausgegeben werden. Alternativ oder ergänzend ist aber auch die Anwendung einer Bildschirmpräsentation interessant. Mit entsprechender technischer Ausstattung können Sie Präsentationen so auch über Projektionsgeräte ausgeben; beispielsweise über einen Beamer. Der Vorteil: Die PowerPoint-Präsentation kann auch einem größeren Publikum (etwa allen Teilnehmern einer Schulung oder eines Meetings) einfach gezeigt werden.

Festlegen der Reihenfolge in der Foliensortierungsansicht

Problemstellung

Der einfachste Weg, um eine Präsentation zu starten, besteht darin, die Folien in der gewünschten Reihenfolge anzuordnen und dann von der ersten Folie aus zu starten. Zur Realisierung einer Präsentationsfolge muss zunächst angegeben werden, welche Folien in welcher Reihenfolge in die Präsentation einbezogen werden sollen. Dies kann am einfachsten durch Aufruf der Foliensortierung geschehen. Die so genannte Foliensortierungsansicht gibt einen Überblick über die Folien der Präsentation in Form von nummerierten Miniaturbildern; Beispiel:

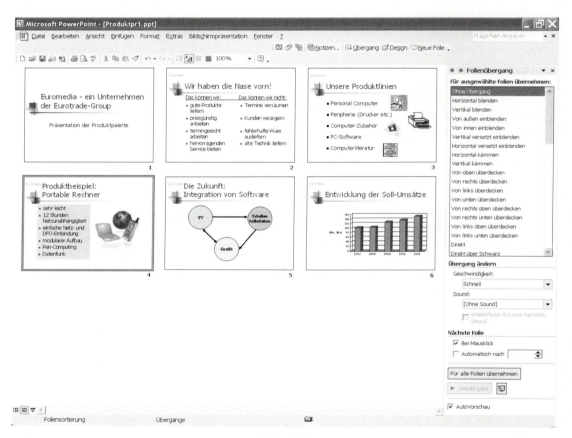

Abb. 4–11

Diese Ansicht kann ebenso wie die Folienansicht über die Symbolleiste der Ansichtssteuerung aktiviert werden. Alternativ kann aber auch aus dem Menü **Ansicht** der Befehl **Foliensortierung** eingeschaltet werden.

4.3 Bildschirmpräsentation und Animationseffekte

Hinweis: Sie können auch Folien, die in einer PowerPoint-Präsentation enthalten sind, für den Zweck der Bildschirmpräsentation ausblenden. Wählen Sie in der Normalansicht die Folie aus, die Sie ausblenden möchten. Klicken Sie im Menü **Bildschirmpräsentation** auf den Befehl **Folie ausblenden**. Daraufhin wird neben der Folie das Symbol für eine ausgeblendete Folie mit der Foliennummer angezeigt. Zu beachten ist: Die Folie bleibt natürlich auch dann in der Datei erhalten, wenn sie beim Vorführen der Präsentation ausgeblendet ist.

Festlegen des Präsentationsablaufs

Problemstellung

Stimmt die Reihenfolge sowie die Auswahl der anzuzeigenden Folien, können einige Grundeinstellungen zur Ausführung der Bildschirmpräsentation festgelegt werden. So kann der Ablauf einer Präsentation entweder manuell oder automatisch durch den Computer gesteuert werden:

- *Bei der manuellen Steuerung der Bildschirmpräsentation wird der Folienwechsel durch einen entsprechenden Mausklick oder einen Tastendruck erzeugt.*
- *Bei der automatischen Vorführung übernimmt der Computer diese Aufgabe, nachdem die Reihenfolge der Folien sowie die gewünschten Einblendzeiten festgelegt worden sind.*

Eine Variante stellen die so genannten Endlospräsentationen dar. In diesem Fall, der etwa für Werbezwecke gut geeignet ist, wiederholt sich die Bildschirmshow automatisch, nachdem die letzte Folie der Präsentation gezeigt wurde.

Zur Realisierung der genannten Optionen muss aus dem Menü **Bildschirmpräsentation** der Befehl **Bildschirmpräsentation einrichten** aktiviert und dann können einige Grundeinstellungen festgelegt werden.

Ergebnis:

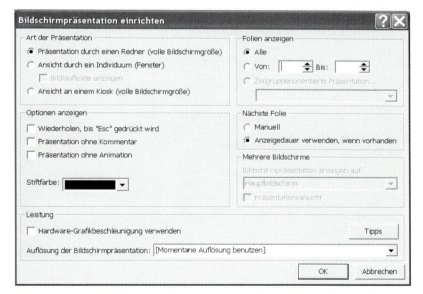

Abb. 4–12

Das Dialogfeld zeigt, dass hier einmal eine Auswahl dazu möglich ist, welche Folien in der Bildschirmpräsentation angezeigt werden sollen. Möglich ist auch eine Endlospräsentation, indem das Kontrollkästchen *Wiederholen, bis „Esc" gedrückt wird* eingeschaltet wird. Wollen Sie keine zeitgesteuerte Präsentation durchführen, sollten Sie das Optionsfeld *Manuell* im Bereich *Nächste Folie* einschalten.

Nach Einstellung der Optionen kann die Präsentation über das Menü **Ansicht** und Wahl des Befehls **Bildschirmpräsentation** zum Ablauf gebracht werden. Mit der linken Maustaste wird das jeweils nächste Bild angezeigt. Am Ende der Präsentation erfolgt eine Rückkehr zur letzten Ansichtsweise.

Festlegen des Folienübergangs

Problemstellung

*Ergänzend können zahlreiche Effekte beim Folienwechsel sowie Animationen beim Einblenden von Aufzählungspunkten dazu beitragen, die Aufmerksamkeit während der Durchführung der Bildschirmpräsentation zu erhöhen. So stellt sich die Frage, ob der Übergang zwischen zwei Folien durch einen besonderen Effekt gestaltet werden sollte. Innerhalb der Foliensortieransicht stehen zahlreiche Übergangseffekte zur Verfügung. So kann festgelegt werden, wie die Einblendung einer Folie beim Ablauf der Bildschirmshow erfolgen soll. Standardmäßig wird das bisherige Bild durch das neue ersetzt (**Standardeffekt** „Ohne Übergang"). Nicht nur der Standard lässt sich ändern; Sie können vielmehr für jede Folie einen anderen Effekt festlegen. Um einen angemessenen Übergang auszuwählen, bietet sich die Möglichkeit, die unterschiedlichen Effekte im Rahmen einer Vorschau zu testen. Zusätzlich kann hier die Geschwindigkeit eingestellt werden, mit welcher dieser Effekt ablaufen soll.*

Die Optionen werden in der Folienansicht im rechten Aufgabenbereich angezeigt.

Beispiel:

Abb. 4–13

Während bei der manuellen Steuerung der Präsentation individuell von einer Folie zur nächsten gewechselt wird, besteht die Möglichkeit bei Vorführungen mit automatischem Bildwechsel, die gewünschten Einblendzeiten für den Übergang zur nächsten Folie einzugeben. Die Verweildauer der jeweils aktuellen Folie bis zur nächsten wird in Sekunden eingegeben.

4.3 Bildschirmpräsentation und Animationseffekte

Hinweis: Nachdem die Einblendzeiten festgelegt worden sind, ist es sinnvoll, einen Problauf durchzuführen. Hierzu wählen Sie den Menüpunkt **Bildschirmpräsentation – Neue Einblendezeiten testen**. Im Rahmen des gestarteten Probelaufs wird die Bildschirmpräsentation angezeigt. Zusätzlich werden die Einblendzeiten für jede Folie angezeigt. Durch Betätigung der Taste können die Einblendzeiten neu festgelegt werden.

Benutzerdefinierte Animation

Problemstellung

*Auch die **Integration von Animationen und Multimedia-Elementen** ist relativ leicht handhabbar. Durch das Einbeziehen von Ton, Film und Animation kann eine Präsentation für ein Publikum interessant dargeboten werden, und bei geschickter Dramaturgie bleiben die Eckdaten des Vortrags bei den Teilnehmern besonders gut haften.*

Zusätzlich zu den oben dargestellten Übergangseffekten können bestimmte Folienelemente wie z. B. Aufzählungspunkte eines Textkörpers, Folientitel, Diagramme und andere Objekte mit so genannten Animationseffekten verknüpft werden. Das Ergebnis einer derartigen Animation kann z. B. darin bestehen, dass die Aufzählungspunkte eines Aufzählungstextfeldes im Schreibmaschinenstil nacheinander auf dem Bildschirm eingeblendet werden.

Wählen Sie nach Aktivierung der Präsentation aus dem Menü **Bildschirmpräsentation** den Befehl **Benutzerdefinierte Animation**. Auf der rechten Bildseite öffnet sich der Aufgabenbereich mit den entsprechenden Optionen.

Anschließend können Sie das Objekt markieren, das mit einem Animationseffekt versehen werden soll; beispielsweise die Aufzählungspunkte. Das Objekt muss dann von den acht Größenziehpunkten und dem Formziehpunkt umgeben sein.

Klicken Sie auf die Schaltfläche *Effekt hinzufügen*, und wählen Sie im Untermenü den Eintrag *Eingang* aus. Entscheiden Sie sich für einen der vorhandenen Animationseffekte, oder wählen Sie den Eintrag *Weitere Effekte*. Damit wird das Dialogfeld *Eingangseffekt hinzufügen* geöffnet, aus dem Sie einen Effekt, beispielsweise *Einfliegen* wählen können. Beenden Sie mit *OK*.

Beispiel:

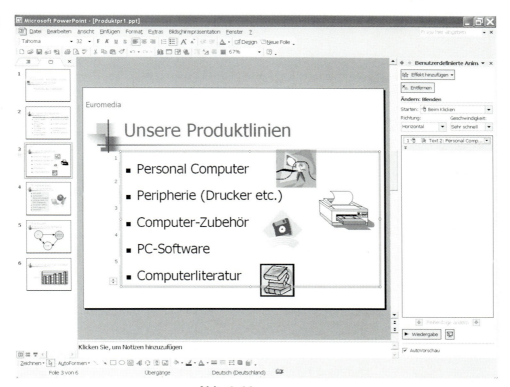

Abb. 4–14

Die kleinen Ziffern auf der linken Spalte zeigen die Reihenfolge, in der die 5 Elemente der Aufzählung angezeigt werden.

4.4 Mit PowerPoint im Web arbeiten

Problemstellung

Mit Hilfe des Web kann auch anderen Personen einfach ein Zugriff auf eine PowerPoint-Präsentation ermöglicht werden. Notwendig dazu ist, dass die Präsentation auf einem Webserver oder auf einem anderen Computer veröffentlicht wird, der für die Personen zugänglich ist, die die Präsentation mit einem Webbrowser anzeigen können sollen. Durch das Veröffentlichen der Präsentation wird eine Kopie der Präsentation in einem angegebenen Verzeichnis erstellt. Die Veröffentlichung kann auf Basis einer Präsentation im PPT-Format oder auf Grundlage einer Präsentation erfolgen, die als Webseite oder als Webarchiv gespeichert ist.

In folgender Weise kann vorgegangen werden:

1. Öffnen Sie die Präsentation, die Sie im Web veröffentlichen möchten. Klicken Sie im Menü **Datei** auf **Als Webseite speichern**. Geben Sie im Feld *Dateiname* den Namen für die Webseite ein.

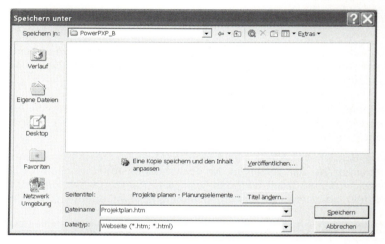

Abb. 4–15

2. Führen Sie im Feld *Dateityp* eine der folgenden Aktionen aus:

   Um die Präsentation als Webseite zu speichern und einen zugehörigen Ordner zu erstellen, der unterstützende Dateien enthält, z. B. Aufzählungszeichen, Hintergrundstrukturen und Grafik, wählen Sie *Webseite* aus.

   Um die Präsentation als Webarchiv zu speichern, wählen Sie *Webarchiv* aus.

3. Legen Sie den Seiten-Titelleistentext für die Webseite fest. Klicken Sie dazu auf *Titel ändern*, geben Sie im Feld Seitentitel den Text ein, und klicken Sie dann auf OK.

4. Klicken Sie auf *Veröffentlichen*, und führen Sie dann eine oder mehrere der folgenden Aktionen aus:

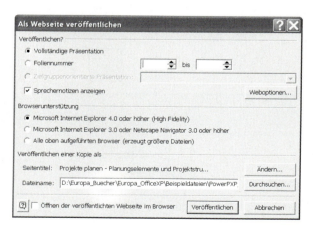

Abb. 4–16

Um die Folien anzugeben, die Sie veröffentlichen möchten, aktivieren Sie unter *Veröffentlichen?* eine Option.

Um die Präsentation für einen bestimmten Browser oder eine Browserversion zu optimieren, aktivieren Sie unter *Browserunterstützung* eine Option.

Um Sprechernotizen für eine Präsentation anzuzeigen, aktivieren Sie unter *Veröffentlichen?* das Kontrollkästchen *Sprechernotizen anzeigen*.

5. Um weitere Optionen zum Formatieren und Anzeigen von Webseiten festzulegen, klicken Sie auf *Weboptionen*, aktivieren Sie die gewünschten Optionen, und klicken Sie dann auf OK.

Geben Sie unter *Dateiname* einen Namen an, und wählen Sie den Speicherort für die Webseite aus. Klicken Sie auf *Veröffentlichen*.

Das Ergebnis können Sie im Browser testen.

Beispiel:

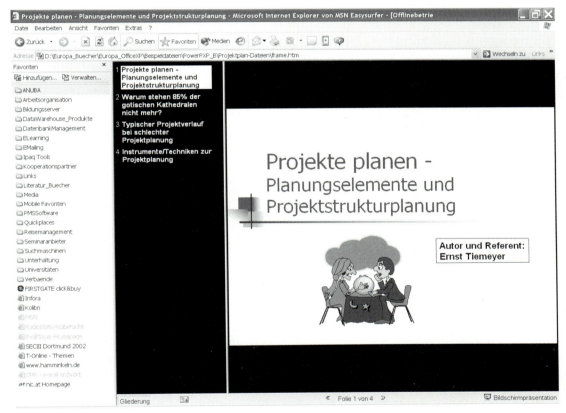

Abb. 4–17

Wenn Sie eine Präsentation im Web veröffentlichen oder sie als Webseite speichern, enthält die Präsentation automatisch die folgenden Elemente:

▶ Einen Navigationsframe, der die Gliederung der Präsentation darstellt.

▶ Einen Folienframe.

▶ Ein Steuerelement zum Anzeigen oder Ausblenden der Gliederung der Präsentation.

▶ Ein Steuerelement zum Anzeigen oder Ausblenden des Notizenfensters.

▶ Eine Option für die Vollbildansicht, durch die die Browsersteuerelemente ausgeblendet werden und die der Bildschirmpräsentationsansicht in *Microsoft PowerPoint* gleicht.

Hinweis: Um eine bereits veröffentlichte Webpräsentation zu aktualisieren, öffnen Sie in *Microsoft PowerPoint* die Quelldatei (Originaldatei) der Präsentation, die Sie aktualisieren möchten (nicht die Kopie, die Sie auf dem Webserver veröffentlicht haben). Nehmen Sie die gewünschten Änderungen an der Datei vor, und veröffentlichen Sie die Präsentation oder die HTML-Datei im Web.

5 Excel XP

Problemstellung
Peter ist als Auszubildender in der Firma Eurotrade GmbH beschäftigt. Er muss für den Verkaufsleiter die folgende Umsatzstatistik erstellen.

	Soll-Werte		Ist-Werte		Soll-/Ist
	Euro-Umsatz	Anteil	Euro-Umsatz	Anteil	Abweich.
Monate	in 1000	in %	in 1000	in %	in 1000 Euro
Januar	150	4,2	132	3,9	-18
Februar	212	6,0	260	7,6	48
März	222	6,2	322	9,4	100
April	318	8,9	312	9,2	-6
Mai	344	9,7	322	9,4	-22
Juni	551	15,5	457	13,4	-94
Juli	180	5,1	234	6,9	54
August	166	4,7	239	7,0	73
September	300	8,4	234	6,9	-66
Oktober	345	9,7	317	9,3	-28
November	433	12,2	345	10,1	-88
Dezember	335	9,4	234	6,9	-101
Summe	3556	100,0	3408	100,0	
Maximum	551		457		
Minimum	150		132		

Das Erstellen von Statistiken tritt in der Praxis relativ häufig auf. Die damit zusammenhängenden Arbeiten lassen sich heute unter Einsatz eines Tabellenkalkulationsprogramms wie *Excel* leichter lösen als früher mit einer Rechen- und Schreibmaschine. Es sind jedoch zunächst einige Vorüberlegungen notwendig, um eine solche Ergebnistabelle sachgerecht erstellen zu können. So ist genau festzulegen, an welcher Stelle der Tabelle die Eingabe von Formeln angebracht ist. Erst dann kann die Arbeit am Computer beginnen.

5.1 Grundidee der Tabellenkalkulation

Problemstellung
Im betrieblichen Alltag wie auch im privaten Bereich kann es sinnvoll sein, bestimmte Sachverhalte in Tabellenform darzustellen und durchzurechnen. Das Erstellen einer Umsatzstatistik oder das Planen des Haushaltsbudgets für den kommenden Monat sind nur zwei von vielen denkbaren Beispielen.

Herkömmlicherweise wurden solche Tabellen unter Einsatz von Papier, Bleistift sowie Rechen- und Schreibmaschinen erstellt. Dies war mitunter eine recht aufwändige Sache:

▶ Jede Berechnung musste einzeln durchgeführt und zu Papier gebracht werden. Berechnungen waren auch dann immer wieder neu anzustellen, wenn der Rechenweg für mehrere Felder einer Spalte gleich war (beispielsweise die Ermittlung des monatlichen Umsatzanteils).

▶ Waren nachträglich Änderungen erforderlich, dann hatte dies meist auch Konsequenzen auf viele bereits ermittelte Zahlenwerte. In diesem Fall mussten sämtliche Zahlen noch einmal neu berechnet werden und die Tabelle völlig neu geschrieben werden. Musste beispielsweise für einen Monat ein anderer Ist-Umsatz erfasst werden, dann waren sowohl der gesamte Jahresumsatz als auch sämtliche Umsatzanteile neu zu ermitteln.

Eine Alternative zu dem herkömmlichen Vorgehen sind heute **Tabellenkalkulationsprogramme**. An die Stelle von Papier und Bleistift tritt dann der Computer und ein Programm wie *Excel*. Dabei wird auf dem Bildschirm zunächst ein **„elektronisches Formular"** angeboten, das eine bestimmte Zahl von Zellen (= Kombination von Zeilen und Spalten) für freie Eintragungen zur Verfügung stellt. So ergibt sich nach dem Start von Excel XP der folgende Ausgangsbildschirm:

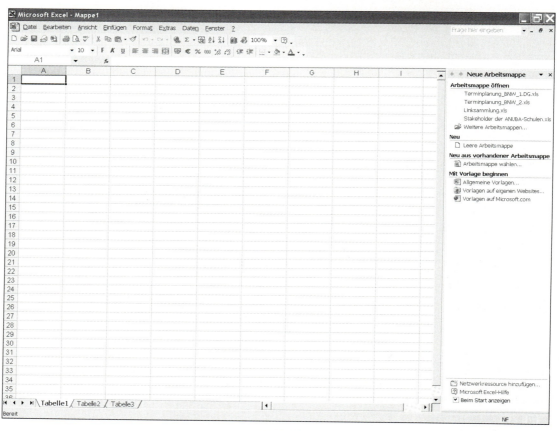

Abb. 5–01

Diese elektronischen Formulare werden **Spreadsheets** oder **Worksheets** genannt. Die wesentliche Funktionalität:

▶ Auf dem Rechenblatt am Bildschirm befindet sich ein Gitternetz, das mehrere Zellen darstellt. Jede Zelle ist zunächst einmal ein leerer Raum, der für ein ausgewähltes Anwendungsgebiet frei mit Text oder Zahlen belegt werden kann.

▶ Auch Formeln können in das Rechenblatt eingegeben werden. Damit lassen sich Beziehungen zwischen Zellen aufbauen, so dass beliebige arithmetische und logische Operationen möglich sind. Der Aufbau von Formeln erfolgt dabei unter Angabe der Zellkennungen, deren Inhalte in die Berechnung einbezogen werden sollen (Hinweis: statt Zellen wird oft auch von Feldern gesprochen). Im „Formelfeld" erscheint dann standardmäßig nicht die Formel, sondern das jeweils zutreffende Ergebnis.

5.1 Grundidee der Tabellenkalkulation

- Bei Änderung eines Tabellenwertes muss nur dieser Wert korrigiert werden, um sofort zu einem neuen Ergebnis zu gelangen. Bei korrektem Aufbau der Tabellenblätter muss Zeit primär in deren Erstellung investiert werden, nach der Eingabe der veränderten Daten erledigt *Excel* den Rest automatisch und befreit so von monotonen und fehlerträchtigen Rechenarbeiten.
- Außerdem bietet sich nun die Möglichkeit, mittels unterschiedlicher Dateneingaben verschiedene Alternativen problemlos und schnell durchzurechnen.

Hinweis: Der Umgang mit *Excel* erfordert eine Kenntnis der speziellen Philosophie von Tabellenkalkulationsprogrammen. Oft steuern nur wenige Eingabezellen die Reaktion zahlreicher davon abhängiger Zellen.

Die maximale Größe eines Rechenblattes ist abhängig vom jeweiligen Tabellenkalkulationsprogramm und von der Größe des zur Verfügung stehenden Hauptspeichers des eingesetzten Computers. In **Excel XP** kann ein Rechenblatt maximal 256 Spalten und 65536 Zeilen umfassen. Das ergibt 16.783.336 Zellen. Der Bildschirm kann folglich immer nur einen Ausschnitt des gesamten Rechenblattes anzeigen. Mithilfe der Richtungstasten oder der horizontalen und vertikalen Bildlaufleisten lässt sich jeder Ausschnitt eines Rechenblattes auf dem Bildschirm sichtbar machen.

Folgende **Merkmale** gelten für den Aufbau **eines Excel-Rechenblattes**:

- Die Zeilen sind fortlaufend von 1 bis 65536 numeriert. Die Zeilennummer steht links am Anfang einer Zeile im **Zeilenkopf**.
- Oberhalb einer jeden Spalte befindet sich der **Spaltenkopf** mit der Spaltenkennung. *Excel* benutzt standardmäßig Buchstaben, um die 256 Spalten zu kennzeichnen. Die Spalten werden also mit A beginnend alphabetisch durchgezählt (A, B, ... Z; AA, AB ... AZ; BA, BB, ... BZ; ... ; IA, IB, ... IV). Eine numerische Benennung von 1 bis 256 ist zwar auch möglich, wird aber praktisch selten genutzt.
- Die Lage einer jeden Zelle ist eindeutig durch ihre Spalten- und Zeilenposition definiert. Jede Zelle besitzt somit – einer Hausnummer vergleichbar – eine eindeutige **Adresse**. Zur Kennzeichnung einer bestimmten Tabellenposition ist die jeweils zutreffenden Spalte und Zeile als Kombination von Spaltenbuchstabe und Zeilennummer anzugeben; z.B. A13 oder B2. Dafür findet sich auch der Begriff **Zellbezug**.
- Die aktuelle Zelle erkennen Sie am Zellzeiger und der Bearbeitungsleiste.

> Merke: Ein Tabellenkalkulationsprogramm wie *Excel* ist im Kern ein elektronisches Arbeitsblatt, das sich aus Zellen aufbaut, die Texte und Zahlen aufnehmen und die durch Formeln (= arithmetische und logische Operationen) verknüpft werden können. Dabei kann eine Arbeitsmappe angelegt werden, die mehrere Arbeitsblätter (Tabellen) in einer Datei verwaltet.

Neben den elektronischen Arbeitsblättern, die den Kern eines Tabellenkalkulationsprogramms wie *Excel* ausmachen, verfügen Programme dieser Leistungsart typischerweise noch über zwei weitere Haupt-Anwendungsbereiche:

- **Diagrammerstellung**: Aus den Daten der Arbeitsblätter können relativ einfach Diagramme erzeugt werden. Verbreitete **Diagrammtypen** sind: Liniendiagramm, Balkendiagramm in horizontaler und vertikaler Form, Flächendiagramm, Kreisdiagramm und XY-Diagramm.
- **Datenverwaltung**: Mit *Excel* können Daten strukturiert abgelegt und nach bestimmten Kriterien ausgewählt und sortiert werden. Außerdem stehen spezielle Funktionen für Auswertungen zur Verfügung. Damit eignet sich das Programm auch zur Verwaltung von größeren Datenbeständen; etwa auch für Adressdaten oder für die Literaturverwaltung.

Hinweis: Die genannten drei Funktionsbereiche Tabellenkalkulation, Diagrammerstellung und Datenverwaltung stehen nicht isoliert nebeneinander, sondern greifen alle auf die einmal erfassten Daten zurück und gestatten einen problemlosen Austausch der Daten.

5.2 Eine neue Excel-Anwendung erstellen

Problemstellung

Das Erstellen einer neuen Excel-Anwendung erfordert zunächst einige Vorüberlegungen. So hat sich ein schrittweises Vorgehen bewährt. Hilfreich ist, wenn vor der Lösung der Aufgabenstellung am Rechner zunächst ein Lösungsplan entwickelt wird. Nur so kann sichergestellt werden, dass ein Kalkulationsblatt zustande kommt, das die gewünschte Lösung liefert. Anschließend kann die Eingabe der Daten und Formeln am Rechner erfolgen sowie die Gestaltung der endgültigen Tabelle vorgenommen werden.

5.2.1 Vorgehensweise

1. Teilschritt: Problemanalyse und Beschreibung des Lösungsweges

Ausgangspunkt für die Entwicklung einer Anwendung ist das zu lösende Problem. Es muss zunächst gründlich analysiert werden, wobei folgende Fragen einer Klärung bedürfen:

> ▶ Welche Ergebnisse soll Excel liefern?
> ▶ Welche Eingaben sind zur Problemlösung erforderlich?
> ▶ Welche Berechnungen sind notwendig, um zu den gewünschten Ergebnissen zu gelangen?

Nehmen Sie das zuvor beschriebene Ausgangsbeispiel: Es sollen die Umsatzzahlen eines bestimmten Zeitraumes übersichtlich dargestellt und in einem Soll-/Ist-Vergleich ausgewertet werden.

Gewünschte Ergebnisse sind im Beispielfall: die Summe der Umsätze, der Maximal- und der Minimalumsatz, die Umsatzanteile in den einzelnen Monaten sowie Soll-Ist-Vergleichszahlen.

Erforderliche Eingaben zur Durchführung der Berechnungen sind:
▶ Texteingaben zur Benutzerführung
▶ Umsatzwerte der einzelnen Monate (Soll- und Ist-Werte).

Die **Berechnung** der gewünschten Werte erfolgt aufgrund der Eingabe von zutreffenden Formeln.

Beispiele:
Ermittlung des Gesamtumsatzes = Summe der zwölf Monatsumsätze
Ermittlung des Prozentsatzes = Monatsumsatz*100/Gesamtumsatz

Zur Darstellung des Lösungsweges bietet sich das Arbeiten mit **Entwurfsblättern** an. Hier können die Positionen der Eingabedaten exakt festgelegt sowie die Beziehungen zwischen den Eingabedaten und den Ergebnissen durch Angabe der Formeln erfasst werden.

Im Beispielfall kann das ausgefüllte Entwurfsblatt folgendes Aussehen haben:

	A	B	C	D	E	F
2		Soll-Werte		Ist-Werte		Soll-Ist
3		Euro-Umsatz	Anteile	Euro-Umsatz	Anteile	Abweich.
4	Monate	in 1000	in %	in 1000	in %	
5						
6	Januar	150	=B6*100/B$19	132	=D6*100/D$19	=D6-B6
7	Februar	212	=B7*100/B$19	260	=D7*100/D$19	=D7-B7
8	März	222	=B8*100/B$19	322	=D8*100/D$19	=D8-B8
9	April	318	=B9*100/B$19	312	=D9*100/D$19	=D9-B9
10	Mai	344	=B10*100/B$19	322	=D10*100/D$19	=D10-B10
11	Juni	551	=B11*100/B$19	457	=D11*100/D$19	=D11-B11
12	Juli	180	=B12*100/B$19	234	=D12*100/D$19	=D12-B12
13	August	166	=B13*100/B$19	239	=D13*100/D$19	=D13-B13
14	September	300	=B14*100/B$19	234	=D14*100/D$19	=D14-B14
15	Oktober	345	=B15*100/B$19	317	=D15*100/D$19	=D15-B15
16	November	433	=B16*100/B$19	345	=D16*100/D$19	=D16-B16
17	Dezember	335	=B17*100/B$19	234	=D17*100/D$19	=D17-B17
18						
19	Summe	=SUMME(B6:B17)	=SUMME(C6:C17)	=SUMME(D6:D17)	=SUMME(E6:E17)	
20	Maximum	=MAX(B6:B17)		=MAX(D6:D17)		
21	Minimum	=MIN(B6:B17)		=MIN(D6:D17)		

Abb. 5–02: Formeldarstellung zur Umsatzauswertung

Hinweis: Die Bedeutung der Formelangaben und Regeln für den Formelaufbau werden in anderen Abschnitten des Buches genau erklärt.

2. Teilschritt: Eingabe von Texten, Zahlen und Formeln

Nach der Problemanalyse und dem Entwurf des Lösungsweges kann die Problemlösung am Computer in Angriff genommen werden. Dabei muss bezüglich der Eingabe genau zwischen

▶ vorgegebenen Texten und Zahlen sowie
▶ Formeln

unterschieden werden.

Während Texte und Zahlen konstante Größen darstellen, wird über die Eingabe von Formeln eine unmittelbare Berechnung von Werten aufgrund der zuvor vorgenommenen Dateneingabe bewirkt. Zu beachten ist, dass die Eingabe von Formeln in vielen Fällen durch die Nutzung der angebotenen Funktionen in vielen Fällen erheblich erleichtert werden kann.

3. Teilschritt: Test des Arbeitsblattes

Sind die Daten in den Tabellen erfasst, dann ist ein abschließender **Test des Arbeitsblattes** mit verschiedenen Testdaten angebracht. Anschließend können eventuell Änderungen bzw. Korrekturen notwendig werden.

4. Teilschritt: Tabelle optisch gestalten

Nach vollständiger Eingabe der feststehenden Texte und Werte sowie der korrekten Formeln kann die endgültige **formale Gestaltung** der Tabelle in Angriff genommen werden. Dazu gehören beispielsweise

▶ die Veränderung der standardmäßigen Ausrichtung von Eingaben;
▶ die Festlegung von Zahlendarstellungsformaten (z.B. die Festlegung, wieviel Kommastellen angezeigt werden sollen);
▶ das Verändern von Schriften (Schriftart, Schriftgröße, Auszeichnungen);
▶ das Rahmen von Tabellenbereichen sowie das Ziehen von Linien (senkrechte und waagerechte Trennungslinien);
▶ das Schattieren und Einfärben von ausgewählten Tabellenbereichen (etwa Ergebnisbereichen).

Falls die Tabelle gedruckt werden soll, sind außerdem besondere Einstellungen zur Druckausgabe erforderlich. Beispiele dafür sind Festlegungen zum Drucklayout (Seitenformat, Ränder) sowie das Hinzufügen spezieller Kopf- und Fußzeilen.

5. Teilschritt: Sicherung und Dokumentation

Entspricht das Arbeitsblatt den Vorstellungen, sollte es auf einem geeigneten Datenträger gesichert werden. Darüber hinaus sollte ein erstmalig erstelltes Arbeitsblatt auch in einer geeigneten Form dokumentiert werden. Bestandteile der Dokumentation sind unter anderem

▶ der Ausdruck einer Tabelle mit verschiedenen Beispieldaten,
▶ der Ausdruck des Arbeitsblattes mit den zugrundeliegenden Formeln,
▶ die Speicherung der grundlegenden Tabelle auf einem geeigneten Speichermedium unter einem sinnvollen Dateinamen sowie
▶ unter Umständen Hinweistexte zum Einsatz des Arbeitsblattes.

5.2.2 Der Excel-Arbeitsbildschirm und seine Elemente

Problemstellung

Excel XP bietet die Möglichkeit, mehrere Tabellen zu einer Arbeitsmappe anzulegen und diese in einer Datei zu speichern. Auf einem Computerbildschirm ist bei größeren Tabellen und Arbeitsmappen mit mehreren Tabellen natürlich stets nur ein Ausschnitt erkennbar.

Gestartet wird *Excel* wie alle Windowsprodukte im Startmenü. Es läuft in einem **Anwendungsfenster**, das ein oder zugleich auch mehrere **Tabellenfenster** (= Rechenblätter) aufnehmen kann. Nach dem Starten von *Excel* meldet sich das System mit dem Ausgangsbildschirm. Auf dem Bildschirm erscheint in allen Fällen eine leere Tabelle mit dem Namen „Mappe1" in der obersten Zeile.

Folgende Hauptbestandteile sind zu unterscheiden:

Menüleiste: Die im Anwendungsfenster unterhalb der Titelleiste angeordnete Menüleiste bietet in ihren neun Drop-Down-Menüs den Excel-Befehlsvorrat zur Auswahl an. Die Menüs enthalten eine unterschiedliche Anzahl von Befehlen.

Symbolleiste: Unterhalb der Menüleiste können unterschiedliche Symbolleisten eingeblendet werden. Die auf den Symbolleisten enthaltenen Schaltflächen sind der kurze Weg zu Befehlen, die sonst erst in Menüs aufgespürt und aktiviert werden müssen. Durch einfaches Anklicken der Symbole werden die entsprechenden Befehle mit den voreingestellten Optionen ausgeführt. In der Standardinstallation teilen sich Standard- und Formatsymbolleiste eine Zeile. Sie reagieren auf Ihre Arbeitsweise und zeigen immer die häufig genutzten Schaltflächen an.

Bearbeitungsleiste (Eingabebereich): Für das Eingeben und Verändern von Zellinhalten steht eine gesonderte Bearbeitungszeile zur Verfügung. Nach dem Start ist hier die aktuelle Zellposition A1 angegeben. Sobald Sie eine Eingabe vornehmen, werden mehrere Informationen angezeigt. Beispiel:

Abb. 5–03

Neben der Angabe der aktuellen Zellposition (hier C4) erscheinen in der Bearbeitungsleiste
▶ ein Listenfeld für das Anspringen von Namensfeldern (falls Namen vergeben wurden),
▶ die Schaltflächen für das Abbrechen und Bestätigen von Eingaben,
▶ der Funktionen-Selektor zur Auswahl einer Standardfunktion sowie
▶ ein Zellinhalt, sofern in der markierten Zelle ein Eintrag vorhanden ist.

Statusleiste: Im unteren Bildschirmbereich befindet sich eine Zeile, in der Informationen zum aktuellen Status des Arbeitsbereichs sowie über einen gerade angewählten Befehl angezeigt werden (die sog. Statuszeile); z.B. *Bereit*. Sie dient auch als Meldungszeile (etwa nach dem Speichern). Rechts können noch Angaben zur momentanen Einstellung der Tastatur erscheinen.

Merke: Für das Anpassen der Arbeitsumgebung können die verschiedenen Symbolleisten durch einen Klick mit der rechten Maustaste auf eine der sichtbaren Symbolleisten im darauf folgenden Kontextmenü aktiviert und deaktiviert werden. Als Alternative steht der Weg über den Menübefehl **Ansicht/Symbolleisten/Anpassen...** offen.

Aufgabenbereich: Auf der rechten Bildschirmseite befindet sich ab Excel XP ein besonderer Bereich, über den Standardoptionen schnell realisiert werden können.

Abb. 5–04

5.2.3 Arbeitsmappe – der Excel-Arbeitsbereich

Problemstellung
*Der eigentliche Arbeitsbereich von Excel befindet sich im Anwendungsfenster zwischen der Bearbeitungs- und der Statuszeile. Hier kann Excel ein oder auch mehrere **Dokumentenfenster** einblenden (neben einer Tabelle können das auch Diagramme sein). In der Excel-Terminologie heißen diese Fenster **Arbeitsmappen**.*

Den Hauptbereich des Bildschirms nimmt das eigentliche Arbeitsblattfenster in Anspruch. Auf dieser Arbeitsfläche werden die Zellen angezeigt, die für die Erfassung und Bearbeitung von Tabellen verfügbar sind. Grundsätzlich ist dies ein Arbeitsblatt. Es können aber auch mehrere Arbeitsblätter für eine Arbeitsmappe erzeugt werden, indem Sie der aktuellen Datei weitere Arbeitsblätter hinzufügen.

Hinweis: Beachten Sie, dass es auch möglich ist, mehrere Fenster gleichzeitig auf dem Bildschirm zu öffnen. So können bei Bedarf auch mehrere Dateien zur Anzeige gelangen.

Veränderte Einstellungen zu der Anzeige von Arbeitsmappen und ihrer Arbeitsblätter erfolgen im Registerblatt *Allgemein* unter **Extras/Optionen**. Bei der gleichzeitigen Öffnung mehrerer Arbeitsmappen können sich einige Arbeitsmappen teilweise oder vollständig überlagern. Um dennoch die Übersicht nicht zu verlieren, werden alle geöffneten Fenster im Menü **Fenster** als Liste angezeigt. Die aktive Arbeitsmappe ist dort mit einem Häkchen gekennzeichnet.

Problemstellung
Eine Excel-Arbeitsmappe kann verschiedene Arbeitsblätter (Tabellenblätter) umfassen. Standardmäßig zeigt Excel eine Arbeitsmappe mit drei Tabellenblättern. Maximal kann eine Arbeitsmappe sogar 256 Tabellenblätter enthalten.

Die **Registerleiste** am unteren Rand des Arbeitsmappenfensters zeigt die Namen der in der Mappe enthaltenen Tabellenblätter. *Excel* vergibt zunächst die Namen *Tabelle1, Tabelle2* usw. Der Name des gerade aktiven Blattes wird in der Registerleiste hervorgehoben dargestellt.

Abb. 5–05

Die Arbeitsblatt-Register ermöglichen die Auswahl eines in der Mappe enthaltenen Blattes. Um ein anderes Arbeitsblatt anzuwählen, klicken Sie auf dessen Register. Links vor der Registerleiste befinden sich einige **Navigationssymbole**, mit deren Hilfe die Registerleiste sich schrittweise vor- oder rückwärts durchblättern lässt.

Sie können eine Umbenennung der Standardnamen vornehmen und jedes Arbeitsblatt mit einem besonderen Namen versehen; beispielsweise Nord, Ost, Süd und West. Dazu müssen Sie einfach auf die Registermarke doppelt klicken und dann den gewünschten Namen eingeben.

Hinweis: Eine Besonderheit ergibt sich ab der Version *Excel XP*: Tabellenregister können nun auch in einer bestimmten Farbe dargestellt werden. Für die Einfärbung muss nach einer Markierung die rechte Maustaste betätigt und dann der Befehl **Registerfarbe** aufgerufen werden.

5.2.4 Zellen und Bereiche aktivieren

Problemstellung

*Ein Excel-Element, auf das sich eine Aktion auswirken soll (beispielsweise eine Zelle, die einen Eintrag aufnehmen soll), muss zunächst **markiert** werden. Es betrifft vornehmlich eine einzelne oder eine Gruppe von Zellen. Eine markierte Zelle wird aktiv, ihr Zellbezug wird dann im Namensfeld angezeigt.*

Zur Kennzeichnung der Arbeitsposition verwendet *Excel* einen gerahmter Balken, den so genannten **Zellzeiger** (auch **Feldzeiger** genannt). Dieser kann im Arbeitsblatt einfach durch Betätigen einer Richtungstaste, per Mausklick oder ausgewählter Funktionstasten in eine andere Zelle bewegt werden. Mit der Positionierung des Zellzeigers wird die aktuelle Zelle bestimmt und somit festgelegt, dass sich hierauf die nächste Eingabe und der nächste Befehl bezieht.

Die folgende Übersicht zeigt, wie der Zellzeiger über **Funktionstasten** komfortabel bewegt werden kann:

Ziel	Tastenbetätigung
spaltenweise	`→`
zeilenweise	`↓`
letzte Spalte	`Strg`+`→`
erste Spalte	`Strg`+`←`
letzte Zeile	`Strg`+`↓`
erste Zeile	`Strg`+`↑`
bildschirmweise nach unten	`Bild ↓`
bildschirmweise nach oben	`Bild ↑`
obere linke Arbeitsblattecke (A1)	`Strg`+`Pos 1`

Zellzeigerpositionierung per **Maussteuerung**: Klicken Sie auf die Zelle, in der Sie eine Eingabe oder eine Formatierung machen wollen. Sofern die gewünschte Zelle nicht auf dem Bildschirm sichtbar ist, können Sie mit den Bildlaufleisten arbeiten.

Eine Ansteuerung einer bestimmten Zellposition ist darüber hinaus durch Betätigen der Funktionstaste `F5` (Taste GEHEZU) oder durch Wahl des Befehl **Gehe Zu** aus dem Menü **Bearbeiten** möglich.

Abb. 5–06

Tabellenmarkierung: In der dritten Dimension sind verschiedene Tabellen für eine Arbeitsmappe denkbar. Diese werden jeweils durch Tabelle 1 bis Tabelle NN usw. gekennzeichnet. Aktivieren können Sie ein bestimmtes Blatt per Mausklick auf die zutreffende Registermarke am unteren Arbeitsblattrand. Um einen Bereich über zwei oder mehr aufeinanderfolgenden Arbeitsblättern auszuwählen; also einen blattübergreifenden Bereich zu definieren, müssen Sie nach Markierung der Registermarke für das erste Arbeitsblatt die Taste `⇧` drücken und dann die Registermarke des letzten Arbeitsblatts anklicken.

Bereichsangaben erleichtern in vielen Fällen die Arbeit mit dem Tabellenkalkulationsprogramm *Excel*. So kann beispielsweise in einem Schritt eine Schriftänderung oder eine Änderung des Zahlenformates für mehrere Zellen vorgenommen werden. Ein **Bereich** stellt sich als ein rechteckiger Block zusammengehöriger Zellen dar. Dies kann sein

▶ eine Spalte
▶ eine Zeile oder
▶ ein Block mit mehreren Zeilen und Spalten.

Die erste Zelle eines markierten Bereichs zeigt eine starke Umrandung. Die restlichen Zellen sind mit einem transparenten Blau überzogen, so dass die markierten Zellinhalte noch lesbar sind. Auch ein Bereich hat einen Bezug. Zu seiner Formulierung werden die Bezüge der Zellen, die den Bereichsanfang und das Bereichsende bilden, durch einen Doppelpunkt miteinander verbunden. Beispiel: B5:C17 zeigt den Bereich von der Zelle B5 bis zur Zelle C17.

5.3 Daten und Formeln in Tabellen eingeben und ändern

Hilfreich für das **Markieren von Bereichen** ist die Beherrschung folgender Maustechniken:

Zu markierende Objektart	Realisierung
Spalte markieren	Spaltenkopf anklicken (z. B. den Buchstaben D für das Markieren der Spalte D)
Zeile markieren	Zeilenkopf anklicken (z. B. Zahl 12 zum Markieren der Zeile 12)
benachbarte Spalten markieren	Mauszeiger auf linken Spaltenkopf setzen und bis zum rechten Spaltenkopf bei gedrückter Maustaste ziehen.
benachbarte Zeilen markieren	Mauszeiger auf die gewünschte linke Eckzelle oben setzen und bis zur rechten Eckzelle unten bei gedrückter Maustaste ziehen.
beliebiger Bereich von Zeilen und Spalten in einer Tabelle (rechteckige Tabellenbereiche)	Mauszeiger auf die linke Eckzelle des zu markierenden Bereichs setzen und bei gedrückter linker Maustaste in die diagonal gegenüberliegende Ecke ziehen.
gesamte Tabelle	Mausklick auf das rechteckige Feld links von der Spaltenkennung A
Mehrfachmarkierung	Nach Markierung des ersten Bereichs die Taste ⌈Strg⌉ gedrückt halten und dann den weiteren Bereich markieren.

Hinweis: Ab der Version *Excel XP* werden die markierten Zeilen- und Spaltenköpfe farbig unterlegt. So kann leichter geprüft werden, ob die Zellmarkierung ok ist.

5.3 Daten und Formeln in Tabellen eingeben und ändern

Problemstellung

Unmittelbar mit dem Programmstart bietet Excel *die Möglichkeit, eine neue Tabelle anzulegen. Drei Varianten gibt es:*
- *neue Tabelle ohne Vorlage (leere Arbeitsmappe)*
- *neue Tabelle aus vorhandener Arbeitsmappe/Tabelle*
- *neue Tabelle mit Vorlage*

Wollen Sie lediglich die Standardmustervorlage nutzen, wählen Sie im Aufgabenbereich *Neu Leere Arbeitsmappe*, oder Sie klicken auf die Schaltfläche 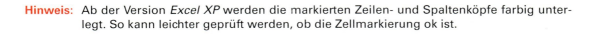 für das Anlegen einer neuen Arbeitsmappe.

Excel unterscheidet für die Eingabe zwischen Konstanten und Formeln. Bei Konstanten gibt es die drei Typengruppen: numerische Werte, Textwerte sowie Datums- und Zeitwerte.

Datentypen		
	Konstanten	**Formeln**
Numerische Werte (Zahlen)	76 76,00 € 0,76	= B4+B5
Textwerte (Zeichenfolgen)	Artikelbezeichnung	
Datums- und Zeitwerte	10. Mai 2002 10. Mai 2002 12:30	

Merke: Um Berechnungen zu gestatten, muss bereits bei der Erfassung einer neuen Arbeitsmappe/Tabelle eine strikte Trennung erfolgen zwischen Konstanten und Formeleingaben. Es empfiehlt sich, zuerst die Texte und die feststehenden Zahlenwerte einzugeben und erst danach die Formeln, die für Berechnungszwecke eine Verknüpfung von Zellinhalten ermöglichen.

5.3.1 Texte eingeben

Für das Eingeben von Text muss die gewünschte Zelle für die Texteingabe markiert werden. Ein eingegebener Text erscheint zunächst in einem besonderen Eingabefeld (Bearbeitungszeile). Nach der Befehlsausführung wird der Text dann **linksbündig** in der zuvor angesteuerten aktiven Zelle der Tabelle dargestellt.

Hinweis: Falls ein Texteintrag für die aktuell eingestellte Spaltenbreite zu lang ist, erfolgt ein Überlauf in die benachbarte Zelle, beispielsweise von A2 nach C2. Gespeichert wird der Text jedoch nur in der Ausgangszelle, also A2. Dieser **Textüberlauf** wird allerdings nur dann ermöglicht, wenn die benachbarte Zelle leer ist. Enthält diese Zelle bereits einen Wert, so wird der Text nur im Rahmen der eingestellten Spaltenbreite angezeigt. Für eine vollständige Anzeige ist die Spaltenbreite mit einem Doppelklick auf die Spaltenbegrenzung im Spaltenkopf zu verbreitern.

Eingaben müssen oft nachträglich korrigiert werden. Unterhalb der Symbolleiste befindet sich die Bearbeitungsleiste, die die für eine Zelle eingegebenen Zeichen anzeigt. Bei fehlerhaften Eingaben in eine Zelle bestehen zwei grundsätzliche Möglichkeiten der Korrektur:

▶ Die korrekte Eingabe kann durch **einfaches Überschreiben** erfolgen (Zelle ansteuern und Neueingabe vornehmen).

▶ Alternativ zum Überschreiben kann auch eine **Editierung** erfolgen, indem in der Bearbeitungszeile zunächst an der zu korrigierenden Stelle geklickt wird. Dies ist vor allem bei längeren Eingabeinformationen interessant.

▶ Weitere Korrekturoptionen werden mit den Schaltflächen in der Bearbeitungsleiste angeboten. Mit dem roten Kreuz *Abbrechen* verwerfen Sie die Veränderungen am Zellinhalt. Mit dem grünen Häkchen *Eingeben* übernehmen Sie die Veränderung.

5.3.2 Numerische Werte eingeben (Werteingabe)

Problemstellung

Für die Zahleneingabe muss wieder zunächst die Eingabeposition in der Tabelle mit dem Zellzeiger angesteuert werden. Nach der Eingabe erscheint die Zahl rechtsbündig ausgerichtet im zuvor angesteuerten Feld.

Numerische Werte werden aus den Ziffern 0 bis 9 und den Sonderzeichen **+ – ( ) / . , DM E e** gebildet. Das positive Vorzeichen + wird im Gegensatz zum negativen Vorzeichen – in der Zelle nicht dargestellt. In runde Klammern eingeschlossene Werte gelten als negative Zahlen.

Beachten Sie, dass eine Eingabe in verschiedenen Formaten möglich ist; beispielsweise als Prozentzahl (z.B. Eingabe: 50 %) oder auch im wissenschaftlichen Format (z.B. Eingabe: 5.23E+0.3):

▶ Das Komma (,) dient als **Dezimaltrennzeichen**. Große Zahlen lassen sich durch Eingabe von **Tausenderpunkten** übersichtlicher darstellen.

▶ Bei hinter der Zahl eingegebenen **Währungszeichen** wird die Zahl im Währungsformat dargestellt.

▶ Bei **wissenschaftlicher Zahlenschreibweise** werden die Buchstaben E oder e benutzt. So ist *2E4* eine verkürzte Schreibweise für $2 * 10^4$ und ergibt den Wert 20.000. Das Komma hinter der 2 ist also um 4 Stellen nach rechts zu verschieben.

▶ Der Abschluss einer Zahleneingabe mit dem **Prozentzeichen** (%) weist der Zelle das Prozentformat zu. Das heißt, die Eingabe *25%* wird intern als *0,25* verwaltet.

Beispiel:

Eingabe	dargestellter Wert	Zugrunde liegender Wert
340	340	340
-340	-340	-340
(340)	-340	-340
3,4	3,4	3,4
3.400.000	3.400.000	3400000
3E4	3,00E+04	30000

5.3 Daten und Formeln in Tabellen eingeben und ändern

Eingabe	dargestellter Wert	Zugrunde liegender Wert
3E-4	3,00E-04	0,003
25%	25%	0,25
0 2/3	2/3	0,666666666666667
1 2/3	1 2/3	1,66666666666667

Ergebnis: Im Gegensatz zur Texteingabe werden die eingegebenen **Zahlen grundsätzlich rechtsbündig dargestellt**.

Hinweise:
- ▶ Korrekturmöglichkeiten sind in ähnlicher Form wie bei der Texteingabe anzuwenden.
- ▶ Wird bei der Eingabe einer Konstanten in ein Feld die Feldbreite überschritten, so wird als Fehlerwert ######## angezeigt. Da die Konstante intern jedoch korrekt gespeichert ist, wird sie nach einer Erhöhung der Spaltenbreite auch auf dem Bildschirm richtig dargestellt.
- ▶ Intern werden die Zahlen auf 15 Stellen genau gespeichert. Der verwendbare Zahlenbereich reicht von -1E-307 bis 1E+307.

Automatische Texteingabe

Problemstellung
In Excel kann man sich mitunter viel Eingabeaufwand sparen, wenn eine bestimmte Datenfolge eingegeben werden muss. Dies ist etwa möglich für die Erfassung der Monatsangaben in einer Spalte.

Beispiel: Rufen Sie einmal testhalber ein neues Arbeitsblatt auf, und geben Sie in der Zelle A4 den Text **Januar** ein. Nun können Sie die übrigen 11 Monatsnamen einfach durch automatisches Füllen eines Bereichs erzeugen, indem Sie mit der Maus einen Bereich ziehen und füllen.

Klicken Sie zunächst auf die Zelle A4, deren Angabe Sie für das Füllen verwenden möchten. Bewegen Sie dann den Mauszeiger an den rechten unteren Rand der Ausgangszelle, und warten Sie, bis der Mauszeiger die Zeigerform ändert und ein so genanntes „Ausfüllkästchen" anzeigt. Halten Sie dann die linke Maustaste gedrückt, und ziehen Sie den Mauszeiger in den Bereich, den Sie füllen möchten; also bis in A15. Nach Loslassen der Maustaste wird dann der Bereich automatisch mit den Monatsnamen gefüllt.

Alternativ können Sie aus dem Menü **Bearbeiten** den Befehl **Ausfüllen** verwenden. Markieren Sie zunächst den auszufüllenden Bereich einschließlich des Ausgangsbegriffes, und wählen Sie nach dem Befehlsaufruf die Option *Reihe*.

Hinweis: In ähnlicher Weise kann dies auch mit Zahlenwerten oder konkreten Datumseinträgen erfolgen.

5.3.3 Formeln für Berechnungen eingeben

Problemstellung
Über die Eingabe von Formeln können Beziehungen zwischen zwei oder mehreren Zellen einer Tabelle hergestellt werden. Dadurch können Rechenergebnisse automatisch ermittelt werden. Außerdem kann man blitzschnell mehrere Varianten eines Problemfalles durchrechnen lassen.

Das Prinzip des Formelaufbaus ist in nahezu allen Tabellenkalkulationsprogrammen gleich. Bestandteile einer Formel sind im Allgemeinen:
- ▶ feststehende Zahlenwerte (zum Beispiel 14, – 5),
- ▶ Zelladressen (zum Beispiel A13) sowie
- ▶ bestimmte Rechenzeichen (sog. Operatoren).

In komplexen Anwendungen kann eine Formel auch Textfolgen (zum Beispiel einen Namen), Bereichsnamen sowie Funktionen enthalten.

Merke: Unter einer Formel versteht Excel eine Folge von Werten, Zellbezügen, Namen, Funktionen oder Operatoren, die aus vorhandenen Werten einen neuen Wert erzeugen. Eingeleitet wird eine Formel bei der Eingabe in eine Zelle immer durch ein **Gleichheitszeichen** (=). Die von einer Formel ausgeführten Berechnungen werden durch **Operatoren** und **Funktionen** bestimmt.

Für das Programm ist von Bedeutung, dass der Anwender die **formalen Regeln** für den Formelaufbau beachtet:

▶ Innerhalb einer Formel sind Leerzeichen nicht erlaubt.

▶ Eine Formel kann bis zu 1024 Zeichen umfassen.

Die Berechnungen, die mit einer eingegebenen Formel vorgenommen werden, bestimmen sich aus den Operatoren und Funktionen. Folgende **Rechenzeichen** (Operatoren) stehen für die Formelbildung zur Verfügung:

Operation	OpeRaTor	Beispiele
Addition	+	B4+B5
Subtraktion	-	Erlös-Kosten
Multiplikation	*	Menge*Preis
Division	/	B5/A4
Potenzierung	^	a^2+b^2=c^2
Prozent	%	Prozent(=Wert/100)
Bereichsoperator	:	B3:B15
Zeichenfolgeverkettung	&	
Verknüpfung	;	Rest(44;12)
Kleiner als	<	B6<89
Kleiner als oder gleich	<=	B6<=50
größer als	>	B9>B6
größer als oder gleich	>=	B9>=50
ungleich	<>	

Formeln werden in einer bestimmten Reihenfolge abgearbeitet. Zuerst werden Ausdrücke in Klammern abgearbeitet. Für die Abarbeitung der Operatoren gilt folgende Rangordnung:

:	Bereich
Leerzeichen	Schnittmenge
;	Vereinigung
-	Negation
%	Umrechnung in %
^	Potenzierung
* bzw. /	Multiplikation bzw. Division
+ bzw. -	Addition bzw. Subtraktion
&	Zeichenverkettung
= < <= >= <>	Vergleichsoperatoren

5.3 Daten und Formeln in Tabellen eingeben und ändern

Wichtig für den logisch korrekten Formelaufbau ist, dass Formeln gewöhnlich von links nach rechts abgearbeitet werden. Unterbrochen wird dieser Grundsatz, wenn Operatoren unterschiedlicher Rangordnung vorkommen (Grundsatz: Punktrechnung geht vor Strichrechnung) oder die hierarchische Rangfolge durch die Verwendung von Klammern aufgehoben wird.

Beispiel: Die Zelle *E4* enthalte folgende Formel **=100-C2*D2/(A2+B2)**

Hier wird deutlich, dass die Zellinhalte nur indirekt über ihre Zellbezüge angesprochen werden. Zuerst wird von der Konstante 100 das Produkt aus *C2* und *D2* subtrahiert.. Dann wird diese Differenz durch die Summe der Zellinhalte *A2* und *B2* dividiert.

Vorgehensweise zur Formeleingabe

Auch bei der Eingabe von Rechenformeln ist es notwendig, dass zunächst die Zelle angesteuert wird, die das Ergebnis ausweisen soll (sog. Ergebnisfeld). Die Formeleingabe muss dem Computer ebenfalls ausdrücklich mitgeteilt werden; etwa durch Betätigen des **Gleichheitszeichens**. Die Eingabe erfolgt entweder in der Bearbeitungszeile oder direkt in der Zelle.

Da selbst der leistungsfähigste Computer nicht über mehr Intelligenz als ein Baum verfügt, muss ihm selbstverständlich durch das Programm mitgeteilt werden, wann gerechnet werden soll. Hierfür gilt in *Excel*: Wenn das erste Zeichen einer Eingabe das Gleichheitszeichen ist, wird die nachfolgende Eingabe als Berechnungsformel gedeutet.

Nun kann aber mit einem Gleichheitszeichen alleine nicht gerechnet werden. Eine Formel wird immer aus Operanden und Operatoren gebildet. Dabei sind die Operanden die Zahlenwerte, mit denen gerechnet werden soll und die Operatoren die Rechenvorschriften, die zur Berechnung angewendet werden sollen.

Ist die Formel vollständig und korrekt aufgebaut, dann kann die Befehlsausführung erfolgen. Grundsätzlich wird die Berechnung nun automatisch in der Zelle ausgeführt, in der der Zellzeiger positioniert war. Formal nicht korrekte Formeleingaben werden von Programm direkt abgewiesen, der Benutzer wird zur Korrektur aufgefordert.

Somit gilt folgende **Vorgehensweise** zur Formeleingabe:

Reihenfolge der Bearbeitung	Aktivitäten in Excel (Tastatur, Maus)
1. Formelfeld aktivieren	Richtungstasten oder Mausklick
2. Formeleingabe-Modus aktivieren	=
3. Formel mit den zutreffenden Argumenten eingeben (ohne Leerzeichen)	B4+B5+.....
4. Eingabe bestätigen	⏎ oder Richtungstaste oder Mausklick auf Schaltfläche

Varianten der Formeleingabe

Nach Aktivierung des Zellzeigers auf eine Ergebniszelle (beispielsweise B17) und Wahl des Befehls zur Formeleingabe (z.B. mit dem Gleichheitszeichen) gibt es mehrere Verfahren für die Eingabe einer Formel:

a. Eingabe der Zelladressen

Die Zellpositionen, die zur Berechnung herangezogen werden sollen, werden eingegeben und durch die jeweils notwendigen Operatoren verbunden.

Um beispielsweise die Summe der Monatsumsätze für ein Feld B17 zu ermitteln, ist (wenn die Monatsumsätze in B5 bis B15 stehen) folgende Eingabe notwendig: =B4+B5+B6+B7+B8+B9+B10+B11+B12+B13+B14+B15

b. Formeleingabe durch Positionieren des Zellzeigers

Ein mitunter schnellerer Weg ist die Positionierung des Zellzeigers auf die jeweils zur Berechnung erforderlichen Zellen. Nach Ansteuern des Ergebnisfeldes und Betätigen der Taste = ist der Zellzeiger mit der Richtungstaste oder per Mausklick auf die jeweils in die Formel einzubeziehenden Zellen zu steuern. Nach Eingabe eines Rechenzeichens oder nach Betätigen der Taste [Return] erfolgt dann jeweils eine Rückkehr zur Ergebniszelle. Die Schritte, Auswahl des Zellbezuges per Mausklick und Eingabe des Rechenzeichens, wiederholen sich, bis die Formel vollständig erfasst ist. Die sich dann ergebende Formel ist identisch mit der eingegebenen.

c. Formeleingabe unter Verwendung von Namen zur Zellkennzeichnung

Diese Vorgehensweise erleichtert bei umfassenden Tabellen den Zugriff auf einzelne Zellen bzw. Zellbereiche.

Zusammenfassung „Eingabevarianten"		
Text	Zahl	Formel
Zellzeiger in das Zielfeld stellen		
Eingabe des Textes	Eingabe der Zahl	Gleichheitszeichen, Eingabe der Formel
Abschluss der Eingabe durch ⏎ oder ↑ ↓ ← →		

5.3.4 Formeln mit Funktionen aufbauen

Problemstellung

Die Berechnungen in Tabellenkalkulationsprogrammen sind oft sehr komplex und schwierig, sie wiederholen sich aber auch häufig in ihrer Grundproblematik. Um das ständige neue Durchdenken gleichartiger Probleme abzunehmen oder um bei der Lösung schwieriger Probleme Unterstützung zu leisten, enthält Excel *eine breite Palette von* **Funktionen**.

So ermöglicht beispielsweise die Summenfunktion die einfache Ermittlung der Summe einer Zahlenreihe; dies kann eine Zeile, Spalte oder auch eine beliebige Aneinanderreihung von Zahlenwerten sein. Nach dem Schlüsselwort „Summe" ist in der Klammer der zutreffende Zellbereich anzugeben, oder es sind die entsprechenden Zahlenwerte einzugeben.

Beispiel: Es soll eine Summe aus den in den Zeilen 10 – 16 in der Spalte B stehenden Werte ermittelt und das Ergebnis in B17 ausgewiesen werden.

Vorgehensweise:

▶ Summe der Zeilen 10 – 16 der Spalte B = Summe(B3:B16)
▶ Hinweis: Bereiche werden gekennzeichnet durch ein Anfangsfeld (linke obere Ecke) und ein Endfeld (rechte untere Ecke), die durch den **Bereichsoperator** : getrennt werden.
▶ Summe aus verschiedenen Werten = Summe(4;4,5;9;3,2). Hinweis: die Werte sind durch den **Verknüpfungsoperator** ; abzugrenzen.

Zur praktischen Anwendung der Funktion gibt es mehrere Verfahren. Testen Sie diese mit *Excel XP*:

a. Eingabe des Funktionsbegriffes:

Der Funktionsaufruf wird mit dem Zeichen = bewirkt. Die Angaben in der Klammer spezifizieren einen Einzelwert oder einen Wertebereich. Sie können durch ein Semikolon getrennt werden und Zelladressen oder Bereichsnamen enthalten.

b. Funktionsaufruf durch Befehlswahl:

Nach Ansteuerung der Ergebniszelle (z.B. B17) ist aus dem Menü **Einfügen** der Befehl **Funktion** zu wählen. Ergebnis siehe Abb. 5-07.

c. Anklicken des Symbols in der Symbolleiste:

Für die Summenbildung gibt es ein Symbol, mit dem die Funktion schnell aufgerufen werden kann. Klicken Sie das Summensymbol an und markieren Sie danach den Wertebereich.

Nach der Eingabe des Funktionsbegriffs sind für die **Festlegung des Zellenbereiches** folgende Regeln zu beachten:

▶ Zunächst ist die Position einer äußeren Eckzelle einzugeben, dann der Bereichsoperator Doppelpunkt zu erzeugen und schließlich die Position der abschließenden Eckzelle einzugeben.
▶ Alternativ kann die Eckzelle auch mit einer Richtungstaste angesteuert werden. Dann muss der Doppelpunkt eingegeben werden. Anschließend ist die abschließende Eckzelle anzusteuern.
▶ Schließlich kann per Drag&Drop der Bereich einfach mit der Maus ausgeleuchtet werden.

Abb. 5–07: Funktionsassistent

Fazit: **Eine Funktion ist eine allgemein gehaltene, vorgefertigte Formel**, beispielsweise eine Formel zur Summierung einer Reihe von Werten. Jede Funktion hat einen Namen, der meistens schon darüber Auskunft gibt, was die Funktion leistet. Unmittelbar hinter dem Funktionsnamen folgt ohne Leerzeichen ein Klammernpaar, das die Funktionsargumente umschließt. Eine Funktion kann bis zu 30 Argumente enthalten. Sie werden durch Semikola (;) voneinander getrennt.

Beim Aufruf der Funktion werden die Werte, die **Funktionsargumente**, an die Funktion übergeben. Die Funktion verarbeitet diese Argumente nach bestimmten Vorschriften und liefert als Ergebnis dieser Verarbeitung einen einzigen Wert, den **Rückgabewert,** an die Tabelle zurück.

Verfügbar sind beispielsweise in Excel über 320 Funktionen. Diese lassen sich folgenden Funktionsgruppen zuordnen:

- statistische Auswertungen
- mathematische Grundlagen-Funktionen (incl. trigonometrischer Funktionen)
- Finanzfunktionen
- logische Funktionen
- Datums-/Zeitfunktionen
- Matrixfunktionen
- Zeichenfolgefunktionen (sog. String- oder Text-Funktionen)
- Datenbankstatistik-Funktionen
- Informationsfunktionen.

In einer 11. Gruppe werden die zuletzt verwendeten Funktionen nochmals gesondert aufgeführt. Eine detaillierte Beschreibung aller Funktionen ist hier nicht möglich. Eine ausführliche Beschreibung dieser Funktionen enthält das *Excel*-Hilfesystem.

Hinweis: Neu ist in *Excel XP* die Funktion RTD, mit der Echtzeitdaten von Anwendungen empfangen werden können (die COM-Automatisierung unterstützen) sowie eine Erweiterung des Eurowährungstools.

5.4 Informationen aus Tabellen kopieren

Problemstellung

Häufig ähneln und wiederholen sich Eingaben und Berechnungen in großen Teilbereichen einer Tabelle. Zur Vermeidung zeitaufwendiger Wiederholungen gleicher Eingaben verfügt Excel über die Möglichkeit des Kopierens von Zellinhalten. Kopiert werden können grundsätzlich

- *sowohl Texte als auch Zahlen und Formeln*
- *sowohl ein einzelner Zellinhalt als auch die Inhalte von Zellbereichen.*

Generell gilt die Regel, dass vor Auslösung des Kopierbefehls der Zellzeiger auf die zu kopierende Zelle oder den Zellbereich positioniert werden muss; danach kann dann der Befehl im Programm aufgerufen werden. Um mehrere aufeinanderfolgende Zellen (sog. Zellbereiche) in einem Schritt zu kopieren, muss der Zellzeiger zunächst auf einen Eckpunkt des Feldbereiches gesetzt und dann nach einer Ankerung der gesamte Feldbereich ausgeleuchtet werden. Anschließend sind die Zielzelle bzw. der Zielbereich anzugeben.

Mit folgenden Methoden können Sie kopieren:
- Durch die Befehle **Kopieren** und anschließend **Einfügen** aus dem Menü **Bearbeiten**.
- Durch die entsprechenden Schaltflächen der Standard-Symbolleiste.
- Durch die entsprechende Maustechnik.

5.4.1 Feststehende Zellinhalte kopieren

Problemstellung

Sollen feststehende Informationen, z.B. eingegebene Texte oder Zahlenwerte, auch an einer anderen Stelle der Tabelle erscheinen, so können diese mit dem Kopierbefehl schnell in die Tabelle gebracht werden. Dies erspart aufwendige Erfassungsarbeit. In allen Fällen wird von den Originalangaben ein genaues Duplikat für ein anderes Feld bzw. für mehrere andere Felder angefertigt.

Interessant ist diese Option des Kopierens beispielsweise für Zeilen- und Spaltenüberschriften.

Für das Kopieren wird beispielsweise aus dem Menü **Bearbeiten** der Befehl **Kopieren** benutzt. In diesem Fall sollten Sie vor Auslösung des Befehls den Zellzeiger auf die zu kopierende Zelle positionieren (bzw. den zu kopierenden Bereich markieren). Wenn Sie danach aus dem Menü **Bearbeiten** den Befehl **Kopieren** wählen, wird der Inhalt des markierten Bereichs in die Zwischenablage übertragen. Sie müssen jetzt die neue Zellposition ansteuern und dann aus dem Menü **Bearbeiten** den Befehl **Einfügen** wählen (oder einfach die Taste `Return` betätigen).

Besonders einfach ist auch die Nutzung der Symbole in der Symbolleiste. Klicken Sie für
- Aufruf des Kopierens auf
- Einfügen aus der Zwischenablage auf

Besonders einfach geht das Kopieren eines Zellinhaltes per *Drag & Drop Technik*. Dazu ist der Mauszeiger am rechten unteren Zellenrand der zu kopierenden Zelle zu positionieren, bis der Mauszeiger seine Symbolik ändert. Jetzt können Sie per Drag & Drop den Zielbereich für das Kopieren aufziehen. Nach Loslassen der Maustaste ist das Kopieren bereits ausgeführt.

Es kann auch von einem Arbeitsblatt in ein anderes kopiert werden. Bei Aufforderung zur Angabe des Zielbereiches ist über die Registerkarte die Zieltabelle zu aktivieren und in der Zieltabelle der Zielbereich festzulegen.

5.4.2 Formeln kopieren (unter Beachtung korrekter Feldadressierung)

Problemstellung

Wenn in einer Spalte oder Zeile immer wieder dieselbe Berechnung durchzuführen ist, empfiehlt es sich, die Formel zu kopieren. Beispiel: Für eine Umsatzstatistik bietet es sich an, die Formel zur Ermittlung der prozentualen Umsatzanteile der einzelnen Monate zu kopieren, da der Formelaufbau in allen 12 Monaten prinzipiell gleich ist. Die Formel muss deshalb nicht in jede Zelle neu eingegeben werden.

Der Umsatzanteil für den Monat Januar ist im Feld C4 eines Arbeitsblattes aufzubauen. Allgemein gilt:
Prozentualer Anteil des Januar am Gesamtumsatz=Januarumsatz * 100/Jahresumsatz
Unter der Annahme, dass der absolute Januarumsatz in B4 steht und der Umsatz in B17 kann die Formel durch Eingabe der Feldpositionen in folgender Weise aufgebaut werden: B4*100/B17

Es ist nämlich der Monatsumsatzwert, der in der Zelle steht, mit 100 zu multiplizieren und durch den Gesamtumsatz-Wert, der in B17 angegeben ist, zu dividieren. Deshalb kann die Formel, wenn sie für den Januar korrekt erstellt wurde, nach unten kopiert werden.

Wird die Formel von Zelle *C4* aus nach unten in die Zellen *C5* bis *C15* kopiert, so bilden sich falsche Ergebnisse. Ausgehend von der Zelle, die die Formel enthält, besagt die Formel nämlich: „*Multipliziere den Inhalt der eine Spalte links in der gleichen Zeile stehenden Zelle mit dem Inhalt der Zelle, die zwei Spalten rechts von der aktuellen Zelle steht.*"

Diese Aussage stimmt für die Zellen *C5* bis *C15* nur teilweise, denn dort wird versucht, beim Gesamtumsatz jeweils um eine Zeile nach unten zu gehen. Das heißt, in allen Formeln muss ein **absoluter Bezug** auf die Zelle *B17* hergestellt werden. Hierzu ist im Zellbezug vor die Spalten- und Zeilenbenennung ein Dollarzeichen ($) zu setzen, also *C4/100*B17*.

Excel adressiert bei Zellzeigeransteuerung grundsätzlich relativ; dies bedeutet, dass bei Kopien die Zellposition immer in Relation zur Kopierrichtung festgelegt wird. Dann bezieht sich die in einer anderen Zelle abgelegte Kopie nicht mehr auf die gleichen Zellen wie die Ursprungsformel. Dies ist jedoch nicht immer sinnvoll.

Die relative Adressierung ist für die Zelle, in der der Umsatz ausgewiesen wird, korrekt. So wird bewirkt, dass beim Kopieren der Formel die Zellen der jeweils folgenden Monate genommen werden, zum Beispiel B5, B6 usw. Anders ist dies jedoch bezüglich der Umsatzsumme in B17. Bezugsgröße der Formel muss im Beispiel immer genau die Zelle B17 sein. Dazu ist der jeweilige Monatsumsatz in Beziehung zu setzen.

Folgende Varianten der Zelladressierung sind zu unterscheiden:

Varianten	Bedeutung/Beispiele
Relative Zelladresse	Die Zelladresse wird anhand ihrer relativen Position gebildet. Beispiel: Umsatz eines Monats B4
Absolute Zelladresse	Die Zelladresse in der Kopie stimmt exakt mit dem Original überein. Beispiel: Summe B17
Gemischte Zelladresse	Spalte rel./Zeile abs. Spalte abs./Zeile rel. Beispiel: B$17 Beispiel: $B17

Merke: Vereinfacht können Sie sich merken:
- Möchten Sie Werte immer aus einer bestimmten Spalte übernehmen, muss der Spaltenbezug durch das Dollarzeichen gesperrt werden.
- Möchten Sie Werte immer aus einer bestimmten Zeile übernehmen, muss der Zeilenbezug durch das Dollarzeichen gesperrt werden.

Zur Realisierung einer veränderten Zelladressierung gibt es folgende Möglichkeiten:
- Eingabe eines Dollarzeichens vor der Spalten- bzw. Zeilenkennung. Durch Zusatz eines Dollarzeichens wird der Zellbezug in der Adresse absolut.
- Betätigen der Funktionstaste [F4]: Positionieren Sie zunächst den Cursor in der Bearbeitungszeile vor der zu ändernden Zelladresse. Jedes Drücken von [F4] schaltet zu einer der vier möglichen Kombinationen von absoluten und relativen Bezügen.

5.4.3 Arbeitsblätter zu umfassenden Mappen erweitern

Problemstellung

Excel bietet seit einigen Versionen auch die Möglichkeit, dass Anwendungen nicht mehr auf eine einzelne Tabellenfläche beschränkt sind. Es können vielmehr mehrere Arbeitsblätter hintereinander verwaltet werden und auf einfache Weise miteinander in Beziehung gesetzt werden. Vergleichbar mit einem umfassenden Notizbuch, das aus verschiedenen Blättern besteht, werden die einzelnen Arbeitsblätter einer Anwendung zu einer gemeinsamen Datei zusammengefasst und können in einem elektronischen Durchschreibeverfahren gleichzeitig bearbeitet werden.

Die Idee des dreidimensionalen Spreadsheets beruht auf der Überlegung, mehrere Rechenblätter gewissermaßen übereinander zu stapeln und diese gleichzeitig funktional zueinander in Beziehung zu setzen. Die neu hinzukommende dritte Dimension kann in der Praxis ganz unterschiedliche Bedeutung haben:

- **Zeitlicher Aspekt:** Arbeitsblätter mit Daten aus verschiedenen Zeiträumen werden zusammengefasst. Beispiel: Verschiedene Arbeitsblätter, die Tagesabrechnungen enthalten, werden erstellt und zu einer Wochen- oder Monatsübersicht zusammengefügt. Oder: Monats- oder Quartalsstatistiken werden zu einer Jahresstatistik zusammengefasst.

▶ **Örtlicher Aspekt:** Informationen aus unterschiedlichen Gebieten fließen in der Zentrale zu einer Gesamtschau zusammen. Beispiele: Arbeitsblätter mit Umsätzen, Erlösen und Gewinnen verschiedener Filialen/Zweigbetriebe sind in einer Datei zusammengefasst, wobei gleichzeitig eine Gesamtübersicht erstellt wird.

▶ **Personeller Aspekt:** Einzelne Stellen und ihre Aktivitäten können „unter einen Hut" gebracht werden. Im Rahmen der Budgetplanung werden etwa die Werte einzelner Abteilungen zunächst als einzelne Arbeitsblätter innerhalb einer Datei verwaltet und dann in einem weiteren Arbeitsblatt zu einem Gesamtplan zusammengefasst.

Hinweis: Normalerweise sind die Tabellen, die im Rahmen einer umfassenden Anwendung verwaltet werden sollen, sämtlich oder zu einem großen Teil hinsichtlich des Aufbaus gleich. Daher bietet sich das Kopieren der Grunddaten und Grundformeln des zunächst erstellten Ausgangs-Arbeitsblattes an. Die so erstellten Arbeitsblätter können dann mit den spezifischen Daten gefüllt werden. Unter Umständen wird darüber hinaus eine Konsolidierung, das heißt eine Zusammenfassung der Daten mehrerer Arbeitsblätter gewünscht.

Wie können Beziehungen zwischen verschiedenen Tabellen hergestellt werden? In einer Formel können **Bezüge auch auf Zellen eines anderen Tabellenblattes** derselben Arbeitsmappe verweisen. Um beispielsweise in der Zelle *B4* des Tabellenblattes *Tabelle2* von *Mappe1* auf die Zelle *A7* des Tabellenblattes *Tabelle1* von *Mappe1* zu verweisen, sind folgende Schritte erforderlich:

1. Zelle *B4* in *Tabelle2* markieren und Gleichheitszeichen (=) eintasten.
2. In der Registerleiste auf *Tabelle1* klicken, um dieses Tabellenblatt anzuzeigen.
3. In *Tabelle1* die Zelle *A7* anklicken und [Enter] drücken.

In dem Blatt *Tabelle2* wird nun in Zelle *B4* der Eintrag *=Tabelle1!A7* angezeigt. Vor den Zellbezug wird in diesem Fall der **Tabellenblattbezug** mit nachfolgendem Ausrufungszeichen eingetragen. Eine Tastatureingabe ist ebenfalls möglich. Der standardmäßig relativ eingestellte Zellbezug kann bei Bedarf mit [F4] in einen absoluten oder gemischten Bezug geändert werden.

 Problemstellung
*Es gibt verschiedene Anwendungsfälle, in denen auf **Ergebnisse anderer Tabellen** zurückgegriffen werden muss. Diese Ergebnisse müssen dann nicht eingegeben werden, sondern können automatisch übernommen werden. Dabei kann gleichzeitig eine Verbindung eingestellt werden, die sicherstellt, dass Veränderungen in der Ursprungstabelle (Quelltabelle) unmittelbar in den Zieltabellen fortgeschrieben werden.*

Bezüge lassen sich auf Zellen herstellen, die sich in einem Tabellenblatt einer **anderen** Arbeitsmappe befinden. Solche Bezüge werden **externe Bezüge** genannt. Angenommen die Zelle *B4* im Tabellenblatt *Tabelle2* von *Mappe1* soll einen Bezug auf Zelle *A7* im Tabellenblatt *Tabelle1* von *Mappe2* erhalten.

Folgende Schritte werden zur Beispiellösung erforderlich:
1. Die Arbeitsmappen *Mappe1* und *Mappe2* öffnen.
2. Mit dem Befehl **Fenster/Anordnen/Vertikal** beide Arbeitsmappen auf dem Bildschirm nebeneinander anordnen.
3. Zelle *B4* in *Tabelle2* von *Mappe1* aktivieren und Gleichheitszeichen eintasten.
4. Mappe2 durch Mausklick aktivieren, in der Registerleiste auf *Tabelle1,* dann auf Zelle *A7* klicken und [Enter] drücken.

5.5 Tabellen gestalten

 Problemstellung
Um ein anschauliches und übersichtliches Ergebnis zu erhalten, besteht vielfach der Wunsch, die erstellten Arbeitsblätter optisch aufzubereiten; beispielsweise durch das Formatieren von Zahlen oder das Auszeichnen von Tabellenbereichen.

Was nützen zahlreiche korrekte Zahlenaufstellungen, wenn diese nicht verständlich und überschaubar präsentiert werden? Durch eine übersichtliche Formatierung der Daten wird den Tabellen mehr Aussagekraft, Wirkung, ja sogar mehr Glaubwürdigkeit verliehen. Wichtige Optionen sind:

5.5 Tabellen gestalten

▶ Es kann unter Dutzenden von vorgefertigten Zahlenformaten ausgewählt werden Bei Bedarf können sogar eigene Formate (benutzerdefinierte Formate) erstellt werden.

▶ Sie können eine passende Schriftart auswählen und diese mit zusätzlichen Optionen, zum Beispiel Unterstreichung, Fett- und Kursivdruck, belegen.

▶ Des Weiteren kann man in *Excel* den Wünschen bei der Zellausrichtung freien Lauf lassen. Daten lassen sich beispielsweise frei im Uhrzeigersinn anordnen.

▶ Nicht zu vergessen ist natürlich die große Auswahl an Rahmen, Farben und Mustern, die zur Verfügung steht.

▶ Wenn die einzelnen Formatierungen zu aufwändig sind, dann ist es auch möglich, auf die vorgefertigten AutoFormate zurückzugreifen. Die AutoFormate übernehmen die Formatierung automatisch und stellen zahlreiche Layouts zur Verfügung.

Einen Überblick über die Möglichkeiten gibt die folgende Abbildung:

Möglichkeiten zur Gestaltung	Beispiele
Schriften	Schriftart, Schriftstil, Schriftgröße, Schriftfarbe, Darstellung (Unterstreichung u. a.)
Ausrichtung	Linksbündig, rechtsbündig, zentriert
Zahlenformat	Gleitkomma, Festkomma, Exponential, Prozent, Währung
Spalten/Zeilen	Spaltenbreite, Zeilenhöhe
Rahmen	Gesamt, Linienstärke/Art, Farbe
Muster/Schattierung	Farbe eines Bereiches, Musterform

Der einfachste Weg zur Formatierung ist die Nutzung der Symbolleiste. Hier sind die wichtigsten Befehle verfügbar. Um detaillierte Einstellungen vorzunehmen, wählen Sie aus dem Menü **Format** den Befehl **Zellen**.

Abb. 5–08

Hinweis: Beachten Sie die Reihenfolge des Vorgehens! Welche Tabellenbereiche Sie mit Ihren Formatbefehlen ansprechen, entscheiden Sie mit der Markierung. Denken Sie daran: erst markieren, dann formatieren!

5.5.1 Zelleinträge ausrichten

Problemstellung

Es besteht die Möglichkeit, die Standardausrichtung eingetragener Zellinhalte zu ändern. Dies kann etwa sinnvoll sein, damit Spaltenüberschriften in gleicher Weise formatiert sind wie die darunter stehenden Zahleninformationen.

Grundsätzlich infrage kommende Varianten zur Ausrichtung von Feldeinträgen einer Tabelle sind:

- linksbündig,
- rechtsbündig oder
- zentriert.

Eine Besonderheit kann schließlich auch darin bestehen, einen Eintrag in einem beliebig markierten Bereich zu zentrieren. Dies bietet sich etwa an für die Gesamtüberschrift zu einer Tabelle.

Menüorientiertes Vorgehen

Realisiert werden kann die neue Zellausrichtung in einer Zelle nach vorheriger Markierung der Zelle und des Zellbereiches über Wahl des Menüs **Format** und Wahl des Befehls **Zellen**. Aktivieren Sie dann das Register *Ausrichtung*, und nehmen Sie die gewünschten Einstellungen vor:

Abb. 5–09: Ausrichtung ändern

Besonderheiten finden Sie unter Textsteuerung, etwa die Organisation eines Zeilenumbruchs oder das Verbinden von Zellen.

Verwendung der Symbolleiste

Anklicken des zutreffenden Schaltknopfes in der Werkzeugleiste

Diese Möglichkeiten bieten sich an, wenn keine besonderen Einstellungen nötig sind, sondern nur die wesentlichen Ausrichtungsmerkmale gebraucht werden.

5.5.2 Darstellungsformate für Zahlen festlegen

Problemstellung

Bei der Eingabe von Zahlen in eine Tabelle bzw. bei der Berechnung von Ergebnissen (aufgrund der Formeleingabe) weist Excel diesen Daten automatisch eine bestimmte Darstellung (Format) zu. Dies ist mitunter allerdings unübersichtlich und unnötig. Der Standardformatcode kann deshalb – je nach Wunsch – entsprechend geändert werden. Hinzu kommt: Excel rechnet letztlich nur mit reinen Zahlen. Die direkte Eingabe von Maßeinheiten in Verbindung mit Zahlen ist nicht empfehlenswert bzw. kann zu Fehlern in der Funktionalität führen.

Zur Änderung der Formatierung ist zunächst die Zelle anzusteuern oder der Zellbereich zu markieren, der formatiert werden soll und dann der Befehl zur Einstellung der Formatangaben zu wählen. Dazu ist aus dem Menü **Format** der Befehl **Zellen** zu wählen.

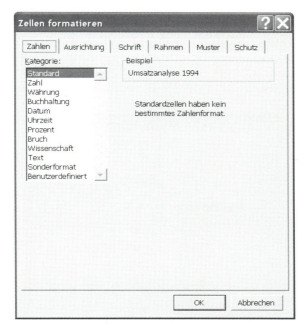

Abb. 5–10: Zahlen formatieren

Bei Wahl des Registers „Zahlen" stehen verschiedene vorgefertigte Formate zur Wahl. Zu unterscheiden sind insbesondere folgende Kategorien:

Kategorien/Varianten	Bedeutung
Zahlenformat	für die Festlegung der Zahlenanzeige; beispielsweise Anzahl der Dezimalkommastellen.
Währungsformate	Ergebnis ist, dass der Zahl ein Währungssymbol zugeordnet wird (als Präfix oder als Suffix).
Prozentformate	Der Zahl wird ein Prozentzeichen angehängt. Beachte: Bei Verwendung in Formeln muss zur Prozentwertermittlung nicht mit 100 multipliziert werden.
Datumsformate	Die Zahl wird in ein bestimmtes Datumsformat umgewandelt.
Zeitformate	Die Zahl wird in ein bestimmtes Zeitformat umgewandelt.
Bruch	zur Darstellung von Bruchzahlen.
Wissenschaft	Exponentialdarstellung.

Neben dem menüorientierten Vorgehen können häufig vorkommende Zahlenformatierungen auch recht schnell unter Nutzung der Symbolleiste vorgenommen werden.

Beispiel:

Abb. 5–11

Nach einer Markierung der Zelle bzw. des Bereiches muss dann lediglich auf das zutreffende Symbol geklickt werden.

5.5.3 Schriftarten und Schriftgrößen ändern

Problemstellung

Eine weitere Gestaltungsoption besteht in der Veränderung von Schriften. Die Anwendung der Befehlsoptionen kommt zum Beispiel in Betracht, um Hauptüberschriften, Zwischenüberschriften oder Spaltentitel in einem Arbeitsblatt mit einer besonderen Schriftart und Schriftgröße hervorzuheben.

Nach Wahl des Registers *Schrift* ergibt sich die folgende Bildschirmanzeige:

Abb. 5–12: Schrift ändern

Die hier angezeigten Optionen geben Ihnen die Möglichkeit, Schriftart, Schriftgröße und Attribute sowohl in der gesamten Tabelle als auch für einen bestimmten Tabellenbereich festzulegen. Folgende Stilmittel stehen zur Verfügung:

▶ Auswahl einer geeigneten **Schriftart**, am besten TrueType-Schriften. Wenn TrueType-Schriftarten verwendet werden, benutzt Excel die gleiche Schriftart für die Bildschirmanzeige und den Ausdruck (die Bildschirmschriftarten entsprechen weitgehend den gedruckten Zeichen). Pro Arbeitsblatt sind maximal 256 verschiedene Schriftarten möglich.

▶ Festlegen des **Schriftschnitts**, zum Beispiel Fett oder Kursiv.

▶ Auswahl des **Schriftgrades**. Er wird in der Einheit Punkt dargestellt. Der Standardschriftgrad in *Excel* ist 10 pt (1 cm entspricht ca. 28 Punkte).

▶ Wahl einer **Unterstreichung** mit den Ausprägungen Ohne, Einfach, Doppelt, Einfach (Buchhaltung) oder Doppelt (Buchhaltung).

▶ Festlegung der **Farbe einer Schriftart**. Die Standardfarbe in *Excel XP* ist Schwarz.

▶ Auswahl von bestimmten **Effekten**, wie Durchgestrichen, Hochgestellt oder Tiefgestellt.

Zur Auszeichnung können auch die Optionen in der Symbolleiste verwendet werden

Abb. 5–13

5.5.4 Rahmen ergänzen

Problemstellung

Wenn Sie die Seitenansicht für den Ausdruck von Tabellen testen, wird deutlich: die im Blatt sichtbaren Gitternetzlinien sind Phantome. Die Linien tauchen im Ausdruck grundsätzlich nicht auf. Für das Hervorheben von Tabellenbereichen ist das Zeichnen von Rahmen von Interesse. Verwenden Sie Rahmen und Linien, um

▶ wichtige Zellbereiche hervorzuheben,

▶ zusammengehörige Zellbereiche zu verbinden,

▶ unterschiedliche Zellbereiche zu trennen.

Nachfolgend ein paar typische Erscheinungsformen des Rahmens:

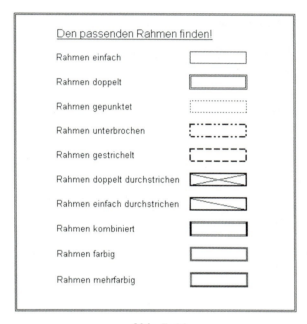

Abb. 5–14

Die Optionen finden Sie im Register *Rahmen* des Befehls **Zellen** aus dem Menü **Format**.

Abb. 5–15: Tabellenbereiche rahmen

Markieren Sie zunächst den zu rahmenden Bereich. Danach ist nach der Befehlswahl im Feld „Art" die Stärke des Rahmens und die Farbe festzulegen. Abschließend kann in den Bereichen „Rahmen" und „Voreinstellungen" die Option angeklickt werden.

5.5.5 Farben und Muster für Zellen zuordnen

Problemstellung

Es gibt vielfältige Möglichkeiten der Zuordnung von Farben in einem Arbeitsblatt. Dies kann den Text (= Zelleninhalt), den Hintergrund oder die Zahlenanzeige betreffen. Auch Muster können zugeordnet werden.

Die Optionen finden Sie im Register *Muster* des Befehls **Zellen** aus dem Menü **Format**.

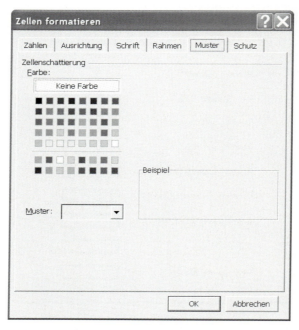

Abb. 5–16: Tabellenbereiche mit Farben und Mustern versehen

Markieren Sie zunächst den mit einer Farbe oder einem Muster zu versehenden Bereich; etwa den Kopfbereich. Nach der Befehlswahl ist dann die Option für die Überschrift als Hintergrund zu aktivieren.

5.5.6 Zeilen und Spalten einfügen

Problemstellung

Um die Übersichtlichkeit einer Tabelle zu erhöhen, empfiehlt es sich, geeignete Überschriften aufzunehmen. Dies ist auch nachträglich möglich. Allerdings muss zunächst entsprechender Platz geschaffen werden, um die zusätzlichen Informationen aufnehmen zu können.

Generell ist folgendes Vorgehen zum Einfügen von Zeilen notwendig:
▶ Einfügestelle ansteuern und Einfügebereich ausleuchten (Zeilen markieren)
▶ Befehl **Zeilen** aus dem Menü **Einfügen** wählen

Analog ist auch beim Einfügen von Spalten vorzugehen.

5.6 Tabellen mit Selektionen und Suchfunktionen erzeugen

Problemstellung
Viele Anwendungen der kaufmännischen Praxis sind durch logische Entscheidungen gekennzeichnet. Excel stellt deshalb verschiedene logische Funktionen zur Verfügung. Dadurch wird die Lösung komplexer Anwendungen überhaupt erst möglich.

5.6.1 Logische Funktionen

Die wesentlichen logischen Funktionen, die auch in Kombination verwendet werden können, sind:

FUNKTION	BEDEUTUNG
WENN (Prüfung; Dannwert; Sonstwert)	ist der logische Prüfwert „wahr" (die zu prüfende Bedingung erfüllt), dann wird die Funktion „Dannwert" ausgeführt; andernfalls die Funktion „Sonstwert"
FALSCH()	liefert den logischen Wert „falsch"
ISTFEHL(W)	ist der abgefragte Wert W ein Fehlerwert, dann ergibt sich der logische Wert „wahr"
ISTNV(W)	ist der abgefragte Wert W der Fehlerwert NV!, dann ergibt sich der logische Wert „wahr"
NICHT(L)	Ergebnis ist der entgegengesetzte Wert des logischen Wertes L
ODER(Liste)	der logische Wert „wahr" ergibt sich, wenn wenigsten ein Wert der Liste „wahr" ist
UND(Liste)	der logische Wert „wahr" ergibt sich, wenn alle Werte der Liste „wahr" sind (sonst „falsch")
WAHR()	liefert den logischen Wert „wahr"

Besondere Bedeutung kommt der WENN-Funktion sowie der UND- bzw. ODER-Funktion zu. Deshalb werden diese Funktionen nachfolgend erläutert.

Anwendung der WENN-Funktion

Die WENN-Funktion ist grundsätzlich wie folgt aufzubauen:

WENN (logische Prüfung; Dannwert; Sonstwert)

Die logische Prüfung führt zu einem Wert oder Ausdruck, der „wahr" oder „falsch" sein kann. Ist der logische Wert „wahr" (d.h. ist die Bedingung erfüllt), dann wird die Funktion „Dannwert" ausgeführt (= der an 2. Stelle in der Klammer stehende Wert gesetzt); andernfalls die Funktion „Sonstwert" (= der an letzter Stelle in der Klammer stehende Wert gesetzt). Bedingungen und Werte können dabei Adressen, Konstanten, Formeln und andere Funktionen enthalten.

Beispiel: In einer Tabelle sind die Artikel aufgeführt, die von der Einkaufsabteilung bestellt werden. Es soll in einer Spalte ausgewiesen werden, ob bei einem Artikel eine Bestellung herausgeschickt werden soll.

WENN (Lagerbestand>Bestellbestand;Lagerbestand-Bestellbestand;"Bestellen")

Statt der Begriffe sind dann die konkreten Feldpositionen anzugeben. Alternativ können die Felder jedoch zuvor auch mit einem Namen belegt werden; die Namen lassen sich nun in den Formeln verwenden.

Die Zusammenhänge derartiger Anweisungen lassen sich anschaulich in Struktogrammen darstellen, die auch bei der Entwicklung logischer Strukturen in *Excel* hilfreich sein können.

Die Bedingung sollte stets mit großer Sorgfalt formuliert werden. In diesem Beispiel wäre auch die Bedingung *Bestand<=Meldebestand* bei einer Vertauschung des Ja- mit dem Nein-Weg richtig gewesen.

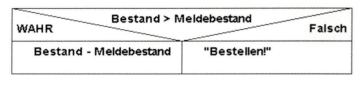

Abb. 5–17

Die Formel für den Beispielfall lautet:

=WENN(<u>Bestand>Meldebestand</u>;<u>Bestand – Meldebestand</u>; „<u>Bestellen!</u>")

                Prüfung   Dann_Wert   Sonst_Wert

Anwendung der UND-Funktion

 Problemstellung

Die Wenn-Funktion ermöglicht auch die Verknüpfung mehrerer Bedingungen. Hier finden die logischen Funktionen UND und ODER Anwendung.

Die UND-Funktion kommt dann infrage, wenn bei Abfragen alle Prüfwerte aus einer Liste von Angaben zutreffen sollen. Grundsätzlich gilt folgende Syntax:

UND(Wahrheitswert1; W2; W3;....).

Beispiel: In einer Unternehmung erfolgt die Anschaffung neuer Firmenwagen auf der Grundlage einer Entscheidungsregel. Es soll immer dann ein neuer Wagen angeschafft werden, wenn der Firmenwagen älter als 3 Jahre ist und der Kilometerstand 100000 km überschritten hat.

Die Bedingung hat also folgendes Aussehen (Annahme: die zugehörigen Felder sind mit Kurznamen JAHR bzw. KM belegt):

UND(JAHR>3;KM>100000)

Wenn-Bedingung 1 Jahr > 3	
erfüllt (= wahr)	nicht erfüllt (= falsch)
Wenn Bedingung 2 KM > 100000	
erfüllt (= wahr)	nicht erfüllt (= falsch)
Anweisung 1: Neukauf	Anweisung 2: Behalten

Die erläuterte Formel kann nun in eine WENN-DANN-Bedingung eingebaut werden. Mit UND (LISTE) ist es möglich, die Erfüllung mehrerer Bedingungen als Voraussetzung für die positive Beantwortung einer WENN-Abfrage zu setzen. Allgemein gilt:

WENN(UND(Wahrheitswert1;W2);Dann-Wert;Sonst-Wert)

Soll die Antwortvorgabe „Neukauf" oder „Behalten" ausgegeben werden, so ergibt sich für das Beispiel folgende Formel:

WENN(UND(JAHR>3;KM>100000);"NEUKAUF";„BEHALTEN")

Wenn beide Bedingungen erfüllt sind, dann Neukauf, sonst Behalten.

Anwendung der ODER-Funktion

Problemstellung

Die ODER-Funktion kommt dann infrage, wenn bei Abfragen lediglich ein Prüfwert aus einer Liste von Angaben zutreffen muss. Grundsätzlich gilt folgende Syntax:

ODER(Wahrheitswert1; W2; W3;....).

Beispiel: Die Entscheidungsregel des Beispielfalles soll nun ein wenig variiert werden: Es soll immer dann ein neuer Wagen angeschafft werden, wenn der Firmenwagen älter als 3 Jahre ist **oder** der Kilometerstand 100000 km überschritten hat.

Die Bedingung hat dann folgendes Aussehen:

ODER(JAHR>3;KM>100000)

Wenn-Bedingung 1 Jahr > 3	
erfüllt (= wahr)	nicht erfüllt (= falsch)
Wenn Bedingung 2 KM > 100000	
erfüllt (= wahr)	nicht erfüllt (= nicht wahr)
Anweisung 1: Neukauf	Anweisung 2: Behalten

Diese Formel kann nun ebenfalls in eine WENN-DANN-Bedingung eingebaut werden und hat dann folgendes Aussehen:

WENN(ODER(JAHR>3;KM>100000);"NEUKAUF";„BEHALTEN")

Fazit: Sowohl die UND- als auch die ODER-Funktion erlauben die Erfüllung mehrerer Bedingungen als Voraussetzung für die positive Beantwortung einer WENN-Abfrage zu setzen.

Verknüpfung mehrerer Bedingungen.

Problemstellung

Den bisherigen Beispielen lag jeweils nur eine einzige WENN-Funktion zugrunde. In der kaufmännischen Praxis finden sich aber häufig Fälle, wo sich mehrere Bedingungen miteinander verknüpfen lassen. So können bis zu sieben WENN-Funktionen als Dann_Wert und Sonst_Wert ineinander geschachtelt werden.

Beispiel: Eine Firma kauft bei einem Lieferanten Kabel als Meterware mit folgenden Mengenrabatten:

Mengen	Preis je m
>1000 m	8,50 Euro
801 – 1000 m	8,80 Euro
501 – 800 m	9,00 Euro
201 – 500 m	9,20 Euro
1 – 200 m	9,30 Euro

Im Falle einer Mehrfachauswahl ist die Verknüpfung mehrerer WENN-DANN-Abfragen erforderlich.

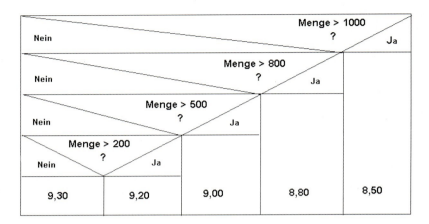

Abb. 5–18

Allgemein gilt folgende **formale Regel**:

WENN(Bedingungsabfrage1;Dannwert;WENN(Bedingungsabfrage2;Dannwert;Sonstwert))

Die erforderliche WENN-Funktion lautet:

=WENN(menge>1000;8,5;WENN(menge>800;8,8;WENN(menge>500;9;WENN(menge>200;9,2;9,3))))

Der Formelaufbau kann auf diese Weise beliebig erweitert werden, wenn weitere Abfragen notwendig sind. Dabei ist zu beachten, dass bei der Eingabe der Formel für Mehrfachabfragen die Anzahl öffnender und schließender Klammern übereinstimmen muss.

5.6.2 Tabelle mit Suchfunktionen erzeugen

Problemstellung

In vielen kaufmännischen Anwendungsfällen müssen aufgrund von vorgegebenen oder ermittelten Werten bestimmte Zuordnungen getroffen werden. Dabei ist häufig ein Wert aus einer Wertetabelle herauszusuchen. Typische Beispiele sind:
- *das Zuordnen von Rabattsätzen aufgrund einer bestimmten Umsatzhöhe sowie*
- *das Zuordnen von Provisionssätzen für Vertreter oder Verkäufer auf der Grundlage von Verkaufswerten.*

In der Gruppe der Matrixfunktionen kommt den **Verweisfunktionen** eine besondere Bedeutung zu. Mit ihrer Hilfe lässt sich in Preis- und Mengenstaffeln, aber auch in allen sonstigen Datenbeständen, die Suche nach bestimmten Werten meist einfacher organisieren als mit tief geschachtelten *WENN*-Funktionen.

Die Funktion SVERWEIS() bietet die Möglichkeit, aus einer sortierten Wertetabelle einen bestimmten zugehörigen Wert herauszufinden. Die allgemeine Formulierung der Funktion lautet:

SVERWEIS(Suchkriterium;Matrix;Spaltenindex).

Wie arbeitet die Formel? Grundsätzlich wird die erste Spalte einer Matrix durchsucht und die Zeile nach rechts durchlaufen, um den Wert einer Zelle zurückzugeben.

Die in der Klammer stehenden Angaben haben folgende Bedeutung:
- Suchkriterium kennzeichnet einen Zahlenwert, der die Grundlage für eine Suche in einer Wertetabelle bildet; es kann ein konstanter Wert aber auch ein Zellbezug sein.
- Mit Matrix ist der Tabellenbereich gemeint, in dem sich die Wertetabelle befindet, die durchsucht wird.
- Spaltenindex ist die Nummer der Matrixspalte, aus der der gesuchte Wert entnommen werden soll. Optional kann auch ein Bereichsverweis erfolgen.

Gesucht wird der größte Wert, der kleiner oder gleich dem Suchkriterium N ist. Das Ergebnis kann ein Zahlenwert, ein Textwert oder ein logischer Wert sein. Voraussetzung ist, dass die zu prüfenden Zahlenwerte in aufsteigender Folge sortiert sind.

5.7 Arbeiten mit Datum und Zeit

> *Problemstellung*
>
> *Ein Tabellenkalkulationsprogramm verfügt auch über die Datentypen Datum und Uhrzeit und damit über eine Datums- und Zeitarithmetik. Sinnvolle Anwendungsfälle für das Arbeiten mit Zeit und Datum in Tabellen können beispielsweise sein:*
> - *gezielte Überwachung von Zahlungsterminen,*
> - *taggenaue Berechnung von Zinsen oder*
> - *Berechnung von zeitabhängigen Löhnen.*

Datum und Uhrzeit eingeben

Ein Datum kann als Textlabel oder als Wert eingegeben werden: Soll das Datum in Berechnungen genutzt werden, muss eine Eingabe als Wert erfolgen. Steuern Sie einmal eine beliebige Zelle in der Tabelle wie beispielsweise Zelle A1 an, um das Datum *05.03.2002* einzugeben. Nach der Eingabe und Befehlsausführung wird das Datum in dem entsprechenden Format eingetragen.

Bei Eingabe von Datums- und Zeitangaben sind folgende Besonderheiten zu beachten:
- Geben Sie als Trennzeichen für ein Datum einen Punkt, einen Schräg- oder Bindestrich ein.
- Die Uhrzeit geben Sie mit einem Doppelpunkt ein; beispielsweise 9:45

Eingabe als Funktion:

Ein Tabellenkalkulationsprogramm bietet auch die Möglichkeit, automatisch das aktuelle Datum anzuzeigen. Hierzu dienen die Funktionen HEUTE und JETZT.

- Während sämtliche bisher beschriebenen Funktionen Argumente benötigen, muss bei der Funktion **Heute** nur ein leeres Klammernpaar eingegeben werden, also: **Heute()**. Diese Funktion liefert stets die fortlaufende Zahl des aktuellen Tagesdatums zurück.
- Auch die Funktion **Jetzt()** kommt ohne Argumente aus. Im Gegensatz zur Funktion **Heute** liefert sie eine fortlaufende Zahl, die aus einem ganzzahligen Datumsteil und einem Dezimalbruch zur Darstellung der Uhrzeit besteht. So steht die Zahl 36341,60417 für das Datum 30.06.1999 und 14:30 als Uhrzeit.

Ergebnis einer Funktionseingabe: Bei Anwendung dieser Funktion erscheint die serielle Zahl für das heutige Datum und die momentane Zeit in dem jeweiligen Feld. Nach Ausführung des Befehls müsste auf Ihrem Bildschirm das aktuelle Datum erscheinen.

Die interne Speicherung von Datum und Uhrzeit:

Die interne Speicherung ist von besonderer Bedeutung für die Durchführung von Berechnungen. Dazu einige Erläuterungen:

Soll das Datum in Berechnungen genutzt werden, muss eine Eingabe als Wert erfolgen. Wenn Sie danach für diese Zelle aus dem Menü **Format** den Befehl **Zellen** wählen und dann nach Wahl des Registers „Zahlen" auf Text bei der Kategorie klicken, wird erkennbar, dass intern für das Datum eine Zahl gespeichert wird.

Bei plausibler Datumseingabe ist das **Datum als Seriennummer** verfügbar; im Beispiel ist das die Zahl 34799. Merke

- Für ein **Datum** können sich in Excel **ganzzahlige Seriennummern zwischen 1 und 73050 ergeben**. Die 1 entspricht dabei dem 1. Januar 1900, die Zahl 73050 dem 31. Dezember 2099.
  Folgendes Beispiel macht die Berechnung deutlich: 05.03.02 = 373320 und 10.04.95 = 34799. Dies bedeutet, dass 34799 Tage vom 1.1.1900 bis zum 10.04.95 unter Beachtung der Schaltjahre vergangen sind (= 95 Jahre a 365 Tage zuzüglich 24 Schaltjahre).
- **Uhrzeitangaben** werden als **Bruchteile einer Tageszahl** angesehen. Dabei wird der Teil eines Tages durch den Abstand von 0:00 Mitternacht bis zur gewünschten Zeit dargestellt. So steht 0,5 für die Uhrzeit 12 Uhr Mittags. Datums- und Zeitwerte können kombiniert werden. Die fortlaufende Zahl 36330,64583 ergibt den Zeitwert 19.06.99 15.30 Uhr. Mit Hilfe dieser fortlaufenden Zahlen führt Excel alle Datums- und Zeitberechnungen durch.

Übersicht: Eingabe von Datums-/Zeitwerten

Variante zur Datums-/Zeiteingabe	Beispieleingabe	Standardanzeige	Interne Speicherung
Direkteingabe in möglichen Varianten:			
TT.MM.JJ	05.03.02	05.03.02	37320
T.M.JJ	5.3.02	05.03.02	37320
T-M-JJ	5-3-02	05.03.02	37320
TT.MMM.JJ	5. März 02	05. Mrz 02	37320
Eingabe als Funktion:			
Heute-Funktion	=Heute()	05.03.02	37320
Jetzt-Funktion	=Jetzt()	05.03.02 11:50	37320,50594

Wichtig: Damit steht eine Datums- und Zeitarithmetik zur Verfügung

Berechnungen mit Datum und Uhrzeit

Dadurch, dass *Excel* Datum und Uhrzeit intern als normale Dezimalzahlen speichert, ist die Voraussetzung geschaffen, auch arithmetische Operationen mit Datums-/Zeitfeldern durchzuführen bzw. ein Datum oder eine Zeit in einer Formel zu verwenden. So kann etwa zu einem Datum eine Zahl addiert werden, und das Programm weist daraufhin ein neues Datum aus.

Hinweis: Mit den Datums- und Zeitfunktionen lassen sich auf einfache Weise vielfältige Zeitberechnungen durchführen. *Excel* verwendet standardmäßig das so genannte 1900-Datumssystem. Hierbei wird jedem Kalendertag vom 1.1.1900 (serieller Wert = 1) bis 31.12.9999 (serieller Wert = 2958525) eine fortlaufenden Zahl zugeordnet.

5.8 Diagramm erstellen

Problemstellung

Die Darstellung großer Zahlenmengen in Tabellen ist oft unüberschaubar. Ein Diagramm kann mehr aussagen als tausend Zahlen. Zumindest macht es auch große Informationsmengen und komplexe Zusammenhänge für den Betrachter schnell erfassbar. In diesem Zusammenhang erlangt die Darstellung von Werten in Diagrammen eine neue Bedeutung: Sie hilft, Informationen komprimiert und verständlich zusammenzufassen.

Um jedoch genau dieses Ziel zu erreichen, sind einige Kenntnisse vonnöten. Wurden schon in den Vorversionen viele verschiedene Diagrammtypen angeboten, so sind diese in der Version *Excel* XP zu einer fast unüberschaubaren Anzahl angewachsen.

5.8.1 Einordnung der Diagramm-Möglichkeiten

Ausgangspunkt der Diagrammerstellung sind die vorhandenen oder gesondert eingegebenen Informationen eines elektronischen Arbeitsblattes. Dabei können aus den numerischen Daten dieses Arbeitsblattes unterschiedliche Arten von Diagrammen erzeugt werden.

Bereits bei der Planung der Diagrammerstellung sollte genau überlegt werden, welche Art von Diagramm zur Darstellung der vorliegenden Daten sinnvoll ist. In *Excel* haben Sie insbesondere die Wahl zwischen den folgenden verschiedenen Grafiktypen, um vielfältigen Anwendungsfällen gerecht werden zu können. Mögliche Grafiktypen, die durch Klicken auf die Schaltfläche aktiviert werden, zeigt die folgende Abbildung:

5.8 Diagramm erstellen

Abb. 5–19

Bei diesen Standardtypen kann wiederum zwischen einer variantenreichen Anzahl an Unterarten gewählt werden.

5.8.2 Vorgehensweise

Wie in bisherigen Excel-Versionen stehen Ihnen zwei Wege zum Erstellen Ihrer Diagramme zur Verfügung

▶ Nach dem Markieren der zu visualisierenden Daten genügt ein Drücken der F11-Taste, um sofort ein neues Arbeitsblatt mit einem Diagramm zu erhalten. Dabei bietet Ihnen *Excel* standardmäßig ein zweidimensionales Säulendiagramm, das Sie nachträglich an Ihre Bedürfnisse anpassen können.

▶ Möchten Sie bereits beim Erstellen des Diagramms alle wichtigen Einstellungen vornehmen und das Diagramm im gleichen Arbeitsblatt platzieren, dann benötigen Sie den Diagramm-Assistenten, den Sie über die Standard-Symbolleiste aufrufen können. Dieser Assistent führt Sie in vier Schritten zum Erfolg. Der Vorteil der Verwendung des Assistenten liegt klar auf der Hand: Bereits beim Erstellen können Sie detailliert das Aussehen Ihres Diagramms beeinflussen.

In *Excel XP* können Sie Ihre Diagramme auf zweierlei Art anordnen:

▶ Zum einen können Sie Ihr Diagramm in dem gleichen Tabellenblatt anordnen, das auch Ihre Daten enthält.

▶ Zum anderen können Sie Ihre Daten auch in einem gesonderten Tabellenblatt als Diagramm visualisieren. Es ist dabei auch möglich, die Quelldaten unter dem Diagramm zu platzieren.

Die häufiger eingesetzte Möglichkeit besteht darin, das Diagramm im gleichen Arbeitsblatt wie die Daten zu erstellen. Damit erhalten Sie beide Informationen auf einem Blick, eine Tatsache, die gerade bei der Weitergabe von Daten und Diagramm eine große Rolle spielt.

Aber auch die Umsetzung der Daten als Diagramm in einem separaten Tabellenblatt bietet Vorteile, nämlich die größere Darstellung der einzelnen Diagrammelemente und die Konzentration auf die bildhafte Darstellung, ohne dass erst größere Zahlenmengen studiert werden müssen.

5.9 Datenverwaltung

Problemstellung

Neben der Tabellenkalkulation und der Umsetzung von Tabellendaten in Diagramme/Grafiken bildet die Verwaltung von Daten in Listen das dritte Standbein von Excel*: Daten lassen sich in diesen Listenbereichen nach verschiedenen Gesichtspunkten erfassen, ändern, ordnen, durchsuchen und auswerten.*

In älteren Excel-Versionen wurde ein derartiger Listenbereich als Datenbank bezeichnet. Dieser Datenbankbereich musste besonders definiert werden. Ab Excel 5.0 hat Microsoft statt *Datenbank* den ehrlicheren Begriff „Datenverwaltung" eingeführt. Eine besondere Definition als Datenbank ist nun nicht mehr erforderlich.

Excel erkennt automatisch einen auf einem **Datenblatt mit Daten gefüllten zusammenhängenden Bereich aus Zeilen und Spalten** als **Liste**:

▶ Dabei dienen die Zeilen dieses Bereichs zur Aufnahme eines Datensatzes.
▶ Die Spalten einer Liste spiegeln die Datenfelder der Datensätze wider.
▶ Die oberste Zeile eines Listenbereichs nimmt die Feldnamen auf, über die sich die einzelnen Datensatzfelder ansprechen lassen.

Durch einen solchen Aufbau einer Liste mit eindeutigen Spaltenüberschriften können von *Excel* alle eingegebenen Informationen eindeutig zugeordnet werden.

Eine Besonderheit: Damit Sie in umfangreichen Datenbeständen die Übersicht behalten, sind Sie für das Bearbeiten und Suchen in Datensätzen nicht auf die Tabellenform beschränkt. *Excel* stellt vielmehr ein einfaches Eingabeformular standardmäßig bereit. Mit diesem Formular erfassen, ändern oder löschen Sie die Daten in der Tabelle. Beispiel:

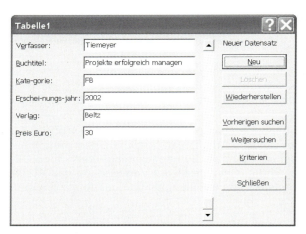

Abb. 5–20

5.10 Mit Excel im Web arbeiten

Problemstellung

Im Mittelpunkt der Office XP-Version steht – im Vergleich zu den Vorgängerversionen – nicht mehr so sehr der Einbau neuer Funktionalität. Es steht vielmehr ein Ausbau der Teamfähigkeit in Richtung Web-Funktionalität im Vordergrund. Dies äußert sich darin, dass Excel *seine Tabellen nun auch im Intranet oder Internet für eine Weiterbearbeitung zur Verfügung stellen kann. So bietet eine Veröffentlichung von Excel-Tabellen im Intranet eines Unternehmens deren Mitarbeitern die Möglichkeit, über einen Browser Daten in den Tabellen zu bearbeiten oder hinzuzufügen.*

Damit dies möglich wird, ist Excel nun in der Lage, Tabellen nicht nur im proprietären Format, sondern auch im **HTML**-Format zu speichern. Nun kann jeder Mitarbeiter, vorausgesetzt er verfügt über eine Zugangsberechtigung zum Intranet, entweder mit *Excel* oder mit dem *Internet Explorer* derartige Dokumente öffnen, bearbeiten oder kommentieren. So können schließlich auch mehrere lokal voneinander getrennte Mitarbeiter gemeinsam ein Dokument bearbeiten.

Technisch waren hier jedoch noch einige Hürden zu nehmen. Bisher waren nicht alle Steuerzeichen und Formatierungen einer Tabelle in HTML mit einem Browser darstellbar. Dies wurde jedoch mit **XML** (= *Extensible Markup Language*) möglich, das von Exel XP unterstützt wird.

6 Access XP

Problemstellung
Anlässe und Varianten des Datenbankeinsatzes

In unserer Beispielfirma **Eurotrade GmbH** ist hat sich das Geschäft in den letzten Jahren bei fast allen Produktgruppen sehr positiv entwickelt. So konnten teilweise enorme Umsatzzuwächse erzielt werden.

Leider hat die Organisation mit der positiven Entwicklung nicht Schritt gehalten. Dies spürt insbesondere die Einkaufsabteilung, die mit den Aufgaben nicht mehr nachkommt:

▶ Der Beleganfall (Bestellungen, Bearbeiten eingehender Rechnungen, Angebotsprüfung etc.) ist so groß, dass Arbeiten oft nur mit erheblichen Zeitverzögerungen erledigt werden können.

▶ Immer öfter treten Fehler bei erledigten Arbeiten zutage. Infolge der beschriebenen Mängel sind bereits Beschwerden von zahlreichen Lieferanten eingegangen.

▶ Die Überlastung der Einkaufssachbearbeiter hat zur Folge, dass für eine intensive Beobachtung der Beschaffungsmärkte sowie zur Information über neue Entwicklungen kaum noch Zeit bleibt.

▶ Gegenüber der Unternehmensführung bestehen nur unzureichende Auskunftsmöglichkeiten. Bei Anfragen zu statistischen Aufstellungen muss der Unternehmensführung häufig mitgeteilt werden, dass die Informationen nicht vorliegen, da die Daten nicht so einfach zu gewinnen sind oder andererseits damit ein hoher Zeitaufwand verbunden ist.

„Nutzen Sie doch eine Access-Datenbank", schlägt ein Unternehmensberater dem Einkaufsleiter, Herrn Sparsam, vor. Da Herr Sparsam die heute bestehenden Möglichkeiten von Datenbanken nicht genau kennt, beschließt er, sich zu informieren, ob dies ein geeigneter Lösungsweg für die offensichtlichen Probleme ist.

6.1 Einsatzanlässe und Möglichkeiten von Access

Problemstellung
*Früher wurden die zur Aufgabenerfüllung in Büro und Verwaltung benötigten Daten in **Karteien** erfasst. So verfügte der Einkauf beispielsweise über eine Artikel-, eine Lieferanten- oder eine Bestellkartei. Mit Hilfe dieser konnten im Bedarfsfall Informationen rasch gefunden, Auskünfte gezielt erteilt sowie verschiedene Auswertungen einfach vorgenommen werden. Dennoch: Heute kommen Karteien praktisch kaum noch vor. Mittlerweile hat stattdessen der Computer mit einem Datenbankprogramm Einzug gehalten.*

Um die anfallenden Daten mit einem Computer systematisch verarbeiten zu können, ist ein **Datenbankprogramm** wie *Access XP* notwendig und hilfreich. Die wesentlichen Leistungsmerkmale und Vorteile für die Anwendungspraxis sind:

▶ Umfangreiche Datenbestände können gesammelt und logisch verknüpft werden, so dass eine systematische Verwaltung der Daten gegeben ist. Dabei werden die Daten zu bestimmten Themengebieten in Tabellenform abgelegt.

▶ Um die Eingabe neuer Daten sowie die Pflege der Daten zu erleichtern, gibt es die Möglichkeit übersichtlicher Bildschirmformulare.

▶ Für Selektionen und zur Erleichterung der Entscheidungsfindung stehen leistungsfähige Werkzeuge zur Abfrage von Daten zur Verfügung.

▶ Mit einer Datenbank können zahlreiche Auswertungen in übersichtlicher Form erfolgen und aktuelle Verzeichnisse auf Knopfdruck erstellt werden.

Problemstellung

Für welche Gebiete eignet sich der Einsatz einer Access-Datenbank? *Jeder, der häufig mit großen Datensammlungen zu tun hat, sei es in Form von Karteien, Katalogen oder Ordnern, wird die Hilfe von* Access *zu schätzen wissen. Sowohl für private als auch für betriebliche Anwendungen ist das Programm hervorragend geeignet. Ein Privatanwender, der lediglich eine Adress- oder Videoverwaltung braucht, kann eine Access-Datenbank genauso mit Erfolg nutzen wie der Anwender im Unternehmen.*

Nützliche **Anwendungen** für **Access**-Datenbanken zeigt die folgende Übersicht:

Anwendungsgebiet	Beispielanwendungen
Personalinformationssystem	▶ Personalstammdatenverwaltung ▶ Stellenverwaltung ▶ Ressourcenzuordnung ▶ Bewerberdatenbank ▶ Skill-Management ▶ Seminarverwaltung ▶ Fahrzeugausleihe
Büromanagement (Sekretariat, Assistenz)	▶ Adressverwaltung (VIP-Datei) ▶ Vorgangsverwaltung (Wiedervorlage) ▶ Bestandsverwaltung (Literatur etc.) ▶ Reise- und Veranstaltungsmanagement ▶ Urlaubsverwaltung
Einkaufsinformationssystem	▶ Bestellinformationssystem ▶ Lieferanteninformationssystem (incl. Lieferantenbewertung) ▶ Teileinformationssystem
Vertriebsinformationssystem	▶ Verkaufsinformationssystem ▶ Kundenverwaltung ▶ Artikelverwaltung ▶ Kontaktmanagement ▶ Verkäuferinformationssystem
Finanzinformationssystem	▶ Inventarverwaltung ▶ Finanzplanung ▶ Fuhrparkverwaltung/Fahrzeugkostencontrolling
Verwaltung von Projektdaten	▶ Projekt-Abrechnung ▶ Ressourcenverwaltung ▶ Projekt-Controlling

Das Grundproblem des Einsatzes der Datenbank *Access* in der Unternehmenspraxis verdeutlicht Abbildung 6-01 auf der folgenden Seite.

Die Übersicht zeigt die wesentlichen Entscheidungsbereiche bei der Einführung von Datenbanklösungen:

▶ Wo sollen die anfallenden Daten gespeichert werden? (Entscheidung zwischen zentraler, dezentraler und verteilter Speicherung)

▶ Wie sollen die anfallenden Daten miteinander verbunden werden? (Entwurfsproblem mit Festlegung der Tabellen und ihrer Verknüpfung)

▶ Welche Auswertungen soll die Datenbanklösung bereitstellen? (gewünschte Berichte)

▶ Welche Zugriffsmöglichkeiten sollen den einzelnen Endbenutzern oder Benutzergruppen (Abteilungen) gewährt werden?

Abb. 6–01

6.2 Eine vorhandene Access-Anwendung nutzen

Problemstellung

Eingerichtete Datenbanklösungen können dem Endanwender in höchst unterschiedlicher Form präsentiert werden. Um eine vorhandene Access-Anwendung zu nutzen, ist die Kenntnis der Arbeiten im Datenbankfenster nützlich.

Notwendig für das Starten von *Access XP* ist zunächst der Aufruf von Windows (Windows NT oder Windows 2000 oder Windows XP). Danach gibt es verschiedene Möglichkeiten. Beispielhaft sei das Starten über das Ausgangsfenster erwähnt: Schaltfläche *Start* anklicken, Menüpunkt *Programme* wählen, Variante *Microsoft Access* aktivieren. Ergebnis ist das folgende Startfenster von *Access XP*:

Abb. 6–02: Ausgangsfenster von Access XP

Das Ausgangsfenster von Access zeigt auf der rechten Seite den so genannten *Aufgabenbereich* an. Angeboten werden im Aufgabenbereich von *Access XP* grundsätzlich vier Möglichkeiten für das weitere Arbeiten:

▶ **Eine bestehende Datenbank öffnen**: Soll mit einer bereits vorhandenen Datenbank gearbeitet werden, muss der Link *Datei öffnen* aktiviert werden. Anschließend kann der entsprechende Name der Datenbank gewählt werden.

▶ **Eine neue Datenbank ohne Assistenten einrichten**: Mit der Wahl der Option *Leere Access-Datenbank* kann direkt eine individuelle Lösung entwickelt werden.

▶ **Eine neue Datenbank auf der Grundlage einer vorhandenen Datei wählen.**

▶ **Eine neue Datenbank mit Unterstützung von Vorlagen anlegen.**

Hinweise: Den Aufgabenbereich können Sie über die Befehlsfolge **Ansicht/Symbolleisten/Aufgabenbereich** ein- bzw. ausblenden. Um das aus den Vorgängerversionen bekannte Dialogfeld beim Starten zu erhalten, wählen Sie *Mit Vorlagen beginnen* und dann die Registerkarte *Allgemein*.

Sofern Sie nicht mit dem Aufgabenbereich arbeiten, können Sie eine Datenbank öffnen, indem Sie beispielsweise aus dem Menü **Datei** den Befehl **Datenbank öffnen** wählen. Aktivieren Sie danach den Ordner, in dem sich die gewünschte Datei befindet.

Nach dem Starten der Datenbank *Access XP* und dem Öffnen einer Beispieldatenbank (etwa *Nordwind.MDB*) ergibt sich die Möglichkeit der Bildschirmanzeige mit dem so genannten *Datenbankfenster*:

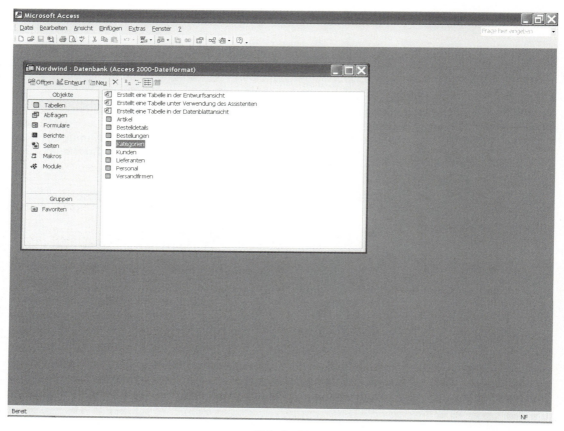

Abb. 6–03

Das **Datenbankfenster** wird in *Access* angezeigt, wenn eine vorhandene Datenbank geöffnet ist oder eine neue erstellt werden soll:

▶ Es gibt eine Übersicht über alle Objekte, aus denen sich die aktuelle Datenbank zusammensetzt.

▶ Vom Datenbankfenster aus können neue Objekte erstellt bzw. der Entwurf vorhandener Objekte geändert werden.

▶ Bestehende Objekte können vom Datenbankfenster aus geöffnet werden.

Objekte in Access-Datenbanken und ihre Nutzung im Datenbankfenster

 Problemstellung

Die Symbole für die verschiedenen Objekte im Datenbankfenster ermöglichen einen direkten Zugriff auf jedes Objekt in der Datenbank. Sie haben folgende Bedeutung:

Objekte	Bedeutung	Beispiele
Tabellen	Über den Objektbereich kann eine neue Tabelle angelegt oder eine vorhandene Tabelle angezeigt werden, die zu einer geöffneten Datenbank gehört. Zugeordnete Datensätze lassen sich in Tabellenform darstellen.	In einer Literaturdatenbank können einzelne Tabellen zu Büchern, Zeitschriften und Ausleihvorgängen angelegt sein.
Abfragen	Inhalte aus einer Datenbank können selektiv abgerufen werden. Gespeicherte Abfragen erscheinen mit ihrem Namen.	Eine Literaturdatenbank kann nach allen Büchern eines bestimmten Autors abgefragt werden.
Formulare	Hilfsmittel, um Informationen aus der Datenbank übersichtlich am Bildschirm darzustellen. Sie dienen der Erfassung neuer Daten oder der Bearbeitung von Daten. Auch eine Menüsteuerung kann darüber organisiert werden.	Zur Erfassung und Pflege des Literaturbestandes wird ein gesondertes Formular angelegt.
Berichte	Daten einer Datenbank lassen sich damit professionell für die Druckausgabe aufbereiten.	Druck einer Bestands- oder Ausleihliste
Seiten	Ermöglicht das Erstellen von Datenzugriffseiten.	Web-Seite für die Anzeige der vorhandenen Bücher.
Makros	Ständig wiederkehrende Befehle werden im Ablauf automatisiert. Vorhandene Makros erscheinen mit ihrem Namen und können darüber ausgeführt werden.	Makros zur Bedienerführung oder zur Anlage eines Druckmenüs
Module	Besondere Aufgaben können mit der Programmiersprache VBA automatisiert und in Modulen abgelegt werden.	Realisierung von Eingabeprüfungen

Ergänzend können *eigene Gruppen* gebildet werden, in denen verschiedene Datenbankobjekte zusammengefasst werden können, um einen schnelleren Zugriff auf diese zu ermöglichen. Dazu dient die Schaltfläche in der Leiste auf der linken Seite des Datenbankfensters.

Im oberen Bereich des Datenbankfensters stehen drei Symbol-Schaltflächen zur Verfügung:

Schaltflächen	Bedeutung/Funktion
Öffnen, *Vorschau* oder *Ausführen*	Ein vorhandenes Objekt lässt sich aktivieren, um Anwendungen zu realisieren (z.B. Eingaben). *Öffnen* gilt für die Objekte *Tabellen*, *Abfragen*, *Formulare*, *Seiten*, *Vorschau* für das Objekt *Berichte*, *Ausführen* bei den Objekten *Makros* und *Module*.
Entwurf	Ein vorhandenes Objekt kann im Entwurfsmodus aktiviert werden, um die Vorgaben zu kontrollieren oder zu modifizieren.
Neu	ermöglicht das Erstellen eines neuen Objektes (*Tabelle*, *Abfrage*, *Formular*, *Bericht* usw.).

6 Access XP

 Hinweis: Rechts neben den Schaltflächen für die Objektarten befindet sich der Anzeigebereich für die vorhandenen Objekte. Je nach markiertem Objektsymbol ergibt sich ein anderer Inhalt; nach Anklicken der Schaltfläche eines Objektsymbols wird die zugehörige Namensliste (mit den Tabellen, Abfragen, etc.) angezeigt.

6.2.1 Mit Objekten im Datenbankfenster arbeiten

 Problemstellung

Die in einer Datenbank vorhandenen Objekte werden mit ihrem Namen im jeweils zutreffenden Objektbereich angezeigt. Die Namen für Objekte können 64 Zeichen umfassen und auch Leerzeichen enthalten.

 Einzelne Objekte einer Datenbank können über das Datenbankfenster geöffnet werden. Beispiel: Öffnen der Tabelle *Artikel*.

1. Objektart anklicken; im Beispiel *Tabellen*
2. Namen des gewünschten Objekts markieren; z.B. *Artikel*
3. Schaltfläche Öffnen anklicken

Das gewünschte Fenster wird geöffnet und steht zur Bearbeitung bereit:

Abb. 6–04: Geöffnete Tabelle

Die Abbildung zeigt, dass in der Tabellenansicht die eingegebenen Informationen in Zeilen und Spalten dargestellt werden:

▶ Pro Zeile wird ein *Datensatz* angezeigt. Im Beispielfall enthält ein Datensatz die verfügbaren Angaben zu einem bestimmten Artikel.

▶ Pro Spalte wird ein *Datenfeld* dargestellt. Jedes Feld enthält im Anwendungsfall eine einzelne Information zu einem Artikel; etwa die Felder *Artikelname*, *Lieferant* oder *Kategorie*.

▶ In der Tabelle werden die Datensätze automatisch nummeriert. Ein neuer Datensatz wird grundsätzlich am Ende der Tabelle angefügt.

Hinweis: Nach Aktivierung der Objektart kann ein bestimmtes Objekt durch einen Doppelklick auf den Namen geöffnet werden. Ist das Objekt markiert, kann es auch mit der Taste ↵ geöffnet werden.

Geöffnete Objekte einer Datenbank können per Mausklick auf Symbolen, per Tastenkombination oder menügesteuert wieder geschlossen werden. Ergebnis ist in allen Fällen, dass das aktivierte Objekt vom Bildschirm entfernt wird und eine Rückkehr zum ursprünglichen Datenbankfenster erfolgt.

Hinweis: Seit der Version *Access 2000* können Sie erstmals Objekte umbenennen, ohne befürchten zu müssen, dass damit zusammenhängende Formulare, Berichte und Abfragen nicht mehr funktionieren. Access nimmt die nötigen Anpassungen in den nachgeordneten Objekten selbstständig vor.

6.3 Eine neue Access-Anwendung entwerfen – Datenbankentwurf

> Zur besseren Übersicht über wichtige Einkaufsinformationen soll bei der **Eurotrade GmbH** ein Einkaufsinformationssystem mit dem Datenbankprogramm *Access XP* angelegt werden. Damit sollen unter anderem **folgende Anwendungen** abgedeckt werden:
> - umfassende Verwaltung der Lieferantenstammdaten, mit denen auch Abfragen und Berichte möglich sind (wie Ausgabe von Lieferantenstammdatenblättern, Abfrage nach A-, B-, C-Lieferanten u. a.)
> - umfassende Verwaltung der gelieferten Artikel
> - Druckausgaben in Präsentationsqualität (Verzeichnisse, Listen und Etikettendruck)
> - Neuerfassung und Verwaltung von Bestellungen
> - Informationen und Auswertungen zu den Bestellungen der einzelnen Einkäufer
>
> **Zielsetzung**
> Entwicklung und Einführung einer relationalen Anwendungslösung, mit der sich alle anfallenden Routinearbeiten in Verbindung mit der Einkaufsdatenbank einfach, schnell und sicher lösen lassen.

6.3.1 Vorgehensweise

Problemstellung

Umfangreiche Datenbanken zu entwerfen, ist vielfach eine Kunst, die gelernt sein will. In vielen Projekten nimmt die Modellierungsphase mehr Zeit in Anspruch als die eigentliche Arbeit des Entwickelns und Einrichtens der Datenbank. Zu Recht: Grundlage für die Einrichtung einer Access-Datenbank sollte ein Modell sein, das sorgfältig geplant ist. Auf diese Weise kann sichergestellt werden, dass mit Hilfe der Datenbank die notwendigen Informationen gewonnen bzw. die Fragen beantwortet werden, die bei der Nutzung auftauchen.

Wie kann im Beispielfall die Firma *Eurotrade GmbH* zu einem solchen Modell gelangen?
- Zunächst sollten alle Vorgänge ermittelt und geordnet werden, die die Datenbank-Anwendung unterstützen soll.
- Es empfiehlt sich, auch alle Fragen zu sammeln, die die Access-Datenbanklösung künftig beantworten soll.
- Hilfreich ist es, alle Karteikarten und Formulare zu sammeln, auf denen die Daten bisher eingetragen werden.
- Schließlich sollten Skizzen zu den Berichten angelegt werden, die mit der Datenbank erstellt werden sollen.

Access ist eine relationale Datenbank. Was bedeutet dies? Mit *Access* können Informationen so gespeichert werden, dass die Daten zu verschiedenen Themen auch in verschiedenen Tabellen abgelegt sind. Das hat folgende Vorteile:
- Die Übersicht über die Datenvielfalt bleibt gewahrt.
- Daten werden nur einmal gespeichert, können aber durch Verknüpfungen vielfältig genutzt werden.

Nach ersten Vorüberlegungen wird die Entscheidung getroffen, Tabellen zu folgenden Themengebieten anzulegen:
- *Lieferanten:* Die Tabelle enthält alle wichtigen Informationen über die Lieferanten des Unternehmens.
- *Einkäufer:* Hier sollen die Stammdaten zu den Einkäufern des Unternehmens verwaltet werden.
- *Stelle*: Die Einordnung der beschäftigten Einkäufer in das Stellensystem des Unternehmens wird hier verwaltet.
- *Arbeitsvertrag:* Zu jeder Stelle existiert ein zugeordneter Arbeitsvertrag, der Auskunft über die Beschäftigungsart und Gehaltshöhe gibt.

- *Artikelgruppen:* Als Artikelgruppen werden Kosmetik, Schuhe, Bekleidung, Büroartikel und Lebensmittel geführt.
- *Artikel:* Die Artikeldaten sollen sowohl für gezielte Abfragen, für Auswertungen als auch für das Erzeugen und Verwalten von Bestellungen dienen.
- *Bestellungen:* Bestellungen bei bestimmten Lieferanten sollen erfasst und verwaltet werden.
- *Bestellpositionen:* Eine Bestellung kann verschiedene Bestellpositionen aufweisen, wenn verschiedene Artikel bestellt werden. Diese Bestelldaten sind in einer gesonderten Tabelle abzulegen.

Hinweis: Trotz der Trennung in verschiedene Tabellen besteht die Möglichkeit, Daten aus mehreren Access-Tabellen gleichzeitig zu benutzen. Zwischen den Tabellen lassen sich nämlich **Beziehungen herstellen**. Auf diese Weise ist es beispielsweise möglich, später relativ problemlos einen Bericht zu drucken, der die Bestellungen von ausgewählten Einkäufern kombiniert darstellt. Die möglichen Beziehungen müssen ebenfalls bei der Planung der Datenbank beachtet werden.

6.3.2 Grundlegende Tabellen entwerfen

Problemstellung

*Die Sammlung der Daten erfolgt bei Access in Form von Tabellen. Innerhalb einer Tabelle werden die einzelnen **Datensätze** erfasst. Da alle Datensätze der Tabelle das gleiche Format haben, genügt es, beim Entwurf den **Aufbau eines einzigen Datensatzes** anzugeben. Jede Gruppe von Informationen in einer Tabelle stellt dabei ein Feld dar. So können in der Tabelle Lieferanten etwa die Felder „Firma", „Ort" und „ABC-Kennung" angelegt werden.*

Jedes Datenfeld wird in einer Tabelle in Form einer **Spalte** organisiert. Für ein Feld sind festzulegen:

- **Feldnamen:** Es empfiehlt sich, geeignete Abkürzungen zu verwenden
- **Datentypen:** Varianten sind Textfelder (Zeichenfelder), numerische Felder (Zahlenfelder), Datums-/Zeitfelder, logische Felder (Ja/Nein), Memofelder und OLE-Objekte. Die Wahl des geeigneten Datentyps bestimmt vor allem die möglichen Eingaben in diesem Feld.
- **Feldlänge:** Die gewählte Feldlänge sollte weder zu kurz noch zu lang ist.
- **Schlüssel-** und **Indexfelder:** Wichtig sind Schlüsselfelder beispielsweise für Verknüpfungsfelder zu anderen Tabellen bzw. für Felder, nach denen eine eingerichtete Tabelle sortiert sein soll. Mit der Festlegung als Indexfeld wird das Suchen und Sortieren beschleunigt.

Für die Tabelle *Lieferanten* kann folgende Festlegung getroffen werden:

Felder	Felddatentyp
Lieferernummer	Zahl (und Schlüsselfeld)
Firma	Text
Ansprechpartner	Text
Strasse	Text
Postleitzahl	Text
Ort	Text
ABC-Kennung	Text
EKVolumen_Vorjahr	Zahl
LetzteBestellung	Datum/Uhrzeit
Bemerkungen	Memo

6.3.3 Beziehungen herstellen

Problemstellung
*Der Datenbankentwurf muss so konzipiert sein, dass es leicht möglich ist, die einzelnen Tabellen zu einem umfassenden Gesamtsystem zusammenzufügen. Zu diesem Zweck müssen frühzeitig so genannte **Schnittstellen definiert und eingeplant** werden.*

Um festzustellen, wie die Beziehungen zwischen den gewünschten Tabellen aussehen können, bietet es sich an, zunächst jede Tabelle gesondert zu betrachten und zu prüfen, wie die Daten in der jeweiligen Tabelle mit den Daten in den anderen Tabellen in Beziehung stehen. Unter Umständen kann es sich ergeben, weitere Felder den Tabellen hinzuzufügen bzw. vorhandene Felder anzupassen, um die Beziehungen herzustellen.

Bei der Festlegung der Datenverknüpfungen muss sichergestellt werden, dass die eingesetzte Access-Datenbank in der Lage ist, richtige Verknüpfungen zwischen den Tabellen herzustellen:

▶ Voraussetzung für das Herstellen einer Beziehung zwischen verschiedenen Tabellen ist einmal, dass zuvor in der Ausgangstabelle ein Primärschlüssel für ein ausgewähltes Feld gesetzt wurde. Mit dem Primärschlüssel wird jeder Datensatz einer Tabelle eindeutig gekennzeichnet. Es ist deshalb üblich, Kenn- oder Codenummern als Primärschlüssel für eine Tabelle zu verwenden.

▶ **Beispiel:** das Feld „Artikelnummer" in der Tabelle ARTIKEL oder das Feld „Artikelgruppennummer" in der Tabelle ARTIKELGRUPPEN.

▶ Hergestellt wird die Verknüpfung über ein **gemeinsames Datenfeld in den zu verbindenden Tabellen**. So könnte z.B. eine Verbindung zwischen ARTIKELGRUPPEN und ARTIKELN durch das Feld „Artikelgruppennummer" in beiden Tabellen realisiert werden. Damit kann *Access* jederzeit die Frage beantworten, welche Artikel zu welcher Artikelgruppe gehören.

> **Merke:** Um zwischen zwei Tabellen eine Beziehung herzustellen, wird der Primärschlüssel einer Tabelle in die andere Tabelle (als sog. Fremdschlüssel) aufgenommen, so dass dieses Feld in beiden Tabellen erscheint.

Ein Problem ist nun allerdings die Frage, welche Tabelle und welche Primärschlüssel zu verwenden sind. Dazu ist es wichtig, drei **Arten von Beziehungen zwischen Tabellen** zu unterscheiden:

1:n-Beziehung

Diese Form der Beziehung kommt bei relationalen Datenbanken am häufigsten vor. Dabei kann ein Datensatz in der Ursprungstabelle mehr als einen passenden Datensatz in der anderen Tabelle besitzen. Umgekehrt kann jedoch ein Datensatz in der zweiten Tabelle höchstens einen Datensatz in der Ursprungstabelle aufweisen.

Beispiel: „Beziehung zwischen Tabellen ARTIKELGRUPPEN und ARTIKEL":

Zu einer Artikelgruppe gehören mehrere Artikel (1:n). Um diese Beziehung herstellen können, muss das Primärschlüsselfeld „Artikelgruppennummer", das in der Tabelle ARTIKELGRUPPEN festgelegt wurde, in der Tabelle des Beziehungspartners „n" ebenfalls enthalten sein. In der Tabelle ARTIKEL muss also auch das Feld „Artikelgruppennummer" vorkommen.

1:1-Beziehung

1:1-Beziehungen zwischen Tabellen kommen nicht besonders häufig vor. In diesem Fall entspricht ein Datensatz einer Ausgangstabelle A genau einem Datensatz der Beziehungstabelle B und umgekehrt. Diese Art von Beziehungen ist in der Praxis deshalb ungewöhnlich, weil die Informationen der beiden Tabellen natürlich auch in einer Tabelle vereint werden können.

Beispiel: „Beziehung zwischen den Tabellen EINKÄUFER und STELLE":

> Es liegt eine 1:1-Beziehung vor, da ein Einkäufer genau eine Stelle innehat. Logisch macht die Aufteilung in zwei Tabellen Sinn, denn wenn ein Einkäufer die Firma verlässt und deshalb seine Daten gelöscht werden müssen, hat das nicht notwendigerweise die Auflösung der Stelle zur Folge.

m:n-Beziehung

Ein Datensatz aus einer Tabelle A kann mehrere passende Datensätze der Tabelle B und umgekehrt besitzen.

Beispiel: „Beziehung zwischen den Tabellen ARTIKEL und BESTELLUNGEN":

Ein Artikel wird immer wieder bestellt und taucht deshalb in mehreren Bestellungen auf. Gleichzeitig kann aber auch eine Bestellung mehrere passende Datensätze der Tabelle ARTIKEL besitzen. In diesem Fall existiert eine m:n-Beziehung zwischen den Tabellen ARTIKEL und BESTELLUNGEN. Da in ACCESS eine derartige Beziehung nicht direkt hergestellt werden kann, muss eine weitere Tabelle eingefügt werden, die dafür sorgt, dass die vorliegende Beziehung in zwei 1:n-Beziehungen aufgespalten wird. Dies ist im Beispielfall die Tabelle BESTELLPOSITIONEN.

Es empfiehlt sich, den **Entwurf Ihrer Datenbank** zunächst in grafischer Form auf einem Blatt Papier vorzunehmen. Dabei sollten die Beziehungen zwischen den Tabellen aufgezeichnet und hierbei die Felder herausgestellt werden, die für die Verbindung zwischen den jeweiligen Tabellen sorgen.

Die folgende Abbildung gibt den Datenbankentwurf wieder, der zur Lösung des Ausgangsbeispiels verwendet werden kann:

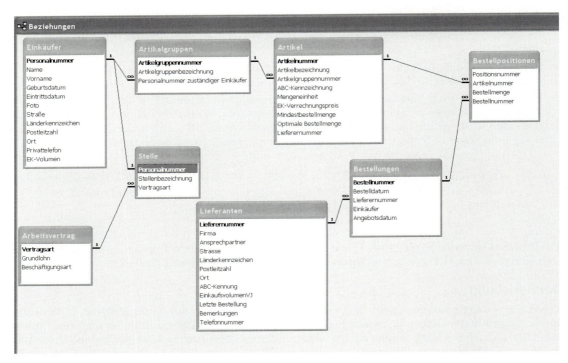

Abb. 6–05

Bei der Einrichtung einer Datenbank sollten folgende **Grundsätze** beachtet werden:

Anforderungen	Beispiele
Minimale Redundanz (Redundanzfreiheit)	▶ einmalige Speicherung derselben Datenwerte ▶ vielfache Verwendbarkeit (für mehrere Benutzer)
Integrität (Datenkonsistenz)	▶ korrekt und vollständig ▶ gleiche Werte desselben Datums in verschiedenen Anwendungen
Maximale Effizienz	▶ einmalige Änderung ▶ zügige Ergebnisbereitstellung
Benutzerfreundlichkeit	▶ einfache Handhabung
Datenschutz und Datensicherheit	▶ Schutz personenbezogener Daten ▶ Schutz vor Verlust/Missbrauch von Daten

6.4 Access-Datenbank und Tabellen einrichten

Problemstellung

Voraussetzung für das Arbeiten mit einer Datenbank ist zunächst einmal das Vorhandensein einer oder mehrerer Tabellen zum Erfassen und Speichern der Datenbestände. Egal ob nur einige Lieferantendaten oder Tausende von Artikeldaten zu verwalten sind, immer werden die Daten in Tabellenform abgelegt.

Erst wenn die Tabellen angelegt sind, können die weiteren gewünschten Objekte der Datenbank erzeugt werden: Abfragen, Formulare, Berichte, Makros und Module. Die Datenbank enthält dann diese Objekte unter dem gemeinsamen Dateinamen.

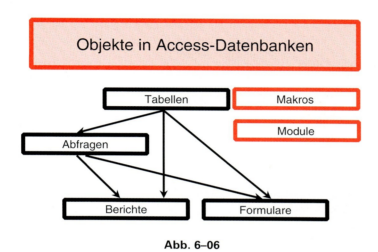

Abb. 6–06

6.4.1 Neue Datenbank einrichten

Problemstellung

Ausgangspunkt für den Aufbau einer neuen Datenbank ist die Definition der Datenbank. Dabei ist festzulegen, unter welchem Namen die Datenbank anzulegen ist, und wo die Speicherung erfolgen soll. Beispiel: Sie möchten eine neue Datenbank für die Personen- bzw. Adressdaten anlegen und diese unter dem Dateinamen Adress1.MDB *speichern.*

Um eine neue Datenbank mit *Access XP* zu erstellen, stehen im Aufgabenbereich folgende Varianten zur Verfügung:

Abb. 6–07

Die wesentlichen Optionen für das Anlegen einer neuen Datenbank sind:

Variante	Bedeutung
Leere Datenbank	Sie können hierüber eine neue leere Datenbank als MDB-Datei anlegen. Dies war in den Vorgängerversionen von Access die einzige Variante.
Leere Datenzugriffsseite	Mit dieser ab der Version Access 2000 verfügbaren Option können Web-basierende Datenbankobjekte erzeugt werden, auf die mit einem Browser direkt zugegriffen werden kann. Diese Option erlaubt es, Daten im firmeninternen Intranet leichter zu verteilen.
Projekt (bestehendes oder neues Projekt)	Auf diese Weise kann eine Datenbank in einem Format (mit der Erweiterung .adp) erzeugt werden, das es ermöglicht, direkte Verbindungen zu integrierten Server-Datenbanken wie SQL-Server herzustellen. So können mit Access echte Client-Server-Anwendungen erzeugt werden.

In der folgenden Einführung soll nur die erste Variante weiter erläutert werden.

Gehen Sie nach dem Start von *Access XP* in folgender Reihenfolge vor, um beispielsweise eine Adressdatenbank zu erzeugen:

1. Wählen Sie im rechten Aufgabenbereich **Leere Datenbank**. Ergebnis

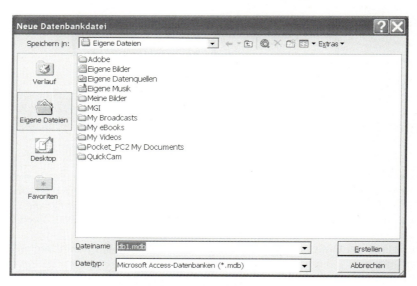

Abb. 6–08: Datenbank anlegen

2. Im Eingabefeld *Dateiname*, das standardmäßig aktiviert ist, ist der gewünschte Dateiname einzugeben; im Beispielfall soll als neuer Name *Adress1* verwendet werden. Im Feld *Dateityp* wird deutlich, dass eine Microsoft Access-Datenbank mit der Erweiterung .MDB angelegt wird. Hier muss im Regelfall keine Änderung vorgenommen werden. Im Feld *Speichern in* ist der Ordnername/Verzeichnispfad anzugeben, in dem die Datenbank gespeichert werden soll.

Führen Sie den Befehl durch Mausklick auf die Schaltfläche *Erstellen* aus.

Das Ergebnis macht deutlich, dass Access eine leere Datenbankdatei erstellt und gleichzeitig das Datenbankfenster öffnet, das Sie als „Regiezentrum" durch Ihre Anwendungen begleitet.

Abb. 6–09

6.4.2 Tabellen anlegen

Problemstellung

Was ist unter einer Tabelle in Access zu verstehen?

- ▶ Eine Tabelle besteht aus verschiedenen Zeilen und Spalten.
- ▶ Innerhalb einer Access-Tabelle gibt es mehrere Datenfelder. Ein Datenfeld als unterstes Glied in der Datenkette bezieht sich auf einen einzelnen Eintrag; beispielsweise auf den Namen oder Vornamen einer Person. Als Spaltenüberschriften werden die Feldnamen verwendet.
- ▶ Mehrere zusammengehörige Datenfelder bilden einen Datensatz. Im Falle einer Datenbank wird jeder Datensatz in einer gesonderten Zeile der Tabelle gespeichert.

Varianten des Vorgehens

Solange noch keine Tabelle angelegt ist, also eine vollkommen neue Datenbank eingerichtet wurde, stehen im Datenbankfenster beim Objekt *Tabelle* verschiedene Optionen zum Erstellen einer neuen Tabelle zur Verfügung. Dies wird deutlich nach Wahl der Schaltfläche *Neu:*

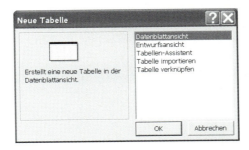

Abb. 6–10

Das Bild zeigt, dass eine neue Tabelle entweder selbst von Grund auf angelegt werden kann (etwa in der Datenblatt- oder Entwurfsansicht) oder dazu ein Tabellenassistent genutzt werden kann. Ist diese neue Tabelle angelegt, muss sie noch unter einem Namen gespeichert werden. Damit steht quasi ein leerer Behälter zur Verfügung, in den dann die vorliegenden Daten eingegeben werden können.

Mit der Option *Tabelle importieren* haben Sie darüber hinaus die Möglichkeit, Tabellen durch Übernahme aus anderen Datenbanksystemen zu erstellen. Schließlich kann auch eine externe Datenbank in die aktuelle Datenbank eingebunden werden. Dazu dient die Variante *Tabelle verknüpfen.*

Freie Anlage einer neuen Tabelle

Problemstellung

Für die freie Anlage einer Tabelle müssen Sie folgende Festlegungen zu den in der Tabelle aufzunehmenden Feldern treffen:

- ▶ **Feldnamen**: Access bietet Ihnen innerhalb einer Höchstgrenze von 64 Zeichen einen entsprechenden Freiraum.
- ▶ **Datentypen**: Jedes Datenfeld muss mit einem entsprechenden Datentyp versehen werden. Varianten, die zugeordnet werden können, sind Textfelder (Zeichenfelder), numerische Felder (Zahlenfelder, Währung sowie AutoWert), Datums-/Zeitfelder, logische Felder (Ja/Nein), Hyperlink, Memofelder und OLE-Objekte. Die Wahl des geeigneten Datentyps hängt von mehreren Faktoren ab. Neben den möglichen Eingaben in diesem Feld spielt auch die Frage der gewünschten Operationen mit diesem Feld eine wichtige Rolle (sollen Berechnungen mit Werten erfolgen, ist eine Indizierung oder Sortierung erwünscht).
- ▶ **Feldlänge**: Die gewählte Feldlänge sollte weder zu kurz noch zu lang ist.
- ▶ **Schlüssel- und Indexfelder**: Wichtig sind Schlüsselfelder beispielsweise für Verknüpfungen zu anderen Tabellen bzw. für Felder, nach denen eine eingerichtete Tabelle sortiert sein soll.

Ausgangsbeispiel

Es soll eine Tabelle Mitarbeiter im Entwurfsmodus erfasst werden. Dabei wurden zunächst folgende Festlegungen getroffen:

Feldname	Felddatentyp
Personalnummer	Zahl
Nachname	Text
Vorname	Text
Titel	Text
Geburtsdatum	Datum/Uhrzeit
Eintrittsdatum	Datum/Uhrzeit
Sozialversicherungsnummer	Text
Geschlecht	Text
Familienstand	Text
Kinder	Zahl
Lebenslauf	Memo
Präsenzdienst	Ja/Nein
Straße	Text
Länderkennzeichen	Text
Postleitzahl	Text
Ort	Text
Privattelefon	Text
Foto	OLE-Objekt

Abb. 6–11

Ausgangspunkt zur Einrichtung einer neuen Tabelle ist die Anzeige der Entwurfsansicht. Hier können die Felder mit ihren jeweiligen Attributen festgelegt werden.

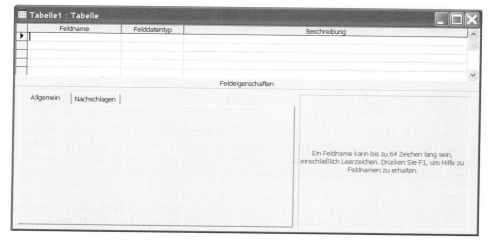

Abb. 6–12

In der Entwurfsansicht ist der Bildschirm in zwei Teile geteilt:
- Im oberen Teil des Tabellenfensters sind die Felder anzugeben, die die Tabelle enthalten soll. Für jedes Feld können in gesonderten Spalten festgelegt werden: Feldname, Felddatentyp und Feldbeschreibung (optional).
- Im unteren Teil des Fensters, der mit dem Begriff „Feldeigenschaften" überschrieben ist, können jedem Feld ausgewählte Feldeigenschaften zugeordnet werden; beispielsweise Feldgröße, Format, Beschriftung, Standardwert, Gültigkeitsregel. Es erfolgt eine unterschiedliche Anzeige in Abhängigkeit vom Felddatentyp.

Felddatentyp auswählen

> *Problemstellung*
> *Der Felddatentyp legt fest, welche Art von Inhalt das Feld aufnehmen kann, das heißt in welcher Form die Eingabe erfolgen kann. Standardmäßig wird ein Felddatentyp vorgegeben, und zwar der Felddatentyp Text mit einer Feldgröße von 50 Zeichen. In einem nächsten Schritt ist also noch eine Feinarbeit nötig, um einem Feld einen korrekten Datentyp zuzuweisen. Beispiel: Für die Anwendung des Geburtsdatums ist diesem Feld der Datentyp Datum/ Uhrzeit zuzuordnen.*

Um einem Feld einen bestimmten Datentyp zuzuweisen, ist dieser aus einem Listenfeld auszuwählen. Varianten, die im Listenfeld zur Auswahl stehen, zeigt und erläutert die folgende Zusammenstellung:

Felddatentyp	Speichermöglichkeiten	Beispiele
Text	alphanumerische Zeichen. Dies können Buchstaben, Ziffern und Sonderzeichen bis zu einer Länge von 255 Zeichen sein.	für Wörter (Namen und Bezeichnungen), Kombinationen von Wörtern und Zahlen sowie Zahlen, die nicht für Berechnungen dienen (Postleitzahl, Telefonnummer)
Memo	Längere Infos als alphanumerische Zeichen können hier erfasst werden.	für Anmerkungen zu einem Datensatz (möglich sind z.B. 65.535 Zeichen)
Zahl	numerische Werte (Ganz- oder Dezimalzahlen). Als Speicherplatz können 1, 2, 4 oder 8 Bytes belegt werden.	für Eingaben, mit denen Berechnungen stattfinden, beispielsweise Monatsgehalt, Kinderzahl
Datum/Uhrzeit	Datum und Uhrzeit, die mit Hilfe der Formateigenschaften noch genau definiert werden können, werden damit verwaltet. 8 Bytes werden zur Speicherung benötigt.	Eingabe von Datumsinformationen wie Geburtsdatum, Eintrittsdatum, Bestelldatum (bis zum Jahre 9999)
Währung	Zahlen mit Währungsangaben. Erfolgt genau auf bis zu 15 Stellen links, und bis zu 4 Stellen rechts vom Dezimaltrennzeichen. Die Darstellung erfolgt mit zwei Nachkommastellen und Tausenderpunkt.	für Werte, mit denen gerechnet wird (beispielsweise Preise)
AutoWert	Eine eindeutige, fortlaufende Zahl (die jeweils automatisch bei einem neuen Datensatz um 1 hochgezählt wird) oder eine Zufallszahl, die von Microsoft Access zugewiesen wird, wenn ein neuer Datensatz in eine Tabelle eingetragen wird.	für lfd. Nummern
Ja/Nein	Hier werden die Werte Ja oder Nein zugelassen beziehungsweise 1 oder 0 (sog. Boolesche Werte).	für Daten, die nur zwei Zustände zulassen; z.B. Rechnung bezahlt/nicht bezahlt, Präsenzdienst ja/nein

Felddatentyp	Speichermöglichkeiten	Beispiele
OLE-Objekt	OLE-Objekte wie Bilder, Sounds oder Excel-Grafiken lassen sich damit verwalten (bis zu 1 Giga-Byte). OLE-Objekte können in eine Access-Tabelle eingebettet oder damit verknüpft sein.	Zeichnungen, Bilder (einer Person, eines Artikels), Klänge
Hyperlink	Text oder Kombinationen aus Text und Zahlen, die als Text abgespeichert werden.	Hyperlink-Adressen (bis zu 2048 Zeichen)
Nachschlagefelder	Erstellt ein Feld, das Ihnen ermöglicht, einen Wert aus einer anderen Tabelle oder aus einer Liste von Werten mit Hilfe eines Listenfeldes oder eines Kombinationsfeldes auszuwählen. Durch das Auswählen dieser Option wird der Nachschlage-Assistent gestartet, der ein Nachschlagefeld erstellt.	individuelle Werte

Eine Besonderheit ist der „Nachschlageassistent", mit dem ein Feld erzeugt wird, das dem späteren Benutzer die Auswahl von Werten aus einer Liste von Vorgaben ermöglicht.

Primärschlüssel festlegen

Problemstellung
Sind sämtliche Felddefinitionen für eine Tabelle erfolgt, kann die Speicherung vorgenommen werden. Zuvor ist es meist jedoch sinnvoll, ein Schlüsselfeld zu setzen.

Warum muss ein **Primärschlüssel** gesetzt werden?

▶ **Automatische Indexvergabe**: Die Angabe des Primärschlüssels hat zum einen den Vorteil, dass automatisch ein Index für dieses Feld erstellt wird, so dass sich Abfragen und andere Operationen mit dieser Tabelle beschleunigen.

▶ **Automatisch sortierte Anzeige von Datensätzen**: Die in einer Tabelle erfassten Datensätze werden sowohl in der Datenblattansicht als auch in einem Formular in der Reihenfolge des Primärschlüsselfeldes angezeigt.

▶ **Tabellenverknüpfung**: Ein Primärschlüssel ist notwendig, um später Beziehungen zwischen Tabellen herstellen zu können.

▶ **Erhöhte Sicherheit bei der Dateneingabe**: Bei Primärschlüsselfeldern verhindert das Programm automatisch, dass Datensätze eingegeben werden, die denselben Primärschlüsselwert aufweisen wie bereits erstellte Datensätze.

Welches Feld sollte als Schlüsselfeld gewählt werden? Für den Primärschlüssel sollte ein Feld verwendet werden, das jeden Datensatz einer Tabelle eindeutig kennzeichnet. Dies sind meist Kenn- oder Codenummern, denn mit Werten dieser Art lässt sich in der Regel jeder Datensatz einer Tabelle eindeutig kennzeichnen. Im Beispielfall soll das Feld *Personalnummer* als Primärschlüssel dienen.

1. Markieren Sie zunächst das gewünschte Schlüsselfeld, indem Sie auf die Zeile des Schlüsselfeldes klicken; im Beispielfall „Personalnummer".
2. Aktivieren Sie das Menü **Bearbeiten**.
3. Wählen Sie den Befehl **Primärschlüssel**.

Das Setzen eines Primärschlüssels kann auf einfache Weise dadurch erreicht werden, dass zunächst das gewünschte Feld markiert wird und dann ein Mausklick auf das Schlüsselsymbol in der Funktionsleiste erfolgt.

6.4 Access-Datenbank und Tabellen einrichten

Hinweis: Das Programm macht die Änderung deutlich, indem links neben dem gewählten Feld ein Schlüsselsymbol eingefügt wurde. Als Ergebnis der Primärschlüsselvergabe ist außerdem zu beachten, dass die Felder automatisch mit der Indiziert-Eigenschaft (Ohne Duplikate) versehen werden.

Tabellenentwurf speichern

Sind die Entwurfsarbeiten abgeschlossen, kann die Speicherung der Tabelle in Angriff genommen werden. Dies ist notwendig, um überhaupt Datensätze eingeben zu können. Formal ist ein Tabellenname mit maximal 64 Zeichen möglich (einschließlich Leerzeichen).

6.4.3 Daten in Tabellen erfassen und pflegen

Ist eine neue Tabelle angelegt, so ist diese zunächst nur ein leerer Behälter für die Aufnahme von Daten. Sofern die Tabelle unter einem Namen gespeichert wurde, kann sie mit Datensätzen gefüllt werden.

Neue Datensätze erfassen: Um eine Datenerfassung in einer Tabelle vornehmen zu können, muss zunächst die Tabelle in der Datenblattansicht aktiviert werden. Markieren Sie dazu im Datenbankfenster den Namen der Tabelle, die mit neuen Daten gefüllt werden soll und klicken Sie auf die Schaltfläche Öffnen.

Ergebnis ist, dass das noch leere Datenblatt der Tabelle angezeigt wird. Als Spaltenüberschriften finden sich die Feldnamen. Der Datensatzzeiger weist auf den ersten, noch leeren Datensatz. Es kann somit unmittelbar mit der Datenerfassung begonnen werden. Beispiel:

Mitarbeiter : Tabelle					
Personalnummer	Nachname	Vorname	Titel	Geburtsdatum	Eintrittsdatum
1	Friedmann	Angelika	Dr.	28.04.1964	01.06.1985
2	Wolff	Heimo		04.07.1962	01.11.1988
3	Petersen	Lara		07.07.1970	01.03.1989
4	Koren	Bianka		05.12.1963	15.08.1989
5	Sassker	Wilhelmine		04.05.1970	15.12.1989
6	Jordanek	Peter		09.07.1969	01.02.1990
7	Ulrich	Birgit		21.04.1968	10.06.1990
12	Peter	Erwin		16.11.1967	01.07.1992
0					

Abb. 6–13

Nach Eingabe des letzten Datensatzes ist aus dem Systemmenü der Befehl **Schließen** zu wählen. Die Tabelle wird dann geschlossen.

Hinweis: Auch nachträglich können Datensätze ergänzt werden. Dazu ist die Datenbank zu öffnen und die Tabelle zu aktivieren. Anschließend ist der letzte Datensatz anzusteuern und nach Aufruf eines neuen Datensatzes die Eingabe vorzunehmen.

Die Anzeige und Eingabe in der Datenblattansicht ermöglicht die gleichzeitige Darstellung mehrerer Datensätze auf dem Bildschirm. In jeder Zeile steht dann ein Datensatz, pro Spalte wird ein Feld angezeigt.

6.4.4 Beziehungen zwischen Tabellen herstellen

Problemstellung

Erst wenn verschiedene Tabellen miteinander verknüpft werden, wird die Nutzung einer Datenbank interessant:

- *Durch eine Verbindung von Tabellen lassen sich genauere Informationen gezielter und schneller aus den in der Datenbank gespeicherten Daten entnehmen.*
- *Mit dem Herstellen von Beziehungen können Daten bei der Eingabe und bei der Pflege auf Plausibilität geprüft werden. Unplausible Eingaben oder Aktionen werden vom System automatisch abgewiesen.*

So können wir in unserem Beispielfall zwei weitere Tabellen ergänzen: eine Tabelle *Hardware* (die Gerätedaten aufnimmt, die einer Person zugeordnet sind) und eine weitere Tabelle mit dem Namen *Software*, um auch die Zuordnung von Software zu Geräten verwalten zu können.

Beispiel für den Aufbau der Tabelle *Hardware*:

Feldname	Felddatentyp
Gerätenummer	Zahl
Personalnummer	Zahl
Gerätetyp	Text
Hersteller	Text
Bezeichnung	Text
Einkaufsdatum	Datum/Uhrzeit
Einkaufspreis	Zahl
Bemerkungen	Memo

Abb. 6–14

Voraussetzung für das Herstellen von Beziehungen zwischen verschiedenen Tabellen ist, dass die zu verbindendenTabellen über ein Merkmal verfügen, das als Verknüpfungselement verwendet werden kann. Zu diesem Zweck sind in den Tabellen geeignete Primär- und Fremdschlüssel zu verwenden: im Beispielfall die *Personalnummer*.

Zwei Begriffe sind in diesem Zusammenhang von Bedeutung: die **Mastertabelle** und die **Detailtabelle**. Als Mastertabelle wird dabei die Tabelle bezeichnet, bei der der Verbindungsschlüssel der Primärschlüssel ist (hier die Tabelle *Mitarbeiter*). In dieser Beziehung wird dann die Tabelle als Detailtabelle bezeichnet, bei der der Verbindungsschlüssel als Fremdschlüssel eingetragen ist (Detailtabelle ist im Beispiel die Tabelle *Hardware*). Für die praktische Realisierung am Rechner ist es nützlich, wenn die Zusammenhänge in tabellarischer Form aufgelistet werden.

Vor dem Herstellen der Beziehungen zwischen den Tabellen sollte zunächst genau geprüft werden, ob alle **Voraussetzungen zur praktischen Verknüpfung** gegeben sind:

▶ Zu prüfen ist einmal, ob die Mastertabellen über die richtigen Primärschlüssel verfügen.
▶ Außerdem muss in den Detailtabellen das entsprechende Referenzfeld für den Fremdschlüssel existieren.

Wichtig für die Verknüpfung ist, dass die Definition des Felddatentyps identisch ist. Eine gleiche Feldbezeichnung muss noch nicht einmal vorliegen.

Eine Tabelle, die mit ACCESS erstellt wurde, ist grundsätzlich noch mit keiner anderen Tabelle fest verknüpft. Hergestellt werden die Beziehungen erst über Aktivierung des Fensters **Beziehungen**. Beispiel einer eingestellten Beziehung:

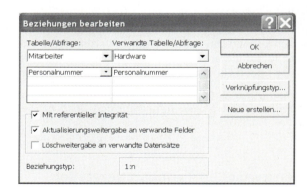

Abb. 6–15

Welche Wirkungen ergeben sich aus dem Einstellen der **referentiellen Integrität?**

Zur Geltung kommt die referentielle Integrität, wenn Datensätze in Tabellen, die sich aufeinander beziehen, hinzugefügt oder gelöscht werden sollen. Wurde die Option „Referentielle Integrität" bei einer Verknüpfung aktiviert, kann sichergestellt werden, dass ein Datensatz aus der Mastertabelle nicht versehentlich gelöscht wird, wenn übereinstimmende Daten einer verknüpften Detailtabelle existieren.

Es besteht die Möglichkeit, sich im Fenster „Beziehungen" für Tabellen bzw. Abfragen die Tabellen/Abfragen anzeigen zu lassen, zu denen eine Beziehung aufgebaut wurde. Varianten nach Aktivieren des Menüs **Beziehungen** sind:

▶ Wahl des Befehls **Direkte Beziehungen anzeigen**, um nur die Beziehungen anzuzeigen, die für eine bestimmte Tabelle gelten.

▶ Wahl des Befehls **Alle Beziehungen anzeigen** zur Anzeige sämtlicher Verknüpfungen zwischen den Tabellen der Datenbank. Beispiel:

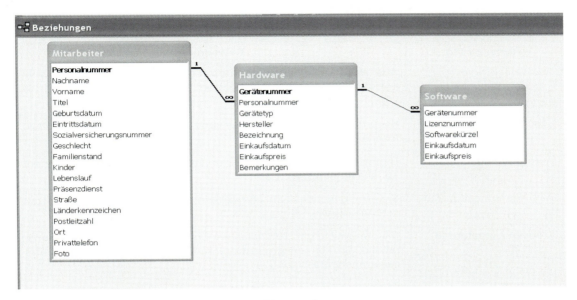

Abb. 6–16

Im Beziehungsfenster wird jede Tabelle in Form einer Feldliste angezeigt. Die Beziehungen werden durch Linien zwischen den Tabellen verdeutlicht. Durch einen Doppelklick auf diese Verbindungslinien besteht die Möglichkeit, besondere Optionen für die Beziehung einzustellen.

Hinweis: Voraussetzung für die Anzeige des Menüpunktes **Beziehungen** ist, dass Sie zunächst über das Menü **Extras** den Befehl **Beziehungen** aktiviert haben und damit das Beziehungsfenster geöffnet ist.

6.5 Abfragen

Problemstellung

Um aus einer vorhandenen Datenbank bestimmte Informationen selektieren zu können, müssen Abfragen formuliert werden. Allerdings versteht ein Computerprogramm nicht unmittelbar die Umgangssprache. Deshalb wird eine spezielle Abfragesprache benötigt, die dem Computer angibt, nach welchen Informationen gesucht werden soll. Die sich ergebende Abfrage (in der Fachsprache QUERY genannt) wirkt wie ein Filter, der angibt, welche Datensätze durch den Filter gelassen werden.

6.5.1 Grundlegende Möglichkeiten

In *Access* stehen für die Formulierung von Abfragen zwei Abfragesprachen zur Wahl: QBE-Abfrage (QBE = Query by Example) und SQL (Standard Query Language). Für den Einstieg ist die erste Variante, die ein menü- und dialoggesteuertes Vorgehen anbietet, einfacher.

Letztlich wird durch die Formulierung von Abfragen festgelegt, welche Daten gesucht und ausgegeben werden sollen. Dazu muss angegeben werden,

▶ in welchen Tabellen gesucht werden soll,
▶ welche Felder/Spalten bei der Selektion der Daten heranzuziehen sind
▶ welche Felder für die Ergebnisausgabe gewünscht werden und
▶ wie die Datenausgabe erfolgen soll (Sortierung?).

Einen Überblick über die Anwendung der wichtigsten Arten von Abfragen, die mit *Access* möglich sind, gibt die folgende Zusammenstellung:

Abfragearten	Anwendung
Auswahlabfrage	Aus einem gesamten Datenbestand wird eine gezielte Auswahl getroffen. Das Ergebnis lässt sich am Bildschirm anzeigen oder drucken.
Löschabfrage	Sie ermöglicht es, eine Gruppe von Datensätzen in einem Schritt zu löschen.
Anfügeabfrage	Damit können Datensätze einer Tabelle gezielt an eine andere Tabelle angefügt werden.
Aktualisierungsabfrage	Sie ermöglicht das einfache Ändern einer Gruppe von Datensätzen in einer Tabelle.
Kreuztabellenabfrage	Sie ermöglicht das Darstellen der Daten ähnlich einer Kalkulationstabelle. So können große Datenmengen in übersichtlicher Form zusammengefasst werden.
Union-Abfrage	Felder aus zwei oder mehreren unterschiedlichen Tabellen, die einander entsprechen, werden bei der Abfrage kombiniert.
SQL Pass-Through-Abfrage	Hiermit besteht die Möglichkeit, SQL-Anweisungen an zugeordnete SQL-Datenbanken bzw. an einen SQL-Server zu senden.
Datendefinitionsabfrage	Unter Verwendung von SQL-Abfragen können Tabellen erstellt, geändert oder gelöscht werden.

6.5.2 Vorgehensweise für Auswahlabfragen

Problemstellung

*Die am häufigsten verwendeten Abfragen sind **Auswahlabfragen**. Dabei werden aus der Fülle der Datensätze einzelne Bereiche oder einzelne Datensätze herausgesucht, die bestimmten Merkmalen entsprechen. Beispiel: Es sollen aus unserer bekannten Einkaufsdatenbank alle Artikel herausgefiltert werden und dabei neben der Artikelbezeichnung die Einkaufspreise und die ABC-Kennung ausgewiesen werden, die in einer Artikeltabelle gespeichert sind.*

Folgende Teilaktivitäten bei Anwendung der Abfragefunktion sind erforderlich:

Aktivität 1: Abfrageoption aktivieren und Tabelle auswählen

Klicken Sie im Datenbankfenster auf das Objekt *Abfragen* und anschließend auf die Schaltfläche *Neu*. Entscheiden Sie, ob Sie eine Abfrage unter Nutzung des Abfrageassistenten oder von Grund auf neu anlegen wollen. Wählen Sie die Variante *Entwurfsansicht*, und klicken Sie auf **OK**. Wählen Sie die in dem inzwischen eingeblendeten Dialogfeld *Tabelle einblenden* gewünschte Tabelle bzw. die gewünschten Tabellen, die für die Abfrage verwendet werden sollen, der Reihe nach per Doppelklick aus, so dass diese in das darunter liegende Fenster Abfrage 1: Auswahlabfrage übernommen werden. Im Beispielfall wählen Sie die Tabelle *Artikel*.

Nach Schließen des Dialogfeldes *Tabelle anzeigen* erscheint das Fenster zur Definition einer Auswahlabfrage (= Abfragefenster im Entwurfsmodus):

6.5 Abfragen

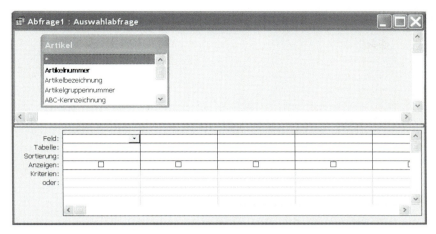

Abb. 6–17

▶ Im oberen Teil des jetzt angezeigten Fensters mit der Bezeichnung „Auswahlabfrage" ist die Tabelle (bei tabellenübergreifenden Abfragen auch mehrere Tabellen) aufgeführt, auf die sich die neue Abfrage beziehen soll. Neben dem Namen der Tabelle sind hier auch die Felder in einer Liste angegeben.

▶ Im unteren Fenster befindet sich der Bereich, in dem eine QBE-Abfrage definiert werden kann. Dieser Bereich wird deshalb auch *QBE-Bereich* oder *Entwurfsbereich* genannt. Zum Erstellen einer Abfrage können Sie die Felder aus dem oberen Teil des Abfragefensters in den QBE-Entwurfsbereich im unteren Teil des Fensters platzieren.

Hinweis: Abfragen können auf der Basis einer oder mehrerer Tabellen, aber auch auf der Grundlage einer anderen Abfrage erfolgen.

Aktivität 2: Abfrageoptionen definieren

Felder auswählen

Das Hinzufügen eines Feldes zu einer Abfrage geschieht im Entwurfsbereich für Abfragen durch Einsetzen des Feldes in eine Zelle der Zeile „Feld". Varianten sind:

▶ Feld aus einer Feldliste in die Zelle des Entwurfsbereichs ziehen. Klicken Sie dazu einfach mit der Maus auf den Feldnamen, und ziehen Sie das Feld bei gedrückter Maustaste in den unteren Teil des Fensters.

▶ Doppelklick auf den Feldnamen in der Feldliste.

▶ Feldname in die Zelle der Zeile „Feld" eingeben.

▶ Feld aus dem einzeiligen Listenfeld in der Zeile „Feld" auswählen.

Die Feldnamen müssen nach Ausführung der Aufgabe im QBE-Bereich angezeigt sein.

Art der Sortierung festlegen

Normalerweise zeigt ACCESS als Abfrageergebnis die gefundenen Datensätze in der Reihenfolge an, wie sie aus den Tabellen geholt werden. Alternativ kann in der Zeile „Sortierung" ein Sortiermodus eingestellt werden. Die Auswahl *Auf- oder Absteigend* kann über das einzeilige Listenfeld vorgenommen werden. Bezüglich der Sortieroptionen „Auf-/Absteigend" gilt Folgendes: Aufsteigend bewirkt die Reihenfolge 0 – 9 bzw. A – Z; Absteigend die Reihenfolge 9 – 0 und Z – A. Möglich ist eine Sortierung nach numerischen Kriterien, alphabetisch oder chronologisch (= Sortieren in Datumsfeldern).

Kriterien zur Auswahl angeben

In den letzten drei Zeilen sind die Kriterien zur Filterung von Datensätzen einzugeben. So kann das Abfrageergebnis auf bestimmte Datensätze begrenzt werden und damit auch gezielt weitergearbeitet werden. Im Beispielfall erfolgt keine Filterung. Grundsätzlich gilt: *Access* gibt die Datensätze mit den selektierten Feldern aus, die den definierten Filterkriterien entsprechen.

Gewünschtes Ergebnis:

Nach der Übernahme der Feldnamen sowie der Einstellung der Sortieroption muss sich folgende Bildschirmanzeige im QBE-Bereich ergeben:

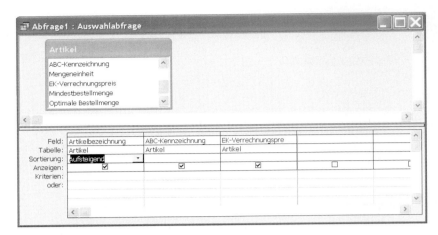

Abb. 6–18

Aktivität 3: ausführen

Erstellte Abfragen können unmittelbar gestartet werden. Klicken Sie in der Symbolleiste auf das Symbol für Ausführen !. Sie erhalten das Abfrageergebnis in Form einer *Datenblattansicht* angezeigt. Im Beispielfall müsste sich die folgende Anzeige ergeben:

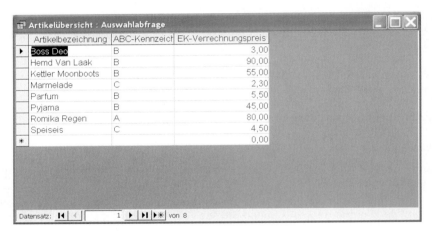

Abb. 6–19

Das angezeigte **Abfrageergebnis** wird **Dynaset** genannt. Dieses Dynaset (engl. Bezeichnung für dynamische Gruppe von Datensätzen) ist quasi der Ergebnisbildschirm, der nach jedem Ausführen einer Abfrage neu erstellt wird. Wenn das Abfrageergebnis nicht den Wünschen entspricht, kann der Benutzer einfach wieder in den Entwurfsmodus wechseln (etwa über das Menü **Ansicht**). Weitere Ansichten, die Sie testen können, sind die *SQL-Ansicht* und die *Seitenansicht*.

Aktivität 4: Abfrage speichern

Soll eine Abfrage wiederholt verwendet werden (etwa bei periodischen Auswertungen, bei Verteilerlisten), ist der Abfrageentwurf als Standard zu speichern. Nach Vornahme der Speicherung und Schließen des Fensters wird der Abfragename im Datenbankfenster bei der Kategorie „Abfragen" in der Liste aufgenommen. Wichtig: Gespeichert ist damit der Abfrageentwurf (und nicht das Abfrageergebnis).

Aktivität 5: Standardabfragen aufrufen

Standardabfragen stehen nach der Speicherung auf Knopfdruck wieder bereit. Name der aufzurufenden Abfrage wählen/markieren und Schaltfläche Öffnen anklicken Nach dem Aufruf wird die gewählte Abfrage automatisch ausgeführt und das Dynaset in der Datenblattansicht angezeigt. Ausgewiesen werden die jeweils neuesten Daten aus den zugrundeliegenden Tabellen.

Praktisch bedeutet Dynaset, dass immer eine aktualisierte Sicht auf die selektierten Daten möglich ist. Formal erfolgt die Dynaset-Ausgabe in Form einer Tabelle. Wie in einer normalen Tabelle haben Sie hier auch die Möglichkeit, neue Daten in Felder einzugeben bzw. vorhandene Daten dort zu ändern. Diese Eingaben/Änderungen werden automatisch in die zugrundeliegenden Tabellen der Datenbank übernommen.

Nach dem Schließen der Abfrage löst sich das Dynaset wieder auf. Es steht allerdings jederzeit durch Aufruf der Abfrage wieder mit den aktuellen Daten bereit, wenn die Abfrage gespeichert wurde.

6.5.3 Felderlisten tabellenübergreifend erzeugen

Abfragen können auch tabellenübergreifend formuliert werden. Voraussetzung dazu ist, dass die Daten der Tabellen in einer Beziehung zueinander stehen. Sofern zwischen zwei Tabellen kein direktes Bindeglied besteht, ist mitunter ein Umweg über eine zwischengeschaltete Tabelle möglich.

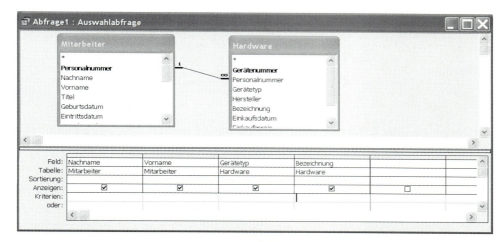

Abb. 6–20

Beachten Sie: Nachdem Sie mehrere Tabellen für eine Abfrageaktion ausgewählt haben, zeigt Access die Verknüpfungen zwischen den Tabellen mit Linien an (Verbindung zwischen den beiden verknüpften Schlüsselfeldern). Gleichzeitig kann auf die Art der Beziehung geschlossen werden. Die Symbole an den Enden der Verknüpfungslinien stehen für „eine" bzw. „viele." So kann im Beispielfall eine Person mehrere Geräte haben. Aus diesem Grund zeigt die Verknüpfungslinie hier eine „eins-zu-viele"-Beziehung (1:n-Beziehung) zwischen den Datensätzen der Tabelle *Mitarbeiter* und den Datensätzen der Tabelle *Hardware* an. Mögliches Ergebnis nach Ausführung:

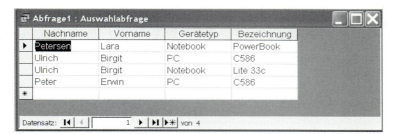

Abb. 6–21

6.5.4 Kriterien in Abfragen festlegen

Problemstellung

Oft ist eine Filterung der Datensätze gewünscht, so dass nur bestimmte Datensätze als Ergebnis einer Abfrage erscheinen. Eine Filterung von Informationen kann sowohl

▶ *nach textorientierten Merkmalen,*

▶ *nach numerischen Merkmalen als auch*

▶ *nach Zeit-/Datumsinformationen*

möglich sein. „Kriterien" können einfache Begriffe oder Zahlen sein, aber auch komplexe Ausdrücke mit Bedingungen.

Abfragetechnisch ist der jeweils gewünschte Abfragebegriff im Abfrageentwurf in der Zeile „Kriterien" einzutragen. Soll ein Datensatz genau einem bestimmten Merkmal entsprechen, reicht es aus, diesen in der Feldspalte einzugeben. Der Vergleichsoperator „=" muss nicht unbedingt gesetzt werden.

Abfragefilter für Textinformationen

Bei der Kriteriendefinition zu einem Textfeld werden automatisch Anführungszeichen hinzugefügt, wenn ein anderes Feld aktiviert wird. Folgende Varianten sind für Textfelder denkbar:

Eingaben	Wirkungen/Ergebnis
München	alle Datensätze mit dem Eintrag München
„B*"	alle Feldeinträge, die mit dem Buchstaben B beginnen
In („München";"Nürnberg")	nur München und Nürnberg
Nicht „München"	alle außer München
Wie „[K-N]*"	alle Feldeinträge, die mit den Buchstaben K bis N beginnen

Hinweis: Die Eingabe der Anführungszeichen ist zwingend, wenn der abzufragende Textausdruck eine Leerstelle aufweist.

Abfragefilter für numerische Informationen

Kriterien für numerische Felder werden meist in Form von Vergleichen formuliert, wozu verschiedene Vergleichsoperatoren benötigt werden. Beispiele für Vergleiche:

Vergleichsoperatoren	Bedeutung	Beispiel
>	größer	7>2
>=	größer gleich	6>=6
<	kleiner	4<9
<=	kleiner gleich	1<=4
=	gleich	5=5
<>	ungleich	7<>8

Bei Bedingungsabfragen wird ein Vergleichswert nicht direkt, sondern indirekt eingegeben, indem die Angabe in der Spalte erfolgt, in der der zu vergleichende Wert steht. Das Ergebnis des Vergleichs ist entweder wahr oder nicht wahr, eine Zwischenlösung ist nicht denkbar.

Folgende Varianten sind für numerische Felder denkbar:

Eingaben	Wirkungen/Ergebnis
4500	alle Datensätze mit dem Eintrag 4500
>50000	alle Datensätze mit Einträgen größer 50000
>30000 UND <50000	zwischen 30000 und 50000

Hinweis: Beachten Sie außerdem folgende formale Regeln: Abfragefilter mit numerischen Kriterien sind möglich für die Felder vom Datentyp „Zahl", „Währung" oder „AutoWert". Grundsätzlich sind nur die Ziffern zu erfassen (unter Umständen noch ein Dezimal-Trennzeichen). Dagegen dürfen bei der Eingabe Tausendertrennzeichen sowie Währungssymbole nicht verwendet werden.

Abfragefilter für Zeit-/Datumsinformationen

Als weiteres kann eine Abfrage aufgrund von Datumseingaben erfolgen. Bei der Abfrage nach **Kalenderdaten** kann der Monat im Text- oder Zahlenformat eingegeben werden; beispielsweise 12.01.2003 oder 12. Januar 03 oder 12. Jan. 2003.

Folgende Varianten sind für die Abfrage in Datums-/Uhrzeit-Feldern denkbar:

Eingaben	Wirkungen/Ergebnis
>#31.12.2002#	alle Einträge nach 2002
<=#12. Jan. 2001#	alle Datensätze vor dem 13.01.01
Zwischen #15.01.2002# und #30.03.2002# <Datum()-30	alle Datensätze mit Datumsangaben zwischen 15.01.2002 und dem 30.03.2002, inklusive alle Datensätze (z.B. Einladungen), die mehr als 30 Tage alt sind.
Jahr([Termin])=2002	Alle Artikel mit dem Kaufdatum im Jahr 2002

Für die Abfrage in „Ja/Nein-Feldern" sind folgende Varianten verfügbar:

Eingaben	Wirkungen/Ergebnis
Ja bzw. Wahr bzw. Ein	sucht nach einem Ja-Wert in Ja-/Nein-Feldern
Nein bzw. Falsch bzw. Aus	sucht nach einem Nein-Wert in Ja-/Nein-Feldern

6.5.5 Abfragen mit kombinierten Bedingungen

Problemstellung

Eine Bedingungsprüfung kann auch in Kombination vorkommen

UND-Verbindung: Die Bedingungen werden bei dem Kriterienbereich in derselben Zeile eingetragen, so dass all die Datensätze herausgesucht werden, die beide Bedingungen erfüllen. Die Gesamtbedingung besteht also aus zwei Teilbedingungen, die durch das logische UND miteinander verbunden sind.

ODER-Verbindung: Ein Datensatz ist anzuzeigen, wenn eine oder auch beide Teilbedingungen erfüllt sind. Die Gesamtbedingung besteht also aus zwei Teilbedingungen, die durch ODER zu verbinden sind. Für die Eintragung im QBE-Fenster gilt: Eine erste Bedingung ist in der *Kriterien*-Zeile einzutragen. Die weiteren Bedingungen, die durch ODER miteinander verbunden sind, müssen dann in der *ODER-Zeile* bzw. den Folgezeilen vermerkt werden.

6.6 Formulare einrichten und nutzen

Problemstellung

Für das Erfassen und Ändern von Daten stellt Access *automatisch eine **Standard-Eingabetabelle** zur Verfügung. Die Eingabe in Tabellenform ist aber nur dann brauchbar, wenn die Tabelle nur über wenige Felder verfügt, sich Daten relativ selten ändern bzw. nicht so oft neue Daten zu der Tabelle hinzugefügt werden müssen. Mögliche **Nachteile** sind:*

- *Tabellen werden meist mehr Spalten als ein Standardbildschirm in der Breite darstellen. Das Hinzufügen und Ändern von Datensätzen wäre deshalb nicht besonders benutzerfreundlich.*
- *Tabellen mit vielen Feldern lassen sich manchmal nur schwer lesen.*
- *Außerdem ist eine Tabelle optisch wenig ansprechend sowie mit einer höheren Fehlergefahr verbunden.*

Es empfiehlt sich, **Formulare für die Datenerfassung und Datenpflege** zu erstellen. Darin lassen sich neue Daten komfortabel erfassen sowie bestehende einfach ändern. Formulare werden darüber hinaus benötigt, wenn eine menügesteuerte Anwendungslösung realisiert werden soll.

6.6.1 Wege und Werkzeuge zur Formularerstellung

Um Bildschirmformulare zur Datenerfassung und Datenpflege zu erzeugen, wird vorausgesetzt, dass eine Tabelle oder Abfrage existiert. Auf dieser Basis stehen nach Wahl der Schaltfläche *Neu* im Datenbankfenster drei grundsätzliche Varianten des Vorgehens zur Wahl:

- Automatisches Erstellen eines Formulars
- Anwendung eines Assistenten
- freies Erstellen eines Formulars (ohne Assistenten)

Für die Bearbeitung und Gestaltung werden ergänzend zahlreiche Tools und Optionen angeboten.

Das Dialogfeld *Neues Formular* stellt folgende Optionen zur Wahl:

Optionen zur Formularerzeugung	Bedeutung
Entwurfsansicht	Ein leeres Entwurfsblatt wird für das freie Erzeugen eines Bildschirmformulars bereitgestellt.
Formular-Assistent	Der Anwender wird durch verschiedene Dialogfelder geführt, in denen er Eingaben vornehmen oder Auswahlentscheidungen für das Erstellen eines Formulars treffen muss.
AutoFormular: Einspaltig	Das Formular, das automatisch aus einer Tabelle erstellt wird, zeigt alle Felder untereinander in einer Spalte an.
AutoFormular: Tabellarisch	Die Felder eines Datensatzes werden bei Verwendung dieses Assistenten in einer Zeile des Formulars angezeigt.
AutoFormular: Datenblatt	Es wird automatisch ein Formular-Datenblatt erstellt.
Diagramm-Assistent	Es wird mit Hilfe des Assistenten ein Formular zur Anzeige eines Diagramms erstellt.
Pivot-Tabelle	Der Assistent erstellt ein Formular mit einer Excel-Pivot-Tabelle.

Die Nutzung von AutoFormularen und der Einsatz eines Formular-Assistenten sind relativ einfache Verfahren zum Erstellen eines Formulars. Allerdings wird damit möglicherweise nicht der gewünschte Entwurf erreicht.

Formulare können deshalb auch vollkommen ohne die Unterstützung durch Assistenten entworfen werden. Dazu wird zunächst ein leeres Formular erstellt und diesem so genannte Steuerelemente hinzugefügt. Beispiele für **Steuerelemente,** die in ein Formular eingefügt werden können, sind: ein Textfeld, eine Beschriftung (= Bezeichnungsfeld), eine Linie, ein Rechteck, ein Listenfeld oder eine Befehlsschaltfläche.

Im Ergebnis kann etwa für die Erfassung und Verwaltung von Personal-/Adressdaten das folgende Formular erstellt werden:

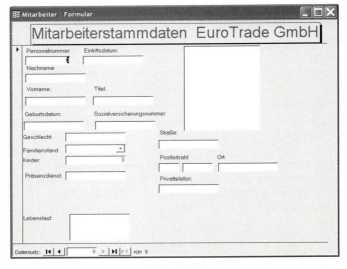

Abb. 6–22

6.6 Formulare einrichten und nutzen

Im Entwurfsmodus ergibt sich hierfür folgendes Aussehen:

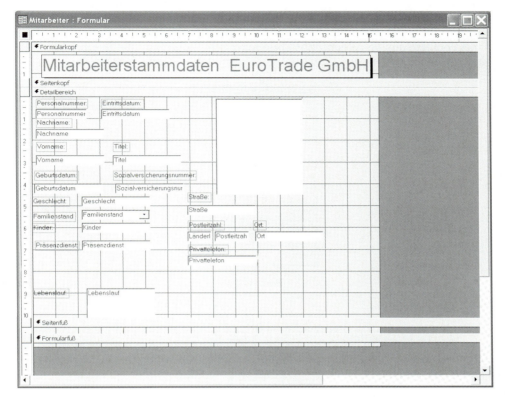

Abb. 6–23

Deutlich werden mögliche **Bereiche zur Formulargestaltung**:

- **Seitenkopf**: Angaben, die im Seitenkopf gemacht werden, werden beim Ausdruck des Formulars zu Beginn gedruckt.
- **Formularkopf**: Standardmäßig enthält er die Überschrift (wie im Beispielfall). Aber auch das aktuelle Datum oder andere Informationen können hier ergänzend aufgenommen werden.
- **Detailbereich**: Hier werden die definierten Daten ausgegeben. Dabei kann festgelegt werden, wie jeder Datensatz ausgegeben wird.
- **Formularfuß**: Er wird stets am Ende des Formulars ausgegeben und enthält beispielsweise einen Copyright-Vermerk oder den Namen der Firma.
- **Seitenfuß**: Der Seitenfuß erscheint beim Ausdruck am Ende einer Seite.

Werkzeuge zur Formularerstellung

Um ein Formular zu erzeugen, können die folgenden drei **Werkzeuge zur Formularerstellung** verwendet werden.

Toolbox:

Die Toolbox ist in der Entwurfsansicht für Formulare grundsätzlich verfügbar. Anderenfalls müssen Sie aus dem Menü **Ansicht** den Befehl **Toolbox** aktivieren oder auf das Symbol [⚒] klicken. Sie können die im folgenden wiedergegebene Toolbox wie jedes andere Fenster auf dem Bildschirm beliebig positionieren.

Was bietet Ihnen die Toolbox? Aus der Kurzbeschreibung der Symbole wird bereits deutlich, dass Sie hierüber beispielsweise

- feste Textinformationen einfügen können
- Linien oder Rechtecke zeichnen können
- bestimmte Arten von Auswahl- und Listenfeldern erzeugen können oder
- die Bedienerführung (etwa über Schaltflächen) organisieren können.

Abb. 6–24

Feldliste

Eine angezeigte Feldliste ermöglicht das gezielte Einfügen von Steuerelementen (Feldern) in ein Formular. Die einfügbaren Steuerelemente sind automatisch an Felder in der Tabelle oder Abfrage gebunden (sog. **gebundene Steuerelemente**). Aktivieren können Sie die Feldliste durch Wahl des Befehls **Feldliste** aus dem Menü **Ansicht** oder durch Klicken auf das Symbol . Sie hat im Beispielfall für das Erzeugen des Lieferantenformulars das folgende Aussehen:

Abb. 6–25

Eigenschaftsliste

Steuerelemente können bestimmte Eigenschaften (etwa zur Ausrichtung) aufweisen, die über die sogenannte Eigenschaftsliste zugeordnet werden können. Aufgerufen wird diese durch Wahl des Befehls **Eigenschaften** aus dem Menü **Ansicht** oder durch Aktivierung des Symbols . Ergebnis ist die folgende Anzeige:

Abb. 6–26

Die Registerkarten machen deutlich, dass folgende Eigenschaftskategorien unterschieden werden:
- Format-Eigenschaften
- Daten-Eigenschaften und
- Ereignis-Eigenschaften.

Felder platzieren und gestalten

Für das Erstellen des Formulars kann mit der Positionierung der Felder im Detailbereich begonnen werden. Dazu werden die **gebundenen Steuerelemente** wunschgemäß platziert. Gebunden heißen sie, weil sie an ein Feld aus der Datentabelle gebunden sind. Der Vorteil: Damit können Daten dieses Feldes angezeigt und Daten in ihnen eingegeben oder aktualisiert werden.

1. Menü **Ansicht** wählen
2. Variante **Feldliste** aktivieren
3. Datenfelder mit der Maus in das leere Formular ziehen (gilt für jedes Datenfeld, das Sie im Formular verwenden wollen). Sollen alle Felder der Tabelle im Formular dargestellt werden, können Sie dies einfach realisieren, indem Sie zunächst auf die Titelleiste der Feldliste doppelt klicken. Nun sind alle Felder markiert und können gemeinsam in das Formular gezogen werden

Hinweis: Die Teilschritte 1 und 2 sind notwendig, wenn die Feldliste nicht auf dem Bildschirm verfügbar ist.

Gewünschtes Ergebnis

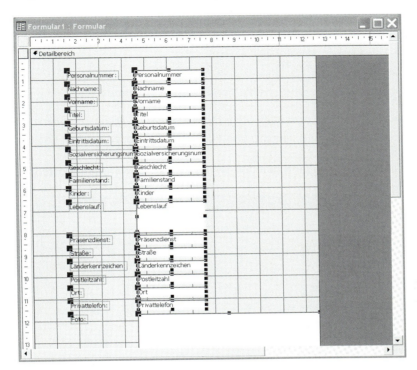

Abb. 6–27

Das Bild macht deutlich, dass zwei Felder mit gleicher Benennung übernommen wurden: links das **Bezeichnungsfeld** und rechts das **Textfeld**. Bei der Anwendung gibt das Bezeichnungsfeld jeweils den Namen des Datenfeldes wieder, während in einem Textfeld der variable Inhalt zu einem Datensatz angezeigt wird.

Position der Felder verändern

Sind Felder aus der Feldliste in das Formular eingefügt, ist es zweckmäßig, die Position der Felder im Detailbereich zu bestimmen:

1. Klicken Sie das gewünschte Feld an, so dass sich der Mauszeiger in eine Hand verwandelt und Anfassersymbole um das Feld erscheinen. Um mehrere Felder gemeinsam zu markieren, halten Sie die Taste ⇧ gedrückt. Für benachbarte Felder können Sie einfach einen Rahmen darum ziehen.
2. Verschieben Sie das rechte Textfeld (= Steuerelement) gemeinsam mit seinem Bezeichnungsfeld an die gewünschte Position.

Beachten Sie: Um ein Steuerelement getrennt von seinem Bezeichnungsfeld (oder umgekehrt) zu verschieben, bewegen Sie den Mauszeiger auf den großen Anfasserpunkt links oben des markierten Feldes und ziehen es an diesem an seine neue Position.

6.6.2 Formulare verwenden

Problemstellung

In den erstellten Formularen können Informationen verwaltet werden. Varianten sind
- *die Eingabe und das Ändern von Datensätzen,*
- *das Suchen nach bestimmten Datensätzen sowie*
- *das Löschen eines oder mehrerer Datensätze.*

Um Daten in einem Formular eingeben oder bearbeiten zu können, muss das betreffende Formular zunächst in der Formularansicht geöffnet werden. Nach dem Öffnen des Formulars wird der erste Datensatz angezeigt. Das Formular ist also bereits mit Daten gefüllt, da ja in der zugrunde liegenden Tabelle bereits Erfassungsaktivitäten stattgefunden haben.

Fotos/Bilder in Formulare einfügen

Am Beispiel des Formulars zur Erfassung der Personaldaten sollen Sie kennen lernen, wie einer Person ein entsprechendes Bild zugeordnet wird. Zur Lösung sollten Sie eventuell zunächst prüfen, wie die Einstellungen bei dem betreffenden Eingabefeld, das als OLE-Objekt definiert wurde, vorgenommen sind:

Objekt im Formularentwurf markieren (hier das gebundene Objektfeld „Foto")

1. Toolbox „Eigenschaften" aktivieren
2. Register „Format" aufrufen
3. Optionsfeld „Größenanpassung" wählen und Option „Dehnen" einstellen.

Anschließend können in der Formularansicht die zutreffenden Fotos eingesetzt werden.

1. Wechseln Sie in die Formularansicht, und aktivieren Sie per Mausklick das Objekt, in das Sie ein Foto einfügen wollen.
2. Wählen Sie aus dem Menü **Einfügen** den Befehl **Objekt**. Gewünschtes Ergebnis:

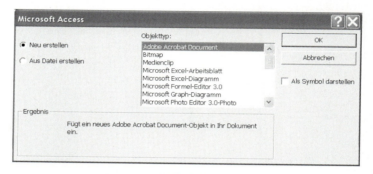

Abb. 6–28

3. Sie haben jetzt die Wahl, entweder ein neues Objekt zu erstellen oder ein vorhandenes zu aktivieren. Wählen Sie letzteren Weg, und aktivieren Sie dazu das Optionsfeld „Aus Datei erstellen".
4. Wenn Sie dann auf die Schaltfläche Durchsuchen klicken, wird Ihnen ein Dialogfeld angeboten, wie dies vom Öffnen von Dateien her bekannt ist. Suchen Sie über den zutreffenden Suchpfad das gewünschte Bild aus, und klicken Sie auf Öffnen. Sie gelangen wieder in die Dialogfeld *Objekt einfügen*. Zusätzlich ist jetzt bei „Datei" der komplette Suchpfad zum Öffnen der Datei angegeben.
5. Klicken Sie auf OK.

Gewünschtes Ergebnis: Das gewählte Bild wird im Formular angezeigt.

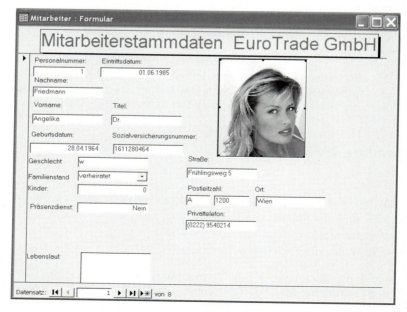

Abb. 6–29

6.7 Berichte erzeugen

Problemstellung

*Daten, die in den **Tabellen** gespeichert sind oder durch **Abfragen** erzeugt wurden, können mit Access in Präsentationsqualität gedruckt werden. Obwohl auch Formulare und Datenblätter ausgedruckt werden können, bieten Berichte vergleichsweise eine größere Kontrolle über das Aussehen der Datenausgabe und damit eine höhere Flexibilität bei der Gestaltung zusammenfassender Informationen.*

6.7.1 Möglichkeiten der Berichtserstellung

Beispiele für Berichte zeigt die folgende Übersicht:

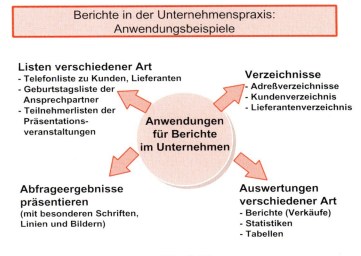

Abb. 6–30

Quelle für das Erzeugen von Berichten sind entweder Tabellen oder Abfragen. Für die Anzeige können bestimmte Felder ausgewählt werden. Darüber hinaus sind noch verschiedene Sonderfunktionen nutzbar. Beispiele zeigt die folgende Übersicht:

Besondere Optionen zur Berichtserstellung	Varianten/Festlegungen
Sortieren von Daten	▶ alphabetisch (nach Namen) ▶ numerisch (nach Werten) ▶ chronologisch (nach Datum)
Gruppieren von Daten (Gruppenwechsel)	Datenausgabe nach bestimmten Kriterien geordnet, beispielsweise nach: ▶ Regionen ▶ Produktgruppen
Statistische Auswertungen	▶ Zwischen- und Endsummen ermitteln ▶ Mittelwerte ▶ prozentuale Anteile
Sonderaktionen unterstützen	▶ Adressetiketten ▶ Serienbriefe

Neben dem Durchführen von Berechnungen, dem Klassifizieren und Sortieren von Daten stehen für das Erstellen von Berichten auch zahlreiche **Gestaltungsmittel** wie Linien, Rahmen, Bilder, Grafiken und unterschiedliche Schriftarten zur Verfügung, so dass den Berichten ein repräsentatives Aussehen verliehen werden kann. Berichte können wiederum in andere Berichte eingefügt werden (ähnlich der Unterscheidung von Haupt- und Unterformularen finden sich Haupt- und Unterberichte).

Einmal definierte Berichte können auch wiederholt benötigt werden. Ein Beispiel: In wöchentlichen Abständen soll ein Bericht über den aktuellen Lagerbestand ausgedruckt werden. Derartige **Standardberichte** müssen nicht erst jedes Mal wieder neu definiert und dabei vielfältige Gestaltungsarbeiten geleistet werden.

Die Speicherung fertig gestellter Berichte erfolgt durch Aktivierung des Menüs **Datei** und Wahl des Befehls **Speichern unter**. Nach Speicherung des Berichtsentwurfs unter einem Namen lässt sich dieser Bericht zu späteren Zeitpunkten einfach aufrufen: Mit dem Öffnen des Berichts wird dieser jedes Mal automatisch mit den aktuellen Daten „gefüllt" und kann dann in einer geeigneten Form ausgegeben werden.

Wann werden die Funktionen zur Berichtserstellung sinnvollerweise verwendet? Folgende Anwendungsfälle lassen sich herausstellen:

1. Berichte werden verwendet, wenn Daten in präsentationsreifer Qualität gedruckt werden sollen. Größe und Erscheinungsbild aller Elemente können frei festgelegt werden. Eine Besonderheit: In einen Bericht können auch Grafiken (Diagramme, Zeichnungen) eingebunden und ein reichhaltiges Angebot an Schriftarten genutzt werden.
2. Der Einsatz von Berichten ist außerdem empfehlenswert, wenn Berechnungen über ganze Gruppen von Datensätzen durchgeführt werden sollen.
3. Berichte werden in der Regel gedruckt und allenfalls zu Kontrollzwecken am Bildschirm angezeigt.

6.7.2 Vorgehensweisen zur Berichtserstellung

Ähnlich wie beim Erstellen von Formularen gibt es drei grundsätzliche **Varianten** des Vorgehens:

▶ **Automatisches Erstellen eines Berichtes** (sogenannte AutoBerichte)
▶ Anwendung eines **Assistenten**
▶ **Freies Erstellen eines Berichtes** (ohne Assistenten)

„Berichtsmodus aktivieren":

1. Klicken Sie im Datenbankfenster auf den Objektbereich für „Berichte" und dann auf die Schaltfläche [Neu].
2. Wählen Sie die Tabelle oder Abfrage, aus der die Daten für den Bericht kommen sollen.
3. Aktivieren Sie anschließend aus dem Dialogfeld die Variante, in der Sie den Bericht erstellen wollen. Die zur Auswahl stehenden Optionen haben folgende Bedeutung:

Optionen zur Berichtserstellung	Bedeutung
Entwurfsansicht	Ein leeres Entwurfsblatt wird für das freie Erzeugen eines Berichts bereitgestellt.
Berichts-Assistent	Für das Erstellen eines Berichts sind schrittweise verschiedene Dialogfelder zu durchlaufen, in denen Eingaben vorzunehmen oder Auswahlentscheidungen zu treffen sind.
AutoBericht: Einspaltig	Der Bericht, der automatisch aus einer Tabelle oder einer Abfrage erstellt wird, zeigt alle Felder untereinander in einer Spalte an.
AutoBericht: Tabellarisch	Die Felder eines Datensatzes werden bei Verwendung dieses Assistenten in einer Zeile des Berichts angezeigt.
Diagramm-Assistent	Es wird mit Hilfe des Assistenten ein Bericht zur Anzeige eines Diagramms erstellt.
Etiketten-Assistent	Der Assistent erstellt einen Bericht für Adressaufkleber. So können Adressetiketten in vielen Varianten ein- oder mehrbahnig auf Einzelblatt oder Endlospapier ausgegeben werden.

Mit der Möglichkeit der automatischen Berichterstellung lassen sich in ACCESS Berichte mit standardmäßigen Einstellungen innerhalb kurzer Zeit relativ einfach erzeugen. Nach Wahl der Tabelle bzw. Abfrage müssen keine weiteren Teilschritte mehr durchlaufen werden. Eine Erweiterung der Möglichkeiten stellt die Nutzung des Berichtsassistenten dar. Dabei sind schrittweise Auswahlentscheidungen zu treffen und die gewünschten Angaben vorzunehmen.

6.7.3 Berichte in der Entwurfsansicht erstellen

Ein grundsätzlich anderes Vorgehen zur Berichtserstellung ergibt sich, wenn ohne den Berichtsassistenten ein eigenständiger Berichtsentwurf erfolgen soll. Der Anwender selbst kann dann von vornherein entscheiden, welche Elemente verwendet, und wie sie angeordnet und gestaltet werden sollen.

Die Berichtserstellung erfolgt analog dem Erstellen von Formularen in einem Berichts-Entwurfsbereich, in dem die **Steuerelemente** zu platzieren sind. Dies sind typischerweise:

▶ **Textfelder** für Zahlen und Namen,
▶ **Bezeichnungsfelder** für Titel,
▶ **Rahmen** für Bilder und Diagramme sowie
▶ **grafische Linien und Rechtecke** zur ansprechenden Berichtsgestaltung.

In der Entwurfsansicht werden die Bereiche und Elemente des erzeugten Berichts deutlich. Diese so genannten **Steuerelemente** können sein: *Bezeichnungsfelder* (etwa für den Titel), *Textfelder* (für Namen und Zahlen), *Rahmen* für Bilder und Diagramme sowie grafische *Linien*, die es ermöglichen, Datenbereiche im Bericht optisch hervorzuheben.

Beispiel: Erstellen Sie folgenden Berichtsentwurf, der eine optisch ansprechende Ausgabe der Personaldaten ermöglicht.

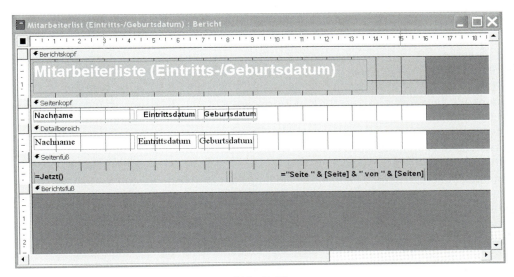

Abb. 6–31

Ausgehend vom Datenbankfenster sind folgende Teilschritte zu durchlaufen:

1. Klicken Sie im Bereich „Berichte" des Datenbankfensters auf die Schaltfläche [Neu].
2. Wählen Sie aus dem einzeiligen Listenfeld die Abfrage oder Tabelle, die Ihrem Bericht zugrunde liegen soll; hier Tabelle *Mitarbeiter*.
3. Aktivieren Sie unter Beibehaltung der Markierung „Entwurfsansicht" die Schaltfläche [OK].

Gewünschtes Ergebnis:

Nach dem 4. Teilschritt erscheint das noch leere Berichtsentwurfsfenster.

Um den Bericht zu erzeugen, müssen Sie mit entsprechenden Tools auf dem Bildschirm die variablen Felder und konstanten Informationen platzieren. Es gibt drei verschiedene Dialogfelder und Optionsboxen, die über das Menü **Ansicht** oder durch Klicken auf die zutreffende Schaltfläche in der Symbolleiste einstellbar sind:

▶ Feldliste
▶ Toolbox
▶ Eigenschaftsliste

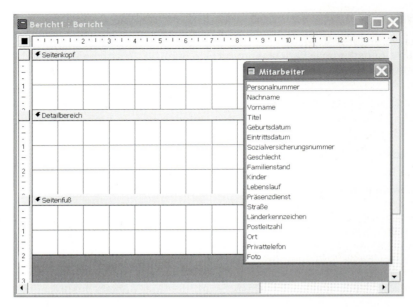

Abb. 6–32

Die Formatmaske selbst ist standardmäßig in fünf Bereiche aufgeteilt. Voraussetzung ist, dass über das Menü **Ansicht** die Optionen **Seitenkopf/-fuß** sowie **Berichtskopf/-fuß** eingeschaltet sind.

▶ **Berichtskopf**: Hier können einleitende Erklärungen zu dem Report eingegeben werden. Der Berichtskopf erscheint nur auf der ersten Seite des Reports. Standardmäßig enthält er die Überschrift. Zusätzlich könnte beispielsweise auch das aktuelle Datum aufgenommen werden.

▶ **Seitenkopf**: Hier können Überschriften für den Bericht und die Bezeichnungen der Datenspalten (die Datenfeldtitel) angegeben werden. Der Seitenkopf wird zu Beginn auf jeder Seite des Berichts gedruckt.

▶ **Detailbereich (Datenbereich)**: An dieser Stelle stehen die definierten Daten. Es kann festgelegt werden, wie jeder Datensatz ausgegeben wird.

▶ **Seitenfuß**: Der Seitenfuß erscheint auf jedem Blatt des Berichts und enthält beispielsweise Angaben zum aktuellen Datum und zur Seitennummer. Möglich wäre auch die Ausgabe des Berichtsnamens.

▶ **Berichtsfuß**: Er wird stets am Ende des Berichts ausgegeben und enthält Endsummen, statistische Auswertungen oder einen Text, der den Bericht abschließt.

Im Ergebnis ergibt sich im Beispielfall in der Seitenansicht der folgende Bericht:

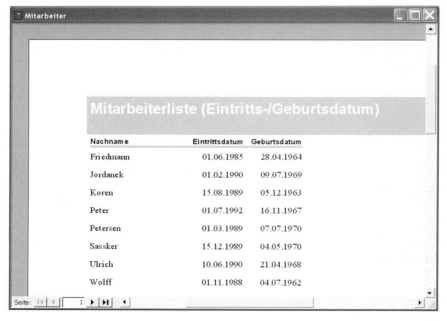

Abb. 6–33

7 Integration von Office XP-Anwendungen

Problemstellung

Bei der Nutzung von Office XP tritt zwangsläufig der Wunsch des Informations- und Datenaustausches zwischen den verschiedenen Einzelprogrammen auf. Nur so können durchgängige Informationsflüsse erreicht und mehrfacher Erfassungsaufwand vermieden werden.

Die Realisierungsmöglichkeiten für einen Datenaustausch zwischen *Word, Excel, Access, Outlook* und *PowerPoint* sind mittlerweile recht vielfältig. Die Ausführungen in diesem Abschnitt beschränken sich auf die unmittelbaren Möglichkeiten, Informationen zwischen den verschiedenen Programmen des Office-Paketes auszutauschen.

In einfachster Form verwenden Sie für den direkten Datenaustausch die Zwischenablage. Es handelt sich dabei um einen elektronischen Zwischenspeicher, der Text/Daten/Grafiken aufnimmt und diesen Inhalt beliebigen anderen Programmen zur Verfügung stellt. Generell sind – unabhängig davon, zwischen welchen Programmen der Datenaustausch stattfinden soll – drei Teilschritte für den Datentransfer über die Zwischenablage durchzuführen:

1. Schritt: Übertragung in die Zwischenablage. Dazu ist das Ursprungsprogramm aufzurufen, mit dem Sie das zu übertragende Objekt (Text, Tabelle, Grafik) erstellen wollen bzw. bereits erstellt haben. Hier müssen Sie dann das Objekt markieren. Zur Übertragung in die Zwischenablage bestehen zwei Möglichkeiten: Sie wählen aus dem Menü **Bearbeiten** entweder den Befehl **Kopieren** oder den Befehl **Ausschneiden**.

2. Schritt: Aufruf der Zielanwendung. In einem nächsten Schritt müssen Sie das Programm aktivieren, das die in der Zwischenablage gespeicherten Informationen aufnehmen soll.

3. Schritt: Einfügen des Inhalts der Zwischenablage in das Zieldokument. Zur Übernahme der Informationen aus der Zwischenablage in das Zieldokument ist im Ergebnisdokument zunächst die Einfügestelle anzusteuern. Mit dem Befehl **Einfügen** aus dem Menü **Bearbeiten** kann der Inhalt der Zwischenablage schließlich direkt „eingespielt" werden.

Eine Besonderheit liegt vor, wenn Sie bei der Einfügung eine Verknüpfung herstellen wollen. Dazu muss in der Zielanwendung im Menü **Bearbeiten** nach Wahl der Variante **Inhalte einfügen** die Option „Verknüpfen bzw. Verknüpfung einfügen" vorhanden sein. Dies hat dann zur Konsequenz, dass sich die eingefügten Informationen im Zieldokument automatisch ändern, wenn sich die Quelldaten verändert haben. Man spricht von einem dynamischen Datenaustausch.

Eine weitere Besonderheit ist die objektorientierte Einfügung. Zum Einfügen von OLE-Objekten werden die Menüpunkte **Einfügen** und **Objekt** aufgerufen. In einem Dialogfeld werden die unterstützten Objekte angeboten, aus denen ausgewählt werden kann.

7.1 Mischdokument mit Word erstellen

Dokumente wie Präsentationsunterlagen ergeben sich typischerweise durch Integration verschiedener Anwendungssysteme. So sind beispielsweise Tabellen aus der Tabellenkalkulation *Excel* zu übernehmen sowie Grafiken aus dem Präsentations- und Zeichenprogramm *PowerPoint* in ein Word-Dokument einzusetzen.

7.1.1 Excel-Tabellen in Word-Dokumente einsetzen

Problemstellung

Werden Informationen mit einem Tabellenkalkulationsprogramm wie Excel *erzeugt und aufbereitet, ist es von Vorteil, wenn diese im Rahmen der Textverarbeitung nicht mehr gesondert erfasst werden müssen, sondern sich direkt (z.B. für das Erstellen eines Angebotes oder einer Verkaufsbroschüre) in den Text übernehmen lassen und dort entsprechend verwendet oder gestaltet werden können.*

Word XP kann sowohl gesamte Tabellen als auch genau definierte Tabellenbereiche aus Excel-Arbeitsmappen übernehmen. Bei entsprechender Vorgehensweise besteht die Möglichkeit, automatisch eine Anpassung der Daten im Textdokument an die in einer Kalkulationstabelle geänderten Werte vorzunehmen.

Grundsätzlich lassen sich drei **Varianten des Einfügens von Excel-Tabellen** in ein Word-Dokument unterscheiden:

- **Einfaches Einfügen einer Tabelle (ohne Verknüpfung)**. In diesem Fall soll bei der Erstellung eines Dokumentes lediglich der Erfassungsaufwand reduziert und die Fehlergefahr minimiert werden. Varianten sind dabei das Importieren von Dateien oder der Weg über die Zwischenablage.
- **Einfügen von Tabellen mit Verknüpfung**. Die eingefügte Kalkulationstabelle kann in diesem Fall nach Wertänderungen im Ausgangsprogramm (also dem Tabllenkalkulationsprogramm *Excel*) direkt im Textprogramm *Word* aktualisiert werden. Dies stellt beispielsweise dann eine große Arbeitserleichterung dar, wenn bestimmte Kalkulationstabellen (Artikel- und Preislisten) regelmäßig in ein Word-Dokument (beispielsweise einen Monatsbericht oder einen Produktkatalog) übernommen werden sollen.
- **Einfügen als Objekt**: Eine weitere Option ist der **o**bjektorientierte Datenaustauch (OLE). Beim Object Linking and Embedding (OLE = Verknüpfen und Einbetten von Objekten) ist es nicht mehr notwendig, sich Ordner bzw. Verzeichnisse mit den dazugehörigen Pfaden zu merken. Objekte werden zwischen den Anwendungen einfach durch Doppelklick ausgetauscht.

Hinweis: Übernommene Excel-Tabellen können im Textdokument noch **zeichenweise** bearbeitet und formatiert werden, wenn die entsprechenden Übernahmeoptionen gewählt wurden. Alternativ ist allerdings auch eine Übernahme **als Bild oder als Vektorgrafik** möglich.

Datenimport aus Excel-Arbeitsmappen

Für die Übernahme von gesamten Tabellen oder Teilbereichen einer Tabelle gibt es den direkten Weg als Import. Dazu ist im Menü **Einfügen** der Befehl **Datei** zu aktivieren. Es erscheint ein Dialogfeld *Datei einfügen*, in dem verschiedene Optionen zur Verfügung stehen:

- Nach Wahl des Befehls kann über die Schaltfläche `Bereich` festgelegt werden, dass nur ein bestimmter Teil der Tabelle importiert werden soll. Voraussetzung dazu ist, dass dieser Bereich in *Excel* zuvor mit einem Namen versehen worden ist.
- Durch Auswahl der Option **Verknüpfen** kann beim Listenfeld **Einfügen** bewirkt werden, dass Änderungen in der Ursprungstabelle automatisch im Textdokument aktualisiert werden.
- Ist die zu übernehmende Excel-Tabelle passwortgeschützt, erfolgt die Passwortabfrage unmittelbar im Programm *Word*.

Da in *Word* ein Konvertierungsfilter für *Excel* vorhanden ist, lassen sich Excel-Daten (Tabellen oder Teilbereiche) so unmittelbar vom Speichermedium Festplatte/Diskette in ein Word-Dokument einlesen.

Excel-Daten verknüpft einfügen

Problemstellung

Word verfügt weiterhin über die Möglichkeit, die Übernahme von Tabellen aus Excel *so zu organisieren, dass sich automatisch die Zahlen in einem Dokument ändern, wenn die Werte der integrierten Tabelle geändert wurden.*

7.1 Mischdokument mit Word erstellen

Die **Verknüpfung von Tabellen** kann auf **verschiedene Weise** realisiert werden:
- Bei der Einfügung über die Zwischenablage muss in Word im Menü **Bearbeiten** statt des Befehls **Einfügen** der Befehl **Inhalte einfügen** gewählt werden.
- Bei Verwendung des Menüs **Einfügen** und Wahl des Befehls **Datei** muss in der angezeigten Dialogbox die Variante *Verknüpfen* beim Listenfeld *Einfügen* ausgewählt werden. Wird in der Ursprungstabelle eine Veränderung vorgenommen, kann die eingesetzte Tabelle jetzt im Textdokument einfach aktualisiert werden. Dazu ist auf Anforderung die Taste zur Feldaktualisierung F9 zu betätigen.

Nach Wahl des Befehls **Inhalte einfügen** ergibt sich das folgende Dialogfeld, das die Möglichkeiten für die Excel-Tabellenübernahme verdeutlicht:

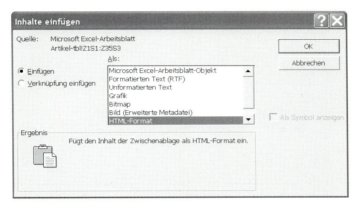

Abb. 7–01

Mögliche Varianten, die je nach Anwendungsfall für die Excel-Tabellenübernahme gewählt werden können, werden in einem Listenfeld angeboten:
- **Dateityp „Microsoft Excel-Arbeitsblatt-Objekt"**: In diesem Fall wird eine sog. Einbetten-Verbindung zur Tabelle aufgebaut. Dies bedeutet, dass die Quelldaten der Tabelle in ein eigenes Datenblatt geschrieben werden, auf das nur von Word aus zugegriffen werden kann.
- **Datentyp „Formatierten Text (RTF)"**: Der Inhalt der Zwischenablage wird als Text mit Zeichen- und Tabellenformat eingefügt.
- **Datentyp „Unformatierten Text"**: In diesem Fall wird die Tabelle eingefügt, ohne dass Formatierungen übernommen werden. Tabulatoren sind allerdings zwischen den Spalten enthalten, so dass die Tabelle einfach gestaltet werden kann.
- **Datentyp „Grafik"**: Hier findet eine Einfügung als Vektorgrafik statt, die allerdings eine andere Qualität als im vorhergehenden Fall aufweist. Der Datentyp ist für Drucker mit hoher Druckqualität besser geeignet als Bitmap. Es ist zudem weniger Speicherplatz nötig. Die übernommene Tabelle kann jetzt in einem Grafikprogramm noch weiter bearbeitet werden.
- **Datentyp „Bitmap"**: Wählen Sie diese Option, wenn der in *Excel* kopierte Tabellenbereich als eine Art Bildschirmkopie eingefügt werden soll. Übernommen werden auch die Spalten- und Zeilenkennungen, wenn dies bei der Seitenformatierung für den Druck eingestellt wurde. Eine zeichenorientierte Bearbeitung ist dann in Word allerdings nicht möglich.
- **Bild (erweiterte Metadatei)**
- **HTML-Format**: für die Übernahme im Web-Format.
- **Unformatierter Unicode-Text**.

Eine besondere Auswirkung in Richtung dynamischer Datenaustausch ergibt sich, wenn Sie das Optionsfeld *Verknüpfung einfügen* anklicken. Probieren Sie ruhig der Reihe nach alle Varianten aus. So erhalten Sie den besten Eindruck von der Wirkungsweise.

Verknüpfung über OLE

Problemstellung

*Bei einer OLE-Verknüpfung wird die Excel-Tabelle als Objekt über den Menübefehl **Einfügen** und die Option **Objekt** in das Word-Dokument eingefügt. Der Vorteil von OLE liegt unter anderem darin, dass das Textprogramm nicht verlassen werden muss, um das Objekt einzufügen. Entweder wird es als neue Datei von Word aus erstellt oder eine vorhandene Datei wird wie oben dargestellt von Word aus eingebunden. Auch für spätere Änderungen ergeben sich diese Vorteile.*

Es gibt zwei Möglichkeiten:

OLE-Objekt neu erstellen

Gehen Sie in folgender Weise vor, um ein Objekt von *Word* heraus zu erstellen:

1. Bewegen Sie den Cursor an die Einfügemarke, und wählen Sie im Menü **Einfügen** die Option **Objekt**.
2. Es öffnet sich ein Fenster, in dem Sie das zu erstellende Objekt kennzeichnen können.

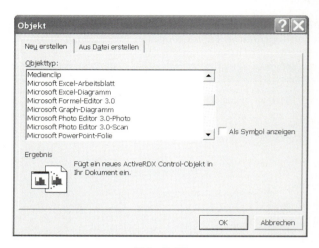

Abb. 7–02

3. Wählen Sie den Objekttyp aus; beispielsweise *Microsoft Excel-Arbeitsblatt*. Ergebnis:

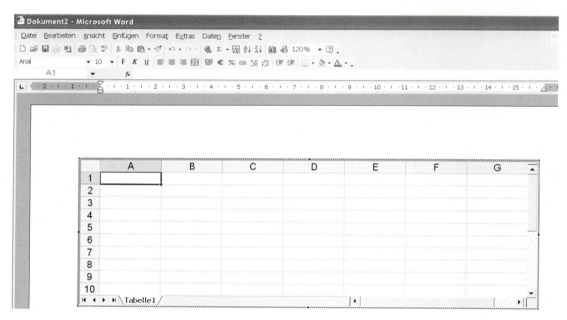

Abb. 7–03

4. Sie können jetzt wie in *Excel* üblich arbeiten.
5. Klicken Sie nach Fertigstellung der Tabelle außerhalb des Begrenzungsrahmens. Sie gelangen dann wieder in das übliche Arbeiten mit *Word*.

Objekt aus einer bestehenden Datei erstellen

Wenn die Datei bereits besteht, gehen Sie in folgender Weise vor:

1. Bewegen Sie den Cursor an die gewünschte Einfügeposition im Word-Dokument, und wählen Sie im Menü **Einfügen** die Option **Objekt**.
2. Klicken Sie den Reiter *Aus Datei erstellen* an, und wählen Sie die Datei aus.

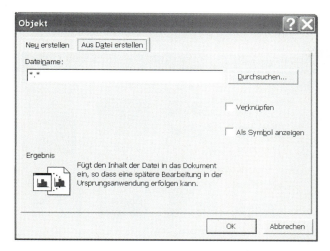

Abb. 7–04

3. Klicken Sie das Kontrollkästchen **Verknüpfen** an, um eine automatische Anpassung von Änderungen sicherzustellen.

Hinweis: Verwenden Sie ein verknüpftes Objekt oder ein eingebettetes Objekt, um eine in einem Office-Programm oder einem anderen Programm, das verknüpfte und eingebettete Objekte unterstützt, erstellte Datei ganz oder teilweise einer anderen Datei hinzuzufügen.

Der Hauptunterschied zwischen verknüpften und eingebetteten Objekten besteht im Speicherort der Daten und in der Aktualisierungsart nach dem Einfügen in der Zieldatei.

- Bei einem verknüpften Objekt werden die Daten nur aktualisiert, wenn die Quelldatei geändert wird. Verknüpfte Daten werden in der Quelldatei gespeichert. In der Zieldatei wird nur der Speicherort der Quelldatei gespeichert und eine Darstellung der verknüpften Daten angezeigt. Verwenden Sie verknüpfte Objekte, wenn die Dateigröße berücksichtigt werden muss.
- Bei einem eingebetteten Objekt werden die Daten in der Zieldatei beim Bearbeiten der Quelldatei nicht geändert. Eingebettete Objekte werden Teil der Zieldatei, und sind, wenn sie einmal eingefügt wurden, nicht mehr Bestandteil der Quelldatei. Doppelklicken Sie auf das eingebettete Objekt, um es im Quellprogramm zu öffnen.

7.1.2 Grafiken, Bilder und PowerPoint-Folien in Word einsetzen

Problemstellung

Für zahlreiche Anwendungen ist das Einfügen einer PowerPoint-Folie in ein Word-Dokument gewünscht. Mit Word kann das Einfügen einer Grafik bzw. eines Bildes in ein Dokument prinzipiell auf zweierlei Weise erfolgen: durch Direktimport der vom Quellprogramm (= Präsentations- und Grafikprogramm) erzeugten Datei oder über die Verwendung der Zwischenablage.

Grafikdatei importieren

Problemstellung

*Präsentations- und Grafikprogramme speichern Dateien in einem anderen Format als das WORD-Textprogramm. Notwendig sind deshalb im Textprogramm Funktionen, die das Lesen der Formate ermöglichen, in denen die Grafik in dem Grafikprogramm gespeichert werden kann. In dieser Hinsicht verfügt Word mittlerweile über ein breites Spektrum an Möglichkeiten, da nahezu alle gängigen **Grafikdateiformate** in ein WORD-Dokument übernommen werden können.*

7 Integration von Office XP-Anwendungen

Zur Realisierung des Grafikimports muss in *Word* das Menü **Einfügen** aktiviert und hier der Befehl **Grafik** und dann die Variante **Aus Datei** gewählt werden.

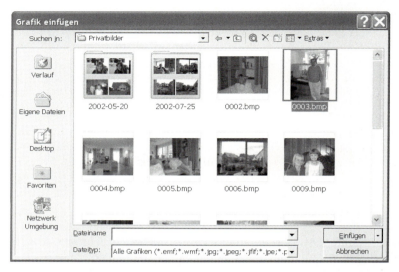

Abb. 7–05

Nach Wahl des Bildes kann dieses unmittelbar in das Word-Dokument eingesetzt werden. Die Formate einiger Grafikprogramme werden nach Aufruf des Befehls automatisch von *Word* erkannt. Beispielsweise benötigen Sie keinen Filter, um Windows-Metadateien (WMF-Dateien) oder Bitmaps (BMP-Dateien) einzufügen.

▶ **Grafiken über die Zwischenablage einfügen**

In diesem Fall müssen Sie zunächst das Quellprogramm aktivieren (beispielsweise das Programm *PowerPoint*), mit dem die Grafik bzw. Folie erstellt wurde. Markieren Sie hier die Grafik (in PowerPoint nach Wahl der Option *Foliensortierung*), und kopieren Sie diese in die Zwischenablage. Alle Grafik- und Bildprogramme, die unter Windows eingesetzt werden, sind dazu problemlos in der Lage. Im Menü **Bearbeiten** ist lediglich der Befehl **Kopieren** zu wählen. Anschließend muss zum Textprogramm *Word* gewechselt werden. Hier erfolgt dann das einfache Einsetzen in das Dokument über den Befehl **Einfügen** oder **Inhalte einfügen** im Menü **Bearbeiten**.

OLE-Integration (in PowerPoint neu erstellen)

Mit der OLE-Funktion wird ein Objekt über den Menübefehl **Einfügen** und die Option **Objekt** eingefügt. Gehen Sie in folgenden Schritten vor:

▶ Bewegen Sie den Cursor an die Einfügestelle, und wählen Sie im Menü **Einfügen** die Option **Objekt**. Es öffnet sich ein Fenster, in dem Sie das zu verwendende Programm bzw. das gesuchte Objekt kennzeichnen können.

▶ Wenn Sie eine neue PowerPoint-Folie erstellen wollen, wählen Sie aus der Registerkarte die Option *PowerPoint-Folie*.

▶ Wenn die Datei bereits besteht, klicken Sie auf die Registerkarte *Aus Datei erstellen*, und wählen die Datei aus.

▶ Klicken Sie die Option *Verknüpfen* an, um eine automatische Anpassung von Änderungen sicherzustellen.

Hinweis: Ergibt sich beim späteren Doppelklicken auf das eingebettete Objekt keine Reaktion, dann kann dies folgende Ursachen haben:

▶ Das zum Erstellen des eingebetteten Objekts verwendete Programm ist nicht auf Ihrem Computer installiert.

▶ Die Gruppierung des eingebetteten Objekts wurde aufgehoben, und es ist nicht mehr mit dem zur Erstellung verwendeten Programm verknüpft.

7.2 Serienbriefe unter Nutzung von Access und Outlook

> *Problemstellung*
>
> *Adressdaten, die in einer Datenbank-Anwendung (Access) oder in Outlook vorhanden sind, sollen oft in Verbindung mit dem vorhandenen Textverarbeitungsprogramm eingesetzt werden. Insbesondere im Zusammenhang mit dem Erstellen von Serienbriefen stellt sich das Problem der Datenbank- und Outlook-Integration.*

Vergegenwärtigen Sie sich einmal das **Grundprinzip bei einem Serienbrief**: Es werden ein Grundtext und eine Steuerdatei (eine Datenquelle) benötigt, die für den Seriendruck gemischt werden. Zur Erzeugung der **Datenquelle** für den Seriendruck gibt es mehrere Möglichkeiten. So

▶ kann entweder eine gesonderte Datei mit den Adressdaten (etwa den Kunden- oder Liefererdaten) im Textverarbeitungsprogramm *Word* angelegt werden,

▶ können bereits elektronisch in einer Access-Datenbank (oder einem Outlook-Kontakteordner) vorhandene Adressdaten des Kunden oder Lieferanten aufgerufen und als gesonderte Textdatei gespeichert werden (dabei kann unter Umständen noch eine Selektion nach vorgegebenen Kriterien erfolgen) oder

▶ kann unmittelbar auf die in dem Datenbankprogramm *Access* (oder einem Outlook-Kontakteordner) gespeicherten Adressdaten integriert zugegriffen werden.

Liegen beide Dateien vor, gehen Sie meist so vor, dass Sie ausgehend von dem Textprogramm *Word* den Serienbriefbefehl realisieren und dabei den Anstoß geben, dass der Grundtext mit den definierten Variablen gemischt wird (Anwendung der sog. **Merging-Funktion**). Auf diese Weise lassen sich in kurzer Zeit die verschiedenen Briefe ausdrucken, die nun auf den Einzelfall Bezug nehmen.

7.2.1 Nutzung von Access-Daten zur Serienbrieferstellung

> *Problemstellung*
>
> *Es stehen drei unterschiedliche Verfahren zur Auswahl, einen Serienbrief als kombinierte Anwendung von* Access *und* Word *zu erstellen:*
>
> ▶ Datenexport im Datenformat *„Microsoft Word-Seriendruck"*.
>
> ▶ Verwenden des *Seriendruckassistenten von ACCESS*.
>
> ▶ Direktzugriff von *Word* aus auf Access-Daten mit dem *Seriendruck-Manager*.

Zu 1: Datenexport im Datenformat „Microsoft Word-Seriendruck".

Liegt beispielsweise eine Access-Abfrage vor, können Sie den Datenexport nach *Word* vornehmen, um zu der gewünschten Steuerdatei zu kommen.

Zur **Ausführung des Datenexportes** ist in folgender Weise vorzugehen:

1. Markieren Sie den Abfragenamen im Datenbankfenster von *Access*.
2. Öffnen Sie das Menü **Datei**.
3. Wählen Sie den Befehl **Exportieren**.
4. Wählen Sie das Zieldateiformat „Textdateien".
5. Sobald Sie auf `Exportieren` klicken, wird der Assistent gestartet.
6. Geben Sie den Zieldateinamen an. Wählen Sie unter Umständen auch noch einen besonderen Ordner.
7. Klicken Sie schließlich auf `Fertig stellen`.

Zum Testen des Beispiels müssen Sie zum Programm *Word* wechseln. Führen Sie hier im Menü **Extras** den Befehl **Briefe und Sendungen** aus. Sie können dann mit dem *Seriendruck-Assistent* die Steuerdatei nach *Word* importieren.

7 Integration von Office XP-Anwendungen

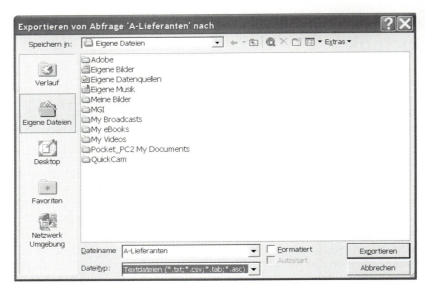

Abb. 7–06

Zu 2: Assistenten für den Seriendruck verwenden

Problemstellung

Um die Daten für einen Serienbrief bereitzustellen, haben Sie auch die Möglichkeit, den Seriendruckassistenten in Access zu verwenden. Was ist das Besondere? Im Unterschied zum Export werden bei dieser Methode die Daten aus Access nicht extern gespeichert, sondern direkt mit dem Serienbriefdokument von Word verknüpft.

Markieren Sie im Datenbankfenster die Tabelle mit dem Adress-Namen (beispielsweise *Lieferanten*), und wählen Sie im Menü **Extras** den Befehl **OfficeVerknüpfungen** und anschließend **Seriendruck mit Microsoft Word**. Der nun aktivierte Seriendruckassistent bietet Ihnen die Möglichkeit,

▶ Daten mit einem bereits bestehenden Word-Dokument zu einem Serienbrief zu mischen, oder

▶ sich von *Word* ein leeres Dokument für das Erstellen eines neuen Serienbriefdokuments zur Verfügung stellen zu lassen.

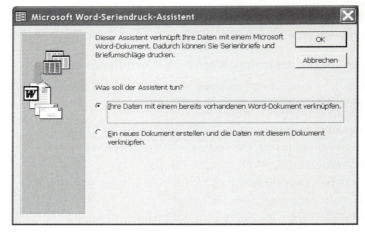

Abb. 7–07

Entscheiden Sie sich für die erste Variante, können Sie aus dem Dateifenster das gewünschte Dokument auswählen. Im Beispielfall wählen Sie die zweite Variante. Es wird *Word* gestartet und Sie haben unmittelbar Zugriff auf die Seriendruckfelder mit den Access-Daten.

Wenn die Verknüpfung mit *Word XP* hergestellt worden ist, wird deutlich, dass direkt auf die Access-Daten zugegriffen wird. Wenn Sie auf die Seriendruckfelder-Aktivierung klicken, ergibt sich die folgende Anzeige:

Ergebnis ist also die Möglichkeit der Zuordnung der Access-Daten als Seriendruckfelder im Hauptdokument.

7.2 Serienbriefe unter Nutzung von Access und Outlook

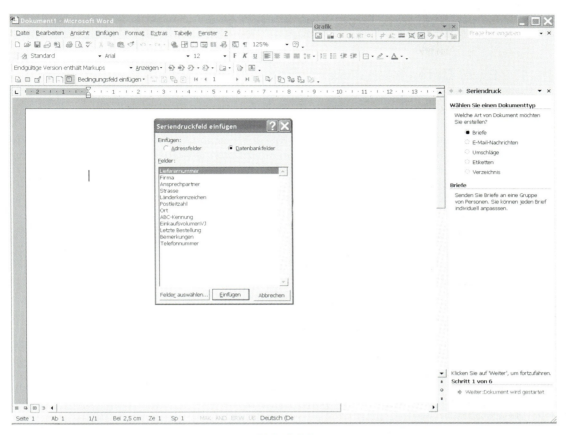

Abb. 7–08

Hinweis: *Beachten Sie folgenden wichtigen Hinweis:* Wenn Sie bei dieser Variante der Serienbriefschreibung die Daten in *Word* bearbeiten, verändern Sie direkt die Originaldaten. Verwenden Sie deshalb eher die Variante über den Export, wenn Sie in den Daten Änderungen vornehmen möchten, die nur für diesen einen Serienbrief von Bedeutung sind.

Zu 3: Direktzugriff von Word aus auf Access-Daten mit dem Seriendruck-Manager.

Word bietet auch die Möglichkeit, direkt von *Word* aus auf Access-Datenbestände zuzugreifen und damit dasselbe Ergebnis zu erzielen wie im vorherigen Beispiel. So können auch Personen, die keine Access-Kenntnisse aufweisen, eigenständig einen Serienbrief erstellen. Dazu müssen im Seriendruckassistenten die Empfängerdaten entsprechend eingestellt werden.

7.2.2 Möglichkeiten der Outlook-Integration

An dieser Stelle erhalten Sie einen Überblick über die Integrationsmöglichkeiten, über die *Outlook XP* verfügt:

▶ *Outlook* bietet zahlreiche *Import-/Exportmöglichkeiten*. Daten können mühelos zwischen Outlook und Microsoft Excel, Microsoft Access und Microsoft Schedule+ ausgetauscht und aus anderen verbreiteten Terminplanern importiert werden.

▶ *Outlook* ist *in Microsoft Office vollständig integriert*, so dass Sie reibungslos aus allen Anwendungen heraus Ihre Daten organisieren und kommunizieren können. Lassen Sie sich von dem neuen Office-Assistenten mit interaktiven Ratschlägen unterstützen, um alle Vorteile dieser Integration nutzen zu können.

▶ Im Adressbuch von *Word* können Sie mühelos Korrespondenz mit Adressen aus Outlook Kontakten zusammenführen. Verwenden Sie für die *Seriendruckfunktion in Word* die Outlook Kontaktliste.

▶ *Verknüpfung mit Aufgaben*: Sie können aus *Microsoft Excel, Word* und *PowerPoint* heraus Outlook-Aufgaben definieren und müssen dazu die aktuelle Anwendung nicht einmal verlassen. Die Verknüpfung fügt die neue Aufgabe automatisch in *Outlook* ein.

▶ Das *Journal* lässt sich so einrichten, dass automatisch sämtliche Office-Dokumente, Anrufe von Kontaktpersonen, E-Mail-Nachrichten und andere Korrespondenz aufgezeichnet werden.

7.3 Integration von Excel und Access

7.3.1 Excel-Daten nach Access importieren

Problemstellung

Zunächst sei auf eine Voraussetzung für eine reibungslose Übernahme von Excel-Daten in Access hingewiesen: Um Daten aus Excel-Kalkulationstabellen importieren zu können, müssen diese von der Struktur her dem Aufbau einer Datenbanktabelle entsprechen. Das heißt: Jede Spalte des zu importierenden Bereiches repräsentiert ein Datenfeld, und eine Zeile stellt einen Datensatz dar. Die erste Zeile kann die Feldnamen enthalten, was aber nicht unbedingt erforderlich ist.

Folgende Varianten für den Import von Kalkulationstabellen sind zu beachten:
- ▶ Sie können vollständige Tabellenblätter oder auch benannte Bereiche importieren.
- ▶ Daten können in eine neue Access-Tabelle importiert oder an eine vorhandene Tabelle angefügt werden.

7.3.2 Daten von Excel in Access einbinden

Eine Variante zum unmittelbaren Import von Excel-Tabellen besteht darin, eine Excel-Tabelle einzubinden. Was ist die Besonderheit dieser Option? Beim Einbinden einer Excel-Tabelle werden die Excel-Daten direkt in die Tabelle eingespielt als wäre es eine Access-Tabelle. Jedesmal, wenn Sie die Excel-Tabelle in *Access* öffnen bzw. auf diese Excel-Daten zugreifen, enthält sie auch die aktuellen Daten. Das Prinzip der Vorgehensweise entspricht dem einer importierten Tabelle wie dies zuvor beschrieben wurde.

Vorbereitung in der Excel-Tabelle

Voraussetzung für das Einbinden einer Excel-Tabelle ist, dass diese Tabelle so eingerichtet ist, dass die Daten in Form einer Datenbanktabelle gespeichert werden können. Im Aufbau entspricht eine zu erstellende Excel-Tabelle einer Access-Tabelle:
- ▶ Durch die Vergabe der Spaltenüberschriften wird die benötigte Übersichtlichkeit geschaffen.
- ▶ Die Spaltenüberschriften können unmittelbar in *Access* nach dem Einbinden als Feldnamen verwendet und als solche angesprochen werden.
- ▶ Allerdings: Sie müssen aber auch keine Spaltenüberschriften vergeben.

Excel-Tabelle einbinden

Das Einbinden einer Excel-Tabelle erfolgt ähnlich dem Import einer Excel-Tabelle. Nachdem Sie den entsprechenden Befehl in *Access* ausgewählt haben, unterstützt Sie ein Assistent beim Einbinden der Tabelle. Sie können wahlweise Tabellenblätter oder in der Tabelle benannte Arbeitsbereiche einbinden. Für beide Fälle gilt jedoch, dass sie in der Struktur einer Datentabelle entsprechen müssen.

Gehen Sie in folgender Weise vor, um eine Tabelle einzubinden:

1. Öffnen Sie das Menü **Datei**.
2. Wählen Sie den Menüpunkt **Externe Daten** und anschließend den Befehl **Tabellen verknüpfen**.
3. Wählen Sie im Dialogfeld *Verknüpfen* aus dem Listenfeld *Dateityp* die Option **Microsoft Excel** als Dateiformat und die zu verknüpfende Excel-Arbeitsmappe, die die Tabelle enthält.
4. Nach Bestätigung auf `Verknüpfen` muss sich eine folgende Dialogfeldanzeige ergeben. Wenn die Arbeitsmappe mehrere Tabellenblätter enthält, müssen Sie zunächst auswählen, welches Tabellenblatt eingebunden werden soll. Anschließend kommt es Ihnen zu Gute, wenn Sie Spaltenüberschriften in Ihrem Datenblatt erfasst haben. Diese können nämlich unmittelbar als Spaltenüberschriften verwendet werden.
5. Vergeben Sie – nach Klicken auf `Weiter` – im nächsten Dialogfeld noch einen Namen für die eingebundene Tabelle, bevor Sie den Vorgang beenden. Mit diesem Namen erscheint die eingebundene Tabelle später im Datenbankfenster.
6. Nach dem Klicken auf `Fertig stellen` sollte in einem Dialogfeld angezeigt werden, dass die Verknüpfung zur ausgewählten Excel-Datei erfolgreich abgeschlossen wurde.

7. Eine eingebundene Excel-Tabelle ist sofort als solche im Datenbankfenster erkennbar, da sie mit einem Excel-Symbol anstelle des Tabellen-Symbols gekennzeichnet wird. Der Pfeil links neben dem Symbol kennzeichnet außerdem, dass die Tabelle eingebunden wurde.

Testen Sie ruhig einmal die Wirkung, wenn eine Tabelle in *Access* eingebunden wird. Sie müssten dabei folgende Aspekte beachten:

▶ Sie können die Daten einer eingebundenen Tabelle bearbeiten. Veränderungen, die Sie vornehmen, wirken sich auf die Ursprungstabelle aus.

▶ Sie können eine eingebundene Tabelle problemlos in eine Abfrage integrieren.

▶ Wird eine eingebundene Tabelle im Datenbankfenster gelöscht, bleibt sie physisch unverändert vorhanden, es wird lediglich die Verbindung von *Access* zu dieser Tabelle entfernt.

Das Einbinden von Tabellen ist nicht nur für Excel-Tabellen möglich. Es gilt ebenso für andere Fremdformate, beispielsweise ODBC. Neben Fremdformaten lassen sich auch Tabellen aus anderen ACCESS-Datenbanken einbinden. Dies ist besonders dann sinnvoll, wenn Sie dieselben Daten in verschiedenen Datenbanken benötigen und diese nicht mehrfach erfassen und aktualisieren möchten. Das wäre ja auch unnötiger Doppelaufwand, der zugleich eine hohe Fehlergefahr beinhaltet.

Daraus ergeben sich folgende weitere **Anwendungsgebiete für das Einbinden von Tabellen:**

▶ Sie können durch das Einbinden von Tabellen Anwendungen erstellen, in denen die Daten ausgelagert werden. Daten, die in anderen Datenbankdateien gespeichert sind, müssen lediglich in die Arbeitsdatenbank eingebunden werden.

▶ Sie können eine Anwendungs- und eine Datendatenbank verbinden. Dies bietet sich vor allem dann an, wenn sich die Datenbank auf einem Fileserver befindet. Die Datenbank mit den Tabellen befindet sich auf dem Server, jeder Client hält lokal eine Datenbank mit allen übrigen Datenbankobjekten. Die Tabellen sind in diese Datenbank eingebunden. Der Vorteil: die Netzbelastung wird deutlich verringert, da nur die Daten über das Netz transportiert werden müssen.

Abschließend noch ein grundsätzlicher *Hinweis*: In *Access* eingebundene Tabellen erkennen Sie im Datenbankfenster an einem schwarzen Pfeil über dem Tabellensymbol. Zusätzlich ist am Tabellensymbol erkennbar, um welchen Datenbanktyp es sich handelt.

Stichwortverzeichnis

A

Abfrage 271
    definieren 272
    speichern 274
    ausführen 274
Abfrageergebnis 109
Abfragefilter 122, 276
Abfragen 257
Abfrageoptionen 273
Absatzschaltung 155
Abschnittswechsel 155
Access XP 253
Access-Datenbank 106
Adressdaten 37
Adressdatenbank 264
Adresskarte 175
Adressmanagement 168
Aktualisierungsabfrage 272
Anfügeabfrage 272
Ansichtsvarianten 154
    Ganzer Bildschirm 154
    Gliederungsansicht 154
    Normalansicht 154
    Seitenlayout 154
    Weblayout 154
    Zoom-Funktion 154
Anwendungen 254
Arbeitsmappe 225
Aufgabenanfrage 185
Aufgabenanzeige 182
Aufgabenbereich 27, 149, 224, 256
Aufgabendelegation 184
Aufgabeneinträge 182
Aufgabenformular 179
Aufgabenliste 41, 178
Aufgabenmanagement 40, 166, 178
Aufgabenpflege 182
Aufgabenserie 181
Aufgabenverfolgung 180
Aufzählungspunkte 16
Auswahlabfrage 272
Auszeichnung 156
AutoBericht
    einspaltig 284
    tabellarisch 284
Autoformat 25, 161
AutoFormular 125
    Datenblatt 278
    einspaltig 278
    tabellarisch 278
AutoInhalt-Assistent 54, 204f.
Autosignatur 50, 196
AutoWert 267

Balkendiagramm 95, 97
Beantworten einer Nachricht 200
Bearbeitungsleiste 224

Beispieldatenbank 256
Benutzerfreundlichkeit 262
Bereichsangabe 226
Bereichsoperator 232
Bericht 109, 257, 283
    anlegen 285
Berichts-Assistent 127, 284
Berichtsfuß 286
Berichtskopf 286
Berichtsüberschrift 128
Besprechungsanfrage 168, 176
Bezeichnungsfelder 285
Beziehungen 117, 260f.
    herstellen 261
Bezug, absoluter 235
Bildschirmpräsentation 67, 202, 206, 213
Browsersteuerelemente 217
Bruch 239
Büromanagement 254

Clipart 62
Clipart-Organizer 62

Darstellungsformat 239
Datenbank einrichten 263
Datenbankfenster 107, 256
Datenblattansicht 108
Datendefinitionsabfrage 272
Datenfeld 258, 260
Datenherkunft 125
Datenimport 288
Datenkonsistenz 262
Datenquelle 26, 135
Datensatz 258, 269
Datensatzzeiger 269
Datenschutz 262
Datensicherheit 262
Datentabelle 63
Datentyp 260
Datenverwaltung 221, 250
Datenzugriffseite 257
Datenzugriffsseite 264
Datum/Uhrzeit 267
Datums- und Zeitangabe 247
Datums- und Zeitarithmetik 248
Datumsformate 239
Designelement 209
Detailbereich 279, 286
Detailtabelle 270
Diagramm 95, 278, 284
    erstellen 221, 248
Diagramm-Assistent 278, 284
Diagramm-Möglichkeiten 248
Diagramm-Platzhalter 63
Dokumentvorlage 31, 33, 153, 162

Druckausgabe 191
Druckoptionen 178
Druckvorschau 110
Dynaset 274

Effekt hinzufügen 215
Eigenschaftsliste 280
Einblendezeiten 215
Einkaufsinformationssystem 254
Einladungsschreiben 161
Elektronische Kommunikation 191
E-Mail 195
E-Mail-Adresse 172
E-Mail-Editor 196
E-Mail-Format 193
E-Mailing 193
E-Mail-Konten 191
E-Mail-Nachricht 176
Endlospräsentation 213
Entwurfsansicht 126, 285
Entwurfsmodus 113
Entwurfsvorlage 60, 204
Ereignis 44, 189
Ereignisserie 44, 189
Erinnerung 180
Etiketten-Assistent 284
Excel 68
Excel im Web 250
Excel-Arbeitsbildschirm 223
Excel-Datenverwaltung 101
Excel-Integration 134
Exchange Rich Text Format 184

Felddatentyp 267
    Datum/Uhrzeit 267
    Memo 267
    Zahl 267
Felderliste 275
Feldlänge 260
Feldliste 126, 280
Feldname 260
Feldnamenfestlegung 260
Finanzinformationssystem 254
Folienerzeugung 201
Folienframe 217
Folienlayout 61
Foliensortierung 66, 133, 206
Foliensortierungs-Symbolleiste 58
Folienübergang 66
Formatierung 15
Formatierungsleiste 31
Formatvorlage 31, 162
Formel 70, 220, 229
Formelaufbau 231
Formeleingabe 70, 231
Formular 257, 277
    elektronisches 220

Formularansicht 108, 126
Formular-Assistent 125, 278
Formularfuß 279
Formulargestaltung 279
Formularkopf 279
Fremdschlüssel 270
Füllzeichen 21
Funktion 233
    logische 243
    RTD 233
Funktionsargumente 233
Funktionsassistent 233
Funktionsname 70
Fußnotenhinweis 156

Gesendete Objekte 196
Gitternetz 24
Gliederungsansicht 18, 157
Gliederungsebene 157
Gliederungsfunktion 156
Gliederungshilfe 156
Grafikdateiformat 291
Grafikimport 292
Grafiktypen 248
Grundtext 161
Gruppenwechsel 127, 283

Handzettel 211
Handzettelmaster 211
Hauptdokument 26f.
Hilfe 151
HTML 194
HTML-Format 184, 250
Hyperlink 268

IM-Adresse 172
Importassistent 138
Index 268
Index und Verzeichnisse 20
Indexoption 139
Inhaltsverzeichnis 17, 20, 157
Instant Messaging Servers 166
Integrität 262
Integrität, referentielle 270

Ja/Nein 267
Jahresplanung 189
Jetzt-Funktion 93
Journal 166

Kalendermanagement 166
Kategorienmerkmale 172
Kennwort-Authentifizierung (SPA) 192
Konferenzserver 166
Kontaktdaten 36
Kontakte 166
Kontaktmanagement 36, 168
Kopf- und Fußzeile 155, 205
Korrekturmöglichkeit 69
Kreisdiagramm 95, 99
Kreuztabellenabfrage 272
Kriterien 273
Kriteriendefinition 122

L

Landkarte zu Kontakt 177
Leere Präsentation 203
Lesebestätigung 198
Listen und Verzeichnisse 158
Löschabfrage 272

Mailing 49
Makros 257
Manueller Umbruch 155
Master 60, 205
Mastertabelle 270
Matrixfunktion 246
Mehrfachmarkierung 227
Mehrspaltensatz 158
Memo 38, 267
Menüleiste 224
Merging-Funktion 293
Microsoft Outlook Rich Text 194
Mischdokument 129
Module 257
Multimedia 202
Multimedia-Element 215

N

Nachschlagefelder 268
Navigationsframe 217
Normalansicht 206
Notizen 166
Notizenseite 206, 210
Nummerierung, automatische 19

O

Objektbereich 258
ODER-Funktion 245
ODER-Verbindung 277
Office-Assistent 152
Office-Dokument 11
    öffnen 12

OLE 288
OLE-Integration 292
OLE-Objekt 268
Online-Präsentation 202
Operatoren 230
Outlook XP 165
Outlook-Integration 295
Outlook-Leiste 166

Personalinformationssystem 254
Pivot-Tabelle 278
Position der Felder verändern 281
Postausgang 196
Posteingang 196, 199
PowerPoint 54, 201
    Präsentation 151
    Vorlage 204
Präsentations-Entwurfsvorlage 208
Präsentationskonferenz 202
Präsentationstitel 55
Präsentationsunterlage 202
Präsentationsvorlage 208
Primärschlüssel 113, 140, 261, 268
Problem- und Datenanalyse 68
Projekt 264
Prozentformate 239

QBE-Abfrage 271, 273
QBE-Bereich 273
QBE-Fenster 120

Rahmen ergänzen 241
Rechenblatt 220
Rechenzeichen (Operatoren) 230
Redundanzfreiheit 262
Regiezentrum 265
Registermarke 77

Schlüssel- und Indexfelder 260
Schlüsselfeld 268
Schriftart 240
Schriftgröße 240
Seiten 257
Seitenansicht 38, 110
Seitenfuß 279, 286
Seitengestaltung 155
Seitenkopf 279, 286
Seitenränder 17
Seitenumbruch 155
Seitenwechsel 155
Seitenzahl 21
Serienbrief 26, 135, 293

Seriendruckassistent 27, 135
SmartTags 148
Sofortkorrektur 154
Sortiermodus 273
Sortierung 127, 273
Spalten 24
Spaltenkopf 221
Spezialfilter 102
Spreadsheets 220
SQL 271
SQL Pass-Through-Abfrage 272
SQL-Ansicht 109
SQL-Sprache 109
Standardformat 208
Standardmustervorlage 227
Standard-Version 151
Startmenü 149
Status 180
Steuerelement 278
Stichwortliste 18
Stichwortverzeichnis 156
Suchfunktion 84, 91, 246
Suchkriterien 101
Summenbildung 70
Symbolleiste 224

Tabelle 158, 257
    entwerfen 260
Tabellenblattbezug 236
Tabelleneditor 158
Tabelleneigenschaften 160
Tabellenfeld 23
Tabellenfunktion 15
Tabellenkalkulation 219
Tabellenkalkulationsprogramm 220
Tabellenmarkierung 226
Tabulatoren 15
Tätigkeitslisten 156
Tastenkombination 35
Tastenschlüssel 32
Telefonliste 175
Telekommunikationsverbindung 37, 171
Terminanzeige 186
Terminauswahl 186
Termineintrag 46
Termin-Formular 190
Terminkoordination 166
Terminmanagement 43, 185
Text 267
Texte, eingeben 228
Texteingabe 69, 153
Textfelder 285
Textkörper 20, 157
Titelleiste 149
Toolbox 279

Übergangseffekt 214
Umrahmung 15
UND-Funktion 244
UND-Verbindung 277
Union-Abfrage 272

VBA 257
Verknüpfung von Tabellen 289
Verknüpfungsoperator 232
Verteilerliste 52, 177, 199
Vertriebsinformationssystem 254
Verweisfunktion 246
Vorlagen 11

Währung 267
Währungsformate 239
Web-Funktionalität 250
Webseite 172, 217
Weiterleiten von Nachrichten 200
WENN-DANN-Bedingung 244
WENN-Funktion 85, 243
Werteingabe 69, 228
Wissenschaft 239

XML (= Extensible Markup Language) 251

Zahl 267
Zahlenformat 239
Zeilen 24
Zeilenkopf 221
Zeilenschaltung 154
Zeit- und Datumsformate 93
Zeitformate 239
Zelladresse
    absolute 235
    gemischte 235
    relative 235
Zelladressierung 235
Zellbezug 221
Zelleinträge ausrichten 238
Zellinhalte kopieren 234
Zellzeiger 225
Zertifikate 173
Zwischenablage 287, 291